COMMENTAIRE

DE LA

LOI DES FAILLITES

ET

DES BANQUEROUTES.

AVIS DE L'ÉDITEUR.

Les ouvrages qui existent sur la *loi des faillites* sont volumineux et d'un prix assez élevé. Pour répondre à des demandes, qui nous ont souvent été adressées, nous avons fait tirer à part un certain nombre d'exemplaires du Commentaire des art. 437 à 630 du Code de commerce.

Ce volume forme un ouvrage complet, donnant le dernier état de la législation, de la jurisprudence et de la doctrine sur toutes les difficultés que l'importante matière des faillites peut faire naître; et les nombreuses réclamations que nous avons reçues auront satisfaction entière, puisque le prix peut en être réduit à 6 francs.

IMP. DE COSSE ET J. DUMAINE, RUE CHRISTINE, 2.

COMMENTAIRE

DE LA

LOI DES FAILLITES

ET

DES BANQUEROUTES

DONNANT

Le dernier état de la législation, de la jurisprudence et de la doctrine;

PAR ISIDORE ALAUZET,

AVOCAT, CHEF DE BUREAU AU MINISTÈRE DE LA JUSTICE.

Extrait du Commentaire du Code de Commerce et de la Législation commerciale, du même auteur.

PARIS,

IMPRIMERIE ET LIBRAIRIE GÉNÉRALE DE JURISPRUDENCE

COSSE ET MARCHAL, IMPRIMEURS-ÉDITEURS,

LIBRAIRES DE LA COUR DE CASSATION,

Place Dauphine, 27.

1857

COMMENTAIRE

DE LA

LOI DES FAILLITES

ET

DES BANQUEROUTES.

LIVRE III.

Des Faillites et Banqueroutes.

TITRE Ier.

De la Faillite.

DISPOSITIONS GÉNÉRALES.

ARTICLE 437.

Tout commerçant qui cesse ses paiements est en état de faillite. — La faillite d'un commerçant peut être déclarée après son décès, lorsqu'il est mort en état de cessation de paiements. — La déclaration de la faillite ne pourra être, soit prononcée d'office, soit demandée par les créanciers, que dans l'année qui suivra le décès.

1634. La loi du 28 mai 1838 a remplacé l'ancien texte du liv. 3 du Code de commerce, promulgué le 22 septembre 1807.

Elle a dû décider que les faillites déclarées antérieurement à sa promulgation continueraient d'être régies par les anciennes dispositions du Code de commerce ; et par suite, ces dispositions avaient conservé un intérêt transitoire. Le temps, en s'écoulant, a simplifié la tâche du commentateur ; les dispositions abrogées n'ont plus désormais qu'un intérêt purement historique, et notre examen ne doit porter que sur les seules règles qui soient applicables, aujourd'hui que vingt années bientôt ont passé depuis que la loi du 28 mai 1838 a été décrétée.

La même observation s'applique aux lois éphémères dues à des circonstances exceptionnelles en date du 19 mars et du 22 août 1848 ; la loi du 12 novembre 1849 les a définitivement abrogées : nous n'aurons pas à nous en occuper.

1635. La disposition formelle de la loi pose en principe que la cessation de paiements constitue le commerçant en état de faillite ; mais elle abandonne aux juges l'appréciation souveraine des faits d'où résulte la cessation de paiements (*Infrà*, n. 1659). On peut dire toutefois qu'il n'est pas nécessaire que la cessation soit générale ; l'impuissance du débiteur à acquitter même une partie seulement de ses engagements commerciaux, établit quelquefois son état d'insolvabilité ; d'un autre côté, la nécessité où il s'est trouvé de laisser quelques engagements en souffrance et de subir un ou plusieurs protêts n'est pas toujours un motif péremptoire de déclarer un commerçant en état de cessation de paiements : si, un moment de gêne passé, il a repris ses paiements et retrouvé son crédit, il peut n'avoir été que momentanément embarrassé, et la cessation de paiements, dans l'esprit de la loi, doit être un indice d'insolvabilité permanente.

La Cour de Lyon a jugé avec raison que si le négociant est en pleine possession de son crédit, peu importe par quels moyens il est parvenu à conserver cette position et à éviter le fait matériel de la cessation de paiements. Soit pour déclarer la faillite, soit pour fixer le jour de l'ouverture, les tribunaux ont à envisager exclusivement le fait matériel et toujours facile à saisir de la cessation de paiements, sans compliquer leurs recherches en descendant dans le détail des opérations sincères ou fausses, honnêtes ou déloyales, licites ou coupables par lesquelles le commerce a continué (1).

1036. L'avis unanime des auteurs décide que la cessation de paiements, pour entraîner la faillite, doit s'appliquer aux engagements commerciaux ; ainsi, la Cour de Metz a jugé que la cessation de paiements ne pouvait résulter d'un commandement fait au débiteur; du retard ou du refus d'acquitter une créance hypothécaire, et des poursuites en expropriation forcée qui en ont été la suite, et dont le commandement était l'avertissement préliminaire (2). La doctrine contraire, proclamée par la Cour de Nancy, sur le fondement que l'art. 437 ne fait aucune distinction entre la cessation de paiement des dettes purement civiles et la cessation de paiement des dettes commerciales (3), ne tient aucun compte de cette circonstance, que le commerçant pour tous les actes accomplis en dehors de son commerce reste soumis à la loi commune et justiciable des tribunaux ordinaires. Mais aucun doute ne peut exister, qu'une créance, dont la cause est commerçiale, ne change pas de caractère parce qu'elle aurait été contractée par acte devant notaire, ou parce qu'on y aurait affecté un gage ou une hypothèque (4); il est certain, en effet, qu'on doit entendre par créance commerciale non-seulement celle dont la forme justifie cette qualification, mais celle qui est telle par son objet ou par sa cause.

Si l'on ne peut prendre pour point initial de la cessation de paiements constituant l'état de faillite, l'inexécution par un commerçant de ses engagements civils, il est au moins possible de faire concourir cette circonstance avec les autres éléments révélés par les débats, et de la prendre en considération dans l'appréciation des faits abandonnés au juge pour déterminer la cessation de paiements (5).

---

(1) Lyon, 9 fév. 1853 (J.P.55.1.70).—*Sic*, Orléans, 15 mai 1844 (S.V.45.2.25); Bourges, 18 août 1845 (J.P.46.2.664; Cass., 16 nov. 1846 (J.P.53.2.342). V. Douai, 10 avril 1845 (S.V.45.2.126) ; Paris, 14 déc, 1846 et 30 mars 1848 (S.V. 47.2.45 et 48.2.645) ; Cass., 23 avril 1841 (S.V.41.1.713).

(2) Metz, 17 août 1818.

(3) Nancy, 30 juill. 1842 (S.V.42.2.498).

(4) Paris, 27 nov. 1841 (S.V.42.2.50).

(5) Rouen, 14 mai 1853 (S.V.54.2.428).

Si donc il y a tout à la fois refus de paiement des dettes civiles et des dettes commerciales, les juges doivent apprécier la position dans son ensemble, et il faut ajouter que les occasions se présenteront rarement où les poursuites intentées pour une dette civile, s'il n'y est promptement satisfait, n'entraîneront pas la ruine du crédit commercial.

Une fois la cessation des paiements pour dettes commerciales arrivée, tous les créanciers indistinctement ont qualité de ce moment pour faire déclarer la faillite (1) et il n'y a plus lieu de distinguer les dettes commerciales des dettes civiles; les règles de la faillite sont applicables aux unes comme aux autres; l'état du commerçant failli est indivisible (2).

1637. Tous les auteurs reconnaissent, au reste, que l'état de cessation de paiement est indépendant de l'état d'insolvabilité réelle du débiteur, et que le commerçant, dont l'actif même est supérieur au passif, peut être mis en état de faillite, s'il y a cessation de paiement. Locré seul soutient une opinion contraire (3); mais elle ne pourrait trouver d'appui que dans la distinction à établir entre la suspension et la cessation de paiements, distinction repoussée par le législateur après un sérieux examen (*infrà*, n. 1640). Comment constater, si ce n'est par les formalités mêmes préliminaires exigées en cas de faillite, l'actif et le passif du débiteur qui arrête ses paiements? D'un autre côté, nous l'avons dit, l'insolvabilité même réelle et démontrée ne suffit pas pour constituer la faillite, s'il n'y a pas eu cessation de paiements : « Ainsi, dit M. Bravard-Veyrières, la faillite ne résulte pas de l'insuffisance de l'actif pour faire face au passif; elle dépend uniquement de la cessation de paiements; eût-il beaucoup plus de dettes que de biens, un commerçant échapperait cependant à la déclaration de faillite si, à l'aide de son crédit, il continuait ses paiements; comme aussi en sens inverse, il se pourrait qu'un négociant solvable et même riche fût déclaré en faillite, parce qu'ayant perdu avec son crédit le seul moyen de se procurer, pour faire hon-

---

(1) Cass., 9 août 1849 (D.P.49.1.207).

(2) *Contrà*, St-Nexent, n. 5.

(3) *Esprit du Code de comm.*, t. 5, p. 21 et s.

neur à ses engagements, des ressources immédiates, il aurait cessé ses paiements » (1).

1638. Il semblait, qu'en pratique au moins, le cas ne pourrait se présenter où la faillite d'un commerçant serait poursuivie par son unique créancier ; le contraire est arrivé, et les tribunaux ont dû décider que l'art. 437 était applicable dans ce cas : « Attendu, en droit, a dit la Cour de Rouen, que tout commerçant qui cesse ses paiements est en état de faillite ; que l'état de faillite ne résulte donc pas du nombre de ses créanciers, mais bien de la situation réelle du commerçant débiteur ; attendu que lorsque la cessation de paiements est absolue et complète, tout créancier a le droit de provoquer la déclaration de la faillite de son débiteur commerçant, et que l'exercice de ce droit ne peut être paralysé par le fait, presque impossible d'ailleurs à vérifier, que le poursuivant serait l'unique créancier du débiteur ; qu'en effet, la loi qui fait dépendre l'état de faillite de la seule cessation de paiements est générale, absolue, et ne peut être éludée par une circonstance accidentelle, qui, d'après le texte, comme d'après l'esprit de la loi, n'altère pas le caractère de la faillite ; que si quelques-unes des formalités indiquées par la loi ne peuvent alors être observées, ces formalités ne sont pas constitutives de la faillite, et leur absence n'en détruit pas la base essentielle, la cessation de paiements » (2). Les auteurs qui ont examiné cette question approuvent tous cette doctrine, et l'on comprend aisément l'intérêt pour le créancier, même unique, à enlever à son débiteur la libre administration de ses biens, et à les mettre, ainsi que sa personne, sous la main de la justice et les liens d'une loi spéciale et protectrice.

1639. La Cour de cassation a eu occasion de faire une nouvelle application en sens inverse de cette règle, que l'intérêt est la mesure des actions, dans une espèce dont son arrêt fait suffisamment connaître les circonstances « attendu, a-t-elle dit,..... que tous les créanciers, excepté les deux demandeurs en cassation, se sont déclarés désintéressés et satisfaits, offrant

---

(1) *Manuel de Droit comm.* p. 517.

(2) Rouen, 22 mai 1842 (S,V.42.2.388).—*Sic*, Cass., 7 juill. 1841 (S.V.41.1.570), et 6 déc. 1841 (S.V.42.1.77).

auxdits demandeurs de les payer intégralement, sans que ces offres aient été contredites; et que dans ces circonstances, la Cour impériale a pu d'autant plus se refuser à prononcer la faillite du débiteur, qu'elle reconnaissait en fait, que les deux créanciers dissidents ont agi non par l'intérêt légitime, qui est la mesure des actions, mais par mauvais vouloir » (1). Dans tous les cas, celui qui poursuit la déclaration de faillite doit donc justifier de son intérêt, mais cette condition suffit.

1040. Les faits ont fait naître un état intermédiaire différent de la faillite, lorsqu'on peut croire qu'il n'y aura pas cessation mais suspension de paiements : la distinction serait un peu subtile, s'il avait fallu la faire passer dans la loi, ainsi que cela a été demandé à diverses reprises : « On a quelquefois, disait M. Renouard dans son rapport à la Chambre des députés, réclamé la création légale d'une situation intermédiaire entre la solvabilité et la faillite, et dont la destination serait d'offrir des garanties et des règles pour les simples suspensions de paiements et pour les contrats d'atermoiement qui peuvent en être la suite. Il nous a paru que toute disposition de ce genre est inadmissible. Si tous les créanciers d'un commerçant, dont les paiements se trouvent arrêtés, sont unanimes pour lui accorder du temps, l'intervention de la loi devient inutile; il n'y aura pas de poursuites; qui a terme ne doit rien. Aussi, n'est-ce pas pour ce cas que l'on désire le secours de la loi, mais pour celui où les créanciers ne s'accorderont pas tous à consentir des délais à leur débiteur. » Et, dans ce cas, M. Renouard n'a pas de peine à prouver qu'il en faudra revenir à toutes les mesures mêmes qui ont lieu en cas de faillite, sauf à recommencer ces opérations et les dépenses qu'elles entraînent, quand de nouvelles poursuites amèneraient la faillite judiciaire. Toute disposition relative à cet état, qu'on appelle dans la pratique *suspension de paiements*, a donc été écartée de la loi nouvelle, comme elle l'avait été de l'ancienne rédaction, et est restée sous l'empire du droit commun qui veut l'unanimité des créanciers pour mettre le débiteur à l'abri de poursuites. Aucune décision de la majorité ne pourrait lier la minorité;

(1) Cass., 21 mars 1855 (J.P.56.2.210).

mais, dans ce cas, il est évident que les créanciers, dont les créances ne sont pas échues encore, seraient sans droit pour s'opposer à l'atermoiement, sauf à agir au moment de l'exigibilité, s'ils n'étaient pas satisfaits.

1011. La loi nouvelle a tranché par l'art. 437, une question qui, agitée au conseil d'État sans y être résolue (1), était restée un sujet de très-vives controverses; et la faillite d'un commerçant pourra être déclarée après son décès, *lorsqu'il est mort en état de cessation de paiements*.

Ces derniers mots donnèrent lieu, dans la Chambre des députés, à une discussion très-animée; le retranchement en fut proposé, par le motif que, dans le cas où il y a insolvabilité réelle, il importe peu que le décès ait en effet précédé ou suivi l'état de cessation de paiements; c'était même, a-t-on dit, donner une prime d'encouragement au suicide, puisque le négociant insolvable était certain d'épargner par ce moyen à sa mémoire et à ses enfants, le blâme qui s'attache toujours à l'état de faillite. Des considérations plus puissantes firent maintenir la disposition attaquée (2). « Il a semblé à M. Duvergier (t. 38, p. 365), résulter de cette discussion, dit M. Dalloz, que dans l'intention du législateur, l'on ne peut déclarer la faillite du négociant, qui, à la veille de faillir, s'est donné la mort. *Il nous paraît qu'on doit adopter l'opinion contraire* » (3). Le résultat de la discussion nous semble avoir clairement repoussé cette dernière interprétation, et si M. Renouard a cru inutile de se prononcer plus catégoriquement, c'est qu'il a pensé que le doute n'était pas possible après l'analyse qu'il avait donnée des débats. Il est de toute nécessité, pour que la faillite puisse être déclarée, que la cessation de paiements se soit réalisée avant le décès (4).

Quant à l'état de cessation de paiements, les règles pour apprécier s'il existe en fait seront les mêmes, que le commerçant à qui il est imputé soit encore en vie ou décédé. Les Cours

(1) Procès-verbaux, 26 fév. 1807; Locré, t. 19, p. 75.

(2) Séance du 27 mars 1838.

(3) *Rép.*, v° *Faillite*, n. 59; Lainné, p. 17.

(4) Renouard, t. 1er, p. 246 et s.; St-Nexent, t. 2, n. 199; Esnault, t. 1er, n. 87; Bedarride, n. 22.

de Colmar et de Paris ont paru décider qu'il pouvait exister, même en l'absence de tout protêt ou acte judiciaire (1) ; mais cette interprétation nous paraît contraire à l'esprit et au texte même de l'art. 437, tel que nous venons de le faire connaître ; le législateur a voulu distinguer l'insolvabilité de la cessation et de paiements ; nous croyons avec la Cour d'Orléans, qu'un négociant ne peut être mis en faillite, qu'autant que la preuve est rapportée que ce commerçant n'a pas satisfait à des engagements échus et pour lesquels des poursuites avaient été exercées avant sa mort (2).

Toutefois, en pareille matière, comme il est incontestable qu'il s'agit d'un fait à apprécier, il peut y avoir mal jugé ; mais sans doute le pourvoi en cassation ne pourrait être admis.

Peu importerait, du reste, que la succession eût été acceptée sous bénéfice d'inventaire (3).

1642. La déclaration de faillite d'un commerçant décédé ne peut être demandée aux tribunaux que dans l'année qui suivra son décès ; ce délai expiré, quand même la preuve serait faite qu'il était avant sa mort en état de cessation de paiements, la déclaration de faillite ne peut plus être prononcée (4).

Le jugement même qui déclare la faillite, doit être rendu dans l'année, si le tribunal agit *d'office ;* mais si la faillite est prononcée à la requête d'un créancier, il suffit que la demande ait été formée dans l'année et le jugement peut être rendu après l'expiration de ce délai (5).

1643. La faillite ne peut être déclarée que contre un commerçant et lorsqu'il a cessé ses paiements ; le concours de ces deux conditions est indispensable.

Pour apprécier si la qualité de commerçant appartient à la personne qui a cessé ses paiements, il faut se reporter aux règles que nous avons données sous l'art. 1er (*suprà*, n. 1 et s.). L'état d'insolvabilité du débiteur non commerçant est régi par la loi civile et a reçu le nom de *déconfiture.*

---

(1) Colmar, 30 août 1838 ; Paris, 10 déc. 1839 ; Dalloz, *Rép.*, n. 59.
(2) Orléans, 19 avril 1844 ; Dalloz, *Rép.*, n. 59.
(3) Paris, 10 déc. 1839 ; Dalloz, *Rép.*, n. 59 ; Pardessus, n. 1108.
(4) Douai, 15 avril 1840 ; Dalloz, *Rép.*, n. 61.
(5) Renouard, t. 1er, p. 250 ; Bravard-Veyrières, p. 518.

S'il est vrai que la juridiction spéciale des tribunaux de commerce soit seule compétente pour déclarer l'ouverture de la faillite et en fixer l'époque, la jurisprudence a décidé, soit que cette formalité ait été ou non remplie, qu'il appartient aux tribunaux civils investis de la plénitude de juridiction, de reconnaître, en jugeant les procès qui leur sont soumis, si les faits signalés par la loi comme caractéristiques de l'état de faillite, c'est-à-dire la qualité de commerçant et la cessation de paiements ont existé et d'en appliquer les effets légaux, s'il y a lieu, aux contestations qui s'agitent devant eux.

Cette doctrine a été vivement combattue par M. Massé et MM. Delamarre et Lepoitvin (1), et peut, sans doute, quelquefois présenter des inconvénients réels. Mais si l'on refuse ce pouvoir aux tribunaux civils, on ne peut l'accorder aux tribunaux de répression ; il n'est pas plus possible, en effet, d'être coupable de banqueroute qu'en état de cessation de paiements, si l'on n'est négociant et failli, et il faudra subordonner l'action publique à la déclaration de faillite prononcée par les tribunaux de commerce.

La jurisprudence et tous les auteurs, si l'on excepte ceux que nous venons de nommer, pensent, par suite, que les tribunaux civils, comme les tribunaux de répression, sont compétents pour décider si un individu est commerçant et failli, et appliquer les conséquences légales de l'état de faillite aux litiges dont ils se trouvent régulièrement saisis (2) ; mais ces autorités s'accordent aussi pour décider que les tribunaux civils ne peuvent déclarer la faillite que sous les mêmes conditions que les tribunaux de commerce, et n'ont plus le droit, par exemple, même incidemment, de la rechercher et de la constater, lorsqu'un an s'est écoulé depuis le décès. En outre, en dehors de ces questions spéciales, au jugement déclaratif seul sont attachés les effets généraux de l'état de faillite, et le tribunal de commerce est seul compétent pour constituer la faillite, conformément aux règles tracées par le Code de commerce.

---

(1) Massé, t. 3, n. 215 ; Delamarre et Lepoitvin, t. 5, n, 59 et s., et n. 68 et s.

(2) Cass., 23 avril 1841 (S.V.42.1.243) ; 8 août 1848 (S.V.48.1.600) ; 9 août 1851 (S.V.52.1,281), et 4 décembre 1854 (J.P.55.2.45). — *Sic*, Caen, 15 mai 1854 (S.V.54.2.699).

1044. Quoiqu'un individu ait été déclaré commerçant, afin de justifier la contrainte par corps prononcée contre lui, dans une nouvelle instance, les juges peuvent refuser d'admettre l'existence de cette qualité considérée d'une manière absolue et permanente au point de vue de la faillite, sans violer la chose jugée par le précédent arrêt (1). A plus forte raison, les règles de la faillite ne devraient pas être appliquées à l'individu justiciable, par accident, des tribunaux de commerce, à raison de certains engagements qu'il a souscrits (Cod. com., 631), s'il ne fait pas du commerce sa profession habituelle. Il faut donc, et avant tout, que l'individu dont la faillite est poursuivie soit préalablement déclaré commerçant; mais s'il existe des incapacités à raison de l'état civil pouvant être invoquées par l'interdit, le mineur, la femme mariée, il n'existe aucune incompatibilité dérivant de la qualité, des fonctions ou du titre de celui qui fait du commerce sa profession habituelle; les fonctionnaires, les officiers publics, les magistrats peuvent être déclarés commerçants et, par suite, faillis. Les tribunaux apprécient souverainement tout aussi bien les faits qui attribuent la qualité de commerçant que ceux qui constituent la cessation de paiements (*suprà*, sous l'art. 1er).

1045. Un commerçant peut avoir une maison en France et une maison en pays étranger établies l'une et l'autre sous la même raison sociale; une semblable maison constitue évidemment un établissement commercial ayant un siége en France, auquel peuvent et doivent être appliquées toutes les dispositions du Code de commerce, et notamment celles qui sont relatives à la mise en faillite du commerçant qui cesse ses paiements. Cette maison de commerce peut donc être déclarée en faillite par les tribunaux français, sauf aux créanciers à provoquer ensuite, ainsi qu'ils aviseront, devant les autorités judiciaires du lieu où est établi le second établissement dépendant de la même maison, l'application des conséquences qui résulteront de ce jugement aux termes de la législation en vigueur dans ce pays (2). En pareil cas, les tribunaux français ne suivraient

(1) Cass., 4 mai 1842 (S.V.42.1.540).
(2) Paris, 23 déc. 1847 (S.V.48.2.355).

pas la règle qui exige que la mise en faillite soit prononcée au lieu du principal établissement et non à celui de la succursale ; cette règle doit être entendue dans ce sens, que c'est au lieu du principal établissement, en France, ou dans les possessions françaises (*infrà*, n. 1650).

1646. Les jugements rendus en pays étranger ne sont exécutoires en France qu'après avoir été soumis à l'approbation d'un tribunal français, et les jugements en déclaration de faillite ne font pas exception. Mais la demande à cet effet, serait valablement faite par simple requête : il ne peut exister de motifs pour exiger que l'on agisse dans ce cas spécial par voie d'ajournement (1). Lorsqu'il s'agit, non pas de l'exécution forcée d'un jugement rendu par une juridiction étrangère, mais de vérifier, en fait, si une maison située en pays étranger est en faillite et si les demandeurs sont investis de la qualité de syndics ou mandataires des créanciers, la preuve de ce double fait peut être faite par tous les moyens, et résulter de tous documents, et particulièrement d'un certificat émané du président du tribunal de commerce qui a prononcé la faillite (2).

L'appréciation des faits qui établissent la cessation de paiement étant laissée, dans tous les cas, aux juges, les tribunaux français peuvent accueillir le jugement étranger prononçant la faillite comme suffisant pour établir le fait et la date de la cessation de paiements (3). A ce point de vue, la question de l'exécution en France des jugements de faillite rendus en pays étranger présente moins d'intérêt. Mais si aucune déclaration de faillite n'a été demandée aux tribunaux français, ni aucune exécution du jugement rendu en pays étranger, l'étranger déclaré en faillite dans son pays ne pourrait revendiquer le bénéfice de la loi française qui autorise le juge à donner mainlevée de l'emprisonnement pour dettes : « C'est là, a dit le tribunal civil de la Seine, dans un jugement en date du 21 janv. 1857, un bénéfice de la loi française, qui ne peut être invoqué par l'étranger déclaré en faillite dans son pays, et

(1) Douai, 14 août 1845 (S.V.46.2.303).
(2) Bordeaux, 29 déc. 1847 (S.V.48.2.225), et Aix, 8 juill. 1840 (S.V.41.2.203).
(3) Renouard, t. 1er, p. 230.

en vertu de la loi étrangère, dont les dispositions ne sont pas exécutoires contre un créancier français. »

CHAPITRE PREMIER.

De la déclaration de faillite et de ses effets.

ARTICLE 438.

Tout failli sera tenu, dans les trois jours de la cessation de ses paiements, d'en faire la déclaration au greffe du tribunal de commerce de son domicile. Le jour de la cessation de paiements sera compris dans les trois jours. — En cas de faillite d'une société en nom collectif, la déclaration contiendra le nom et l'indication du domicile de chacun des associés solidaires. Elle sera faite au greffe du tribunal dans le ressort duquel se trouve le siége du principal établissement de la société.

1647. « La loi de 1838, comme l'ancien Code, a dit M. Renouard, a donné au mot *déclaration* deux acceptions diverses, dont il importe de signaler la différence afin d'éviter la confusion dans les idées.

« Les art. 438, 439 et 440, et les art. 456 et 586 qui s'y réfèrent, donnent le nom de déclaration de faillite à la confession que le commerçant fait au greffe, de la cessation de ses paiements. Dans le reste de la loi, la déclaration de faillite s'entend du jugement qui proclame l'existence de la faillite. L'emploi d'un même mot en plusieurs sens est, en toute matière et surtout dans le texte des lois, une source d'équivoque et d'obscurité. Les rédacteurs de la nouvelle loi n'ont pas aperçu et corrigé ce vice de rédaction de l'ancien Code. vice très-sensible dans l'art. 440. On y lit que la faillite est déclarée par jugement rendu sur la déclaration du failli » (1).

La loi a voulu que l'état de faillite fût constaté et rendu public dans le plus bref délai ; et elle a ordonné en conséquence au failli de faire connaître son état dans les trois jours de la cessation des paiements.

La déclaration du failli, au reste, ne lie ni les créanciers ni la justice, quant à la date réelle de la cessation de paiements ; nous verrons que le tribunal a toute liberté de la faire remonter à une date plus reculée, soit d'office, soit sur la demande de toute personne intéressée.

Le commerçant qui a fait sa déclaration peut la rétracter tant que le jugement de déclaration de faillite n'est pas rendu (2).

1648. La loi exige que la déclaration soit faite au greffe même du tribunal de commerce de son domicile.

Il n'était pas possible de laisser au commerçant qui cesse ses paiements le choix du tribunal qui connaîtra de sa faillite ; ses juges naturels sont, dans tous les cas, ceux de son domicile, et il ne peut dépendre de lui de les changer, faute de se conformer aux prescriptions de l'art. 438 (3).

« Le tribunal compétent pour statuer sur la mise en faillite, dit M. Bédarride, est celui du domicile dans lequel le commerçant a exercé le commerce, alors même que ce domicile eût été abandonné après la cessation de paiements...... C'est au juge dans l'arrondissement duquel s'est réalisée la cessation de paiements, que la loi défère le jugement de la faillite, parce que seul il a une connaissance suffisante des circonstances qui ont pu motiver cette cessation, et du caractère de l'administration du failli » (4).

M. Bédarride, il faut en convenir, va un peu plus loin que la loi, ou, pour parler plus exactement, en modifie le texte ; l'art. 438 ne dit pas que le tribunal compétent soit celui dans l'arrondissement duquel s'est réalisée la cessation de paiements, mais bien celui du domicile du failli : « Sans doute, ainsi que

(1) *Des Faillites*, t. 1er, p. 252. — *Sic*, Bravard-Veyrières, p. 519.
(2) Bédarride, n. 57 ; Pardessus, n. 1097.
(3) Cass., 3 avril 1844 ; Dalloz, *Rép.*, n. 79.
(4) *Faillites*, n. 52. — *Sic*, Renouard, t. 1er, p. 255.

le proclamait la Cour de Rouen, il importe à la justice comme à l'intérêt des créanciers qu'un débiteur, par un changement de domicile calculé à l'avance, ne puisse enlever la connaissance des faits de la faillite au tribunal qui peut le mieux en apprécier la portée ; » mais ce qui importe encore plus, c'est d'exécuter la loi, et aussi le même arrêt que nous venons de citer avait-il eu soin de poser d'abord en fait que le failli avait depuis plusieurs années son domicile à Rouen ; que, de la production des registres de la commune où il avait transporté sa résidence, naissait la preuve qu'il n'avait pas rempli toutes les formalités exigées par les art. 103 et 104, C. Nap., pour la constatation légale de la translation de son domicile, et que les circonstances de la cause n'établissaient pas suffisamment le fait de son habitation à Pont-Saint-Pierre, joint à l'intention d'y fixer sérieusement son principal établissement (1). Les juges pourront donc se montrer extrêmement sévères dans l'appréciation des faits qui constituent le changement de domicile; mais, s'ils reconnaissent que le domicile est bien réellement, au moment où la déclaration de faillite est demandée au tribunal, différent du lieu où le failli exerçait son commerce et où a commencé la cessation de paiements, il faudra bien dire avec la Cour de Bourges : « qu'aux termes de droit, il appartient au tribunal de son domicile de la déclarer » (2).

1040. Conformément à ces règles, et d'accord cette fois avec l'intérêt des créanciers et de la bonne administration de la justice, c'est au lieu où le failli a son principal établissement, que la faillite doit être proclamée par le tribunal, et c'est une question nécessairement abandonnée à l'appréciation des juges que de déterminer, d'après les circonstances, quel est le principal établissement, soit du commerçant isolé, soit de la société commerciale en faillite. Aucune convention particulière ne peut priver les créanciers du bénéfice de cette disposition; la loi nouvelle a dû faire cesser toute controverse (3).

---

(1) Rouen, 10 déc. 1842 (S.V.43.2.401).

(2) Bourges, 19 juin 1830 (S.V.30.2.525).

(3) Cass., 10 avril 1838, 6 avril 1840, 2 déc. 1840, 7 déc. 1841, 28 nov. 1842 S.V.38.1.923, 40.1.700, 41.1.125, 42.1.361, 43.1.42).

Lorsqu'il existe un établissement principal et une succursale, celle-ci n'a pas une existence distincte de la maison principale ; il ne peut, dans ce cas, y avoir qu'une faillite ; et elle doit être déclarée au lieu où se trouve le siége du principal établissement.

La mise en faillite demandée en tout autre lieu serait illégale, et les poursuites, comme tout ce qui en aurait été la suite, devraient être annulées (1). Mais aucune disposition de loi ne s'oppose à ce qu'un même individu devienne l'objet d'une double déclaration de faillite dans deux lieux différents, quand il s'agit d'opérations de commerce parfaitement distinctes (2), ainsi que cela aurait lieu, s'il faisait partie de deux sociétés.

1650. La règle que nous venons de poser doit être rigoureusement suivie, si le siége du principal établissement est en France ou dans les possessions françaises, mêmes coloniales ; mais s'il n'existe en France qu'un seul établissement commercial, ne fût-il en réalité que la succursale d'un établissement principal situé en pays étranger, toutes les dispositions du Code de commerce, et notamment celles qui sont relatives à la faillite du commerçant qui cesse ses paiements, doivent être appliquées ; la règle doit être entendue dans ce sens, que c'est au lieu du principal établissement situé en France ou dans les possessions françaises, que la faillite doit être déclarée, sans préjudice des mesures à prendre au lieu où est établi le second établissement (3). Si la faillite avait été déclarée en pays étranger et le jugement rendu exécutoire en France, il n'y aurait pas lieu à faire déclarer une seconde faillite (*suprà*, n. 1645 et s.).

1651. Toute maison de commerce, jusqu'à ce qu'elle ait terminé sa liquidation par le solde de toutes ses dettes, peut être mise en faillite (4).

Il faut dire, en outre, avec la Cour de cassation, qu'il ne suffit pas qu'un associé se retire pour qu'il devienne étranger

(1) Cass., 18 août 1841 ; Dalloz, *Rép.*, n. 70.
(2) Cass., 23 août 1853 (J.P.55.2.135).
(3) Paris, 23 déc. 1847 (S.V.48.2.355).
(4) Paris, 22 déc. 1831 ; Dalloz, *Rép.*, n. 105.

à la société, comme s'il n'en avait jamais fait partie; il faut encore qu'il justifie du paiement des dettes contractées pendant le temps qu'il est resté dans les liens du contrat, et si, à l'époque de sa retraite, la société dont il faisait partie était déjà hors d'état de solder ses obligations et d'acquitter ses dettes, il peut être déclaré en faillite comme associé, lorsque la faillite a été amenée par cet état de choses (1).

1052. Que l'établissement commercial appartienne à un seul individu ou à l'être collectif que représente une société, cette circonstance ne changera rien aux règles qui doivent faire déclarer la faillite; si l'art. 438 le dit expressément, c'est afin de faire connaître les formalités à remplir au domicile de chacun des associés.

Le texte ne parle que des sociétés en nom collectif. La disposition est applicable de plein droit aux sociétés en commandite, en ce qui concerne les associés responsables et solidaires, puisqu'à leur égard la société est en nom collectif (C. comm., art. 24). S'il n'y a qu'un seul associé responsable et gérant, il est régi évidemment par le premier paragraphe de l'art. 438. Cette circonstance, que la société est par actions, ne peut apporter à ces règles aucune modification. Quant aux commanditaires, simples bailleurs de fonds, leurs noms ne doivent pas figurer sur la déclaration que le gérant ou les gérants doivent faire au greffe. En effet, aucun doute n'existe que les commanditaires ne sont pas faillis. Même dans le cas prévu par l'art. 28, C. comm., et lorsque l'associé commanditaire doit être déclaré par sa faute solidairement obligé à tous les engagements de la société, nous avons dit qu'il ne devait pas être considéré comme associé pur et simple, et ne pouvait par suite être mis en faillite (*suprà*, n. 165). Aucun doute n'est possible, du reste, dans ces termes, que la société en commandite peut être déclarée en faillite comme la société en nom collectif.

1053. La question est, au contraire, vivement controversée en ce qui concerne la société anonyme. M. Renouard a soutenu avec force qu'une semblable société ne pouvait être mise en faillite. La société anonyme, en effet, est une association non

(1) Cass., 11 avril 1840 (S.V.40.1.749).

de personnes, mais de capitaux : peut-on comprendre la mise en faillite non d'individus, mais de choses, ou prétendre qu'il peut y avoir une faillite sans failli ? Nous ne pouvons l'admettre, ce serait abuser de la fiction qui voit dans une société une personne morale indépendante des individus qui la composent ; d'ailleurs, la faillite devant avoir pour premier effet de dissoudre la société, que restera-t-il ? Le livre entier des faillites suppose évidemment, dans chacune de ses dispositions pour ainsi dire, qu'il existe un individu à qui l'application peut en être faite. C'est d'ailleurs évidemment contre la personne même du failli que toutes les précautions de la loi ont été prises, et, quoi qu'en aient dit quelques auteurs, nous ne voyons pas quel surcroît de garantie, quelle économie de temps et de frais, quelle facilité de liquidation peut amener la mise en faillite de la société anonyme ; l'arrêt même rendu par la Cour de Paris, pour consacrer une doctrine contraire à la nôtre, prouve que la faillite, dans ce cas, n'est qu'une source nouvelle d'embarras et de difficultés. Nous pensons donc, avec M. Renouard, que l'état vrai d'une société anonyme qui tombe dans l'impuissance de satisfaire à ses engagements, c'est la liquidation (1).

1654. Quant aux associations en participation, elles ne forment point de sociétés proprement dites ; il peut y avoir, le cas échéant, faillite des individus qui y ont pris part, mais non de la participation même, qui ne formera jamais une personne morale (2).

1655. L'art. 430, en exigeant que, dans le cas d'une faillite en nom collectif, la déclaration contienne le nom et l'indication du domicile de chacun des associés solidaires, semble décider que tous les associés tombent en faillite personnellement en même temps que la société même qu'ils constituaient, et qu'il n'est pas nécessaire de faire constater judiciairement la cessation de paiement de chacun d'eux. On peut citer encore, à l'ap-

---

(1) Renouard, t. 1er, p. 261 ; Massé, t. 3, n. 217. — *Contrà*, Paris, 29 déc. 1838 (J.P.39.1.72), et 27 nov. 1852 (S.V.52.2.662) ; Lainné, p. 25 et s. ; Esnault, t. 1er, n. 95 ; Dalloz, *Rép.*, v° *Faillite*, n. 92 ; St-Nexent, t. 2, n. 168.

(2) Renouard, t. 1er, p. 264.

pui de cette opinion, les art. 458 et 531 (1). Cette doctrine a cependant été contredite (2), mais nous croyons que l'opinion de M. Pardessus, que l'on a citée, n'est pas aussi absolue qu'on l'a prétendu.

Ce qui constitue la faillite, ce n'est pas le jugement qui la proclame et la rend notoire, c'est la cessation de paiements; tous les auteurs, d'accord avec une jurisprudence à peu près constante, décident que l'état de faillite et toutes les conséquences qu'il entraîne existent indépendamment du jugement déclaratif. Deux arrêts et M. Massé ont seuls embrassé une opinion contraire (3). Mais la cessation de paiements est un fait complexe, dont les circonstances doivent être appréciées par les tribunaux ; et seuls ils peuvent décider que le fait s'est produit. Jusqu'à ce que ce fait soit judiciairement constaté, il reste à l'état de simple allégation. Le tribunal, saisi par les créanciers, peut déclarer que le fait allégué de la cessation de paiements n'a pas existé. Soutiendra-t-on, dans ce cas, au mépris du jugement, qu'il y a eu faillite? Non, assurément, parce que l'autorité de la chose jugée décide souverainement le contraire. Ce fait n'a donc pas, dans ce sens, une valeur légale et juridique par lui-même et indépendamment du jugement, car les jugements ne peuvent porter atteinte à des droits acquis. C'est bien le fait qui constitue la faillite, mais c'est le jugement seul qui déclare l'existence ou l'inexactitude du fait allégué et peut permettre, par suite, qu'aucune conséquence en soit tirée.

Ces prémisses posées, nous comprendrons mieux la doctrine de M. Pardessus.

« Pourquoi, dit cet auteur en parlant des associés, ceux-ci n'auraient-ils pas le droit de se rendre opposants au jugement, et, en fournissant tout ce qui est nécessaire pour reprendre les paiements, de faire ainsi révoquer la déclaration de faillite ? Ils n'y seraient plus admissibles, sans doute, après les

---

(1) Renouard, t. 2, p. 133; Lainné, p. 23 ; Esnault, t. 2, n. 485; Massé, t. 3, p. 218 ; Bédarride, n. 104 ; Troplong, *Sociétés*, n. 68 et s.; Douai, 9 fév. 1825.

(2) Devilleneuve et Massé, v° *Société*, n. 18 ; Malepeyre et Jourdain, n. 29 ; Paris, 26 mars 1840 (S.V.40.2.247), et Orléans, 27 nov. 1850 (S.V.51.2.33).

(3) Toulouse, 26 août 1828 ; Douai, 15 avril 1840 (J.P.41.1.724) ; Massé, t. 3, n. 214.

délais d'opposition et d'appel » (1). C'est dans ce sens qu'il avait dit que la déclaration avait pour effet de mettre tous les associés *en prévention de faillite.* Nous ne croyons pas qu'il existe de droit plus légitime que celui que M. Pardessus accorde aux associés, et si la faillite existait, indépendamment même du jugement; si, au moment où le tribunal est saisi, c'était désormais un fait accompli, le remède indiqué par M. Pardessus serait impuissant sans doute. Mais la société ne peut manquer à ses engagements que parce que les associés, quel qu'en soit le motif, manquent aux leurs ; si la société cesse ses paiements, c'est que les associés cessent de payer : au domicile de la société, on interpelle régulièrement tous les associés de satisfaire aux engagements contractés; s'ils n'en font rien, société et associés sont en état de faillite ; si l'un des associés, au contraire, paie, même sur ses biens personnels, il n'y a point faillite de la société, et sauf le recours de l'associé. Nous ne voyons pas comment, à moins de renverser tous les principes de la société en nom collectif, un associé pourrait prétendre qu'il n'a pas été mis régulièrement en demeure, lorsqu'il a été interpellé au domicile social : à qui serait donc adressée l'interpellation ? Mais lorsqu'il n'a existé, en effet, aucun jugement qui ait reconnu et déclaré ce fait, parce que, ainsi que le suppose M. Pardessus, l'associé a fait opposition, en temps utile, au jugement déclaratif de la faillite et que la justification est produite, que tous les engagements échus sont acquittés, que les paiements sont repris, qu'il n'y a aucun intérêt en souffrance, il est incontestable qu'il appartient alors au tribunal de déclarer qu'il n'y a pas eu, en effet, cet état que la loi a voulu qualifier du nom de cessation de paiements, et qu'il n'y a pas faillite, par conséquent, mais ni pour la société, ni pour les associés, qu'il nous semble impossible de séparer.

C'est par application du même principe que M. Pardessus a dit que le commerçant qui a fait la déclaration de cessation de paiements serait fondé à la retirer, s'il trouvait des ressources pour solder ses engagements, avant que le tribunal eût

---

(1) *Droit comm.*, n. 1111.

prononcé (1); à plus forte raison, ajoute-t-il, si l'administrateur ou gérant d'une société en nom collectif s'était présenté au greffe pour déclarer que cette société est en faillite, les autres associés pourraient prétendre que cette démarche de sa part est mal fondée, et que la société n'est point dans une situation qui la constitue en faillite » (2). Si ce n'est pas le jugement qui constitue la faillite, en ce sens qu'elle a existé ou pu exister avant qu'il fût rendu, faute de ce jugement qui la déclare, qui la proclame, il ne reste qu'un fait qui peut être contesté, sans aucune conséquence légale, et qui n'a plus rien de juridique.

Il faudrait décider sans hésitation en sens contraire, dans le cas où l'un des associés solidaires ferait un commerce séparé de celui de la société et pour lequel il serait déclaré en état de faillite; il est évident que l'état particulier de cet associé est sans influence aucune sur l'état de la société.

ARTICLE 439.

La déclaration du failli devra être accompagnée du dépôt du bilan, ou contenir l'indication des motifs qui empêcheraient le failli de le déposer. Le bilan contiendra l'énumération et l'évaluation de tous les biens mobiliers et immobiliers du débiteur, l'état des dettes actives et passives, le tableau des profits et pertes, le tableau des dépenses; il devra être certifié véritable, daté et signé par le débiteur.

1656. Le failli doit joindre à la déclaration de la cessation de paiements le dépôt de son bilan; toutefois, sur les observations faites à la Chambre des députés, que, dans certaines circonstances, cette exigence pouvait être trop rigoureuse, la rédaction primitive a été modifiée dans un sens moins absolu, et le failli qui ne peut se conformer aux prescriptions de la

---

(1) *Sic*, Bédarride, n. 57.
(2) *Droit comm.*, n. 1097.

loi est admis à indiquer les motifs qui l'empêchent de déposer son bilan (1).

« On appelle *bilan*, dit M. Pardessus, le tableau de la situation active et passive des affaires d'un commerçant, et, pour appliquer cette définition sommaire à la situation d'un commerçant failli, tout ce qui peut éclairer sur l'état actuel et ancien de ses affaires, sur les causes et les circonstances de la faillite » (2). Aussi la loi exige-t-elle que ce document contienne non-seulement l'énumération et l'évaluation de tous les biens mobiliers et immobiliers du débiteur et l'état des dettes actives et passives, ou, en d'autres termes, un inventaire complet et exact, mais encore le tableau des profits et pertes et celui des dépenses.

Ces deux derniers tableaux ne doivent pas évidemment se borner, comme l'inventaire prescrit par l'art. 9, C. comm., à embrasser la dernière année seulement; ce serait insuffisant pour éclairer la conduite du débiteur et permettre d'apprécier les causes de sa faillite ; mais il y a doute pour décider jusqu'où doit remonter ce tableau : il semble évident qu'il doit comprendre dix années au moins, ou remonter à l'époque à laquelle a commencé le commerce, si elle est plus récente ; mais exiger davantage, dans le silence de la loi spéciale, et lorsque le commerçant n'est tenu de garder ses livres que dix ans, serait évidemment trop rigoureux (3). Si les livres cependant avaient été conservés, il paraîtrait naturel de donner un résumé complet de tous les inventaires qui ont dû être faits, sans que cette omission toutefois pût être jamais opposée comme un grief au failli.

Le bilan doit être certifié véritable, daté et signé par le débiteur; néanmoins, ainsi que le dit M. Pardessus, « quelle que soit l'exactitude qui doive présider à ce travail, la précipitation, l'oubli peuvent occasionner des erreurs ou des omissions; la quotité de l'actif et du passif dépend souvent de vérifications et de comptes courants non arrêtés au moment de la faillite, qui feront varier le résultat du bilan : ainsi, il peut y avoir lieu

(1) Séances du 9 et du 10 fév. 1835.

(2) *Droit comm.*, n. 1154.

(3) Locré, t. 6, p. 25.

à le rectifier par des additions ou autrement, sans qu'on doive en induire toujours que le failli qui l'a rédigé n'était pas de bonne foi » (1). Toutefois, M. Bédarride ne permet aucune rectification quant à l'état des dettes; l'omission, dit-il, ne préjudicie en rien au créancier; il peut se présenter à la vérification, et on évite ainsi la possibilité pour le failli d'introduire après coup des créanciers de complaisance. L'attention est éveillée sur ce point; mais, si l'on ne permet pas au failli de rectifier une erreur à cet égard, il pourrait être accusé d'avoir voulu dissimuler sa position.

Locré pense que la déclaration faite par le failli dans son bilan prend le caractère d'aveu judiciaire, parce qu'elle est faite à la justice et qu'elle forme preuve contre lui en conséquence, à moins qu'il ne justifie qu'elle est la suite d'une erreur de fait, à ce point que le créancier, eût-il même été rejeté ou réduit à l'égard de la masse, au moment de la vérification, le failli n'en resterait pas moins obligé à son égard pour toute la somme qu'il a reconnue (2). Cette opinion ne semble pas juste et doit être rejetée (3); mais, si les énonciations portées dans le bilan sont reconnues sincères, elles doivent produire leurs effets légaux, et la reconnaissance d'une dette, par exemple, faite dans le bilan, interromprait la prescription (4). Il est inutile sans doute de dire que les énonciations du bilan ne pourraient, en aucun cas, lier les créanciers.

Le projet primitif portait que le bilan serait *affirmé* : la Cour de Rennes fit observer que le mot *affirmé* était équivoque. » Si l'on veut que le failli affirme son bilan en justice, disait-elle, il est nécessaire de prescrire la forme de l'affirmation, qui jusqu'à présent n'est point usitée. Si l'on ne veut que confirmer l'usage, il convient de substituer le mot *certifié* au mot *affirmé* » (5). On fit droit à cette observation, et c'est une preuve de plus pour établir que les énonciations du bilan ne peuvent

(1) *Droit comm.*, n. 1155; Bédarride, t. 1er, n. 41; Esnault, t. 1er, n. 115.

(2) *Esprit du Code de comm.*, t. 6, p. 21 et 22; Esnault, n. 119; St-Nexent, t. 2, p. 176.

(3) Renouard, t. 1er, p. 270.

(4) Bordeaux, 24 fév. 1843 (S.V.43.2.288).

(5) Observ., etc., t. 1er, p. 302.

être assimilées à un aveu judiciaire; la législation nouvelle n'a rien innové à cet égard.

Si le débiteur ne sait ou ne veut signer, l'acte de dépôt fera mention de cette circonstance, ainsi que de l'affirmation de la vérité du bilan (1).

Le failli peut se faire représenter par un fondé de pouvoirs pour déposer et signer son bilan (2). La procuration doit être spéciale, mais rien ne permet d'exiger qu'elle soit notariée.

ARTICLE 440.

La faillite est déclarée par jugement du tribunal de commerce, rendu soit sur la déclaration du failli, soit à la requête d'un ou de plusieurs créanciers, soit d'office. Ce jugement sera exécutoire provisoirement.

1057. Il résultait, implicitement au moins, des art. 437 et 438, que la déclaration de faillite pouvait être provoquée, soit par le failli lui-même, soit par un ou plusieurs créanciers, soit être prononcée d'office; l'art. 440 le dit d'une manière expresse.

Chacun des associés dans une société en nom collectif, et chacun des associés indéfiniment responsables dans une société en commandite, qu'il soit ou non administrateur, peut faire la confession dont parle l'art. 438 et par suite provoquer le jugement même contre ses coassociés (3).

Les créanciers sont tous admis sans distinction à provoquer la déclaration de faillite. S'il y a cessation de paiement des dettes commerciales, le créancier d'une dette, même purement civile, n'est pas excepté (4); il faut en dire autant de ceux dont les créances ne sont pas échues: en effet, a dit la Cour de Paris, « ce n'est pas le jugement de déclaration de faillite qui rend

---

(1) Trib. de comm. d'Aubenas, observ., etc., t. 2, 1re part., p. 68.

(2) Chambre des députés, séance d'avril 1838; Pardessus, n. 1096; Renouard, t. 1er, p. 269.

(3) Paris, 22 déc. 1831; Dalloz, *Rép.*, n. 105.

(4) Cass., 9 août 1849 (S.V.49.1.617); Paris, 27 nov. 1841 (S.V.42.2.50); Douai, 27 août 1852 (S.V.53.2.39).

les créances exigibles, mais le fait préexistant de la faillite résultant de la cessation de paiements » (1).

On déciderait de même pour un créancier conditionnel, ainsi que pour les créanciers privilégiés ou hypothécaires, puisqu'il est possible qu'ils ne viennent pas en ordre utile sur la chose qui leur sert de gage (2). Des héritiers ont le même droit, s'ils pouvaient y avoir intérêt.

Des raisons de convenance devraient interdire sans doute à des individus qui tiennent de trop près au débiteur d'user de ce droit, à un fils, par exemple, ou à une femme à l'égard de son mari; mais il nous semble impossible d'ériger en article de loi, ainsi que le proposent quelques auteurs (3), ce sentiment de convenance qui évidemment, pour tous, devrait avoir des limites, et que les circonstances peuvent rendre plus ou moins impérieux (4). Le Code portugais contient une disposition expresse à cet égard; elle ne peut être suppléée.

Ce droit a été dénié à l'associé commanditaire, agissant en qualité de créancier (5); il paraît que, dans l'espèce jugée par la Cour de Colmar, une clause de l'acte social bornait les droits du commanditaire, même pour les sommes versées au delà de sa mise de fonds, à demander la dissolution et la liquidation de la société. En toute autre circonstance, si l'associé commanditaire agit en qualité de créancier, nous croyons qu'il est autorisé à demander la mise en faillite de son débiteur, dans les conditions ordinaires, et s'il y a cessation de paiements (6). Mais l'associé commanditaire ne pourrait avoir le droit de demander la faillite de la société par cela seul qu'un inventaire constaterait un déficit considérable : il ne pourrait que provoquer la dissolution de la société (7).

---

(1) Paris, 22 déc. 1831; Dalloz, *Rép.*, n. 105; Pardessus, n. 1099; Renouard, t. 1er, p. 272; Bédarride, n. 50; Dalloz, *Rép.*, v° *Faillite*, n. 105; Boulay-Paty, n. 64.

(2) Aix, 27 nov. 1835 (S.V.36.2.16); Pardessus, n. 1099; Renouard, t. 1er, p. 279.

(3) Pardessus, n. 1099; Boulay-Paty, n. 67; Renouard, t. 1er, p. 272.

(4) Esnault, n. 97.

(5) Colmar, 17 mars 1810; Dalloz, *Rép.*, n. 140.

(6) Bédarride, n. 47.

(7) Bédarride, n. 44 et s.; Renouard, t. 1er, p. 273.

Lorsque la liquidation de la société en commandite est terminée à l'égard de tous les créanciers de la société, si l'associé gérant reste débiteur envers le commanditaire, faute par lui de s'acquitter, il pourrait alors être mis en faillite sur la poursuite du commanditaire devenu simple créancier.

Il a été jugé avec raison que le créancier qui a renoncé au bénéfice de la contrainte par corps contre son débiteur n'est pas déchu du droit de le faire déclarer en faillite (1).

L'ordre public pouvant être intéressé à une déclaration de faillite, la loi a dû permettre aux juges d'agir d'office, mais ils n'useront de ce droit sans doute qu'avec une extrême réserve. Un premier jugement du reste épuise la juridiction du tribunal; s'il a rejeté une demande en déclaration de faillite, il ne pourrait se ressaisir de l'affaire et revenir sur une précédente décision, qu'autant que de nouveaux faits graves et certains seraient survenus depuis le premier jugement (2).

1658. La loi veut que ce soit par jugement que la faillite soit déclarée, et qu'il soit rendu dans la forme accoutumée, et présentant les garanties qui sont exigées pour le nombre des juges et la publicité (3); mais l'irrégularité des poursuites dirigées par les créanciers ou l'inobservation de formes de procédure ne pourraient être invoquées pour faire réformer le jugement, s'il a été prononcé en connaissance de cause, puisque le tribunal peut déclarer la faillite indépendamment de la provocation des créanciers et d'office (4) : il est donc sans difficulté que les créanciers peuvent agir par voie de simple requête, et sans qu'il soit besoin d'assigner le débiteur, sauf à lui plus tard à former opposition. Le failli ne pourrait pas se plaindre de n'avoir pas été assigné; il n'est point partie nécessaire dans le jugement déclaratif, et sauf au tribunal à ordonner, s'il le juge à propos, que le débiteur soit mis en cause (5).

---

(1) Orléans, 29 mai 1840 (S.V.40.2.363); Renouard, t. 1er, p. 276.

(2) Dijon, 6 mars 1844 ; Dalloz, *Rép.*, n. 112 ; Renouard, t. 1er, p. 280.

(3) Riom, 4 juill. 1809; Rouen, 10 mai 1813 ; Amiens, 24 avril 1839 (S.V.39. 2.363).

(4) Rennes, 10 juill. 1820 ; Dalloz, *Rép.*, n. 114.

(5) Bédarride, n. 53; Renouard, t. 1er, p. 271 ; Lainné, p. 35.

Le tribunal, dans tous les cas, apprécie les faits allégués par les créanciers, et il est hors de toute contestation que, s'il n'y voit pas des preuves assez formelles d'une cessation de paiements, il doit rejeter la demande. « Le débiteur dont la réputation et le crédit souffriraient de cette attaque inconsidérée, dit M. Pardessus, pourrait même obtenir des dommages-intérêts et l'affiche du jugement » (1).

Le jugement déclaratif de la faillite est exécutoire par provision.

Nous nous occuperons, sous les art. 580 et 581, de l'opposition et de l'appel.

Ce jugement peut, comme tout jugement par défaut, tomber en péremption faute d'avoir été exécuté dans les six mois (2).

ARTICLE 441.

Par le jugement déclaratif de la faillite, ou par jugement ultérieur rendu sur le rapport du juge-commissaire, le tribunal déterminera, soit d'office, soit sur la poursuite de toute partie intéressée, l'époque à laquelle a eu lieu la cessation de paiements. A défaut de détermination spéciale, la cessation de paiements sera réputée avoir eu lieu à partir du jugement déclaratif de la faillite.

1659. La cessation de paiements constitue l'état réel de faillite ; le jugement, l'état judiciaire (*suprà*, n. 1655).

C'est aux juges du fond qu'appartient exclusivement le droit d'apprécier les faits qui constituent la cessation de paiements, et leur décision à cet égard échappe à la censure de la Cour de cassation (3). La loi laisse aux tribunaux une liberté entière d'appréciation, et elle s'est abstenue de répéter le texte de l'an-

---

(1) *Droit comm.*, n. 1102 ; Bédarride, n. 55.

(2) Cass., 26 fév. 1834 (S.V.35.1.222) ; Paris, 6 déc. 1838 (S.V.39.2.480) ; Orléans, 31 août 1850 (S.V.51.2.23) ; Pardessus, n. 1110 ; Esnault, t. 1er, n. 148. — *Contrà*, Metz, 30 mars 1833 (S.V.51.2.23, à la note).

(3) Cass., 12 mai 1841 (S.V.41.1.603).

cien art. 441, qui indiquait comme constituant nécessairement la cessation de paiements la retraite du débiteur, la clôture de ses magasins, le refus de payer. Ces faits peuvent être pris en considération, sans doute, mais n'ont pas plus de force légale que tous les autres : ainsi a été tarie la source de bien des difficultés.

Les arrêts nombreux rendus sur cette matière, et qui ont diversement apprécié souvent les faits qui constituaient la cessation de paiements, jettent donc bien peu de lumière sur la question et ne peuvent arriver, quel qu'en soit le nombre, à former une doctrine, parce que chacun d'eux s'appuie sur les circonstances particulières du fait à juger et sur l'appréciation qui en a été faite par les juges compétents; et nous avons peu de chose à ajouter aux règles que nous avons données sous l'art. 437 ci-dessus, pour reconnaître dans quels cas existe la cessation de paiements (*suprà*, n. 1635 et s.). « Considérant, disait la Cour de Nancy sous l'empire de la nouvelle loi, que le législateur s'est abstenu de donner aucune définition de la cessation de paiements; qu'il s'en est rapporté à la prudence du juge ; qu'il l'a dispensé de l'obligation de s'attacher, soit à la notoriété publique, soit à quelques-uns de ces faits extérieurs qui démontrent plus ou moins énergiquement la faillite; qu'il a été dans l'esprit de la loi nouvelle que l'existence commerciale du failli fût soumise à un examen attentif, surtout aux époques qui se rapprochent de la déclaration officielle de sa chute ; que le juge ne se laissât pas aller aux apparences, mais s'attachât à la réalité, afin que la faillite fût déclarée ouverte quand le mouvement commercial a été véritablement suspendu dans son ensemble, quand les principales obligations du négociant ne sont pas remplies, parce qu'à dater de ce moment la loi veille pour tous les créanciers à la fois et les appelle au partage de la même destinée, sans autres distinctions que celles qu'elle autorise elle-même » (1).

Après les décisions de la jurisprudence que nous avons rapportées (*suprà*, n. 1635), et qui ne peuvent être basées, ainsi que nous l'avons dit, que sur une appréciation de faits sou-

---

(1) Nancy, 30 juill. 1840; Dalloz, *Rép.*, n. 64.

vent nombreux, dont il faudrait connaître et étudier toutes les circonstances, il nous semble utile de rapporter l'opinion pleine de sagesse de M. Pardessus : « Il n'est pas nécessaire, sans doute, dit le savant professeur, d'une cessation de tous paiements : autrement quelques-uns modiques, et peut-être même frauduleux, seraient allégués comme preuve qu'on a conservé un crédit évidemment perdu. Nous ne pouvons, cependant, dissimuler la difficulté de poser des règles.

« D'abord, on ne saurait voir une cessation de paiements dans des refus qui excluent toute idée d'insolvabilité : tels seraient ceux d'exécuter un marché qu'on prétend être nul ou rescindable ; de payer une dette non échue, non liquide, un effet qu'on prétendrait faux ou falsifié, une lettre de change non acceptée, pour laquelle celui à qui le paiement est demandé prétend n'avoir pas reçu provision, ou qu'il n'avait pas autorisé à tirer, ou, enfin, un effet dont le porteur serait repoussé par déchéance, prescription, etc. Mais, si des exceptions pareilles avaient été reconnues sans fondement et comme des moyens dilatoires, le résultat prouvant que le refus a été mal fondé, il serait justement considéré comme un signe de faillite.

« La nature du commerce exercé par le débiteur doit être particulièrement considérée. Un banquier dont les caisses reçoivent et paient à chaque instant, et dont toutes les opérations consistent dans des mouvements de fonds, ne peut refuser un seul paiement, subir un seul protêt, si ce n'est par des motifs légitimes, tels que nous en avons indiqué ci-dessus, sans qu'il en résulte un signe de faillite ; son crédit est anéanti dès l'instant qu'il manque d'acquitter une seule de ses obligations.

« Il n'en serait pas de même d'un fabricant, d'un marchand plus ou moins attentif à prévoir l'échéance des effets qu'il a souscrits ou endossés. Le défaut d'acquitter quelques dettes, légitimes, il est vrai, lorsqu'il n'intervient pas de condamnations contre lui, lorsqu'il ne cesse pas ses travaux ou son commerce, si, d'ailleurs, aucune circonstance n'annonce le désordre de ses affaires, ne doit pas le constituer en état de faillite. Il pourrait même laisser prononcer plusieurs jugements, obtenir quelques délais de l'indulgence des poursuivants, sans que d'autres créanciers, dont le titre n'est pas exigible, eussent le droit de s'en autoriser pour prétendre qu'il a cessé ses paiements et qu'il est en état de faillite. Il est plus raisonnable et plus juste de ne le considérer dans cet état que dans le cas où, succombant sous le poids de ses engagements, il se trouve dans l'impossibilité d'y faire face ; lorsqu'il existe un grand nombre de refus de paiements d'où l'on puisse conclure moralement qu'il y a cessation absolue ; ou, enfin, si le nombre des dettes non acquittées est peu considérable, lorsque des circonstances accessoires annoncent une rupture de commerce » (1).

1660. A défaut donc de la confession même du failli, faite en conformité des art. 437 et 438, le tribunal appréciera et décidera ; et si la déclaration même semble la preuve la plus certaine qu'à cette date là, au moins, les paiements avaient cessé, il est évident qu'elle n'est point un obstacle à ce que le tribunal d'office, ou sur la demande des créanciers, la fasse remonter à une époque antérieure.

Les juges peuvent, en déclarant la faillite, se réserver de déterminer, par jugement ultérieur, l'époque à laquelle a eu lieu la cessation de paiements ; en outre, un premier jugement déterminant l'époque à laquelle les paiements ont cessé, peut être modifié par un jugement postérieur, s'il n'y a pas chose jugée, et le tribunal peut agir, soit d'office, soit sur la requête des créanciers du failli (2). Nous reviendrons sur cette question, en expliquant les art. 580 et 581 ci-après.

A défaut de détermination spéciale, la cessation de paiements sera réputée avoir eu lieu à partir du jugement déclaratif de la faillite ; et cette disposition a semblé créer une difficulté, si on la rapproche de l'art. 437, qui ne permet de déclarer la faillite d'un commerçant décédé, qu'autant que l'état de cessation de paiements a précédé son décès. Il nous semble évident que la force des choses, en semblable circonstance, indique suffisamment, si le jugement est muet, que, dans ce cas exceptionnel, la cessation de paiements est réputée avoir eu lieu à partir du décès ; un amendement proposé dans ce sens a été rejeté : « La pensée qu'exprimait cet amendement, dit

---

(1) *Droit comm.*, n. 1101.

(2) Renouard, t. 1er, p. 285 ; Bédarride, n. 68 et 69.

M. Renouard, est d'une justesse incontestable; mais son évidence même dispensait de l'écrire dans la loi, ainsi qu'on s'en est exprimé dans la discussion » (1).

ARTICLE 442.

Les jugements rendus en vertu des deux articles précédents seront affichés et insérés par extrait dans les journaux, tant du lieu où la faillite aura été déclarée que de tous les lieux où le failli aura des établissements commerciaux, suivant le mode établi par l'article 42 du présent Code.

1661. Nous aurons occasion, sous l'art. 580, de rechercher comment doit être constaté l'accomplissement des formalités exigées par l'art. 442.

La Cour d'Orléans a jugé, avec raison, que l'art. 442 n'était point applicable à un jugement qui maintient la date de l'ouverture de la faillite déjà fixée par un jugement antérieur (2); mais il en serait tout autrement, bien entendu, d'un second jugement modifiant le premier et qui changerait l'époque à laquelle avait été placée la cessation de paiements.

ARTICLE 443.

Le jugement déclaratif de la faillite emporte de plein droit, à partir de sa date, dessaisissement pour le failli de l'administration de tous ses biens, même de ceux qui peuvent lui échoir tant qu'il est en état de faillite. — A partir de ce jugement, toute action mobilière ou immobilière ne pourra être suivie ou intentée que contre les syndics. — Il en sera de même de toute voie d'exécution tant sur les meubles que sur

---

(1) *Des Faillites*, t. 1er, p. 285.
(2) Orléans, 6 mars 1850 (S.V.50.2.642).

les immeubles.—Le tribunal, lorsqu'il le jugera convenable, pourra recevoir le failli partie intervenante.

1662. L'art. 443 dit d'une manière explicite que le dessaisissement ne résulte pas de l'état de faillite *réelle*, en d'autres termes de la cessation de paiements ; mais seulement de l'état de faillite *judiciaire* proclamée par le jugement déclaratif. Les art. 446 et suivants garantissent d'ailleurs les intérêts légitimes des créanciers et leur permettent d'attaquer, dans les cas déterminés par la loi, les actes accomplis par le failli, lorsqu'il était encore en possession effective de l'administration de ses biens. Quelles que soient les précautions prises par l'art. 442 pour donner au jugement déclaratif la plus grande publicité et le porter à la connaissance des tiers, il n'en faut pas conclure que les effets énumérés par l'art. 443 ne sont pas produits immédiatement et de plein droit à partir de la date même du jugement ; et la loi est assez explicite pour qu'il y ait lieu de s'étonner que l'on ait mis en doute que le dessaisissement date, nous le répétons, du jugement même et non pas seulement du jour où ont été accomplies les formalités qui doivent assurer sa publicité (1).

Le jugement déclaratif produit ses effets le jour même où il est rendu ; et les actes passés à partir de cette date, même en des lieux fort éloignés, ne peuvent être valides (2). On ne doit avoir aucun égard, ni à la bonne foi des tiers, ni aux distances, ni à l'impossibilité matérielle de connaître le jugement; c'est une question de capacité ; elle doit être résolue d'après les principes qui seraient applicables en cas d'interdiction ou de mi-

---

(1) Grenoble, 12 avril 1851 (S.V.51.2.727).

(2) Amiens, 18 mars 1848 ; Cass., 13 mai 1835 et 24 janv. 1853 (S.V.35.1.707 et 53.1.321).

riorité (1). La loi frappe d'une nullité absolue tous les actes faits par le failli à partir de ce moment.

Si le jugement déclaratif est tombé en péremption, il est comme non avenu et ne peut produire aucun effet; par suite, le failli ne devrait pas être considéré comme ayant été dessaisi: cette question douteuse sous l'ancienne loi, ne semble pas pouvoir être controversée aujourd'hui, que le dessaisissement résulte, non plus du fait de la cessation de paiements; mais seulement du jugement déclaratif (2).

Le dessaisissement a lieu de plein droit par suite du jugement sans qu'une disposition particulière soit nécessaire à cet égard; le tribunal ne pourrait même pas en affranchir le failli (3); mais il est nécessaire d'en bien préciser l'étendue et les effets quant aux biens et quant à la personne.

1665. Le dessaisissement frappe tous les biens meubles et immeubles, dépendants ou non du commerce du failli, présents ou futurs, provenant de l'industrie du failli, de successions ou de donations entre-vifs et testamentaires; la disposition est générale (4). Le doute ne peut s'élever que pour les biens déclarés insaisissables par le Code de procédure civile.

« Seront insaisissables, dit l'art. 581, C. proc. civ., 1° les « choses déclarées insaisissables par la loi; 2° les provisions « alimentaires adjugées par justice; 3° les sommes et objets « disponibles déclarés insaisissables par le testateur ou dona- « teur; 4° les sommes et pensions pour aliments, encore que le « testament ou l'acte de donation ne les déclare pas insaisis- « sables. » Et l'art. 582 ajoute: « Les provisions alimentaires « ne pourront être saisies que pour cause d'aliments; les objets « mentionnés aux numéros 3 et 4 du précédent article, pour- « ront être saisis par des créanciers postérieurs à l'acte de « donation ou à l'ouverture du legs; et ce, en vertu de la per- « mission du juge et pour la portion qu'il déterminera ».

---

(1) Renouard, t. 1er, p. 293; Massé, t. 3, n. 239; Esnault, t. 1er, n. 150; Dalloz, *Rép.*, v° *Faillites*, n. 187.

(2) Cass., 27 fév. 1834 (S.V.35.1.222); Dalloz, *Rép.*, v° *Faillites*, n. 193.

(3) Pardessus, n. 1116; Massé, t. 3, n. 228; Bravard-Veyrières, p. 522.

(4) Renouard, t. 1er, p. 294; Bédarride, n. 81; Pardessus, n. 1117; Massé, t. 3, n. 231.

L'art. 592 du même Code a énuméré les objets qui ne peuvent être saisis, et des lois particulières ont pu en augmenter le nombre.

L'art. 443 du C. comm. a-t-il dérogé, en cas de faillite, à ces diverses dispositions et les biens dont il s'agit sont-ils affectés par la faillite de celui à qui ils appartiennent?

La loi nouvelle a pu changer les principes à cet égard.

M. Renouard fait observer que le silence gardé par le Code de 1807 sur les moyens d'assurer au failli et à sa famille des aliments, pouvait rendre la question douteuse; mais que deux articles de la loi actuelle (art. 469 et 474), ayant pourvu à ce qu'exigeait l'humanité, le failli ne pourrait plus se prévaloir de l'art. 581, C. proc. civ., même pour les objets compris aux numéros 1 et 2. Si cela était ainsi, il nous semblerait évident que la décision devrait être la même, ainsi qu'il l'enseigne, pour les objets mentionnés aux numéros 3 et 4 (1).

Cette solution nous paraît devoir être complétement rejetée.

1664. Le jugement déclaratif de la faillite dessaisit le débiteur de tous ses biens, mais dans les limites que la loi a tracées; le Code de procédure civile, dans tout ce qu'il a réglé, forme le droit commun tout aussi bien que le Code Napoléon; quand la loi commerciale veut y déroger, elle le dit, mais elle le dit expressément, et nous ne pouvons comprendre comment ce dessaisissement aurait de plein droit une étendue que la loi a refusée à un jugement de saisie, et pourquoi les raisons d'humanité et de principe qui ont fait écrire les dispositions du Code de procédure, n'auraient plus aucune force quand il s'agit du débiteur commerçant. Les art. 469 et 474, C. comm., invoqués à l'appui du système contraire, sont facultatifs, et les règles posées par le Code proc. civ. sont absolues; la loi commerciale ne peut donc suppléer la loi civile.

Les art. 469 et 474, C. comm., n'en auront pas moins, à coup sûr, une incontestable utilité parce que les cas prévus par l'art. 581, C. proc. civ., sont exceptionnels, et comme les dispositions du C. comm. sont purement facultatives, nous le

---

(1) *Des Faillites*, t. 1er, p. 298 et s.—*Sic*, Massé, t. 3, n. 231.— *Contrà*, Bédarride, n. 82.

répétons, il n'y aura pas lieu d'y recourir dans les occasions, extrêmement rares, où le failli et sa famille auront des ressources à l'abri de la *saisie* et évidemment, selon nous, à l'abri du *dessaisissement* par une conséquence forcée, à laquelle la loi sans doute pouvait ne pas se soumettre, au risque d'être accusée de manquer complétement de logique, mais à laquelle elle s'est bien gardée de déroger.

Il ne nous semble donc pas douteux que le Code de proc. civ. reste applicable comme droit commun, et à l'appui de cette opinion, nous citerons les auteurs mêmes que nous venons de combattre, et qui professent la même opinion que nous, quand il s'agit des traitements et pensions dûs par l'État, dont parle l'art. 580, C. proc. civ., et des donations faites et des legs ouverts postérieurement au jugement déclaratif de la faillite, quelque généraux que soient les termes de la loi commerciale (1).

La question avait été agitée avant 1838 ; si le législateur avait voulu que l'art. 443 dérogeât au Code de procédure, il n'aurait pas attendu pour le dire d'être arrivé aux art. 469 et 474.

Les rentes sur l'État sont insaisissables aux termes de la loi du 8 nivôse an 6. Ce principe n'est pas modifié par l'état de faillite, et le dessaisissement ne peut s'étendre à cette espèce de biens (2).

1665. Sauf cette exception, la disposition de la loi est assez précise, pour que l'on puisse avec M. Renouard, « en conclure nettement que le failli sera dépouillé de tout ce qu'il acquerra de quelque manière que ce puisse être, tant que durera le dessaisissement universel dont la loi l'a frappé..... Son travail et son industrie resteront libres, en ce sens qu'il pourra les exercer comme il lui plaira et que ses créanciers n'auront action ni pour le contraindre, ni pour l'empêcher d'en faire tel ou tel usage ; mais les fruits de cette industrie, de ce travail, appartiennent à ses créanciers, non à lui ; et c'est pour eux qu'il acquiert » (3). Le droit de se livrer à un commerce indépendant

(1) Renouard, t. 1er, p. 300 et 302.
(2) Cass., 8 mai 1854 (S.V.54.1.809).
(3) *Faillites*, t. 1er, p. 296.

et d'entreprendre utilement pour lui, sans craindre l'intervention des créanciers de la faillite, des opérations avec les fonds que des amis lui fourniraient, ne peut appartenir qu'au failli qui a obtenu un concordat; le concordat deviendrait inutile, si tout failli pouvait sans entrave se livrer pour l'avenir à des opérations nouvelles. Toutefois, les charges des acquisitions faites par le failli, comme celles qui pourraient également être attachées à une donation, le remboursement des sommes que des étrangers auraient fournies pour les effectuer, devront être prélevés sur la valeur même des objets acquis, ou les créanciers s'enrichiraient aux dépens d'autrui.

Les créanciers d'une succession, si la séparation des patrimoines avait été demandée, seraient aussi payés de préférence sur les biens qui adviendraient au failli par cette voie; mais à l'exception de cette classe de créanciers, dont les créances constituent une charge de l'acquisition, il faut décider que les créanciers antérieurs à la faillite seraient préférés aux créanciers nouveaux, à qui, conformément à ce que nous venons de dire, le failli n'a pu accorder aucun droit qui préjudiciât à ceux que les premiers avaient déjà sur tous ses biens (1). « Il ne peut rien retrancher de son actif, dit M. Bravard-Veyrières, rien ajouter à son passif; à cet égard, son incapacité est complète et absolue » (2).

1666. Après avoir parlé de l'étendue du dessaisissement, il nous reste à parler de ses effets.

« Il ne faut pas confondre le dessaisissement que le jugement déclaratif de faillite emporte de plein droit, dit M. Pardessus, avec l'expropriation; leurs résultats ne sont pas les mêmes. L'expropriation a pour effet de dépouiller entièrement le propriétaire de cette qualité et de la transmettre à un acquéreur; le dessaisissement ne suspend que momentanément l'exercice du droit de propriété, en le laissant néanmoins reposer sur la tête du failli. Aussi verrons-nous, dans la suite, après l'homologation du concordat, le débiteur rentrer dans

(1) Renouard, t. 1er, p. 296 et s.; Pardessus, n. 1117; Locré, t. 5, p. 127 et s.; Paris, 22 juill. 1840 (J.P.47.1.187).

(2) *Manuel*, p. 522.

l'exercice de ce droit, sans qu'il soit besoin qu'un jugement le réintègre dans sa propriété » (1).

1667. Enfin, quant aux effets du dessaisissement relativement à la personne du failli, il faut dire que quelqu'étendues qu'en soient les conséquences, il ne constitue nullement un état d'interdiction légale ou judiciaire ; il ne frappe que les biens et laisse à la personne toute sa capacité civile ; la loi des faillites elle-même a souvent appliqué ce principe, qui doit être respecté en toute occasion. Le failli conserve la tutelle de ses enfants, si elle ne lui est expressément retirée dans les formes légales, ainsi que l'usufruit de leurs biens, dont le bénéfice appartiendrait, il est vrai, aux créanciers, sous la condition d'en supporter les charges. Il en serait de même en ce qui concerne la jouissance des biens de sa femme, quand cette jouissance lui appartient, si la séparation de biens n'avait pas été prononcée.

Le mandat est révoqué de plein droit par la faillite du mandant ; mais les actes faits de bonne foi dans l'ignorance des causes qui ont fait cesser le mandat, sont validés, dans tous les cas, par la loi (C. Nap., art. 2008 et 2009) ; la règle est générale et ne peut recevoir exception, en cas de faillite, quand elle est appliquée en cas de décès même du mandant (2).

Le mandat est révoqué par la faillite du mandataire comme par celle du mandant ; mais ni le failli ni ses créanciers ne seraient recevables à demander la nullité des actes qu'il a faits en cette qualité de mandataire, si, par la suite, ils pouvaient y avoir intérêt (3) ; au mandant seul, appartient le droit de se prévaloir de ce moyen de nullité.

1668. Les règles que nous venons de poser vont être développées et trouveront leur application en expliquant le deuxième paragraphe, portant qu'à partir du jugement, toute action mobilière ou immobilière ne pourra être suivie ou in-

---

(1) *Droit comm.*, n. 1115 et 1116.—*Sic*, Renouard, t. 1er, p. 313; Bédarride, n. 82; Massé, t. 3, n. 227 et 228; Locré, sur l'ancien art. 442.

(2) Delamarre et Lepoitvin, t. 2, n. 450 ; Massé, t. 3, n. 241 ; Pardessus, n. 1121 et 1122.

(3) Cass., 24 août 1847 (S.V.48.1.33), et la note de M. Devilleneuve ; Renouard, t. 1er, p. 304.

tentée que contre les syndics. Nous devons distinguer encore, dans les actions, celles qui concernent les biens du failli et celles qui concernent sa personne. Nous parlerons d'abord des premières.

La loi n'a pas cru nécessaire de nommer les instances où le failli agirait comme demandeur ; le dessaisissement dont il est frappé suffirait pour établir la règle en cette circonstance ; mais elle devait dire que le failli ne pourra agir même comme défendeur; les syndics seuls peuvent être mis en cause.

Les syndics sont chargés, jusqu'au concordat ou à l'union, de remplir le rôle de véritables administrateurs; c'est en leur faveur que le failli est complétement dessaisi de tous ses biens, et, par suite, les syndics ont seuls capacité pour plaider, tant en demandant qu'en défendant, pour tout objet intéressant la fortune du failli. Le tiers actionné par les syndics n'est pas recevable à leur opposer un défaut de qualité, ou à exiger des autorisations spéciales du juge-commissaire ou du tribunal (1), et les procédures suivies contre les syndics sont obligatoires pour la masse, sauf leur responsabilité envers elle comme administrateurs et mandataires, et l'exception de dol toujours réservée (2). Des condamnations prononcées contre le failli seul ne donneraient aucun droit contre la masse. Cette nécessité que les syndics soient parties, tant en demandant qu'en défendant, dans les procès intéressant la faillite, n'apporte, du reste, aucun changement dans les règles de la compétence.

« On ne peut se dissimuler, ajoute toutefois M. Pardessus, que des procédures commencées devant un tribunal éloigné du lieu où s'est ouverte la faillite pourraient être continuées et même des condamnations obtenues de très-bonne foi, suivant les errements anciens et sans le concours des syndics, si la faillite n'y était pas encore connue. La difficulté nous semble résolue par les règles générales de droit (C. pr. civ., art. 342 à 344), d'après lesquelles une procédure commencée continue

---

(1) Paris, 23 avril 1812 ; Cass., 1er fév. 1830 ; Ch. crim., 14 juill. 1826 ; Dalloz, *Rép.*, n. 539.

(2) Cass., 18 janv. 1814 ; *Id.* 27 juin 1821 ; *Id.* 25 mars 1823; Dalloz, *Rép.*, n. 550 et 551.

même contre les héritiers d'une partie décédée, tant qu'ils n'ont pas notifié cet événement » (1). Ces dispositions du Code de procédure sont particulières au jugement de l'affaire qui est *en état*, suivant la définition qu'en donne l'art. 343 du Code de procédure civile (2).

Ainsi, les syndics ont toutes les actions actives du failli pour réclamer ce qui lui appartient et dont un tiers serait détenteur; ils peuvent contraindre les tiers avec qui il a traité, à exécuter les conventions intervenues entre eux et à prendre livraison, par exemple, de marchandises qui lui ont été vendues; ils pourraient provoquer la nullité ou la rescision de contrats contre lesquels le failli aurait pu invoquer ce moyen (C. Nap., art. 1117).

« Le jugement déclaratif de la faillite, dit un arrêt de la Cour de cassation, emportant de plein droit, aux termes de l'art. 443 du Code de commerce, dessaisissement pour le failli de l'administration de tous ses biens, le rend incapable, à partir de cette époque, de recevoir le paiement de ses créances et de libérer ses débiteurs; par suite, le porteur d'un effet de commerce, en vertu d'un endossement irrégulier donné par un individu dont la faillite vient à être déclarée, n'étant à l'égard des tiers qu'un mandataire (art. 138, C. comm.), n'a pas, plus que le failli, capacité pour recevoir le paiement de cet effet au préjudice de la masse créancière et pour en libérer le débiteur. Pour faire annuler, dans l'intérêt de la masse, le paiement fait dans ces circonstances au porteur de l'endossement irrégulier, les syndics de la faillite ne sauraient être assujettis à la preuve du fait, que ce paiement aurait été effectué avec la connaissance de l'état de faillite, lequel est légalement présumé connu de tous après le jugement qui l'a déclaré » (3). Il est superflu d'ajouter que le paiement fait au failli lui-même serait également nul et que le débiteur serait obligé, envers la masse, de payer une seconde fois.

Les syndics, d'un autre côté, sont tenus des actions passi-

---

(1) Pardessus, n. 1176.

(2) Cass., 8 août 1819; Dalloz, *Rép.*, n. 537; Pardessus, n. 1180.

(3) Cass., 17 déc. 1856; *Bull. des arrêts de Cass.*, 1857, p. 232.

ves, mais sous les modifications qui résultent de l'état de faillite opposable aux créanciers, et qui ne peut être invoqué par le débiteur. Quand la loi autorise à demander la résiliation du contrat, s'il n'est fourni caution, les syndics exercent ce droit d'option (1).

Les syndics représentent aussi les créanciers de la faillite ; une exception, toutefois, devrait être faite à cette règle ; « Les syndics d'une faillite, dit un arrêt de la Cour de cassation, ne peuvent représenter la masse des créanciers que dans les affaires qui présentent pour tous une unité d'intérêts ; mais il n'en peut pas être de même lorsque certains créanciers ont des intérêts opposés à ceux d'autres créanciers de la même faillite, parce qu'alors l'unité d'intérêt cessant, chacun d'eux doit agir contre les autres dans son intérêt individuel, et absolument distinct et séparé de celui de la masse, d'où il suit qu'ils ne peuvent plus être représentés par des syndics qui n'ont de caractère légal que pour représenter la généralité des créanciers réunis en masse » (2). Cette règle a été souvent appliquée en ce qui concerne les créanciers hypothécaires ou privilégiés, ou agissant à tout autre titre qui leur est personnel (3).

Les syndics réunissent donc des qualités qui semblent opposées ; ils représentent également le failli contre les tiers ; la masse contre le failli ou contre quelques créanciers ayant des intérêts distincts des autres (4).

Les règles que nous venons d'exposer ne forment pas obstacle à ce que chaque créancier se joigne, à ses risques et périls et à ses frais, aux syndics dans une instance intéressant la masse (5) ; il peut également, lorsque les syndics n'agissent pas, agir lui-même directement en les appelant en cause (6),

---

(1) Pardessus, n. 1174 et s.

(2) Cass., 25 juill. 1814 ; Dalloz, *Rép.*, n. 548.

(3) Cass., 13 juin 1837 et 3 mai 1843 ; Dalloz, *Rép.*, n. 548 ; Cass., 26 déc. 1836 ; Dalloz, *Rép.*, n. 543 ; Colmar, 13 mars 1850 (S.V.51.2.540).

(4) Cass., 4 janv. 1847 (S.V.47.1.161) ; *Id.* 10 mars 1847 (S.V.47.1.617) ; *Id.* 15 mai 1850 (S.V.50.1.609).

(5) Cass., 26 mars 1813 ; Dalloz, *Rép.*, n. 559.

(6) Montpellier, 22 juin 1838 ; Dalloz, *Rép.*, n. 559.

contester les droits d'un autre créancier ou attaquer les actes faits par le débiteur (1); en un mot, se substituer comme se joindre aux syndics, pourvu, nous le répétons, que ce soit à ses risques et périls et sans que la masse, au profit de laquelle il agit, puisse être tenue des frais si l'action est repoussée. Nous ne pensons pas que le tribunal pût, en semblables circonstances, repousser la demande d'intervention (2). Si le créancier agissait en son propre et privé nom, nous le répétons, son action, aux termes de l'art. 443, serait évidemment repoussée. Ces règles, au reste, sont indépendantes du droit accordé par l'art. 504, C. comm., à chaque créancier de contester toute créance vérifiée ou à vérifier, et que nous aurons à expliquer plus tard.

1669. La jurisprudence accorde également au failli le droit de faire tous actes conservatoires qui ne sont pas moins dans l'intérêt des créanciers que dans le sien, si cet intérêt est compromis par l'inaction des syndics; ainsi le failli peut agir en justice pour interrompre la prescription prête à s'accomplir; il peut revendiquer ses créances ou ses droits; signifier un jugement rendu à son profit pour faire courir les délais d'appel (3); mais il ne peut suivre l'instance introduite par lui, si les syndics veulent la poursuivre eux-mêmes; il n'a qualité, nous le répétons, que dans le cas où les syndics, par leur inaction, compromettent ses intérêts et ceux des créanciers.

La jurisprudence a été plus loin encore. « La loi, a dit la Cour de cassation, n'a pas enlevé au failli les moyens de pourvoir à son existence et à celle de sa famille ou d'acquérir des ressources nouvelles pour se libérer envers ses créanciers. Il est vrai que le dessaisissement opéré par l'état de faillite s'étend même aux biens à échoir; mais sauf les mesures à prendre par les syndics pour recouvrer ces biens au profit de la masse, il n'est pas interdit au failli d'acquérir et de stipuler. Par une conséquence nécessaire, et toujours sauf l'action et les droits

(1) Colmar, 26 fév. 1833; Dalloz, *Rép.*, n. 559.

(2) Dalloz, *Rép.*, v° *Faillite*, n. 561.

(3) Poitiers, 29 janv. 1829; Aix, 28 fév. 1832; Lyon, 23 août 1828, Dalloz, *Rép.*, n. 206.

des syndics sur les biens qui peuvent lui échoir par ces divers moyens, il peut intenter contre ses débiteurs toute action en justice pour le paiement des sommes qui peuvent lui être dues à ces divers titres » (1).

La cour de cassation avait déjà établi en principe, dans un précédent arrêt, que le tiers contre lequel le failli exerce en son nom une action judiciaire, lorsque le syndic averti n'a pas jugé à propos de l'exercer lui-même, ne peut tirer de l'état de faillite, contre la demande du failli, une fin de non-recevoir fondée sur le défaut de qualité (2).

M. Renouard pense, néanmoins, que le failli ne doit être reçu à agir que dans le cas où l'exercice de son action serait impossible pour d'autres que pour lui, et que dans tout autre cas, les tiers, s'ils y avaient intérêt, pourraient lui opposer le défaut de capacité résultant de son dessaisissement (3). Les arrêts que nous venons de citer, M. Renouard le reconnaît, ont admis une règle plus large, et nous croyons que c'est avec raison. Nous pensons, avec la Cour de Bordeaux, « que si le failli est dessaisi, par la loi, de l'administration de ses biens et de l'exercice de ses actions, son incapacité n'est pas absolue; qu'elle est uniquement relative à l'intérêt de ses créanciers » (4).

C'est conformément à ces principes encore, que la Cour d'Aix a jugé que le failli avait pouvoir et qualité pour interjeter personnellement appel d'un jugement rendu contre lui antérieur à la faillite, quand il est nuisible à la masse, quoique profitable à l'un des créanciers ; au moins, ne pourrait-on, surtout, interdire aux syndics de s'approprier l'appel au nom de la masse (5).

Il est certain, toutefois, que les tiers pourraient, dans tous les cas, provoquer la mise en cause des syndics, et que toutes

---

(1) Cass., 8 mars 1854 (S.V.54.1.233).

(2) Cass., 16 août 1852 (S.V.53.1.16).

(3) *Faillites*, t. 1er, p. 309 et 310.

(4) Bordeaux, 30 mai 1853 (D.P.54.2.111). — *Sic*, Lyon, 25 août 1828; Poitiers, 20 janv. 1829 ; Aix, 26 fév. 1832; Dalloz, *Rép.*, n. 200, cités déjà par nous plus haut.

(5) Aix, 2 mars 1853 (S.V.53.2.229).—*Contrà*, Nîmes, 18 janv. 1843, en note.

actions relatives aux biens peuvent toujours, nous le répétons, appartenir à ceux-ci, s'ils veulent les exercer.

Nous verrons également que le failli reste habile à former et à soutenir toutes demandes étrangères à l'administration de ses biens, et à plaider pour faire rétracter ou modifier le jugement qui le déclare en faillite, pour réclamer ses droits personnels contre la masse, et s'opposer aux actes qui pourraient les blesser.

1070. Nous avons distingué, en commençant l'explication du deuxième paragraphe de l'art. 443, les actions qui concernent les biens de celles qui concernent la personne du failli ; aucun doute n'existe qu'il n'est pas dessaisi de ces dernières : « Le failli n'administre plus ses biens, dit M. Renouard ; mais sa personne n'est pas mise en tutelle ; il a perdu le pouvoir de faire à un de ses débiteurs grâce d'un procès ou de poursuivre malgré les syndics un individu qu'il prétend être son débiteur ; mais permettre aux syndics d'exercer ses droits de père, d'homme, d'époux ; les laisser maîtres d'intenter, à sa place ou malgré lui, une action en séparation de corps, en adultère, en voies de fait, en diffamation, ce serait une absurdité » (1). Aucune difficulté n'est possible à cet égard ; mais si des condamnations pécuniaires étaient prononcées contre le failli, à raison de circonstances personnelles, elles ne pourraient obliger la masse, lorsqu'elles sont prononcées hors la présence des syndics.

C'est également au failli lui-même, à défendre aux actions qui s'attaquent exclusivement à sa personne. Dans le cas, par exemple, où une poursuite correctionnelle ou criminelle est intentée contre lui, la présence des syndics ne peut être obligée ; ils ne pourraient qu'intervenir pour contester les demandes en réparations pécuniaires, qui viendraient augmenter le passif de la faillite (2); mais ces condamnations civiles seraient régulièrement prononcées même hors de leur présence : « tous, a dit la Cour de cassation, sont soumis à l'action publique pour l'application des peines, sans que l'assistance de leurs représen-

(1) *Faillites*, t. 1er, p. 312.
(2) Pardessus, n. 1174 ; Renouard, t. 1er, p. 218.

tants légaux soit nécessaire, quoique cette action entraîne souvent des condamnations pécuniaires qui grèvent la fortune et les biens des condamnés ; ils trouvent des garanties suffisantes dans la solennité de l'instruction et dans l'accomplissement des formalités établies pour l'intérêt de la défense ; et les mêmes garanties protègent aussi les intérêts civils sur lesquels les Cours d'assises sont appelées à prononcer » (1).

1071. L'art. 443, dans son troisième paragraphe, assimile aux actions dont a parlé le paragraphe précédent, toutes voies d'exécution tant sur les meubles que sur les immeubles, et par conséquent décide qu'elles ne pourront être non-seulement *intentées* mais *suivies* que contre les syndics. Cette rédaction a laissé indécise une question vivement controversée sous l'ancienne loi et sur laquelle de nombreux arrêts avaient été rendus en sens opposés ; et l'on a demandé encore si des exécutions mobilières, commencées avant le jugement déclaratif, peuvent être continuées contre les syndics après que ce jugement a été rendu. L'art. 443 parlant de voies d'exécution qui pourront être intentées ou suivies, « il est certain, dit M. Bédarride, que ce dernier mot ne peut s'entendre que d'une procédure commencée et comment comprendre que la loi n'ait voulu accorder cette faculté qu'aux syndics eux-mêmes, lorsque c'est contre eux qu'elle autorise cette continuation ? » (2)

M. Renouard, qui a fortement combattu la doctrine soutenue par M. Bédarride, ne se dissimule pas la force de cet argument ; mais il ne lui paraît pas toutefois décisif et nous partageons son avis.

« Il est des cas, dit-il, où l'exécution peut non-seulement être suivie, mais même être commencée après la faillite. Ces cas, pour lesquels nous avons déjà renvoyé aux articles 450 et 571, sont ceux des priviléges et des hypothèques.

« Mais lorsqu'il s'agit des créances ordinaires, comment expliquer les voies d'exécution qui seraient accordées partiellement à tel ou tel créancier ? L'exécution n'a qu'un seul but, le paiement : or, les créances ordinaires ne peuvent pas être

---

(1) Cass., 9 mai 1846 (S.V.46.1.844).
(2) *Faillites*, n. 87.

payées partiellement. Le but principal de la faillite est de conférer à la masse, représentée par les syndics, une saisie collective qui s'étend sur tous les biens du débiteur, afin de garantir à chaque créancier une partie de l'actif proportionnelle à sa créance. Vous faites vendre un meuble : à quoi bon votre poursuite de vente si le prix au lieu de vous être attribué doit être versé dans l'actif de la masse ? Pourquoi des syndics, pourquoi une administration collective, pourquoi la centralisation de tous les pouvoirs dans leurs mains, si chaque créancier peut, selon son caprice, vendre les meubles, saisir les rentes, pratiquer des saisies-arrêts? Vos poursuites étaient commencées! Eh ! qu'importe? Quel résultat aura leur continuation ? Je n'hésite pas à le dire malgré des arrêts contraires, mais avec d'autres arrêts beaucoup plus nombreux, qu'autoriser les voies d'exécution commencées, c'est créer des frais frustratoires, jeter dans l'administration de la faillite le désordre et l'anarchie et renverser toute la prudence de la loi... Les voies d'exécution contre la personne ou les biens du failli ne peuvent être commencées après la faillite par un créancier chirographaire ; commencées avant la faillite elles sont suspendues par cet événement, qui a réuni en une masse et en un seul intérêt collectif toutes les créances chirographaires individuelles » (1).

Il est fâcheux sans doute que le législateur, suffisamment averti, n'ait pas tranché la question par une disposition nette et précise ; mais les motifs développés par M. Renouard nous paraissent tout à fait concluants et, à moins de supposer que la loi a voulu à plaisir bouleverser un système établi et suivi dans tout le cours du livre de faillites, il faut bien admettre cette solution.

« Le jugement déclaratif de la faillite, a dit la Cour de cassation, intervenu après un jugement qui déclare valable une saisie arrêt et dans le cours de l'instance d'appel, n'a pu rétroagir sur cette voie d'exécution et en paralyser les effets ; mais

---

(1) *Faillites*, t. 1er, p. 323. — *Sic*, Pardessus, n. 1174 et s. ; Esnault, t. 1er, n. 158 ; Dalloz, v° *Faillites*, n. 224 ; Paris, 9 mars 1837 ; Bordeaux, 3 fév. 1838 ; Rouen, 6 janv. 1843 ; Paris, 20 juill. 1836 ; Rouen, 12 déc. 1837 ; Amiens, 1er déc. 1840 ; Paris, 20 juin 1845, 2 juill. et 22 août 1846, cités par M. Dalloz, n. 224. — *Contrà*, Bédarride, n. 87, Aix, 21 juill. 1840 (S.V.42.2.14).

le dessaisissement opéré par le jugement déclaratif ayant nécessairement pour résultat de suspendre le droit qui, d'après la loi commune, appartient à chaque créancier de poursuivre son débiteur et d'exercer des actes d'exécution sur les biens de celui-ci, les saisies-arrêts formées au préjudice du débiteur failli le jour même de la déclaration de faillite tombent de plein droit et ne peuvent, à défaut d'un privilége ou de toute autre cause de préférence, produire aucun effet au profit exclusif du saisissant » (1) ; mais ce n'est qu'à partir du jugement que les créanciers du failli ne peuvent individuellement intenter aucune action ni exercer aucune poursuite contre le failli (2).

Ces règles ne sont pas applicables en ce qui concerne les immeubles pour les créanciers hypothécaires ou privilégiés, et en ce qui concerne les meubles pour les créanciers nantis d'un gage, ainsi que nous le verrons plus tard ; l'art. 450 ci-après a établi une règle particulière en ce qui concerne le propriétaire.

1672. La loi n'a pas parlé des voies d'exécution contre la personne du failli, mais il est hors de doute qu'elles sont interdites ; « dessaisi de l'administration de ses biens, dit M. Renouard, et ne pouvant ni faire personnellement aucun paiement, ni consentir aucune transaction, le failli ne saurait être utilement soumis à la contrainte par corps qui serait sans but, puisqu'elle n'est accordée au créancier que comme moyen de forcer le débiteur au paiement » (3).

Le failli peut évidemment être emprisonné en vertu de condamnations prononcées à titre de peine ; mais la jurisprudence refuse dans tous les cas l'exercice de la contrainte par corps, dont le caractère ne peut être regardé comme pénal, même quand il s'agit de dommages-intérêts, de frais alloués en matière criminelle ou correctionnelle soit au trésor public, soit à des particuliers (4). Elle ne pourrait être exercée même par un

---

(1) Cass., 24 janv. 1853 (S.V.53.1.321).
(2) Cass., 26 juin 1844 ; Dalloz, *Rép.*, n. 228.
(3) *Des Faillites*, t. 1er, p. 321 et 322. — *Sic*, Bédarride, n. 85 ; Bravard-Veyrières, p. 524 ; Dalloz, *Rép.*, n. 221.
(4) Paris, 12 oct. et 25 nov. 1837 ; Metz, 2 nov. 1837 ; Nancy, 28 nov. 1845 (D.P.34.2.67 et 68, 39.2.22 et 46.2.52) ; Cass., 9 mai 1846 (S.V.46.1.844) ; Lyon, 16 mai 1851 (S.V.51.2.572).

créancier postérieur à la faillite (1). « La contrainte par corps, dit un arrêt de la Cour de Colmar, n'est pas une peine ni un mode de paiement, mais uniquement un moyen de coaction pour forcer le débiteur à payer : elle ne donne au créancier qui l'a obtenue ou même exécutée aucun droit acquis sur la personne, ni sur les biens du débiteur ; aucune priorité sur les autres créanciers : d'où il suit que ce moyen de coaction ne peut plus conserver son effet, du moment qu'il ne dépend plus du débiteur de payer un créancier préférablement à un autre ; d'où il suit encore que les condamnations par corps obtenues et même exécutées avant la faillite se confondent et se perdent dans l'arrestation provisoire qui met la personne du failli à la disposition de la masse entière des créanciers, et que par une conséquence nécessaire il ne peut plus être à la disposition d'un créancier isolément » (2). Désormais l'exécution de la contrainte par corps doit se concilier avec les dispositions du Code de comm. qui déterminent les cas où dans l'intérêt de la masse le failli peut être privé de la liberté de sa personne ou admis à en jouir.

1075. M. Renouard a distingué les actions ayant pour but de donner à celui qui les intente la masse elle-même pour débitrice et les actions, qui tendent à faire introduire le demandeur parmi les créanciers composant cette masse. Nous avons suffisamment parlé des premières. Quant aux secondes, il faut décider qu'un créancier ne peut se soustraire aux formalités que la loi a établies pour vérifier et admettre les titres des personnes qui doivent former la masse, et le créancier ne peut agir directement par voie principale contre les syndics. Il devrait être déclaré non recevable. Les tribunaux ne peuvent être saisis que lorsque la créance a été contestée à la vérification, à moins d'un intérêt légitime et actuel, et que le créancier voulût, par exemple, interrompre une prescription.

S'il s'agit d'actions déjà intentées contre le débiteur avant sa faillite, le tribunal devrait sans doute donner un délai suffisant pour permettre aux syndics de faire cesser le procès, en

(1) Lyon, 16 mai 1851 (S.V.51.2.572).
(2) Colmar, 17 janv. 1824 ; Dalloz, *Rép.*, n. 378.

connaissance de cause, et d'admettre la créance ; mais s'ils s'y refusent, le litige continuera dans les termes où il existait déjà avec le failli qu'ils représentent (1).

1674. Le quatrième § de l'art. 443 a consacré en termes exprès et non sans opposition (2) le droit d'intervention pour le failli, droit que la jurisprudence cependant lui avait déjà accordé sous l'ancienne loi ; le tribunal reste maître absolu de recevoir ou de rejeter cette intervention par des motifs autres que l'incapacité du failli, qui cesse de pouvoir lui être opposée ; mais il ne doit pas se borner à la rejeter par prétérition en refusant de statuer ; en cette matière, comme en toute autre, les tribunaux sont obligés de prononcer sur les conclusions prises devant eux (3). Le failli comme les syndics ont le droit d'interjeter appel du jugement qui statue sur la demande d'intervention.

Le failli peut demander à intervenir lorsque les syndics sont demandeurs aussi bien que lorsqu'ils sont défendeurs.

Lorsque le failli a été reçu intervenant en première instance, il est recevable à interjeter appel du jugement dans lequel il a été partie. Mais peut-il intervenir pour la première fois en appel?

Les principes généraux ne permettent pas de former pour la première fois en appel une demande en intervention ; nous ne pouvons trouver dans la loi commerciale un texte qui établisse une exception à cet égard en faveur du failli, dont le droit, nous l'avons dit, n'a été reconnu qu'avec difficulté par le législateur (4).

Il ne serait pas admis à former tierce opposition, puisqu'il était dûment représenté par les syndics; et les syndics, de leur côté, ne pourraient user de cette voie extraordinaire pour attaquer un jugement rendu contre le failli antérieurement au dessaisissement dont il est frappé (5).

1675. Les poursuites en banqueroute et l'état de contumace

---

(1) Renouard, t. 1er, p. 319 et s.
(2) Ch. des députés, séance du 9 fév. 1835.
(3) Renouard, t. 1er, p. 327.
(4) *Contrà*, Renouard, t. 1er, p. 329.
(5) Cass., 15 fév. 1808 et 25 août 1842 ; Dalloz, *Rép.*, n. 586.

où se trouverait le failli ne devraient apporter aucun changement à l'administration de ses biens (1).

ARTICLE 444.

Le jugement déclaratif de faillite rend exigibles, à l'égard du failli, les dettes passives non échues.— En cas de faillite du souscripteur d'un billet à ordre, de l'accepteur d'une lettre de change ou du tireur à défaut d'acceptation, les autres obligés seront tenus de donner caution pour le paiement à l'échéance, s'ils n'aiment mieux payer immédiatement.

1070. La faillite a également pour effet de rendre immédiatement exigibles les dettes passives non échues du commerçant failli ; mais depuis la loi nouvelle, le texte exprime formellement que cet effet n'est produit que par le jugement déclaratif de faillite et à partir seulement de ce jugement.

Cette exigibilité s'étend à toutes les dettes du failli, qu'elles soient civiles ou commerciales, chirographaires ou hypothécaires, ou privilégiées, puisque la loi ne distingue pas ; mais il va de soi que le seul effet qu'elle puisse produire est de mettre tous les créanciers dans une position identique ; de permettre à tous de prendre part aux opérations de la faillite et aux répartitions des dividendes, et non de faire payer immédiatement les uns au préjudice des autres. En ce qui concerne particulièrement les créanciers privilégiés et hypothécaires, il est certain également qu'ils ne pourraient invoquer l'exigibilité pour provoquer la vente immédiate ou l'expropriation de l'immeuble ; ils doivent attendre le résultat des opérations de la faillite, par suite desquelles on procédera à la contribution ou à l'ordre, ce qui leur donnera le moyen d'être payés (2).

Cette exigibilité ne pourrait pas non plus autoriser la compensation avec les créances antérieurement échues au profit

---

(1) Caen, 17 janv. 1849 (S.V.52.2.189) ; Pardessus, n. 1301.

(2) Pardessus, n. 1127, et tous les auteurs.

du failli. L'art. 446 enlève, au reste, tout prétexte à la controverse à cet égard, en annulant les paiements faits, même par compensation, pour dettes non échues. L'avénement de la faillite ne peut donc faire considérer comme exigibles les dettes non échues pour opérer la compensation (1). Nous reviendrons sur cette question (*infrà*, n. 1682).

La loi dit expressément encore que cette exigibilité n'a lieu qu'à l'égard du failli lui-même ; elle ne s'étend pas à ses coobligés, même solidaires, ou à ses cautions : « On sent très-bien, dit M. Pardessus, qu'il n'est pas juste de leur appliquer les effets d'une position à laquelle ils ne sont pas réduits » (2) ; à l'égard de ceux-ci, le paiement ne peut être exigé qu'à l'échéance convenue. La loi nouvelle ne permet plus le doute.

Le second paragraphe de l'art. 444 établit une seule exception au principe touchant les coobligés : dans le cas où celui qui est principalement tenu d'acquitter un billet ou une lettre de change, c'est-à-dire le souscripteur, l'accepteur, ou, à défaut d'acceptation, le tireur, tombe en faillite, les autres coobligés sont tenus de donner caution pour le paiement à l'échéance, ou de payer immédiatement (V. C. comm., art. 120). Aucun doute ne peut exister que la faillite des endosseurs et du tireur même, s'il y a acceptation, ne pourrait ouvrir ce droit; les autres signataires conservent le bénéfice du terme. Il faut donc, pour rendre applicable l'art. 444, le concours de ces deux conditions, quand il s'agit de lettres de change, faillite du tireur et absence d'acceptation du tiré.

Contrairement aux dispositions de plusieurs lois étrangères, le paiement anticipé de la lettre de change ou du billet à ordre ne pourrait autoriser la déduction de l'intérêt légal.

L'art. 444 s'appliquerait à la donation faite par le failli ; l'obligation résultant d'une donation reconnue valable constitue une dette (3).

---

(1) Cass., 24 nov. 1841 ; Dalloz, *Rép.*, n. 251 ; Cass., 14 mars 1854 (S.V.54.1.355).

(2) *Droit comm.*, n. 1129, et tous les auteurs.—*Sic*, Bordeaux, 10 mars 1854 (S.V.54.2.515).

(3) Renouard, t. 1er, p. 343 ; Toulouse, 20 nov. 1835 (D.P.36.2.41).

La déclaration de faillite d'une société par actions rend exigible immédiatement à l'égard des actionnaires le versement des annuités non échues de leurs actions jusqu'à concurrence, au moins, des dettes de la société (1). Il faudrait décider de même à l'égard de commanditaires ordinaires, qui auraient stipulé des termes pour le versement de leur mise. En effet, les commanditaires ne sont pas débiteurs du failli, mais bien débiteurs des créanciers du failli, et aucune différence ne peut être établie entre les différentes espèces de dettes passives non échues, dues par la société même déclarée en faillite ou par les commanditaires, qui la constituent, sauf la limitation de leur responsabilité résultant de leur qualité d'associés commanditaires. Le bénéfice du terme qu'ils avaient stipulé ne peut être invoqué que contre le gérant.

Le terme accordé au vendeur par le failli, pour livrer, n'est point annulé par la faillite ; mais il en résulte, dans ce cas, que la faillite ne peut annuler le terme qui avait été fixé pour le paiement et qui était subordonné à une obligation corrélative envers le failli ; l'art. 444 n'est pas applicable en semblable circonstance (2).

ARTICLE 445.

Le jugement déclaratif de faillite arrête, à l'égard de la masse seulement, le cours des intérêts de toute créance non garantie par un privilége, par un nantissement ou par une hypothèque. — Les intérêts des créances garanties ne pourront être réclamés que sur les sommes provenant des biens affectés au privilége, à l'hypothèque, ou au nantissement.

1677. Le cours des intérêts, aux termes de cet article, n'est arrêté à l'égard de la masse que du jour du jugement déclaratif de la faillite et non du jour de la cessation de paie-

(1) Lyon, 1er août 1850 (S.V.50.2.374).
(2) Bordeaux, 16 juill. 1840 ; Dalloz, *Rép.*, n. 248.

ments, alors même qu'il serait reporté à une époque antérieure à celle du jugement. Le cours des intérêts n'est point arrêté à l'égard du failli, qui devra les acquitter en même temps que l'intégralité du capital et jusqu'à l'époque de ce paiement, s'il veut obtenir sa réhabilitation (1).

La faillite n'a pas non plus pour effet de suspendre le cours de la prescription (2).

L'art. 445 ne peut être appliqué aux codébiteurs du failli, s'ils ne sont pas eux-mêmes tombés en faillite; les intérêts courent à leur égard comme à l'égard du failli.

Cette règle ne s'applique pas aux créances garanties par un privilége, un nantissement, ou une hypothèque ; mais les intérêts qui sont dus à raison de ces créances ne peuvent être réclamés que sur les sommes provenant des biens mêmes affectés au privilége, à l'hypothèque ou au nantissement. Le texte est positif, et, en cas d'insuffisance, ces créanciers n'auraient sur les autres biens de la masse que des droits égaux à ceux des créanciers chirographaires ordinaires.

Le failli peut n'être tenu, dans certains cas, qu'au paiement d'une rente ou d'intérêts ; en appliquant rigoureusement à une semblable hypothèse l'art. 445, la faillite deviendrait un moyen d'éteindre l'obligation principale. Il semble juste alors, pour établir l'égalité entre tous et satisfaire à la justice, de décider que le créancier doit être admis pour le montant du capital représentant la rente ou les intérêts qui lui sont dus, le cours en étant arrêté, du reste, depuis le jugement jusqu'au jour de la distribution, et à partir de la distribution, il aura droit à la rente que doit produire la somme qui serait jugée devoir lui revenir plus tard ; s'il y avait lieu, le capital placé retournerait à la masse et ferait l'objet d'une collocation supplémentaire entre les ayants droit (3).

L'application de l'art. 445 peut faire naître quelque embarras, lorsque le failli a souscrit des billets pour le montant de la dette dont il est tenu et y a ajouté les intérêts jusqu'au

---

(1) Renouard, t. 1er, p. 344 ; Bédarride, t. 1er, n. 98 ; Esnault, t. 1er, n. 173.

(2) Pardessus, n. 1123.

(3) Dalloz, *Rép.*, n. 262, et Cour d'appel de Bruxelles, 26 mai 1841.

jour de l'échéance; si le créancier est admis pour le montant intégral des billets dont il est porteur, il n'est pas vrai qu'à son égard le cours des intérêts soit arrêté. Nous pensons que la distraction de ces intérêts, néanmoins, ne peut être faite. Le failli étant encore dans la plénitude de ses droits, a voulu capitaliser d'avance les intérêts qu'il aurait dus plus tard, et s'en reconnaître, dès ce moment, débiteur; si cette convention a été licite au moment où il l'a faite, l'événement de la faillite ne peut pas changer la position du créancier; il y a eu novation de son ancienne créance. On ne peut se dissimuler que beaucoup d'embarras naîtraient sans doute d'une autre solution, quand des tiers porteurs se présenteraient nantis de ces effets. D'ailleurs, dans toute négociation d'effets, l'escompte et la commission ne sont-ils pas prélevés, et l'escompteur se présente-t-il moins pour le montant intégral de l'effet dont le failli est débiteur?

Il en serait autrement, si le titre même avait pris soin de distinguer la somme due pour le capital, et celle qui serait due pour les intérêts (1).

Si une vente avait été faite au failli avec stipulation qu'un escompte déterminé serait déduit du prix, en cas de paiement à une époque fixée, la condition n'étant pas accomplie, le créancier pourrait se présenter pour le montant intégral de sa facture. Si la facture avait été réglée en un billet, il y aurait eu novation et les droits du créancier seraient fixés par ce titre (2).

ARTICLE 446.

Sont nuls et sans effet, relativement à la masse, lorsqu'ils auront été faits par le débiteur depuis l'époque déterminée par le tribunal comme étant celle de la cessation de ses paiements, ou dans les dix jours qui auront précédé cette époque : — tous actes translatifs de propriétés mobilières ou immobilières à titre

---

(1) Dalloz, *Rép.*, n. 263.
(2) *Id.* n. 264.

gratuit ; — tous paiements, soit en espèces, soit par transport, vente, compensation ou autrement, pour dettes non échues, et pour dettes échues, tous paiements faits autrement qu'en espèces ou effets de commerce ; — toute hypothèque conventionnelle ou judiciaire, et tous droits d'antichrèse ou de nantissement constitués sur les biens du débiteur pour dettes antérieurement contractées.

1678. Pour bien saisir le système adopté par la loi et comprendre les règles qu'elle a posées, il faut séparer avec soin :

1° Le temps écoulé avant les dix jours qui ont précédé la cessation de paiements. Tous les actes accomplis jusqu'à ce dixième jour sont valables sans distinction, et sauf l'application du droit commun consacré par l'art. 1167, C. Nap., quand il y a eu fraude et manœuvres déloyales. La loi des faillites ne s'occupe point de ces actes ;

2° Les dix jours qui ont précédé la cessation réelle de paiements. Les actes spécialement et limitativement énumérés par l'art. 446, accomplis pendant cette période, sont radicalement nuls; les actes autres que ceux-là sont présumés valables, mais ils peuvent être annulés dans le cas prévu par l'art. 447 ;

3° Le temps écoulé depuis la cessation de paiement jusqu'au jour du jugement déclaratif. Les actes énumérés par l'art. 446 accomplis pendant cette période sont, à plus forte raison, radicalement nuls ; les actes autres que ceux-là sont présumés valables, mais peuvent également être attaqués conformément à l'art. 447 ci-après.

Aucune distinction n'est donc à faire entre ces deux périodes ; le temps écoulé depuis la cessation de paiement jusqu'au jugement déclaratif, et les dix jours qui ont précédé la cessation, sont complétement assimilés par l'art. 446;

4° Le temps écoulé depuis le jugement déclaratif de faillite. Tous les actes accomplis à partir de ce jugement sont radicalement nuls, aux termes de l'art. 443 auquel nous renvoyons(1).

Il faut donc distinguer, 1° les actes parfaitement valables et ne pouvant être attaqués que dans les termes du droit commun (C. Nap., art. 1167); 2° les actes nuls de plein droit (Code comm., art. 446); 3° les actes qui peuvent être annulés (Code comm., art. 447).

Les nullités dont il s'agit sont exclusivement relatives à la masse; elles ne s'appliquent pas au failli, qui ne doit pas être assimilé, nous ne saurions trop le répéter, à un interdit : le failli ne peut donc être admis à invoquer dans son intérêt les dispositions de l'art. 446 (2). Ces dispositions ne peuvent pas non plus être appliquées aux cautions du failli pour les actes qu'elles auraient faits dans l'intérêt de celui-ci et en faveur d'un de ses créanciers; les cautions sont maîtresses de leurs droits et peuvent s'engager sans nuire à la faillite (3).

Nous allons examiner dans l'ordre adopté par la loi les trois paragraphes de l'art. 446.

1670. 1° *Tous actes translatifs de propriétés mobilières ou immobilières à titre gratuit,* ou, en d'autres termes, toutes donations.

Les tribunaux n'hésiteraient pas à annuler toute libéralité déguisée sous l'apparence d'un contrat onéreux : une disposition expresse de la loi à cet égard eût été superflue (4).

Les tribunaux apprécieraient également, s'il y avait discussion, lorsque les dispositions rémunératoires, faites, par exemple, à des commis ou à des domestiques, devraient être maintenues.

La disposition est assez générale pour que la jurisprudence l'ait étendue aux donations faites par contrat de mariage ou

(1) Cass., 17 déc. 1856, bull. 56, p. 232.
(2) Paris, 3 déc. 1846 (D.P.51.2.93).
(3) Cass., 19 avril 1849 (S.V.49.1.389).
(4) Renouard, t. 1er, p. 367; Loi belge, art. 445; Cass., 4 janv. 1847 (D.P. 47.1.133).

constitutions dotales, mais sous une distinction fondamentale.

La question avait été déjà élevée sous l'ancienne loi, et Locré disait : « Ces actes sont d'une nature mixte. Ils appartiennent à la classe des donations quant à l'époux au profit duquel la dot est constituée. Ils deviennent contrats onéreux relativement à l'autre époux : car sans la constitution de dot il n'aurait peut-être pas contracté mariage » (1). Cette doctrine a été adoptée par la Cour de cassation, qui a refusé de déclarer que la constitution de dot faite par un père à son enfant fût un acte à titre onéreux à l'égard de l'enfant doté, mais en lui assignant ce caractère quant au conjoint (2).

Personne ne s'est dissimulé les dangers d'une semblable doctrine et les inconvénients qu'elle peut présenter en certaines circonstances : aussi doit-elle être enfermée étroitement dans ses limites, ainsi que le dit M. Renouard, et appliquée aux faits avec défiance et sévérité. Toutes les fois que le conjoint de l'enfant doté n'est pas entièrement de bonne foi, et connaissait en contractant mariage la fraude dont le donateur se rendait coupable envers ses créanciers, la constitution dotale devrait être considérée comme une pure libéralité, et susceptible dès lors de révocation par suite de la faillite du père donateur (3), ou comme l'un des actes à titre onéreux dont l'art. 447 permet l'annulation. Les mêmes règles seraient applicables, s'il s'agissait d'une donation en dehors du contrat même de mariage, et l'annulation devrait en être prononcée (4).

1680. La donation, aux termes de l'art. 932, C. Nap., ne produit aucun effet que du jour qu'elle aura été acceptée en termes exprès ; la donation serait donc nulle, si elle avait été faite, même avant les dix jours qui ont précédé la cessation

(1) *Esprit du Code de comm.*, t. 5, p. 235.

(2) Cass., 28 fév. 1845 et 2 mars 1847 (S.V.45.1.417 et 47.1.185) ; *Id.* 23 juin 1847 et 14 mars 1848 (S.V.47.1.817 et 48.1.376); Renouard, t. 1er, p. 367 et s.; Boulay-Paty, n. 94 ; St-Nexent, t. 1er, n. 76. — *Contrà*, Grenoble, 3 fév. 1842 ; Dalloz, *Rép.*, n. 277 ; Bédarride, n. 107 ; Dalloz, *Rép.*, n. 277 ; Pardessus, n. 1138.

(3) Cass., 6 juin 1844 ; Dalloz, *Rép.*, n. 277.

(4) Cass., 3 mars 1847 (S.V.47.1.186).

de paiements, mais n'avait été acceptée que pendant ou après ce délai (1).

L'art. 446, au contraire, ne pourrait être invoqué, si la donation régulièrement faite et acceptée n'avait été transcrite que dans les dix jours qui ont précédé la cessation de paiements, mais avant le jugement déclaratif, sauf les droits que les tiers auraient acquis sur l'immeuble donné en faisant inscrire leurs créances avant que la formalité n'eût été accomplie en ce qui concerne la donation (2). C'est l'art. 448 qui devient applicable.

1681. 2° *Tous paiements, soit par transport, vente, compensation ou autrement pour dettes non échues; et pour dettes échues, tous paiements faits autrement qu'en espèces ou effets de commerce.*

Ce § de l'art. 446 fait deux catégories parfaitement distinctes et soumises à des règles différentes, des dettes non échues et des dettes échues. Nous parlerons d'abord des premières.

Les dettes non échues ne peuvent en aucun cas être acquittées depuis la cessation de paiements ou dans les dix jours qui l'ont précédée : le paiement qui en serait fait est nul. La disposition de la loi ne doit jamais être enfreinte ou éludée de quelque manière que le paiement ait été fait ; après une énumération aussi complète que possible des différents modes par lesquels le paiement pourrait avoir eu lieu, la loi a pris soin d'ajouter : *ou autrement*, afin d'enlever toute possibilité de controverse. Locré, cependant, a prétendu que le failli, quand il escompte ses propres billets, ne fait pas un paiement anticipé, et M. Lainé, suivi par M. Massé, a soutenu la même opinion, en ce qui concerne le paiement d'une facture à terme moyennant escompte (3). Mais si cette disposition ne s'applique pas aux abréviations de terme, à quoi s'appliquera-t-elle donc ? Et la déduction de l'escompte pour paiement anticipé change-

---

(1) Locré, t. 5, p. 183; Bédarride, n. 108.

(2) Cass., 26 nov. 1845 et 24 mai 1848 (D.P.46.1.53 et 48.1.172); Bédarride, n. 108; Renouard, t. 1er, p. 370.

(3) Locré, t. 5, p. 192; Lainné, p. 64; Massé, t. 3, n. 270.

t-elle le caractère de dette non échue qui appartient au billet ou à la facture dont le terme n'est pas expiré? Cette doctrine ne peut être suivie (1).

La Cour de Bourges a jugé que l'endosseur d'un effet non échu ne doit pas en être considéré comme le débiteur, jusqu'à ce que le souscripteur ait refusé de payer ; par suite, la rétrocession que le cédant se fait faire d'un semblable billet avant l'échéance par celui à qui il l'a transmis ou par le cessionnaire de celui-ci ne peut être considérée comme constituant le paiement d'une dette non échue (2).

1682. Les compensations ne pouvant avoir lieu pour dettes non échues, l'art. 446, en nommant ce mode de libération pour une dette de cette espèce, semble avoir voulu parler d'une dation en paiement ; mais le mot compensation a été utile peut-être pour faire repousser même toute compensation conventionnelle et éloigner, en outre, toute controverse quant aux dettes à terme que l'événement de la faillite, conformément à l'art. 444 ci-dessus, rend exigibles ; la compensation ne peut être invoquée en ce qui concerne ces dettes (*suprà*, n. 1676); et il n'existe aucun doute que le débiteur du failli pour dettes déjà échues, qui est créancier de ce même failli pour dettes non échues, ne peut se prévaloir de la disposition de l'art. 444 qui a rendu sa créance exigible et invoquer la compensation (3).

Il faut décider de même, si le créancier du failli pour une dette échue est en même temps son débiteur d'une dette non échue ; il ne peut pas, en déclarant qu'il renonce au bénéfice du terme qui lui appartient, soutenir que la créance et la dette deviennent l'une et l'autre également liquides et exigibles et que la compensation doit, par suite, s'accomplir de plein droit. Sa créance est réductible comme toutes les autres ; sa dette, au contraire, sera payée à son échéance au profit de la masse (4).

Si les deux dettes se trouvent également liquides et exigibles avant le jugement déclaratif, la compensation s'opère de

(1) Pardessus, n. 1140.
(2) Bourges, 7 mars 1845 (S.V.46.2.270).
(3) Cass., 12 fév. 1811, 17 fév. 1823, 24 nov. 1841 ; Dalloz, *Rép.*, n. 251.
(4) Renouard, t. 1er, p. 332 ; Bédarride, n. 90.

plein droit par la seule force de la loi (C. Nap., art. 1289 et suiv.), et le bénéfice en demeure acquis au créancier du failli. Le jugement déclaratif ne pourrait faire revivre cette dette ainsi éteinte, en faisant remonter la cessation de paiements à une date antérieure au moment où la compensation s'est opérée. La question avait déjà été décidée dans ce sens sous l'empire de l'ancienne loi ; le doute n'est plus possible aujourd'hui que le failli n'est dessaisi de l'administration de ses biens qu'à partir du jour où le jugement a été rendu et par le jugement même ; et la compensation reçoit effet après même la cessation de paiements et jusqu'au jugement déclaratif, si la créance sur le failli a été acquise dans l'ignorance de son désastre (1).

Toutefois, fait observer M. Bédarride, on peut renoncer à une compensation acquise, et celui qui pourrait l'invoquer serait présumé de plein droit avoir fait cette renonciation, s'il se présentait à la vérification et affirmait sa créance (2). Cette doctrine ne nous semble pas pouvoir être admise ; la créance a été bien et dûment éteinte par la compensation tout aussi complétement qu'elle l'aurait été par le paiement, et la renonciation à un bénéfice aussi bien acquis ne nous paraît pas pouvoir être implicitement présumée.

1683. Après le jugement déclaratif de la faillite, aucune compensation ne peut plus être opérée ; mais jusqu'à ce moment, l'associé commanditaire, porteur d'une créance échue contre le failli, peut-il la compenser avec ce qu'il doit encore de sa mise ?

Il faut répondre négativement : si la mise sociale était dans la caisse, elle serait partagée entre tous, ainsi que le fait observer M. Bédarride ; elle ne peut être acquise par préférence au commanditaire, parce qu'il n'a pas exécuté le contrat. Ce versement est dû au public, dont la confiance a été déterminée par la publication de l'engagement du commanditaire (3).

1684. En droit civil, une nouvelle jurisprudence, changée

---

(1) Metz, 16 juill. 1845 (D.P.46.2.14) ; Renouard, t. 1er, p. 375.

(2) *Faillites*, n. 91.

(3) Bédarride, n. 92 ; Cass., 28 fév. 1844 et 8 avril 1845 (S.V.44.1.692 et 45.1.589).

peut-être au moment où nous écrivons, décide que la femme commune en biens n'est pas simple créancière venant pour ses reprises en concurrence et au marc le franc avec les autres créanciers, mais qu'elle agit comme propriétaire et a un droit de prélèvement. En matière de faillite au moins, la Cour de cassation fait exception à ce principe ; les règles établies par le Code de commerce forment un droit spécial qui doit être exécuté, et l'abandon d'objets faits par le mari à sa femme constitue le paiement d'une dette non échue, et doit être déclaré nul dans les termes de l'art. 446 : la vente que ferait le failli à titre de remploi ne serait considérée que comme une dation en paiement : la femme n'a qu'une simple créance dans la faillite pour le recouvrement de sa dot (1). Les droits des femmes sont du reste réglés par les art. 557 et suivants ci-après.

1085. M. Bédarride ne considère pas comme un paiement anticipé l'envoi d'une somme d'argent ou de marchandises en compte courant fait au créancier du failli ; « celui qui a reçu cet envoi, dit cet auteur, s'est conformé à des précédents dès longtemps établis et qu'il pouvait de très-bonne foi croire devoir durer longtemps encore. Il n'y a eu en conséquence dans ce fait ni déloyauté ni fraude, et comme c'est l'un ou l'autre que la loi a voulu seulement proscrire, il faudrait, pour l'obliger à restitution, prouver qu'il n'a reçu qu'après avoir connu la déconfiture de son correspondant » (2).

Ces explications manquent de précision. Les faits prévus par l'art. 446 sont nuls de plein droit sans qu'il y ait nécessité d'alléguer la déloyauté ni la fraude de celui qui a reçu ; l'art. 446 a pour but d'empêcher qu'à partir des dix jours qui précèdent la cessation de paiements, un créancier même de bonne foi puisse être avantagé au préjudice des autres ; il en est autrement dans les cas prévus par l'art. 447. Il faut donc distinguer et poser d'abord en principe si les sommes dues en

---

(1) Cass., 24 janv. 1854 (S.V.54.1.166), et la note de M. Devilleneuve. — *Sic*, Rennes, 17 juin 1853 ; Paris, 8 avril 1854 ; Orléans, 24 mai 1854 ; Colmar, 18 juin 1854 ; Paris, 23 déc. 1854 ; Metz, 12 juin 1855 (S.V.53.2.529 ; 54.2.211, 499 et 757. J.P.55.2.80).

(2) *Faillites*, n. 112.

compte courant constituent, avant le moment où il est arrêté et balancé, des dettes *échues*. M. Bédarride se prononce pour la négative; dans ce cas la question de bonne foi n'a plus aucune importance, et l'opération devrait être déclarée nulle, si elle constituait en effet un paiement.

M. Bédarride, il est vrai, pense qu'un semblable envoi *ne caractérise pas un véritable paiement*, que c'est *une opération commerciale*. Cette dernière définition est infiniment trop vague, et il est nécessaire de préciser quel est, en définitive, le résultat d'une semblable *opération* : il faut bien convenir que le résultat de l'envoi d'une somme d'argent sera d'éteindre une dette jusqu'à due concurrence de la valeur de l'envoi (*suprà*, n. 631 et 633). Si c'est un envoi de marchandises, ce sera une dation en paiement spécialement prévue et prohibée par l'art. 446, et il devra être annulé.

Quant à nous, nous croyons que, s'il s'agit, par exemple, d'un compte courant où un banquier envoie des fonds à son correspondant, qui l'en couvre au moyen de remises d'effets, la dette est perpétuellement échue, quoique le banquier se soit interdit d'en exiger le paiement, et ce qui le prouve, c'est qu'elle produit intérêt avant l'époque fixée pour le règlement du compte; lorsqu'un manufacturier envoie des marchandises en compte courant, il accorde néanmoins un terme avant lequel l'acheteur ne doit pas les intérêts; il a droit à un escompte, au contraire, si le terme est devancé par lui. Il faut donc examiner, pour déclarer si le paiement est valable, si le terme était expiré. L'état de compte courant ne modifie pas les règles générales, et le paiement fait en compte courant ou autrement ne sera valable que si la dette était échue, et s'il est réalisé en espèces ou effets de commerce.

1686. « Le créancier qui, acceptant un mode de libération inusité, disait M. Tripier dans son dernier rapport à la Ch. des Pairs, reçoit des marchandises ou des effets mobiliers au lieu d'espèces, doit être présumé avoir connu l'embarras de son débiteur, et avoir fait fraude à la loi d'égalité qui doit dominer les créanciers. Mais il faut que l'opération ait le caractère d'un véritable paiement; qu'elle ait eu pour objet d'éteindre une dette qui avait été créée en espèces, et qui devait être acquittée dans cette valeur. Des envois respectifs de marchandises destinés à se balancer mutuellement n'auraient pas le caractère de paiement prohibé, surtout s'ils avaient été précédés d'une série d'opérations de même nature, qui constateraient de la part des négociants un usage antérieur auquel ils se seraient conformés sans fraude. »

Cette doctrine admise par M. Dalloz (1) ne peut être suivie ; elle est en opposition directe avec le texte de la loi. Encore une fois, l'art. 446 annulle les actes qu'il énumère, sans exiger qu'il y ait mauvaise foi ; ils sont nuls par eux-mêmes, intrinsèquement ; si Pierre est débiteur de Paul par suite d'envois de marchandises faits en compte courant, il ne peut, dans les dix jours qui précèdent la cessation de paiements, et en admettant même que la dette soit échue, se libérer par l'envoi de marchandises ; le paiement en compte courant ou autrement ne sera valable que s'il est fait en espèces ou effets de commerce ; la loi ne distingue pas.

Si M. Tripier a voulu dire, toutefois, que l'art. 446 ne s'appliquait pas à toute opération de commerce, dont le résultat pouvait être en définitive de solder en tout ou en partie le compte du créancier, parce qu'elle devait être portée à son débit, cette doctrine devra être suivie. Si l'opération a été, non-seulement loyalement faite, mais qu'elle n'ait pas eu pour mobile, ni de la part du créancier, ni même de la part du débiteur, de solder le compte existant entre eux ; qu'elle ne puisse à aucun point de vue constituer un paiement, ni une dation en paiement, l'art. 446 ne sera plus applicable, et il est bien entendu que toute opération commerciale devra néanmoins se résoudre en débit et en crédit. Ainsi, quelque précis que soient les termes de la loi pour exiger que le paiement d'une dette, même échue, ne soit pas fait autrement qu'en espèces ou effets de commerce, la Cour de Lyon a décidé que l'art. 446 n'était pas applicable, lorsqu'il existait entre le failli et son créancier, des conventions aux termes desquelles des matières premières étaient livrées pour être plus tard rendues après avoir été ouvrées, sauf le compte à faire pour la plus-va-

(1) *Rép.*, n. 292.

lue résultant de la main-d'œuvre (1); la Cour de cassation a été plus loin, et a déclaré que le paiement, même en marchandises, était valable, lorsqu'il résultait d'une opération licite et publique contractée par l'entremise d'un courtier (2).

Ces arrêts ne doivent être acceptés sans doute qu'avec une extrême réserve; les faits ont été considérés comme une opération de commerce entièrement indépendante de l'intention où pouvaient être les parties d'éteindre en tout ou en partie une dette existante; et par suite, la décision a été ce qu'elle devait être. Mais on ne peut en dire autant de l'envoi de marchandises ou de toute autre valeur fait en compte courant; en ce qui concerne ces envois, on a fait observer avec beaucoup de justesse, que rien ne serait plus aisé que d'échapper à la rigueur de la loi, si les envois en compte courant n'étaient pas traités comme toute dation en paiement; que très-souvent, en effet, deux commerçants qui sont en relations d'affaires ont un compte courant; et si toutes les opérations qui entrent dans ce compte échappaient par cela seul à la présomption *juris et de jure*, que l'art. 446 a établi, les procès renaîtraient en foule et amèneraient un résultat diamétralement opposé à celui qu'a voulu atteindre le législateur (3).

1687. Des règles différentes doivent être suivies lorsque les dettes sont échues; nous venons d'en faire l'application; l'art. 446 valide le paiement de semblables dettes s'il est fait *en espèces ou effets de commerce*. Dans tout autre cas, il est nul. La loi entend parler, non-seulement des dettes échues avant les dix jours qui précèdent la cessation des paiements, mais bien des dettes venues à échéance jusqu'au jugement déclaratif (4).

1688. Les paiements en marchandises seraient nuls, même lorsque ces marchandises ont été envoyées au créancier avec mandat de les vendre pour le prix en être employé à l'acquit

---

(1) Lyon, 31 déc. 1847 (S.V.48.2.351).

(2) Cass., 30 août 1847 (S.V.48.1.131).

(3) Esnault, t. 1er, n. 184; St-Nexent, t. 1er, n. 111; Chambre des députés, séance du 29 mars 1838.

(4) Cass., 17 fév. 1845 (S.V.45.1.404); Renouard, t. 1er, p. 371.

de sa créance, ou en fixant d'avance la somme qui devrait être portée au crédit du débiteur, quel que fût du reste le prix retiré de la vente ; dans toutes les circonstances, enfin, où l'opération présentera le caractère d'un véritable paiement, quel que soit le moyen employé pour en dissimuler le véritable caractère (1).

1689. La loi assimilant les paiements faits en effets de commerce aux paiements faits en espèces, la compensation s'opère au moment même de la remise et la faillite survenue avant l'échéance ne peut évidemment obliger à rapport (2) ; mais la remise doit être effective et sans condition ; et elle ne serait point accomplie, si les effets avaient été laissés entre les mains d'un tiers qui ne devait s'en dessaisir qu'après l'accomplissement d'une condition. C'est la date de l'endos régulièrement accompli qui détermine la validité du paiement et non le moment où les effets sont parvenus entre les mains du bénéficiaire (3).

On ne peut assimiler à un effet de commerce toute créance représentée par un titre d'une autre espèce (4): ainsi une lettre de crédit ; elle n'offre pas les caractères constitutifs attribués aux effets de commerce (5).

Le partage étant déclaratif et non attributif de propriété ne tombe pas sous l'application des art. 446 et 447, sauf le cas de fraude (6).

Pour les envois de marchandises faits à un commissionnaire et les effets passés en compte courant, voir ce que nous avons dit n. 418 et s. et 637.

1690. 3° *Toute hypothèque conventionnelle ou judiciaire et tous droits d'antichrèse ou de nantissement constitués sur les biens du débiteur pour dettes antérieurement contractées.*

---

(1) Nancy, 4 juin 1840 ; Rouen, 5 juin 1841 ; Dalloz, *Rép.*, n. 288 ; Douai, 14 janv. 1847 (S.V.48.2.183) ; Cass., 4 janv. 1847 et 30 mai 1848 (S.V.47.1.161 et 49.1.301).

(2) Cass., 25 avril 1826 et 11 juill. 1837 (S.V.37.1.785).

(3) Paris, 6 nov. 1138 ; Dalloz, *Rép.*, n. 311.

(4) Cass., 4 janv. 1847 (D.P.47.1.133).

(5) Riom, 17 juill. 1849 (D.P.52.2.3) ; Renouard, t. 1er, n. 376. V. également Rouen, 5 janv. 1841 (D.P.41.2.135), et Orléans, 1er fév. 1853 (S.V.53.2.661).

(6) Colmar, 19 janv. 1856 (J.P.56.2.531).

Cette disposition s'occupe seulement des actes constitutifs et non des inscriptions d'hypothèques réglées par l'art. 448; elle ne les annulle, ainsi que toute autre garantie accessoire, que pour les dettes antérieurement contractées à la constitution même d'hypothèque, quel que soit le moment où la créance est née, parce que cette garantie accessoire pour une dette déjà existante et consentie sans cette condition est évidemment un avantage véritablement gratuit aux dépens de la masse, que le système entier de la loi refuse de reconnaître. Mais s'il s'agit d'un acte nouveau fait contre de l'argent comptant, lorsque le failli n'était pas encore dessaisi et tant qu'il est resté à la tête de ses affaires, il doit être respecté ; s'il contracte par suite une dette sous la condition stipulée dans le contrat même d'emprunt et réalisée d'une hypothèque ou d'un nantissement, l'acte est évidemment valable pour le tout : si le prêt même souscrit avec stipulation d'hypothèque est maintenu, on ne peut annuler la stipulation d'hypothèque qui en a été la condition (1).

La même règle sera suivie si par suite d'un crédit ouvert moyennant la garantie d'une hypothèque, le banquier ou capitaliste a payé à l'acquit du crédité dans les cas prévus par l'art. 446. Du moment qu'il est admis aujourd'hui qu'une hypothèque pour sûreté d'un crédit ouvert est valable ; que la doctrine qui en contestait la validité est désormais abandonnée, il faut bien admettre que le créditant a pour ces paiements une hypothèque à la date du contrat (2).

Si l'hypothèque consentie par le failli est déclarée nulle, le paiement qui a été fait en vertu de cette hypothèque est également nul (3); mais les syndics qui n'ont pas contesté la collocation du créancier dans l'ordre ouvert pour la distribution du prix, ne sont plus recevables à demander cette nullité après la clôture définitive de l'ordre (4).

---

(1) *Moniteur* du 31 mars 1838 ; Cass., 8 mars 1854 (J.P.55.2.369), et tous les auteurs.

(2) Bédarride, n. 124 ; Pardessus, n. 1137.

(3) Cass., 30 mai 1848 (S.V.49.1.301).

(4) Cass., 7 nov. 1848 (S.V.49.1.106).

L'art. 446, pour faire cesser une controverse assez vive, a énuméré les hypothèques conventionnelles et judiciaires, et par suite écarte les priviléges et les hypothèques légales qui peuvent valablement prendre naissance dans les cas fixés par la loi (1) ; une réserve enseignée par M. Pardessus, équitable sans doute, dans certains cas, ne peut être admise en présence d'un texte positif (2) et sauf le cas de fraude.

1691. La Cour d'Orléans a jugé qu'on ne pourrait, sans une grave confusion des mots et des choses, transformer une simple novation qui substitue une nouvelle dette à l'ancienne (*suprà*, n. 524), sans libérer le débiteur, en un paiement ou une dation en paiement, et, par suite, que la constitution d'hypothèque et les autres clauses et garanties accessoires stipulées pour la nouvelle dette sont valables (3). Cet arrêt nous semble conforme à la rigueur du droit ; mais l'opération devrait être annulée, conformément à l'art. 447 ci-après, si le créancier avait eu connaissance de la déconfiture du débiteur. L'art. 446 serait applicable si la novation s'opérait par la substitution d'un nouveau créancier à l'ancien, qui serait remboursé par celui au profit de qui serait faite la nouvelle constitution d'hypothèque (4). La fraude, dans tous les cas, devrait être réprimée.

1692. Il ne faut pas perdre de vue, ainsi que l'a fait observer M. Bédarride avec beaucoup de justesse, que l'art. 446 limite évidemment la disposition de l'art. 443. Si, aux termes de ce dernier article, le failli n'est dessaisi qu'à partir du jugement déclaratif de la faillite, il ne s'ensuit pas que, relativement à la masse, suivant l'expression de l'art. 446, il doive être regardé jusque-là comme étant dans l'intégrité de ses droits : « Si le failli, dit M. Bédarride, était réellement *integri statûs*, tant que le jugement déclaratif n'est pas rendu, il pourrait, sans contredit, payer par des ventes, cessions, transports

(1) Renouard, t. 1er, p. 382 ; Dalloz, *Rép.*, n. 308 ; Cass., 7 nov. 1848 (S.V. 49.1.121).

(2) *Droit comm.*, n. 1135.

(3) Orléans, 16 juin 1852 (D.P.54.2.222).

(4) Bédarride, n. 122 ; Dalloz, *Rép.*, v° *Faillite*, n. 209 ; Nancy, 24 janv. 1842.

d'effets mobiliers ou immobiliers, ou compenser dans tous les cas avec ses créanciers. » Sans être dessaisi, la loi l'a donc frappé, dans une certaine mesure, d'incapacité pour la disposition de son actif. M. Bédarride examine cette question, à propos d'un arrêt de la Cour d'Aix, du 9 février 1843, qui avait maintenu la collocation de créanciers chirographaires, sur les sommes restant libres provenant de la vente des immeubles d'un commerçant faite après la cessation de paiements; quelque régulières que fussent, d'ailleurs, les opérations accomplies, elles ne pouvaient donc nuire aux créanciers protégés par l'art. 446 (1).

Dans une espèce où, à la suite d'une distribution par contribution de sommes déposées à la caisse des consignations, des bordereaux avaient été délivrés, la Cour de Bordeaux a maintenu le droit des porteurs; mais c'est en se fondant sur ce que l'obtention d'un bordereau équivaut à un paiement en espèces, et que c'était le cas, dès lors, d'appliquer l'exception admise par l'art. 446 (2).

1093. Le Code Napoléon porte que le privilége conféré au créancier sur la chose qui lui a été remise en nantissement ne s'établit, 1° qu'autant qu'il y a un acte public ou sous seing privé dûment enregistré (C. Nap., art. 2074); 2° qu'autant que cet acte, lorsqu'il s'agit de meubles incorporels, tels que des créances mobilières, a été signifié au débiteur de la créance donnée en gage (C. Nap., art. 2075).

La Cour de Montpellier disait en conséquence avec vérité : « Qu'il résulte des dispositions formelles de l'art. 2075, C. Nap., que le privilége ne s'établit que par un acte public ou privé, enregistré, *signifié au débiteur ;* que, dès lors, la signification est une formalité substantielle de l'acte, sans laquelle il n'y a pas de privilége; jusque-là, l'acte de nantissement est demeuré incomplet, ou plutôt, il n'a pas eu d'existence légale » (3).

Ces principes ont été formellement consacrés par la Cour de

(1) Bédarride, n. 114 et s.

(2) Bordeaux, 10 nov. 1841; Dalloz, *Rép.*, n. 291.

(3) Montpellier, 13 janv. 1845 (S.V.45.2.403).

cassation, quoique l'arrêt de la Cour de Montpellier, que nous venons de citer, ait été cassé ; il est certain que la Cour de cassation a repoussé le système plaidé devant elle, et d'après lequel il importerait peu que la notification nécessaire pour donner effet au contrat de gage à l'égard des tiers ait eu lieu postérieurement à la cessation des paiements ou dans les dix jours qui ont précédé cette date : « En droit, porte l'arrêt de la Cour de cassation, aux termes de l'art. 2075, C. Nap., lorsqu'il s'agit de meubles incorporels ou de créances mobilières, le privilége ne s'établit sur le nantissement que par la signification de l'acte au débiteur de la créance donnée en gage. » Ce point est désormais admis ; mais il ne faut pas oublier ce que nous avons dit tout à l'heure (*suprà*, n. 1690), que l'art. 446 n'annule les droits résultant du nantissement constitué depuis la date de la cessation des paiements et dans les dix jours qui l'ont précédée, comme les droits résultant de toute hypothèque conventionnelle ou judiciaire, ou d'antichrèse, que lorsqu'ils ont été accordés par le débiteur pour *dettes antérieurement contractées* à la constitution même de la garantie accessoire ; et, dans l'espèce soumise à la Cour de cassation et jugée par la Cour de Montpellier, il ne s'agissait pas d'un nantissement constitué pour une dette antérieurement contractée ; mais bien d'un nantissement constitué en même temps que la dette et comme condition du prêt : « Attendu, dit l'arrêt de la Cour de cassation, que le nantissement dont il s'agit a été contracté en même temps que la dette, et par le même acte, deux ans avant le jour auquel la cessation de paiements par le failli a été fixée, et qu'il n'a pas, dès lors, le caractère d'un privilége consenti, ou d'une préférence accordée à une créance qui, dans le principe, aurait été privée de cette garantie, seul cas auquel s'applique la disposition finale de l'art. 446, C. comm. » L'arrêt de la Cour de Montpellier, qui avait laissé de côté cette circonstance essentielle, devait donc être cassé, comme il l'a été en effet (1). Un nouveau pourvoi ayant été formé dans la même affaire, la Cour de cassa-

(1) Cass., 4 janv. 1847 (S.V.47.1.161), 4e espèce.

tion a maintenu sa jurisprudence, et par les mêmes motifs (1).

Les règles sont donc faciles à établir ; 1° si le nantissement a été constitué et *signifié* avant les dix jours qui ont précédé la date de la cessation de paiements, l'art. 446 ne peut pas être invoqué ; 2° s'il a été *signifié* depuis la date de la cessation de paiements ou dans les dix jours qui l'ont précédée, l'acte sera nul s'il s'applique à une dette *antérieurement contractée* ; l'acte sera valable si le nantissement a été constitué *en même temps* que la dette était contractée ; 3° si la signification a été faite après que le jugement déclaratif a été rendu, le nantissement est nul dans tous les cas. C'est dans ce sens, et selon ces distinctions, que doit être entendu ce que nous avons dit sous l'art. 95 ci-dessus (*suprà*, n. 457), où la question n'avait pu être expliquée avec toute l'étendue qu'elle exige.

S'il s'agit du nantissement d'une chose corporelle, aucune difficulté ne semble possible, puisque le contrat est parfait par l'acte qui le constitue, accompagné de la tradition réelle de la chose donnée en nantissement.

1094. Une difficulté analogue se présentera pour le transport de créance dont il est question dans le deuxième paragraphe de l'art. 446.

« Dans le transport d'une créance, dit l'art. 1689, C. Nap., « d'un droit ou d'une action sur un tiers, la délivrance s'o- « père *entre le cédant et le cessionnaire* par la remise du titre. » L'art. 1690 ajoute : « Le cessionnaire n'est saisi *à l'égard des* « *tiers* que par la signification du transport faite au débiteur. « Néanmoins, le cessionnaire peut être également saisi par « l'acceptation du transport faite par le débiteur dans un acte « authentique. » La masse ayant une double qualité et représentant le failli cédant en même temps qu'en qualité de créancière, elle doit conserver la qualité de tiers, on peut hésiter à décider si c'est l'art. 1689 ou l'art. 1690 qui lui est applicable.

---

(1) Cass., 19 juin 1848 (S.V.48.1.465), et la note de M. Devilleneuve. — *Contrà*, Troplong, *Nantissement*, r[illegible]s.; Massé, t. 6, n. 518. — M. Troplong repousse toute distinction entre le cas où le nantissement est donné pour une dette antérieurement contractée et le cas où la dette n'a été contractée que sous la sauvegarde du gage.

Nous pensons que la masse ne peut jamais être considérée comme représentant, contre son intérêt même, le failli, son débiteur. Dans la réalité des faits, si les créanciers exercent les droits de leur débiteur, ils n'en sont pas moins des tiers; mais la question est controversée.

1695. « L'art. 446, C. comm. modifié, dit un arrêt de la Cour de cassation, se borne à déclarer nuls relativement à la masse, lorsqu'ils ont été faits par le débiteur depuis l'époque déterminée par le tribunal comme étant celle de la cessation de ses paiements ou dans les dix jours qui ont précédé cette époque, notamment tous les paiements, soit en espèces, soit par *transport* ou autrement pour dettes non échues, tous paiements faits autrement qu'en espèces ou effets de commerce; il suit de ces dispositions que les actes de transport pour *dettes nouvellement contractées* ne sont pas frappées de la même nullité, quoique faits depuis l'époque déterminée pour la cessation des paiements, ou dans les dix jours qui ont précédé cette époque » (1).

Dans toute autre circonstance que celle qui est relevée par l'arrêt que nous venons de citer, et lorsque les actes de transport ne sont pas la condition et la sauvegarde d'une dette nouvellement créée, ils sont nuls s'ils n'ont été signifiés que depuis la cessation de paiements ou dans les dix jours qui l'ont précédée : « Attendu, dit la Cour de cassation, qu'aux termes de l'art. 1690, C. Nap., les transports de créances ne sont valables qu'autant qu'ils ont été signifiés aux débiteurs des créances cédées ; que le cessionnaire n'est saisi à l'égard des tiers, que par cette signification, ce qui s'induit encore de l'art. 1691, lequel déclare valablement libéré le débiteur qui a payé le cédant avant qu'elle lui ait été faite; attendu que l'art. 446 de la loi du 28 mai 1838 sur les faillites déclare nuls relativement à la masse tous paiements, soit en espèces, soit par transports pour dettes non échues, parce que les actes établissant les paiements ou nantissements ont été faits par le débiteur depuis l'époque déterminée par le tribunal comme étant celle de la cessation de ses paiements, ou dans les dix

(1) Cass., 4 Janv. 1847 (S.V.47.1.161), 3e espèce.

jours qui ont précédé ; attendu dès lors que tout acte de cession d'une créance *qui n'a pas reçu son complément par la signification* qui en a été faite au débiteur avant l'époque déterminée par l'art. 446 suscité ne peut produire l'effet de dessaisir le débiteur au profit du cessionnaire, et qu'il est nul relativement à la masse des créanciers » (1).

Cette conclusion nous semble forcée du moment que la masse est considérée, non plus comme ayant cause du failli, mais comme représentant les tiers, et il est certain qu'avant toute faillite, les créanciers ne peuvent être qualifiés que de *tiers;* comment l'événement de la faillite aurait-il eu pour résultat de leur enlever une partie des droits qui leur appartenaient?

A plus forte raison, tout acte de transport signifié après le jugement déclaratif serait-il nul.

1096. La jurisprudence de la Cour de cassation n'établit donc aucune différence entre l'acte même de nantissement ou de transport et la signification ; l'acte même n'est valable à l'égard de la masse qu'autant que la signification a eu lieu à une époque où cet acte aurait pu être fait : « Pour appliquer logiquement cette doctrine, dit M. Renouard, il importe de distinguer entre les cas de l'art. 446 et ceux de l'art. 447. Si le transport a eu lieu, soit gratuitement, soit en paiement d'une dette antérieurement contractée, échue ou non échue, il est nul à défaut de signification plus de dix jours avant la cessation des paiements, conformément à l'art. 446. Si le transport n'est point une dation en paiement ou en nantissement, mais est l'objet d'un contrat nouveau et à titre onéreux, il est régi par l'art 447 ; le défaut de signification n'en opèrera la nullité de plein droit que s'il n'a pas été signifié avant le jugement déclaratif de faillite : s'il y a eu signification avant ce jugement, mais après l'époque de la cessation de paiements, la masse pourra faire annuler le transport, mais à la charge de prouver que le cessionnaire, lorsqu'il a signifié, avait connaissance de la cessation des paiements du cédant. Ces distinctions ont été consacrées par les arrêts précités du 4 janvier 1847 » (2).

---

(1) Cass., 4 janv. 1847 (S.V.47.1.161), 1re espèce.
(2) *Faillites*, t. 1er, p. 368.—*Sic*, Pardessus, n. 1140.

1097. Nous devons dire toutefois que la question présente de sérieuses difficultés ; un grand nombre d'arrêts de Cours impériales admettent que la signification peut être faite jusqu'au jour du jugement déclaratif, si, du reste, l'acte de transport a une date certaine antérieure aux dix jours qui ont précédé la cessation de paiements (1), et les arrêts de la Cour de cassation, dont nous avons eu soin de citer textuellement les considérants, ont été quelquefois interprétés autrement que nous ne l'avons fait. Mais d'un commun accord, si la signification n'est faite qu'après le jugement déclaratif, le transport est nul (2). Dans le système contraire au nôtre, cette réserve ne nous semble pas justifiée. En effet, M. Devilleneuve, dans la note dont il a accompagné l'arrêt du 17 janvier 1848, repoussant l'assimilation qu'on a voulu faire de la tradition matérielle des choses données en gage à la signification, remarque que la tradition, dans le cas de gage, est bien réellement le fait du débiteur failli, tandis que la signification est le fait du créancier cessionnaire, et non celui du cédant dépossédé par le jugement déclaratif : à l'égard du créancier cessionnaire, qu'importerait donc le dessaisissement du failli, puisqu'entre eux le contrat serait parfait ? Si cette conséquence extrême est repoussée, si la capacité du débiteur failli doit réagir en quelque sorte sur la capacité du créancier cessionnaire et être prise en considération pour apprécier la validité d'un acte fait par ce créancier, il faut arriver logiquement au système soutenu par M. Renouard, et ne regarder la signification comme valable qu'autant qu'elle a été faite par le cessionnaire à un moment où le cédant pouvait faire l'acte de transport, c'est-à-dire avant les dix jours qui ont précédé la cessation de paiements.

Le transport, dont la validité aurait pu être contestée, peut être validé si les syndics ont constamment reconnu pour exact et sincère ce que contenaient les livres et les comptes courants du failli relativement à la réalité de ce transport ; s'ils n'ont

---

(1) Orléans, 31 août 1841 ; Lyon, 17 mars 1842 ; Paris, 17 fév. 1849 (S.V. 42.2.427 ; 42.2.289 et 427 ; 49.2.175) ; Paris, 18 mai 1850 (J.P.50.1.530). — *Sic*, Esnault, n. 202.

(2) Paris, 28 juin 1855 (J.P.55.2.392).

point porté au bilan la créance cédée comme faisant partie de l'actif de la faillite, et s'il est constant que, dans l'assemblée générale pour le concordat, le transport n'a été l'objet d'aucune contestation de la part des syndics, ni des principaux créanciers. « En donnant leur ratification au transport, ajoute un arrêt de la Cour de cassation, et en admettant le cessionnaire après vérification, comme légitime propriétaire de la créance cédée, les syndics ont fait un acte qui rentrait dans leurs attributions, et auquel on ne peut reconnaître ni le caractère d'une libéralité, ni celui d'une transaction » (1).

ARTICLE 447.

Tous autres paiements faits par le débiteur pour dettes échues, et tous autres actes à titre onéreux par lui passés après la cessation de ses paiements et avant le jugement déclaratif de faillite, pourront être annulés si, de la part de ceux qui ont reçu du débiteur ou qui ont traité avec lui, ils ont eu lieu avec connaissance de la cessation de ses paiements.

1698. Les actes énumérés par l'art. 446 sont nuls de plein droit, s'ils ont été faits à partir du dixième jour qui a précédé la cessation de paiements, dont l'époque est déterminée par le tribunal : actes qui constituent une libéralité ou dont les accessoires peuvent être considérés comme ayant ce caractère ; donations ; paiement de dettes non échues ; paiements de dettes échues faits d'une manière insolite ; sûretés gratuitement accordées pour dettes déjà existantes.

Tous autres actes que ceux qui sont ainsi déclarés nuls de plein droit sont valables par voie de conséquence, s'ils ont été faits avant que le jugement déclaratif n'ait dessaisi le failli de l'administration de tous ses biens; mais ils *pourront* être annulés s'ils ont été faits depuis la cessation de paiements ; et en outre, dit la loi, si de la part de ceux qui ont reçu du débiteur ou

---

(1) Cass., 18 juin 1844 (S.V.44.1.486).

qui ont traité avec lui, ces actes ont eu lieu avec connaissance de la cessation de ses paiements.

Ces deux conditions suffisent, mais doivent l'une et l'autre être remplies. Il n'est plus question des dix jours qui ont précédé la cessation de paiements.

Aux termes de l'art. 1167, C. Nap., les créanciers peuvent en « leur nom personnel attaquer les actes faits par leur débi« teur en fraude de leurs droits » : c'est une règle de droit commun que la législation des faillites a eu pour but d'étendre dans les cas qu'elle a prévus, bien loin de la restreindre en aucune circonstance. L'art. 1167, C. Nap., peut donc toujours être invoqué sans tenir aucun compte de la loi des faillites.

Mais la fraude n'existe que s'il y a eu manœuvres déloyales employées par le créancier pour se faire avantager au détriment de ses co-créanciers, et elle ne pourrait résulter de la simple connaissance qu'avait le créancier du mauvais état des affaires de son débiteur ; l'art. 447, C. comm., a donc été utile pour ouvrir aux créanciers une action en nullité, que ne leur accordait pas le droit commun.

Il est inutile de répéter, sans doute, que tous les actes accomplis depuis le jugement déclaratif sont nuls sans distinction et sans condition ; il faut se reporter au commentaire de l'art. 443 quant à ces actes.

1699. Revenons maintenant au commentaire de l'art. 447.

Si l'acte n'est pas au nombre de ceux qui ont été prévus par l'art. 446 ; qu'il s'agisse du paiement d'une dette échue fait en espèces ou effets de commerce ou d'un contrat à titre onéreux, faut-il conclure de cette expression *pourront être annulés*, que les juges ont à cet égard un pouvoir discrétionnaire ? Les termes de l'art. 447 : *pourront être annulés*, dit M. Bédarride, « doivent recevoir une acception différente suivant qu'il s'agit d'un paiement ou d'un acte à titre onéreux. Pour les premiers, la preuve de la connaissance impose non pas la simple faculté, mais l'obligation de les frapper de nullité. En effet, ils emportent avec eux-mêmes la certitude d'un préjudice pour les créanciers qui sont privés de la part contributive qui leur était dévolue sur les sommes qui ont servi à les réaliser. Pour les actes à titre onéreux, au contraire, leur existence n'est pas toujours inconciliable avec l'absence complète de tout préjudice..... Ce qui doit déterminer l'annulation, c'est le préjudice que les créanciers souffrent; là où il n'en existe aucun, il serait par trop rigoureux de ne pouvoir maintenir l'acte »(1).

Cette doctrine nous paraît sage et rendant compte des expressions de la loi; la Cour de cassation, toutefois, ne l'a pas adoptée, et elle a décidé que les juges ont un pouvoir discrétionnaire dans le cas même où il s'agit d'un paiement qui a dû porter un préjudice à la masse (2).

Il n'y a aucune distinction à faire pour l'application de l'art. 447, entre les actes commerciaux et les actes civils, si le fait reproché est préjudiciable à la masse; les juges du fond, selon la distinction empruntée à M. Bédarride, ont à cet égard un pouvoir d'appréciation que la loi n'a pu limiter, et que la Cour de cassation ne serait point appelée à censurer, sous la réserve de l'arrêt que nous venons de rapporter (3).

1700. L'action en rapport contre le créancier qui a indûment reçu est exercée au nom de la masse par les syndics, et le créancier doit tenir compte, non-seulement du capital, mais des intérêts du jour même où il a reçu, et non du jour de la demande en justice, parce qu'il ne peut être présumé avoir été de bonne foi, lorsqu'il agit en fraude de la loi (4).

Si la masse, toutefois, avait renoncé expressément ou tacitement au droit que lui confèrent les art. 446 et 447, elle ne pourrait revenir contre cette ratification; la décision des Cours impériales serait souveraine, et la Cour de cassation ne pourrait apprécier les éléments constitutifs de l'approbation que la Cour impériale aurait reconnue et déclarée (5).

---

(1) *Faillites*, n. 119. V. Renouard, t. 1er, p. 391 et s.; Pardessus, n. 1120; Massé, t. 3, n. 275; Cass., 12 fév. 1844 (S.V.44.1.219); 1er juin 1840; Dalloz, *Rép.*, n. 310; 30 juill. 1850 (D.P.50.1.235).

(2) Cass., 20 janv. 1857; Bull. des arrêts, 1857, p. 16.

(3) Ch. des députés, 30 mars 1838; Cass., 28 août 1810, 3 fév. 1820, 30 juill. 1850 (S.V.50.1.641); Paris, 14 déc. 1846 (D.P.47.2.183).

(4) Cass., 2 juill. 1834 (S.V.34.1.710); Nancy, 11 juin 1840; Dalloz, *Rép.*, n. 321; Renouard, t. 1er, p. 392.

(5) Cass., 23 fév. 1837; Dalloz, *Rép.*, n. 322.

Lorsque le failli a fait comme débiteur principal un paiement à un créancier, les syndics sont non recevables à attaquer, dans aucun cas, la caution qui s'est trouvée déchargée; ils ne peuvent lui demander de rapporter, même à défaut du créancier, puisqu'elle n'a pas reçu; ils ne peuvent s'adresser qu'au créancier même qui a touché (1).

L'annulation des actes, dont parle l'art. 447, ne peut être prononcée que relativement à la masse et dans son intérêt, ainsi que le porte expressément l'art. 446 ; les principes doivent être les mêmes ; l'action en nullité ne pourrait donc être exercée ni par le failli lui-même, ni même par des tiers (2).

1701. L'acte prévu par l'art. 447 peut avoir été commis, ou au préjudice de la masse, ou au préjudice d'un seul créancier; dans le premier cas, la masse peut agir; mais ce droit appartient-il également, dans le second cas, au créancier dans son intérêt particulier ? La Cour de cassation s'est prononcée, avec raison, pour la négative ; l'art. 447 ne le dit pas expressément, sans doute, mais c'est le sens de toute la loi ; et l'arrêt a décidé que la présomption établie contre tous actes ou engagements du failli, ne pouvait être invoquée contre le failli que par la masse de ses créanciers, ou au profit de cette masse (3).

ARTICLE 448.

Les droits d'hypothèque et de privilége valablement acquis pourront être inscrits jusqu'au jour du jugement déclaratif de la faillite. — Néanmoins les inscriptions prises après l'époque de la cessation de paiements, ou dans les dix jours qui précèdent, pourront être déclarées nulles, s'il s'est écoulé plus de quinze jours entre la date de l'acte constitutif de l'hy-

---

(1) Dalloz, *Rép.*, v° *Faillites*, n. 324.

(2) Cass., 9 mai 1834 (S.V.34.1.523); Dalloz, *Rép.*, n. 325; Paris, 24 janv. 1844; Dalloz, *Rép.*, n. 325; *Id.* 3 déc. 1840 (D.P.51.2.63).

(3) Cass., 16 nov. 1840 (S.V.40.1.944); Renouard, t. 1er, p. 394; Esnault, t. 1er, n. 190.

pothèque ou du privilége et celle de l'inscription. — Ce délai sera augmenté d'un jour à raison de cinq myriamètres de distance entre le lieu où le droit d'hypothèque aura été acquis et le lieu où l'inscription sera prise.

1702. Parmi les actes d'où peuvent résulter les priviléges ou les hypothèques, nous avons vu que les uns sont nécessairement nuls relativement à la masse ; ce sont ceux qui sont énumérés par l'art. 446 ; les autres peuvent être annulés, aux termes de l'art. 447. En dehors des prévisions de l'un et l'autre de ces deux articles, les actes qui créent les hypothèques sont valables. Mais autre chose est la constitution même du privilége et de l'hypothèque; autre chose est son inscription; l'inscription est une formalité essentielle pour donner un effet utile à l'hypothèque à l'égard des tiers; faute d'inscription, l'hypothèque n'est point présumée exister à leur égard. C'est sur l'inscription seulement que statue l'art. 448.

Disons, d'abord, que si l'inscription n'est prise que postérieurement au jugement déclaratif, elle est nécessairement nulle, et dans tous les cas (1).

« Les actes consentis par le failli, disait le rapporteur, s'ils exigent encore, pour être pourvus de leurs effets vis-à-vis des tiers, un complément, tel que l'inscription des hypothèques, qui a pour objet de leur donner de la publicité, peuvent être encore, à raison du retard apporté à cette inscription, l'objet, le moyen de certaines fraudes. En effet, on a pensé que si l'inscription était retardée, il y aurait moyen de ménager à un débiteur commerçant, un crédit apparent, mensonger, qui pourrait induire les tiers en erreur sur sa véritable situation. On a donc senti la nécessité d'ajouter, relativement à la publicité des hypothèques, une disposition spéciale qui ne permet pas à un débiteur au-dessous de ses affaires, de conserver un crédit apparent par la complaisance que pourraient mettre les prêteurs à retarder l'inscription jusqu'à la veille, jusqu'au jour même du jugement déclaratif de la faillite ; on a

(1) Limoges, 1er mars 1847 (D.P.48.2.147).

senti la nécessité d'apporter une limite et une restriction au droit de prendre inscription sur un débiteur près de faillir. » L'art. 448 a pourvu à cette nécessité et a permis d'annuler les inscriptions prises à partir des dix jours qui ont précédé la cessation des paiements, s'il s'est écoulé plus de quinze jours entre la date de l'acte constitutif de l'hypothèque ou du privilége et son inscription, sauf le délai des distances. Du reste, la loi permet, si le droit a été valablement acquis et sous la réserve qui vient d'être exprimée, que l'inscription puisse être prise jusqu'au jour du jugement déclaratif. La loi nouvelle ne fait plus aucune distinction entre les priviléges et les hypothèques. A la différence de ce que nous avons vu, sous l'art. 446 pour la signification, en ce qui concerne les nantissements ou les transports, la loi a posé avec précision les règles à suivre pour l'inscription des hypothèques.

1705. Les termes de l'art. 448 ne sont pas impératifs ; les tribunaux sont armés, dans tous les cas, d'un pouvoir souverain d'appréciation ; s'il y a eu connivence avec le failli, s'il est prouvé qu'il y a eu dol, négligence même, sans doute l'annulation sera toujours prononcée ; mais si le créancier allègue un cas fortuit, la force majeure, un motif sérieux enfin d'excuse, l'inscription pourra être maintenue.

Un jugement annulant une inscription ne serait pas suffisamment motivé s'il énonçait simplement comme considérant : *vu égard aux circonstances de la cause* (1) ; mais on ne peut, d'un autre côté, établir en principe, il ne faut pas l'oublier, que l'inscription tardive ne puisse être annulée que lorsqu'elle a été prise pour favoriser le failli et ménager son crédit. La Cour de cassation a décidé que les juges ont tout pouvoir pour apprécier (2), et que leur décision ne peut être censurée, si l'annulation a été prononcée par cela seul qu'aucun empêchement de force majeure, ou tout au moins sérieux, n'a fait obstacle à l'inscription (3). Il faut donc dire que si la bonne foi

(1) Rouen, 8 mai 1851 (S.V.52.2.183).

(2) Cass., 17 avril 1849 (S.V.49.1.638) ; Bédarride, t. 1er, n. 128, Dalloz, *Rép.*, v° *Faillite*, n. 334.

(3) Bourges, 9 août 1848 (D.P.48.2.153).

du créancier est une condition nécessaire, elle ne sera pas toujours suffisante, lorsque le retard mis par lui à prendre inscription a préjudicié aux tiers et a pu les tromper sur la situation du failli.

L'art. 448 ne pourrait s'appliquer évidemment au renouvellement d'inscriptions encore subsistantes, requis pour empêcher qu'elles ne deviennent caduques ; mais il est également certain que l'art. 448 serait invoqué, si les inscriptions originaires, étant déjà caduques, la nouvelle inscription avait pour but de les faire revivre.

Plusieurs arrêts, et tous les auteurs s'accordent pour décider que, conformément à l'art. 448, une donation d'immeubles, par exemple, pourrait être transcrite jusqu'au jour du jugement déclaratif, si elle a été faite et exécutée de bonne foi (1), (*suprà*, n. 1680).

La Cour de cassation a décidé que si l'art. 448 ne permet d'inscrire que jusqu'au jour du jugement déclaratif de la faillite, les droits d'hypothèque et de privilége valablement acquis, cette disposition ne s'applique qu'aux créances principales constituant un droit nouveau, et ne concerne nullement les intérêts des créances précédemment inscrites, qui n'en sont que l'accessoire et la conséquence (2).

ARTICLE 449.

Dans le cas où des lettres de change auraient été payées après l'époque fixée comme étant celle de la cessation de paiements et avant le jugement déclaratif de faillite, l'action en rapport ne pourra être intentée que contre celui pour compte duquel la lettre de change aura été fournie. — S'il s'agit d'un billet à ordre, l'action ne pourra être exercée que contre le premier endosseur. — Dans l'un et l'autre cas, la

---

(1) Cass., 20 nov. 1845 et 24 mai 1848 (S.V.46.1.226 et 48.1.437) ; Bédarride, n. 108 ; Renouard, t. 1er, p. 370.

(2) Cass., 20 fév. 1850 (S.V.50.1.185).

preuve que celui à qui on demande le rapport avait connaissance de la cessation de paiements à l'époque de l'émission du titre, devra être fournie.

1704. Le paiement fait depuis même la cessation de paiement et avant le jugement déclaratif est parfaitement valable, sauf l'application de l'art. 447 ci-dessus, si la dette était échue et qu'il ait été réalisé, du reste, en espèces ou en effets de commerce; mais s'il s'agit d'une lettre de change ou d'un billet à ordre, l'action en rapport autorisée par l'art. 447 ne pourra être intentée que contre celui pour le compte duquel la lettre de change a été fournie, c'est-à-dire le tireur ou le donneur d'ordre, si la lettre de change a été tirée pour le compte d'un tiers; ou le premier endosseur, s'il s'agit d'un billet à ordre. Si le paiement avait été fait avant l'échéance ou autrement qu'en espèces ou effets de commerce, il serait nul de plein droit, aux termes de l'art. 446, contre le tiers porteur même qui a reçu le paiement.

Le rapporteur, M. Tripier, disait à la Chambre des Pairs: « Lorsqu'une somme aura été illégalement payée par le débiteur postérieurement à sa faillite, elle devra être rapportée à la masse par le créancier qui l'aura reçue; voilà la règle générale. Cette obligation devra-t-elle s'étendre aux tiers porteurs des effets de commerce? Ces titres sont une sorte de monnaie dont il ne faut pas altérer la valeur. Les porteurs à l'échéance, sont dans la nécessité de recevoir le paiement ou de faire constater le refus par un protêt; si le paiement est effectué, le protêt ne peut être fait, et, sans le protêt, pas de recours contre le tireur et les endosseurs. On ne pourrait sans injustice admettre une règle qui leur enlèverait en même temps les valeurs qu'ils ont reçues et leur recours contre les endosseurs. Ils ont été dans la nécessité de recevoir, ils conserveront le paiement. Mais il a été reçu à la décharge d'un précédent obligé : ce sera contre celui-ci que l'action en rapport devra être exercée. »

L'action en rapport est exercée contre celui qui, d'après les règles établies au titre de la *lettre de change*, et en remontant d'endosseur en endosseur, se trouverait définitivement garant du défaut de paiement, et ne conserverait lui-même de recours que contre le failli; mais la disposition finale de l'article exprime que même contre ce bénéficiaire primitif de l'effet, le recours ne peut être exercé, si au moment de l'émission du titre, il n'avait pas connaissance de la cessation de paiements; en fait, c'est rendre le principe du recours posé dans la loi le plus souvent illusoire. « Il y avait, dit M. Dalloz, en suivant M. Massé, pour rétablir le tiers porteur dans une position normale, un meilleur moyen que celui auquel on a cru devoir s'arrêter : c'était de décider qu'il serait tenu de rapporter ce qu'il aurait reçu, connaissant la cessation de paiements, et de lui accorder par jugement qui tiendrait lieu de protêt, un recours contre ses garants. Par là, on aurait accordé au tiers porteur et à la masse tout ce à quoi ils avaient légitimement droit, tandis que, dans l'état de choses actuel, le droit accordé à la masse de recourir contre celui pour le compte duquel la lettre de change a été fournie, ou contre le premier endosseur d'un billet à ordre, est souvent illusoire, puisque le rapport n'est autorisé qu'autant qu'on prouve que celui à qui il est demandé avait connaissance de la cessation de paiements au moment de l'émission du titre, et que le plus souvent la date de cette émission est antérieure à l'époque où les paiements ont cessé. » (1). Un jugement n'était pas même indispensable pour conserver le recours du tiers porteur contre ses cédants; la loi pouvait attacher cet effet à tout acte beaucoup plus simple; mais c'est qu'en réalité, elle a voulu établir un principe plus général que ne semble l'indiquer le rapport de M. Tripier.

1705. L'obligation pour le porteur de recevoir le paiement à l'échéance sous peine, faute de protêt, de perdre les recours qui lui appartiennent, n'a pas été le seul motif qui ait fait écrire l'art. 449; ce que le législateur a voulu établir, c'est le principe qui valide tout paiement d'un effet de commerce et le rend irrévocable : l'intérêt du commerce, la sûreté des négociations exigent que le tiers porteur qui a reçu ne soit pas obligé de restituer. Aussi dans aucun cas, l'action en rapport ne peut être dirigée que contre celui pour le compte duquel la lettre de change a été fournie, lorsqu'il s'agit de lettre de change, et contre le premier endosseur, lorsqu'il s'agit d'un

(1) *Rép.*, v° *Faillites*, n. 338; Massé, t. 3, n. 276.

billet à ordre, et encore faut-il, dans l'un et l'autre cas, établir qu'ils avaient connaissance de la cessation de paiements à l'époque de l'émission du titre. Si celui qui a reçu n'est pas l'une ou l'autre de ces personnes limitativement désignées par la loi, qu'il fût ou non de bonne foi, qu'il eût en réalité ou non *fait protester*, qu'il ait reçu du tiré lui-même ou du souscripteur, ou bien qu'il ait reçu du tireur ou de tout autre de ses garants, contre lequel il a exercé son recours et qui soit tombé en faillite, ces circonstances ne peuvent être prises en considération; s'il n'est pas celui pour le compte de qui la lettre de change a été tirée, nous ne saurions trop le répéter, ou le premier endosseur, il ne peut être assujetti au rapport. L'art. 447, en ce qui concerne les effets négociables, est profondément modifié par l'art. 449. Ces règles ont été consacrées par la Cour de cassation (1).

Toutefois, le cas de fraude, dans les termes du droit commun, est aussi bien excepté dans l'application de l'art. 449 que de l'art. 447 : « si le tiers porteur, dit M. Bédarride, n'est en réalité qu'un prête-nom complaisant, s'il s'associe à une fraude, il n'y a plus aucun motif pour le distinguer de l'auteur de cette fraude. On doit au contraire lui rendre commune la peine portée contre celui-ci, et si tous deux se sont concertés pour tromper les créanciers, il est juste que la réparation leur soit solidairement imposée » (2). Il ne faut pas oublier en outre que l'article statue exclusivement pour les paiements faits avant le jugement déclaratif de faillite (3).

ARTICLE 450.

Toutes voies d'exécution pour parvenir au paiement des loyers sur les effets mobiliers servant à l'exploitation du commerce du failli seront suspendues

(1) Cass., 16 juin 1846 (S.V.46.1.523), et la note; 26 nov. 1855 (J.P.56.1 177).

(2) *Faillites*, n. 140.

(3) Cass., 17 déc. 1856; *Bull. des arrêts de la Cour de cass.*, 1857, p. 232.

pendant trente jours, à partir du jugement déclaratif de faillite, sans préjudice de toutes mesures conservatoires, et du droit qui serait acquis au propriétaire de reprendre possession des lieux loués. — Dans ce cas, la suspension des voies d'exécution établie au présent article cessera de plein droit.

1708. « L'une des principales conséquences de la déclaration judiciaire de la faillite, disait le rapporteur M. Quenault, à la Chambre des députés, est de faire cesser les poursuites individuelles contre le failli. Toutefois, les créanciers privilégiés et hypothécaires conservent l'exercice des voies d'exécution qui leur appartiennent sur les biens qui leur sont spécialement affectés. Le propriétaire ou locateur, encore plus favorablement traité par la jurisprudence, est considéré comme étant en dehors de la faillite pour tout ce qui tient à l'exercice de son privilége sur le mobilier garnissant les lieux loués. Il peut, sans attendre la vérification, et dès le début de la faillite, saisir et faire vendre les effets mobiliers servant à l'exploitation du commerce du failli, et anéantir ainsi les seules ressources qui restent au débiteur et à ses créanciers. Le Gouvernement, frappé de cet inconvénient, a pensé que, pour concilier dans une juste mesure les intérêts de la masse avec ceux du propriétaire, on pourrait suspendre pendant l'espace de trente jours les voies d'exécution qui lui appartiennent, afin de ménager aux créanciers le temps nécessaire pour se réunir et se concerter sur les moyens de désintéresser le locateur. Mais on n'a pas cru pouvoir porter atteinte au droit qui serait acquis, dans certains cas, au propriétaire de reprendre possession des lieux loués. Si ce *cas exceptionnel* vient à se réaliser, la suspension des voies d'exécution sur le mobilier du failli perd son utilité. »

L'art. 450 est donc spécial au propriétaire et ne peut être étendu à aucun autre privilégié (1). En effet, la créance du propriétaire n'est pas soumise, comme toutes les autres, sans distinction, aux formalités de l'affirmation et de la vérification

(1) Renouard, t. 1er, p. 407 et s. — *Contrà*, Pardessus, n. 1123.

dont nous parlerons bientôt (1). L'article cesse d'être applicable, dans le cas exceptionnel, où le propriétaire aurait un droit acquis à reprendre possession des lieux loués, et il est restreint alors aux effets mobiliers, qui *servent à l'exploitation du commerce* du failli ; le propriétaire peut, sans aucune entrave, exercer ses droits sur tous les autres objets qui se trouveraient dans les lieux loués.

Les tribunaux décideraient, en cas de doute, dans quelles circonstances le propriétaire a droit, en effet, à reprendre immédiatement possession des lieux loués (2), et si les objets saisis par lui servent ou non à l'exploitation du commerce du failli.

L'art. 450 suspendant toutes voies d'exécution, il peut également être invoqué, soit qu'il s'agisse d'entamer des poursuites, soit qu'il s'agisse de suspendre celles qui seraient déjà commencées ; la règle a été appliquée, alors même que l'adjudication aurait été indiquée antérieurement à la déclaration de faillite, du consentement de toutes les parties; ce consentement, qui eût été obligatoire si la déclaration de faillite n'était pas intervenue, ne pouvait, après cette déclaration, être un obstacle à l'application de l'art. 450 (3).

CHAPITRE II.

De la nomination du juge-commissaire.

ARTICLE 451.

Par le jugement qui déclarera la faillite, le tribunal de commerce désignera l'un de ses membres pour juge-commissaire.

1707. Les fonctions du juge-commissaire, choisi parmi les membres du tribunal de commerce, commencent au moment

---

(1) Lyon, 17 mars 1846, et Caen, 24 mars 1846 (S.V.46 2.438).

(2) Paris, 19 fév. 1830, 24 août 1839 et 12 oct. 1842 ; Dalloz, *Rép.*, n. 236 ; Cass., 26 août 1844 (S.V.44.1.748).

(3) Cass., 26 août 1844 (S.V.44.1.748) ; Renouard, t. 1er, p. 408.

même où la faillite est déclarée, et ne cessent qu'à la liquidation définitive ou au concordat, sauf le cas de remplacement : « La masse des créanciers d'une faillite, dit M. Renouard, unie par des intérêts collectifs, n'est point une association volontaire et libre ; c'est une association fortuite que la nécessité a créée et que le secours de la loi protége et organise en lui servant de règle et de lien. La loi et la société, l'intérêt des absents et des faibles, les droits de la minorité contre les prétentions ou les spéculations de la majorité, l'ordre public et le principe d'égalité proportionnelle dans les sacrifices et les pertes, ont besoin d'être représentés dans cette association ; ils le sont par le tribunal de commerce qui, lui-même, est représenté par le juge-commissaire. L'institution du rôle spécial confié à un magistrat est une très-utile création de l'ancien Code de commerce et l'une de ses plus heureuses innovations » (1).

Le chapitre spécial consacré à la nomination du juge-commissaire pose les principes de ses attributions ; un grand nombre d'articles disséminés dans tout le cours du livre indiquent quand et suivant quelle mesure, l'autorité de ce magistrat doit intervenir.

Les suppléants sont membres du tribunal et peuvent, par suite, être choisis pour juges-commissaires (2).

« La récusation contre les juges commis aux descentes, « enquêtes et autres opérations, dit l'art. 383, C. proc. civ., « ne pourra être proposée que dans les trois jours qui courront, « 1° si le jugement est contradictoire, du jour du jugement ; « 2° si le jugement est par défaut et qu'il n'y ait pas d'oppo- « sition, du jour de l'expiration de la huitaine de l'opposition ; « 3° si le jugement a été rendu par défaut et qu'il y ait eu « opposition, du jour du débouté d'opposition, même par dé- « faut. » Cet article est applicable au juge-commissaire de la faillite, et la récusation doit être proposée par les syndics ; les jugements qui nomment le juge-commissaire, qui en prononcent le remplacement ou qui statuent sur les difficultés relatives à la faillite, étant rendus avec eux, ces jugements à l'é-

(1) *Faillites*, t. 1er, p. 409 et s.
(2) Montpellier, 20 juin 1850 (D.P.50.2.140).

gard des syndics, ont, dans tous les cas, le caractère et doivent produire les effets de jugements contradictoires (1).

Les causes de récusation sont celles qui peuvent être proposées contre tous les juges ; quoique ce point soit encore controversé, si les causes de récusation étaient survenues depuis la nomination, le délai ne devrait courir, sans doute, que du jour où la partie a eu connaissance du fait qui donne lieu à la récusation.

Il faut ajouter les délais à raison des distances.

ARTICLE 452.

Le juge-commissaire sera chargé spécialement d'accélérer et de surveiller les opérations et la gestion de la faillite. — Il fera au tribunal de commerce le rapport de toutes les contestations que la faillite pourra faire naître, et qui seront de la compétence de ce tribunal.

1708. Le juge-commissaire ne pouvait être chargé d'administrer ; son rôle se borne à accélérer toutes les opérations de la faillite et à surveiller la gestion des syndics ; le principe est général ; la loi a renoncé à une énumération qui ne pourrait avoir d'utilité et serait nuisible, peut-être, si elle était incomplète. Le juge-commissaire est également sans pouvoir pour faire des informations, des recherches et des interrogatoires ; pour recueillir les preuves, par exemple, de la culpabilité du failli. Il n'est chargé que des intérêts pécuniaires, et n'a droit d'agir que dans les cas spécialement prévus (2).

Le second paragraphe a voulu distinguer parmi les contestations que la faillite pourra faire naître, celles qu'il appartient au juge-commissaire de décider pleinement et entièrement, et toutes les autres qui seront, par suite, ainsi que le dit l'article, de la compétence du tribunal ; ainsi, le juge-commissaire ne pourrait s'abstenir, dans les cas mêmes où il estime

---

(1) Cass., 2 juill. 1855 (S.V.55.1.666).

(2) Pardessus, n. 1142.

que la juridiction commerciale sera incompétente ; c'est une question qu'il ne lui appartient pas de trancher, et le tribunal de commerce aura à décider quelles sont les contestations dont il peut connaître ou qu'il doit renvoyer (1).

Le juge-commissaire, nécessairement rapporteur dans toutes es affaires qu'il soumet au tribunal, n'en reste pas moins juge avec voix délibérative dans les contestations relatives à la faillite pour lesquelles le tribunal se trouverait compétent, sans que sa non-participation au jugement, toutefois, dût entraîner nullité (2).

Mais un amendement proposé à la Chambre des députés pour autoriser le tribunal, quand il le croirait convenable, à juger sans rapport préalable, fut rejeté : « On pensa, dit M. Renouard, que les inconvénients étaient faibles et amplement balancés par la sécurité que doivent donner l'intervention nécessaire du juge-commissaire et la permanence de son contrôle spécial » (3). L'absence de rapport devrait donc entraîner la nullité du jugement.

ARTICLE 453.

Les ordonnances du juge-commissaire ne seront susceptibles de recours que dans les cas prévus par la loi. Ces recours seront portés devant le tribunal de commerce.

1709. La loi nouvelle a défini d'une manière nette et précise par l'art. 453 le caractère des décisions rendues par le juge-commissaire; et sauf dans les cas expressément prévus (art. 466, 474, 530 et 567), elles doivent être exécutées sans qu'il y ait possibilité de recours pour la partie qui croirait avoir à s'en plaindre. Elles ne doivent plus désormais, comme sous

---

(1) Ch. des députés, séance du 9 fév. 1835 ; Renouard, t. 1er, p. 413 ; Bédarride, n. 154 ; Dalloz, *Rép.*, v° *Faillites*, n. 348.

(2) Renouard, t. 1er, p. 414 ; Pardessus, n. 1142 ; Bédarride, n. 152 et 153.

(3) *Faillites*, t. 1er, p. 413 et s. ; Rennes, 23 août 1847 (D. P. 49. 2. 111). — *Contrà*, Bordeaux, 16 août 1854 (D.P.55.5.221).

l'ancienne loi, être considérées comme provisoires et soumises dans tous les cas à l'appréciation du tribunal.

Ce recours, qui ne peut être formé que par voie d'opposition, quand il est ouvert, est recevable jusqu'à l'exécution de l'ordonnance ou jusqu'à sa notification, qui du reste n'est point obligatoire. Il est porté devant le tribunal de commerce et appartient à tous les ayants-droit (1).

« Le juge-commissaire, dit M. Renouard, siégera-t-il parmi les juges chargés de prononcer sur les recours formés contre les ordonnances qu'il a rendues ; la loi se tait à cet égard. De ce silence, je conclus qu'il peut valablement faire ou ne point faire partie des juges. On ne manquera pas d'objecter que déjà son opinion est connue et engagée ; que sa décision est mise en question, qu'il s'agit de la confirmer ou de la réformer. A ces objections, il y a plusieurs réponses ; la principale est que la loi n'a pas fait du juge-commissaire un juge de premier degré, subordonné à la juridiction supérieure du tribunal de commerce, comme le juge de paix l'est à celle du tribunal civil ; la loi, si elle eût voulu qu'il en fût ainsi, aurait dû le dire, mais elle n'a pas pu le vouloir. Le juge-commissaire est l'égal de ses collègues ; la mission spéciale dont il est investi ne peut pas placer sa juridiction à un degré inférieur à celle de ses pairs ; il résulte au contraire d'un texte formel, que le tribunal de commerce, lorsqu'il statue sur les ordonnances du juge-commissaire, ne prononce point en second ressort, puisque l'art. 583 classe ces jugements parmi ceux qu'une disposition expresse soustrait à l'appel ; ce qui est dire en d'autres termes qu'ils seraient sujets à l'appel sans l'exception de l'article, ou en d'autres termes encore, qu'ils ne statuent pas par appel, puisqu'il eût été ridicule d'écrire spécialement pour ces sortes d'affaires qu'elles ne seront point soumises à trois degrés de juridiction. » (2).

Tout en appréciant les raisons développées par M. Renouard, nous pensons qu'il n'y en aurait pas moins convenance de la

---

(1) Renouard, t. 1er, p. 415 ; Pardessus, n. 1143 ; Bédarride, n. 163.

(2) *Faillites*, t. 1er, p. 415 et s. — *Contrà*, Esnault, n. 248 ; Boileux sur Boulay-Paty, n. 247 ; Dalloz, *Rép.*, n. 354 ; Bédarride, n. 245.

part du juge-commissaire à s'abstenir; mais il nous paraît certain que sa participation ne pourrait entraîner une nullité; la loi se tait et ne peut être suppléée en semblable circonstance.

ARTICLE 454.

Le tribunal de commerce pourra, à toutes les époques, remplacer le juge-commissaire de la faillite par un autre de ses membres.

1710. On ne mettait pas en doute, même sous l'ancienne loi, muette à cet égard, que le juge-commissaire ne pût être remplacé ou changé; une disposition expresse eût été toutefois préférable, et a paru d'autant plus nécessaire aujourd'hui, que les pouvoirs de ce magistrat ont été étendus; la décision du tribunal n'est susceptible d'aucun recours.

Le législateur n'a voulu ni énumérer les causes qui pouvaient amener ce remplacement, ni régler la procédure à suivre pour le demander: « le tribunal, dit M. Renouard, est ouvert à toutes les plaintes, il ne l'est point à un procès contre le juge-commissaire; il ne statue pas par forme de jugement entre le juge et le justiciable. Si malgré les réclamations qui lui sont adressées, il croit devoir maintenir ce magistrat dans sa fonction déléguée, le silence suffit pour ce maintien. Si pour autre cause quelconque, souvent par suite de la demande du magistrat lui-même, il croit devoir le remplacer, il le fait par une décision non motivée, qui est, non pas un jugement, mais un acte d'administration et qui n'emporte aucun caractère improbatif (1). »

Les syndics, les créanciers ou toute autre personne intéressée ont le droit de provoquer ce remplacement (2).

---

(1) *Faillites*, t. 1er, p. 417.
(2) Bédarride, n. 166.

CHAPITRE III.

De l'apposition des scellés et des premières dispositions à l'égard de la personne du failli.

ARTICLE 455.

Par le jugement qui déclarera la faillite, le tribunal ordonnera l'apposition des scellés et le dépôt de la personne du failli dans la maison d'arrêt pour dettes, ou la garde de sa personne par un officier de police ou de justice, ou par un gendarme. — Néanmoins, si le juge-commissaire estime que l'actif du failli peut être inventorié en un seul jour, il ne sera point apposé de scellés, et il devra être immédiatement procédé à l'inventaire. — Il ne pourra, en cet état, être reçu, contre le failli, d'écrou ou recommandation pour aucune espèce de dettes.

1711. A l'instant même où la justice intervient pour déclarer la faillite, elle prend les mesures nécessaires pour assurer, par tous les moyens possibles, le gage commun des créanciers ; le jugement même de déclaration ordonne la mainmise sur tous les biens du failli par l'apposition des scellés, et la mainmise sur sa personne par le dépôt dans la maison d'arrêt. Ces mesures conservatoires doivent être prises immédiatement et sans attendre la nomination des syndics.

L'apposition des scellés ne peut, à peine de nullité, être ordonnée par de simples ordonnances sur requêtes et par un seul juge ; mais bien par le tribunal de commerce et par jugement (1) ; la loi nouvelle n'a pas changé les anciennes règles à cet égard.

Néanmoins, l'article décide que cette apposition n'aura pas lieu, si le juge-commissaire estime que l'actif du failli peut être inventorié en un seul jour ; cette formalité, dans ce cas, n'en-

---

(1) Riom, 4 juill. 1809 ; Rouen, 10 mai 1813 ; Dalloz, *Rép.*, n 358.

traînerait que des frais sans utilité. Il semble naturel d'admettre avec M. Bédarride, que le juge-commissaire peut également dispenser de l'apposition des scellés, si le mobilier et les marchandises du failli étaient déjà frappés de saisie au moment où la faillite est déclarée. Le procès-verbal de l'huissier peut être assimilé à un véritable inventaire remplissant complétement le vœu de la loi et rendant une apposition de scellés inutile (1).

Si la prévision du juge-commissaire était trompée, et que l'inventaire ne fût pas terminé dans le jour, cette circonstance n'entraînerait aucune nullité de ce qui aurait été fait, alors qu'aucun fait de détournement n'est établi (2).

Cette dispense de scellés est ordonnée par le juge-commissaire seul ; et, conformément à l'art. 453, son ordonnance n'est susceptible d'aucun recours ; si le juge de paix s'était transporté sur les lieux pour procéder à l'apposition, il ne pourrait que s'abstenir, sauf à dresser procès-verbal des causes qui l'ont arrêté (3).

Dans le cas où il est procédé immédiatement à l'inventaire en vertu de l'ordonnance du juge-commissaire, deux ordonnances de référés du président du tribunal de la Seine décident que l'assistance du juge de paix est inutile et qu'elle n'est requise que lorsque les scellés ont été préalablement apposés (4). M. Bravard-Veyrières combat vivement cette jurisprudence par des raisons qui nous semblent déterminantes ; il dit, avec vérité, que la présence du juge de paix est exigée comme une garantie nécessaire de la fidélité et de l'exactitude de l'inventaire, et que l'art. 455, en dispensant d'apposer les scellés, n'apporte, du reste, aucune autre modification aux règles établies par l'art. 480 ci-après, qui détermine les formes et les conditions de l'inventaire. M. Bravard-Veyrières insiste d'autant plus, qu'il arrive très-fréquemment que, con-

---

(1) Bédarride, n. 172 ; Dalloz, *Rép.*, v° *Faillites*, n. 860.

(2) Cass., 13 fév. 1855 (J.P.56.1.57).

(3) Bédarride, n. 173.

(4) 4 et 7 août 1838 (D.P.38.3.212) ; Renouard, t. 1er, p. 422 ; Lainné, p. 144.

trairement aux prévisions du juge-commissaire, l'inventaire est bien loin d'être terminé en un jour (1).

1712. Les règles à suivre pour les mesures à prendre contre la personne du failli ne peuvent être puisées dans les lois relatives à la contrainte par corps pour dettes commerciales : « Si la faillite n'est pas toujours en elle-même un délit, dit M. Pardessus, parce qu'il y aurait de l'injustice à confondre le malheur avec le crime, il suffit que les créanciers aient à craindre de n'être pas payés, pour qu'on doive examiner si cet événement n'est pas le résultat de quelque fraude, ou même d'imprudence, qui mériteraient d'être punies » (2). Ces mesures contre la personne du failli ont donc plutôt le caractère de l'emprisonnement préventif ; et sa position est plutôt celle d'un prévenu que d'un débiteur incarcéré. On a jugé par suite que le failli ne pouvait invoquer les règles écrites pour les débiteurs contre lesquels la contrainte par corps est exercée, soit en ce qui concerne la consignation des aliments, soit en ce qui concerne la limite d'âge, qui affranchit le débiteur de cette voie rigoureuse (3). L'arrestation dans ce cas commandée par la loi est faite dans l'intérêt public et non pour satisfaire à aucun intérêt particulier. Cette doctrine toutefois peut sembler bien sévère.

Nous avons déjà dit, sous l'art. 443, qu'il ne peut être reçu contre le failli d'écrou, ni de recommandation pour aucune espèce de dette commerciale ou civile, ni pour dommages-intérêts prononcés par les tribunaux de police correctionnelle ou criminels, ni pour les droits du trésor, et sans préjudice de l'exécution des condamnations pour crimes ou délits, ni de la détention préventive résultant d'un mandat d'arrêt (*suprà*, n. 1172).

A Paris, les gardes du commerce peuvent être commis à la garde des faillis (Décr., 14 mars 1808, art. 7).

---

(1) *Manuel*, p. 537 et s. ; et Dalloz, *Rép.*, v° *Faillites*, n. 461.

(2) *Droit comm.*, n. 1145 ; Dalloz, *Rép.*, v° *Faillites*, n. 371.

(3) Bourges, 31 août 1816 ; Dalloz, *Rép.*, n. 371 ; Paris, 23 déc. 1847 (D.P. 48.2.8) ; Troplong, n. 56 et 57.

ARTICLE 456.

Lorsque le failli se sera conformé aux articles 438 et 439, et ne sera point, au moment de la déclaration, incarcéré pour dettes ou pour autre cause, le tribunal pourra l'affranchir du dépôt ou de la garde de sa personne. — La disposition du jugement qui affranchirait le failli du dépôt ou de la garde de sa personne pourra toujours, suivant les circonstances, être ultérieurement rapportée par le tribunal de commerce, même d'office.

1713. La loi a donné au tribunal le pouvoir d'affranchir les faillis du dépôt ordonné par l'art. 455, sans subir les délais qu'entraînerait la délivrance d'un sauf-conduit, dans le cas où il y a eu déclaration spontanée du failli au greffe du tribunal, de la cessation de ses paiements et dépôt de son bilan ou indication des motifs qui y ont mis obstacle (C. comm., art. 438 et 439), à moins que le failli ne fût déjà, au moment de la déclaration, incarcéré pour dettes ou pour autre cause, et sauf ce qui sera dit sous les art. 472 et 473 pour la délivrance d'un sauf-conduit. « La déclaration cesse d'être volontaire, disait M. Renouard, dans son rapport à la Chambre des Députés, et de pouvoir profiter au failli, lorsque, déjà incarcéré pour dettes, il ne se constitue en faillite qu'afin de se soustraire à la contrainte par corps. « Il n'est pas permis d'étendre cette disposition restrictive de la loi, pas plus que de l'enfreindre, et M. Pardessus enseigne que lorsque le failli était déjà détenu à la requête de quelque créancier, le tribunal doit ordonner qu'il soit écroué de nouveau en vertu de son jugement » ; en effet, dit cet auteur, l'emprisonnement peut, s'il n'existe pas de recommandation contre le débiteur, cesser par le consentement du créancier arrêtant : une connivence avec ce dernier pourrait par conséquent délivrer un homme qui, s'il eût été libre au moment de l'ouverture de la faillite, aurait été arrêté par ordre du tribunal » (1). C'est dans ce sens évidemment que la loi doit être exécutée.

(1) *Droit comm.*, n. 1145.

Tant que la procédure de faillite n'a pas pris fin, toutes les dispositions qui concernent soit l'emprisonnement, soit la mise en liberté du failli, n'interviennent qu'à titre provisoire et révocable; » par aucune de ses dispositions, dit la Cour de cassation, la loi n'autorise, tant que dure la procédure de faillite, une mise en liberté définitive et irrévocable, ni même ne suppose que le failli puisse se trouver en état définitif de liberté » (1). C'est au reste la disposition formelle du second paragraphe de l'art. 456, et le tribunal peut toujours revenir, quelle que soit la position du failli, et même d'office, sur la disposition du jugement qui affranchit le failli du dépôt ou de la garde de sa personne.

ARTICLE 457.

Le greffier du tribunal de commerce adressera, sur-le-champ, au juge de paix, avis de la disposition du jugement qui aura ordonné l'apposition des scellés. — Le juge de paix pourra, même avant ce jugement, apposer les scellés, soit d'office, soit sur la réquisition d'un ou de plusieurs créanciers, mais seulement dans le cas de disparition du débiteur ou de détournement de tout ou partie de son actif.

1714. L'ancienne loi voulait que le greffier adressât au juge de paix expédition du jugement qui ordonnait l'apposition des scellés (anc. art. 449); la loi nouvelle, en maintenant la règle, a décidé avec raison que ce sera un simple avis de la disposition du jugement ordonnant l'apposition des scellés, qui sera transmise au magistrat chargé de l'exécuter.

Même avant que le jugement déclaratif ait été rendu, il peut être utile que les scellés soient apposés, et la loi permet au juge de paix d'agir, sans attendre que le jugement l'ait ordonné, soit sur la réquisition d'un ou de plusieurs créanciers, soit même d'office. Cette mesure, quoique simplement conser-

---

(1) Cass., 26 juill. 1853; Renouard, t. 1er, p. 429.

vatoire, peut cependant, si elle est prise inopportunément, causer un préjudice peut-être irréparable au crédit d'un commerçant : aussi le juge de paix n'est-il plus armé du pouvoir arbitraire que lui donnait l'ancienne loi (anc. art. 450), et il ne peut agir que dans les deux cas spécialement et limitativement prévus par la loi, parce que tout retard en semblable circonstance serait préjudiciable; mais la prudence la plus grande, même dans ces limites, lui est imposée; la disparition d'un débiteur n'est pas toujours une preuve de faillite, ni un enlèvement de marchandises un détournement suspect (1).

La décision par laquelle le juge de paix refuserait de procéder à l'apposition préalable des scellés n'est susceptible d'aucun recours. La loi s'en réfère sur ce point à son appréciation(2).

« L'article, dit M. Renouard, ne se restreint point au cas où soit le détournement, soit la tentative de détournement, qu'il est raisonnable d'y assimiler, auraient été faits par le débiteur: d'où il faut conclure qu'il entend parler de tous détournements, soit par le débiteur, soit par toute autre personne : la loi a dû embrasser tous les cas, parce que le péril du détournement est le même, quelle que soit la personne qui l'effectue ou le tente » (3).

ARTICLE 458.

Les scellés seront apposés sur les magasins, comptoirs, caisses, portefeuilles, livres, papiers, meubles et effets du failli. — En cas de faillite d'une société en nom collectif, les scellés seront apposés, non-seulement dans le siége principal de la société, mais encore dans le domicile séparé de chacun des associés solidaires. — Dans tous les cas, le juge de paix donnera, sans délai, au président du tribunal de commerce, avis de l'apposition des scellés.

1715. L'article énumère les lieux et les objets où les scellés

(1) Pardessus, n. 1103.
(2) Bédarride, n. 190.
(3) *Faillites*, t. 1er, p. 423.

devront être apposés ; l'énumération n'a rien de restrictif, et les scellés peuvent être apposés partout où se trouvera quelque objet dépendant de la faillite.

Si des marchandises appartenant au failli étaient placées dans les magasins d'un tiers, ce n'est évidemment pas sur ces magasins, mais sur les marchandises seulement, que les scellés seraient mis.

Les scellés ne pourraient être apposés sur les marchandises du failli données en nantissement, si le contrat avait été valablement contracté, lorsque le failli était dans l'exercice de ses droits.

S'il y a faillite d'une société en nom collectif, les scellés doivent être apposés non-seulement dans le siége principal de la société, mais encore dans le domicile séparé de chacun des associés, comme conséquence nécessaire de la solidarité qui les unit.

La loi n'a pas dû parler des associés commanditaires : ce ne serait qu'autant qu'ils seraient détenteurs de valeurs, livres ou papiers appartenant à la société, que l'article leur serait applicable et au même titre qu'à des étrangers ; tous les auteurs sont d'accord sur ce point. Même dans le cas où le commanditaire serait déclaré solidairement tenu de toutes les dettes sociales, parce qu'il se serait immiscé dans l'administration, les scellés ne pourraient être apposés à son domicile (1).

Lorsque les scellés ont été apposés, soit en vertu d'un jugement, soit d'office, soit sur la requête d'un créancier, le juge de paix doit en donner avis sans délai au président du tribunal de commerce.

ARTICLE 459.

Le greffier du tribunal de commerce adressera, dans les vingt-quatre heures, au procureur du roi du ressort, extrait des jugements déclaratifs de faillite, mentionnant les principales indications et dispositions qu'ils contiennent.

(1) *Contrà*, Bédarride, n. 196.

1716. Le ministère public pouvant, en certains cas, intervenir, lorsqu'il y a faillite, sa sollicitude doit être éveillée par un avis donné dans le plus bref délai, par le greffier du tribunal de commerce, toutes les fois qu'un jugement déclaratif est prononcé; en effet, le fait simple de faillite peut être accompagné de banqueroute ou de tout autre crime ou délit que le ministère public aurait à poursuivre et à faire réprimer. C'est dans l'intérêt de la justice pénale que cet article a été écrit, et le ministère public doit veiller à ce qu'il soit strictement exécuté. Le procureur impérial est mis ainsi à même de veiller sur la suite des opérations ou d'agir immédiatement, s'il reconnait des indices de banqueroute.

ARTICLE 460.

Les dispositions qui ordonneront le dépôt de la personne du failli dans une maison d'arrêt pour dettes, ou la garde de sa personne, seront exécutées à la diligence, soit du ministère public, soit des syndics de la faillite.

1717. L'exécution de cet article ayant donné lieu à quelques difficultés, le conseil d'État émit l'avis, le 5 août 1840, que l'art. 460, C. comm., devait être entendu dans ce sens, que le ministère public n'était pas tenu de requérir dans tous les cas l'incarcération du failli, mais qu'il avait ce droit et pouvait en user selon les circonstances, contrairement même à l'avis des syndics. L'État doit faire l'avance des aliments pour tout le temps pendant lequel la détention sera maintenue par le ministère public, en les fournissant en nature au détenu, sauf son recours contre la faillite, dès qu'elle aura des fonds disponibles, conformément à l'art. 461. Le ministre de la justice a donné son approbation à ces règles par une circulaire en date du 1er octobre 1840.

A défaut par le ministère public d'user du pouvoir que lui donne la loi, l'article est formel pour autoriser les syndics à poursuivre l'emprisonnement du failli.

ARTICLE 461.

Lorsque les deniers appartenant à la faillite ne pourront suffire immédiatement aux frais du jugement de déclaration de la faillite, d'affiche et d'insertion de ce jugement dans les journaux, d'apposition de scellés, d'arrestation et d'incarcération du failli, l'avance de ces frais sera faite, sur ordonnance du juge-commissaire, par le Trésor public, qui en sera remboursé par privilége sur les premiers recouvrements, sans préjudice du privilége du propriétaire.

1718. La disposition de cet article est nouvelle; la loi n'a pas voulu que les premières opérations de la faillite devinssent impossibles, parce que personne ne consentirait à faire l'avance des frais qu'elles nécessitent. Une circulaire du ministre de la justice, du 8 juin 1838, concertée avec le ministre des finances, a réglé le mode d'exécution de cet article, afin d'arriver sûrement à éviter l'impunité du failli et la dilapidation du gage des créanciers. Les premiers frais à faire, conformément au texte, sont ceux du jugement de la déclaration de la faillite, d'affiche de ce jugement et de son insertion dans les journaux, d'apposition de scellés, d'arrestation et d'incarcération. Il y aura lieu de se conformer, pour l'exécution de cet article, au décret du 18 juin 1811, relatif aux frais de justice criminelle, puisque le Trésor, dans le cas où nous nous trouvons, fait également les avances. Ainsi, il devra être fourni un mémoire séparé pour chaque objet de dépense, qui sera acquitté par les receveurs de l'enregistrement, conformément à une ordonnance du juge-commissaire mise au bas de chacun des mémoires, sauf le remboursement de ces frais, qui sera fait plus tard au Trésor public, sur les premières ressources qui pourront être réalisées. Dans les frais d'incarcération doivent être compris les aliments, dont la consignation, dit la circulaire citée plus haut, est indispensable. L'article réserve toutefois le privilége du propriétaire.

La circulaire du 8 juin 1838 donne les modèles des divers actes que rend nécessaires l'exécution de l'art. 461.

Le concours du Trésor public ne peut dépasser les bornes prescrites par l'art. 461 ; si, après ces premières opérations, il est impossible de trouver dans l'actif du failli les ressources nécessaires pour continuer les opérations, il ne peut y avoir lieu qu'à l'application de l'art. 527, ci-après, et à faire prononcer la clôture de la faillite.

CHAPITRE IV.

De la nomination et du remplacement des syndics provisoires.

ARTICLE 462.

Par le jugement qui déclarera la faillite, le tribunal de commerce nommera un ou plusieurs syndics provisoires. — Le juge-commissaire convoquera immédiatement les créanciers présumés à se réunir dans un délai qui n'excédera pas quinze jours. Il consultera les créanciers présents à cette réunion, tant sur la composition de l'état des créanciers présumés que sur la nomination de nouveaux syndics. Il sera dressé procès-verbal de leurs dires et observations, lequel sera représenté au tribunal. — Sur le vu de ce procès-verbal et de l'état des créanciers présumés, et sur le rapport du juge-commissaire, le tribunal nommera de nouveaux syndics ou continuera les premiers dans leurs fonctions. — Les syndics ainsi institués sont définitifs; cependant ils peuvent être remplacés par le tribunal de commerce, dans les cas et suivant les formes qui seront déterminés. — Le nombre des syndics pourra être, à toute époque, porté jusqu'à trois; ils pourront être choisis parmi les personnes étrangères à la masse, et recevoir, quelle que soit leur qualité, après avoir rendu compte de leur gestion, une indemnité que le tribunal arbitrera sur le rapport du juge-commissaire.

1710. Les syndics provisoires, nommés par le jugement qui déclarera la faillite, remplacent aujourd'hui les agents qu'avait établis l'ancienne loi. Leurs fonctions ne sont pas déterminées, mais il semble naturel de décider qu'ils doivent se borner à faire les actes conservatoires qui seraient utiles, et à prendre les mesures urgentes qui ne pourraient être retardées sans dommage jusqu'à la nomination des syndics définitifs, que la loi veut hâter autant que possible. Leurs fonctions doivent toutefois se continuer jusqu'à la nomination des syndics définitifs, quelle que soit l'époque à laquelle elle ait lieu, si par l'effet de circonstances imprévues elle se trouvait retardée plus que, la loi ne l'a voulu en règle générale. Il faut dire toutefois que dans la pratique, les syndics provisoires ne sont presque jamais remplacés, et qu'en fait il y a unité dans toute l'administration de la faillite. A Paris, le tribunal de commerce a constitué en quelque sorte un corps de syndics, parmi lesquels il prend exclusivement les administrateurs des faillites.

Le premier soin du juge-commissaire doit être de convoquer les créanciers ou ceux qui sont présumés tels jusqu'à la vérification. Si le bilan a été déposé, ou si les syndics ont pu le rédiger, il y trouve une nomenclature dont il peut s'aider ; si ces éléments lui manquent, il consultera les livres et les papiers du failli. Il a, à cet égard, un pouvoir d'appréciation souverain.

La loi a fixé un délai uniforme de quinzaine pour la convocation, sans augmentation à raison des distances. Ce délai court, non de la nomination du juge-commissaire bien entendu, mais du jour de l'avertissement donné pour la convocation : ainsi devraient être annulées la convocation pour la nomination des syndics définitifs et les opérations qui en ont été la suite, s'il n'y avait que l'intervalle d'un jour entre l'annonce de la convocation et la réunion des créanciers (1).

La loi n'a pas réglé le mode de cette convocation; l'ancien

---

(1) Paris, 17 juill. 1841; Dalloz, *Rép.*, n. 408.

art. 476 prescrivait d'employer la voie des lettres, affiches et insertions dans les journaux, mais le juge-commissaire agit aujourd'hui en toute liberté. « Cette mesure, dit M. Pardessus, est laissée à la discrétion du juge-commissaire; sa diligence garantit l'envoi de lettres individuelles. Ainsi, des créanciers prétendraient inutilement que l'assemblée n'a pas été complète; qu'il ne leur a pas été envoyé d'avis, etc. » (1).

Il avait été jugé, sous l'ancienne loi, que les créanciers hypothécaires et privilégiés devaient participer comme les créanciers chirographaires à la nomination des syndics définitifs (2) : ils doivent donc être convoqués par le juge-commissaire. La loi nouvelle est loin de les exclure et leur intérêt à la bonne administration de la faillite est évident.

Les créanciers, même non convoqués, pourraient se présenter, sauf le droit du juge-commissaire de les admettre à prendre part à la délibération ou de rejeter leur demande à cet égard.

1720. L'assemblée ainsi composée des créanciers convoqués par le juge-commissaire ou admis par lui, elle sera consultée par ce magistrat, tout à la fois, 1° sur la formation de l'état des créanciers présumés ; 2° sur les choix à faire pour la nomination des syndics définitifs, ainsi que sur leur nombre. « L'assemblée, dit M. Pardessus, ne fait ni nomination, ni présentation de candidats ; mais tous les dires et toutes les observations doivent être reçus et constatés par le juge-commissaire dans son procès-verbal, qu'il présente au tribunal. Dans le cas où des créanciers méconnaîtraient leur intérêt, au point de ne pas répondre à la convocation, ce juge doit en dresser procès-verbal » (3).

C'est sur le vu de ce procès-verbal et de l'état des créanciers présumés que le tribunal, sur le rapport du juge-commissaire et sans aucune autre intervention des créanciers, maintient les premiers syndics nommés dans leurs fonctions ou en choisit de nouveaux. La loi donne à ces syndics, ainsi nommés, la quali-

---

(1) *Droit comm.*, n. 1149 ; Dalloz, *Rép.*, v° *Faillites*, n. 406.
(2) Cass., 23 prair. an 9.
(3) *Droit comm.*, n. 1151.

fication de définitifs; cependant ils peuvent toujours être remplacés par le tribunal, dans les cas et suivant les formes que nous ferons connaître plus tard.

Le dernier § de l'art. 462 détermine le nombre des syndics, permet de les choisir en dehors des créanciers et statue sur l'allocation d'une indemnité.

La loi a fixé un maximum conforme aux usages qu'elle a trouvés établis, en disant que le nombre des syndics pourra, à toute époque, être porté jusqu'à trois; elle a suffisamment expliqué que le syndicat peut, dès sa première formation, ne pas atteindre le nombre qui serait fixé plus tard, et selon les circonstances qui n'auraient pas été prévues; elle pose également le principe en vertu duquel le tribunal de commerce a le droit de faire cesser les fonctions d'un ou de plusieurs syndics et de les remplacer par d'autres (1).

1721. L'ancienne loi laissait la faculté de choisir les agents et les syndics provisoires et définitifs, soit parmi les créanciers, soit parmi les personnes étrangères à la masse. Cette règle a été maintenue après quelque hésitation, mais il semble que le choix parmi les créanciers est préférable, et la circulaire du 8 juin 1838, émanée du ministre de la justice, engage les tribunaux à user de la latitude qui leur est accordée, avec une extrême réserve. « Prendre les syndics parmi ceux des créanciers connus qui inspirent le plus de confiance, dit ce document, telle doit être la règle générale. Choisir ces syndics parmi d'autres personnes, telle doit être l'exception que pourront déterminer des motifs dont l'appréciation dépendra entièrement des circonstances ». En fait, nous l'avons dit, cette règle n'est point suivie à Paris; le tribunal se borne à adjoindre un syndic créancier aux syndics étrangers.

Ce n'est également que par suite de modifications apportées au projet primitif que la loi a décidé que les syndics, quelle que soit leur qualité, créanciers ou non créanciers, pourront, après avoir rendu compte de leur gestion, recevoir une indemnité que le tribunal arbitrera sur le rapport du juge-commissaire. « La loi, dit M. Renouard, a pris deux précautions sages

(1) Renouard, t. 1er, p. 459.

pour prévenir les abus : l'une est de n'accorder d'indemnité qu'après reddition du compte de gestion, l'autre est de faire arbitrer la quotité de l'indemnité par le tribunal lui-même, sur le rapport du juge-commissaire » (1).

Le jugement qui arbitre l'indemnité doit être motivé ; il est nul, s'il ne mentionne pas qu'il a été rendu sur le rapport du juge-commissaire, et il est susceptible d'appel (2).

ARTICLE 463.

Aucun parent ou allié du failli, jusqu'au quatrième degré inclusivement, ne pourra être nommé syndic.

1722. Si d'aussi proches parents que ceux dont il est question dans cet article étaient nommés syndics, il serait à craindre qu'ils ne fussent entraînés à favoriser le failli aux dépens de la masse, ou que du moins ils n'en fussent soupçonnés ; la loi a jugé utile de lier les tribunaux par une prohibition formelle : elle n'a exprimé, du reste, aucune autre incompatibilité, et s'en est rapportée au droit commun pour déterminer les personnes incapables de remplir les fonctions de syndic.

Aucun doute n'existe que les personnes privées de l'exercice des droits civils ne peuvent être choisies ; cette exclusion atteindrait évidemment un failli. Mais un failli non réhabilité à qui un concordat aurait rendu la libre administration de ses biens pourrait-il être nommé ? M. Pardessus décide la question affirmativement, à défaut de tout texte prohibitif ; et M. Renouard avoue qu'il ne voit pas de motif légal pour adopter une autre opinion (3). Ce sera aux tribunaux chargés des nominations, ajoute ce dernier auteur, à n'accorder qu'avec la plus extrême réserve une marque de confiance qui prend, en un tel cas, le caractère d'une faveur vraiment extraordinaire.

---

(1) *Faillites*, t. 1er, p. 458.

(2) Rennes, 22 déc. 1841 (S.V.42.2.62 et 207) ; Renouard, t. 1er, p. 459 ; Bédarride, n. 229.

(3) Pardessus, n. 1151 ; Renouard, t. 1er, p. 450 ; Locré, sur l'art. 480.

Nous pensons également que l'étranger, même non admis à jouir en France des droits civils, peut être nommé syndic ; cette charge ne doit pas être assimilée à une fonction publique, et nous ne pouvons apercevoir aucune raison décisive de l'écarter (1).

La femme mariée et le mineur régulièrement autorisés à faire le commerce, si l'autorisation est générale et non restreinte à certaines opérations déterminées, pourraient être syndics, si le choix du tribunal, ce qui est peu probable, s'arrêtait sur eux ; mais la femme non marchande publique aurait besoin d'une autorisation spéciale de son mari (2). M. Renouard pense même que cette autorisation serait nécessaire à la femme marchande publique ; nous croyons ce scrupule exagéré.

ARTICLE 464.

Lorsqu'il y aura lieu de procéder à l'adjonction ou au remplacement d'un ou plusieurs syndics, il en sera référé par le juge-commissaire au tribunal de commerce, qui procédera à la nomination suivant les formes établies par l'article 462.

1723. Le droit d'instituer les syndics devait amener comme corrolaire le droit de les remplacer ; mais l'art. 464 ne fait pas connaître d'une manière suffisamment nette et précise à qui appartient le droit de décider s'il y a lieu à adjonction ou à remplacement ; l'article, suivant M. Renouard, doit être interprété comme s'il était ainsi conçu : « Lorsque le juge-commissaire estimera qu'il y a lieu à l'adjonction d'un ou de plusieurs syndics nouveaux, ou au remplacement d'un ou de plusieurs syndics existants, il en réfèrera au tribunal de commerce, lequel, s'il est d'avis qu'une nomination doit être faite, y procédera suivant les formes établies par l'art. 462 » (3). Cette interprétation est admise par tous, et il est certain que le tri-

---

(1) Pardessus, n. 1151 ; Bédarride, n. 221.—*Contrà*, Renouard, t. 1er, p. 461 ; Dalloz, *Rép.*, v° *Faillites*, n. 416.

(2) Pardessus, n. 1151 ; Renouard, t. 1er, p. 461.

(3) *Faillites*, t. 1er, p. 463.

bunal n'est pas obligé de procéder à la nomination, par cela seul que la proposition lui en est faite par le juge-commissaire ; il apprécie et décide.

Ce commentaire laisse subsister encore une difficulté; la loi, en exigeant qu'il soit procédé suivant les formes établies par l'art. 462, a-t-elle entendu qu'il y aurait convocation des créanciers ; qu'ils seraient de nouveau consultés sur la nomination des syndics, et qu'il serait dressé procès-verbal de leurs dires et observations ; ou bien le Code a-t-il seulement voulu dire que la nomination serait faite par le tribunal, mais sur le vu de l'ancien procès-verbal dressé une première fois en conformité de l'art. 462? Presque tous les auteurs enseignent qu'une convocation nouvelle des créanciers est nécessaire ; cette opinion semble avoir en sa faveur le texte ; mais il faut convenir que cette convocation serait de peu d'utilité. Quand le tribunal a décidé qu'il y a lieu à adjonction ou à remplacement, quel rôle reste-t-il à l'assemblée ? elle n'est plus appelée à présenter des observations sur la convenance de maintenir ou de remplacer les syndics en fonctions; c'est au tribunal que l'art. 464 donne le droit de décider cette question sans leur intervention préalable; dans ces circonstances, leur convocation semble un non-sens, et nous comprenons aisément que le tribunal de Commerce de la Seine ait adopté comme jurisprudence de nommer dans ce cas sans convocation nouvelle (1) : la rédaction évidemment peu heureuse de cet article de la loi permet une interprétation très-large.

Les syndics sortant doivent rendre compte de leur gestion, quelle que soit la cause qui met fin à leurs fonctions. Les syndics nouvellement nommés doivent veiller à ce que cette obligation soit accomplie (2).

ARTICLE 465.

S'il a été nommé plusieurs syndics, ils ne pourront

(1) Goujet et Merger, v° *Syndic*, n. 22. — *Contra*, Bédarride, t. 1er, n. 234 ; Dalloz, *Rép.*, v° *Faillites*, n. 423; Lainné, p. 108.

(2) Bordeaux, 5 mai 1840 (D.P.40.2.180) ; Renouard, t. 1er, p. 463.

agir que collectivement; néanmoins le juge-commissaire peut donner à un ou plusieurs d'entre eux des autorisations spéciales à l'effet de faire séparément certains actes d'administration. Dans ce dernier cas, les syndics autorisés seront seuls responsables.

1724. La loi nouvelle, en disant que les syndics ne pourront agir que *collectivement*, a voulu mettre fin à la controverse qui existait sur la question de savoir si les syndics répondaient solidairement de leur gestion ; on a pu discuter encore si l'obligation dont ils étaient tenus était en effet solidaire ou indivisible (1); mais, comme les effets dans l'un et l'autre cas ne diffèrent réellement qu'en théorie, il est inutile de regretter que le législateur n'ait pas été plus explicite sur ce point. Il est donc admis sans difficulté aujourd'hui que les syndics, à quelque moment qu'ils soient nommés et pour tous les actes de leur gestion, sont solidairement responsables, à l'égard des tiers avec lesquels ils contractent, comme à l'égard des créanciers qu'ils représentent (2), des actes qu'ils ont dû faire collectivement (3).

Cette solidarité cesse quand le juge-commissaire a donné à l'un ou plusieurs d'entre eux des autorisations spéciales à l'effet de faire séparément certains actes d'administration : il ne pouvait être douteux que les syndics autorisés étaient seuls responsables dans ce cas des actes accomplis par eux dans le cercle des pouvoirs spéciaux qui leur ont été conférés, puisqu'ils peuvent agir sans consulter leurs collègues.

La loi n'a pas dit que cette autorisation du juge-commissaire dut être donnée par écrit, et la cour de Lyon a jugé, par suite, qu'une autorisation verbale est suffisante et peut résulter des circonstances (4). Les juges-commissaires feront bien sans doute de s'abstenir d'un pareil mode de procéder, et les syndics, de ne pas s'en contenter ; il a, tout au moins, le grave

(1) Bravard-Veyrières, p. 552.

(2) Limoges, 2 sept. 1842 (S.V.43.2.65); Orléans, 7 déc. 1843 ; Dalloz, *Rép.*, n. 501.

(3) V. Massé, t. 5, n. 97; Cass., 18 janv. 1814; 26 juill. 1836 (S.V.37.1.994).

(4) Lyon, 4 juin 1841 (D.P.42.2.221).

inconvénient d'exiger, en cas de contestation, l'intervention de la justice (1).

Il faut dire encore, avec la Cour d'Orléans, qu'en dehors de l'exception prévue par l'article même, la responsabilité cesse, lorsque, par un événement de force majeure, l'un des syndics s'est trouvé dans l'impossibilité de continuer ses fonctions ; la responsabilité, en effet, et par suite la solidarité, supposent la gestion, ou au moins la possibilité de gérer (2).

1725. Les syndics doivent avoir le moyen, cependant, de faire cesser la responsabilité qui pèse sur eux à raison d'un acte accompli par l'un de leurs collègues, sans l'autorisation spéciale d'agir isolément donnée par le juge-commissaire. S'ils n'y ont pas concouru, et qu'ils ne l'aient ni expressément, ni tacitement ratifié, ils peuvent réclamer, conformément à l'art. 466 ci-après, et, quelle que soit la décision qui interviendra, il faut admettre que le syndic dissident qui, protestant contre l'acte, l'aura désavoué régulièrement, se trouvera exempt de la responsabilité qui en dériverait contre lui. « Je dis plus, ajoute M. Renouard, et je pense qu'un acte contre lequel un syndic a réclamé, et qui a été, par suite, l'objet d'une décision, soit du juge-commissaire, soit du tribunal après recours, est devenu un fait du juge et ne peut plus exposer la responsabilité d'aucun des syndics » (3). Nous ne pouvons admettre cette dernière conséquence, et toute la loi des faillites dit en termes exprès que l'administration appartient aux syndics et non au tribunal ou au juge-commissaire qui le représente, et sur lequel ils ne peuvent s'en décharger.

En dehors de cette hypothèse, l'expression de la loi portant que les syndics ne pourront agir que collectivement doit être entendue dans ce sens que les syndics sont censés s'autoriser réciproquement à agir en cas d'absence ou de maladie de l'un d'eux ; et tous les actes accomplis engagent la responsabilité du syndic absent ou empêché (4), à moins, nous le répétons,

---

(1) Renouard, t. 1er, p. 466 et s.

(2) Orléans, 7 déc. 1843 ; Dalloz, *Rép.*, n. 501.

(3) Renouard, t. 1er, p. 468.—*Sic*, Dalloz, *Rép.*, v° *Faillites*, n. 512.

(4) Bédarride, n. 236 ; Renouard, t. 1er, p. 466 ; Pardessus, n. 1160.

de réclamation formelle de sa part ou de déclaration expresse qu'il n'entend nullement donner à ses collègues le droit d'agir sans lui.

Disons donc, pour nous résumer, qu'il y a solidarité entre les syndics, sauf ces deux cas bien limités : ou autorisation spéciale du juge, ou impossibilité pour le syndic d'agir.

En dehors de ces deux cas, les syndics sont présumés s'être donné réciproquement pouvoir d'agir l'un pour l'autre; par suite, chacun d'eux peut toucher valablement les créances actives laissées entre ses mains, conformément à l'art. 471 ci-après; et le paiement, sans adopter même une distinction proposée par M. Bédarride, doit être déclaré valable (1).

Mais cette présomption cesse, si l'un des syndics déclare expressément qu'il n'entend nullement donner à ses collègues le pouvoir d'agir pour lui, ou s'il proteste immédiatement après l'acte accompli contrairement à sa volonté.

Toute personne intéressée pourrait, en conséquence, attaquer l'acte fait isolément, et forcer les syndics qui n'y ont pas concouru à se prononcer.

Avant de traiter, les tiers ont le droit d'exiger le concours de tous les syndics ou l'autorisation formelle du juge-commissaire, donnant à l'un d'eux le pouvoir d'agir isolément.

La cour de Lyon a décidé que la nullité résultant du défaut d'autorisation pour un acte isolé de l'un des syndics est couverte, si elle n'a pas été invoquée en première instance, et qu'elle ne peut pas être opposée pour la première fois sur l'appel; cette opinion nous semble, comme à M. Renouard, devoir être rejetée (2). Sous la réserve du droit d'opposition, il faut décider qu'en cas de dissentiment, l'opinion de la majorité des syndics doit être suivie. « En cas de partage, le juge-commissaire, dit M. Renouard, doit statuer, et, en cas de recours, le tribunal, avec les conséquences qui viennent d'être exposées » (3). Ces conséquences ayant été rejetées par nous

---

(1) *Faillites*, n. 237.

(2) Lyon, 4 juin 1841 ; Dalloz, *Rép.*, n. 514. — *Contrà*, Renouard, t. 1er, p. 467 ; Dalloz, *Rép.*, n. 515.

(3) *Faillites*, t. 1er, p. 468.

comme inadmissibles, nous pensons que le partage doit amener l'inaction comme conséquence du défaut de majorité, sauf à toute partie intéressée à réclamer et à faire décider s'il y a lieu à adjonction ou à remplacement, mais en maintenant ainsi, dans tous les cas, l'administration aux seuls syndics.

1720. Les syndics n'agissent que comme mandataires des créanciers; et lorsqu'ils ne dépassent pas les bornes de la procuration qu'ils ont reçue, ils ne contractent aucune obligation personnelle; la masse seule est tenue (1); et il est de principe, a dit encore la Cour de cassation, « qu'une masse constitue une personne morale, distincte des individus qui la composent, seule représentée par les syndics, seule obligée par leurs actes à l'égard des tiers » (2); les syndics et chacun des créanciers ne sont donc pas tenus solidairement; mais chacun pour sa part, en cas d'insuffisance de l'actif (3).

Les mêmes motifs doivent faire décider que les syndics seraient également privés de l'action solidaire contre les créanciers composant la masse, à raison de leur gestion et spécialement pour la répétition de leurs avances (4).

Les syndics doivent de plein droit les intérêts des sommes qu'ils ont employées à leur usage, à dater de cet emploi, et de celles dont ils sont reliquataires, à compter du jour qu'ils sont mis en demeure (C. Nap., 1996) (5). Ils répondent de leurs fautes, et, s'ils sont salariés, de leurs fautes même légères.

ARTICLE 466.

S'il s'élève des réclamations contre quelqu'une des opérations des syndics, le juge-commissaire statuera, dans le délai de trois jours, sauf recours devant le

(1) Cass., 24 août 1843; Dalloz, *Rép.*, n. 504; Pardessus, n. 1182. — *Contrà*, Paris, 12 août 1839; Dalloz, *Rép.*, n. 504.

(2) Autre arrêt du 24 août 1843; Dalloz, *Rép.*, n. 504.

(3) Pardessus, n. 1182; Devilleneuve et Massé, v° *Faillite*, n. 274; Massé, t. 3, n. 282.

(4) Cass., 23 mai 1837; Dalloz, *Rép.*, n. 505.

(5) Cass., 1er déc. 1841; Dalloz, *Rép.*, n. 510.

tribunal de commerce.— Les décisions du juge-commissaire sont exécutoires par provision.

ARTICLE 467.

Le juge-commissaire pourra, soit sur les réclamations à lui adressées par le failli ou par des créanciers, soit même d'office, proposer la révocation d'un ou de plusieurs des syndics. — Si, dans les huit jours, le juge-commissaire n'a pas fait droit aux réclamations qui lui ont été adressées, ces réclamations pourront être portées devant le tribunal. — Le tribunal, en chambre du conseil, entendra le rapport du juge-commissaire et les explications des syndics, et prononcera à l'audience sur la révocation.

1727. « Les personnes qui se prétendent créancières du failli, dit M. Pardessus, ou qui à un titre quelconque ont intérêt dans la masse ou contre la masse, ne peuvent s'immiscer dans la gestion des syndics, leur demander des comptes, ni exiger que les titres, papiers et renseignements, soient remis et déposés dans d'autres mains. Mais comme les syndics pourraient abuser de leurs pouvoirs, soit en cherchant à améliorer leur sort aux dépens de la masse, soit en favorisant quelques créanciers aux dépens des autres, soit en vendant des marchandises à vil prix, soit en servant la mauvaise foi du failli ou des siens, soit même par leur négligence, tout créancier ou intéressé peut porter sa réclamation au juge-commissaire. Si cette réclamation n'a pour objet que de critiquer certaines opérations, de les désigner comme contraires à l'intérêt commun et d'empêcher qu'il y soit donné suite, le juge-commissaire statue dans le délai de trois jours et sa décision, exécutoire par provision, peut être attaquée devant le tribunal de commerce (C. comm., art. 466). Si cette réclamation concerne l'ensemble de la conduite des syndics, le juge-commissaire peut, même d'office, et sans y avoir été provoqué, proposer la révocation d'un ou de plusieurs des syndics » (C. com., art. 467) (1).

Le Code a donc prévu et réglé le cas où il n'y aurait qu'un simple recours contre une ou plusieurs opérations des syndics, et celui où il y aurait plainte contre leur gestion, leur aptitude, ou leur probité.

La marche à suivre dans le premier cas est tracée par la loi nouvelle, et trop simple pour donner lieu à aucune difficulté; le recours est ouvert soit aux syndics eux-mêmes qui différeraient d'opinion avec leurs collègues, soit à chacun des créanciers, soit au failli, soit même aux tiers, s'ils pouvaient justifier de leur intérêt à empêcher ou à faire rapporter une mesure préjudiciable à la masse comme à eux-mêmes. Le tribunal décide en dernier ressort.

1728. Le droit de demander la révocation d'un ou de plusieurs syndics appartient également à tout intéressé; et le juge-commissaire peut, même sans être provoqué, agir d'office, et doit le faire, lorsqu'il a de justes motifs pour user de ce droit.

Si le juge-commissaire estime que les plaintes dirigées contre les syndics sont fondées, il doit sans délai proposer au tribunal de commerce la révocation.

Si les plaintes ne lui paraissent pas fondées, il n'est point tenu de provoquer du tribunal une décision négative, il n'a qu'à s'abstenir; mais soit dans ce cas, soit parce qu'il y aurait eu négligence de sa part, les plaignants peuvent, lorsqu'il s'est écoulé huit jours depuis qu'ils ont adressé leur plainte au juge-commissaire et qu'il n'y a pas fait droit en proposant la révocation, s'adresser directement au tribunal.

Le tribunal, en chambre du conseil, entendra le rapport du juge-commissaire, écoutera les explications des syndics et prononcera à l'audience sur la révocation.

La loi ne donne pas au plaignant le droit d'être admis dans la chambre du conseil et d'y présenter de nouvelles observations orales; il n'y a pas lieu à débats contradictoires; le tribunal toutefois pourrait, s'il le jugeait à propos, l'inviter à se présenter.

La décision du tribunal n'est pas un jugement : aussi la question peut-elle se présenter de savoir si elle devait être mo-

---

(1) *Droit comm.*, n. 1166.

tivée : « L'article ne dit pas si la décision du tribunal sera ou ne sera pas motivée, fait observer M. Renouard : d'où il suit qu'on s'en est, à cet égard, rapporté entièrement à la prudence des juges. Dans la plupart des circonstances, ils croiront la justice satisfaite par la déclaration qu'il n'y a pas lieu ou qu'il y a lieu à révocation ; mais ils pourront donner des motifs, s'ils veulent ou laver par une justification éclatante des syndics iniquement accusés, ou flétrir des syndics gravement coupables » (1). Il n'est admis contre cette décision ni opposition, ni appel, ni recours en cassation.

Les syndics doivent rendre compte de leur gestion au moment où ils quittent leurs fonctions et répondraient, dans les termes du droit commun applicable aux mandataires, de tous leurs actes.

1720. Les actes des syndics, qui auraient mérité une censure, ou provoqué même une destitution, ne sont pas de plein droit nuls à l'égard des tiers ; les tribunaux auraient à apprécier la bonne foi de ceux qui en réclament le maintien. Il faudrait décider de même pour les actes faits avec des syndics, dont la nomination serait annulée comme irrégulière; les tiers, en les voyant investis de l'administration, ont agi de bonne foi, s'ils n'ont pas connu une irrégularité résultant d'actes et de jugements auxquels ils n'ont pas été appelés (2).

CHAPITRE V.

Des fonctions des syndics.

SECTION Ire.

DISPOSITIONS GÉNÉRALES.

ARTICLE 468.

Si l'apposition des scellés n'avait point eu lieu avant la nomination des syndics, ils requerront le juge de paix d'y procéder.

---

(1) *Faillites*, t. 1er, p. 473.—*Contrà*, Esnault, t. 1er, n. 299.

(2) Cass., 25 mars 1823 ; Renouard, t. 1er, p. 475 ; Pardessus, n. 1166 ; Lainné, p. 107.

ARTICLE 469.

Le juge-commissaire pourra également, sur la demande des syndics, les dispenser de faire placer sous les scellés, ou les autoriser à en faire extraire : 1° les vêtements, hardes, meubles et effets nécessaires au failli et à sa famille, et dont la délivrance sera autorisée par le juge-commissaire sur l'état que lui en soumettront les syndics; 2° les objets sujets à dépérissement prochain ou à dépréciation imminente; 3° les objets servant à l'exploitation du fonds de commerce, lorsque cette exploitation ne pourrait être interrompue sans préjudice pour les créanciers. — Les objets compris dans les deux paragraphes précédents seront de suite inventoriés avec prisée par les syndics, en présence du juge de paix, qui signera le procès-verbal.

ARTICLE 470.

La vente des objets sujets à dépérissement, ou à dépréciation imminente, ou dispendieux à conserver, et l'exploitation du fonds de commerce, auront lieu à la diligence des syndics, sur l'autorisation du juge-commissaire.

1730. « Les fonctions des syndics, dit M. Renouard, consistent principalement : 1° à constater l'actif et le passif ; dans cette partie de leurs devoirs, se place ce qui concerne les scellés, le bilan, l'inventaire, la vérification des créances; 2° à gérer provisoirement jusqu'au concordat ou à l'union ; en conséquence, ils défendent aux actions, recouvrent l'actif, vendent les marchandises et les meubles, transigent, font les actes conservatoires ; 3° à préparer le concordat ou les conditions de l'union ; 4° à administrer définitivement l'union jusqu'à la liquidation » (1).

(1) *Faillites*, t. 1er, p. 474.

Le premier acte auquel ils doivent faire procéder est donc l'apposition des scellés, si elle n'a point eu lieu ; ils requerront le juge de paix, à cet effet, de leur prêter son ministère.

Le juge-commissaire peut toutefois, sur la demande des syndics, les dispenser de faire placer sous les scellés ou les autoriser à en faire extraire, s'ils avaient été apposés avant leur entrée en fonctions, les divers objets énumérés dans l'art. 469. L'ordonnance du juge-commissaire n'est susceptible d'aucun recours.

Le mot *également* resté dans l'art. 469 n'a plus de sens ; mais dans le projet primitif, cet article suivait immédiatement la disposition qui est devenue l'art. 455, et la construction de la phrase était alors régulière (1).

La Cour de Rouen a décidé que le failli ne pouvait invoquer l'art. 592, C. proc., et que la loi commerciale lui était seule applicable pour déterminer les objets qui peuvent être remis à lui ou à sa famille (2); nous avons déjà eu occasion de dire que nous n'approuvions pas une semblable décision (*sup.*, n. 1663); ce sera au juge-commissaire à tenir compte des prescriptions obligatoires de l'art. 592, C. proc., et d'agir en conséquence, afin de n'accorder, dans tous les cas, que le nécessaire, et certes, il n'est pas permis de dire sans doute que l'art. 592, C. proc., dont on repousse l'application, aille jusqu'au superflu.

L'art. 469 exige, pour les objets compris dans les deux derniers paragraphes seulement, qu'un inventaire soit fait avec prisée ; un état détaillé suffit, quant aux premiers, puisque les créanciers ne pourront en réclamer ni la représentation en nature ni la valeur.

1731. La loi autorise implicitement par l'art. 468 et d'une manière formelle par l'article suivant la continuation de l'exploitation du commerce du failli, quand l'intérêt de la masse paraît le demander et jusqu'à ce que les créanciers aient décidé, en cas d'union, le parti définitif à prendre à l'égard du fonds

(1) Renouard, t. 1er, p. 477.
(2) Rouen, 4 fév. 1828 ; Dalloz, *Rép.*, n. 432.

de commerce : il peut avoir conservé une valeur qu'il serait utile de ne pas laisser dépérir.

La loi n'a parlé que d'un fonds de commerce ; la disposition s'appliquerait sans difficulté à une usine ou à tout autre établissement industriel.

Le failli comme les créanciers pourraient s'adresser au tribunal pour s'opposer à une exploitation qu'ils croiraient inopportune ; jusqu'à la décision à intervenir, l'exploitation autorisée par le juge-commissaire continuerait (1).

Les opérations doivent être aussi restreintes que possible ; c'est ce qu'a jugé avec raison la Cour d'Aix (2) ; mais il ne faut pas aller jusqu'à dire avec M. Bédarride que l'autorisation d'exploiter « ne peut s'entendre que dans le sens d'une liquidation progressive » (3). La liquidation n'est autorisée jusqu'à l'union, par les articles que nous examinons, que des choses dispendieuses à conserver ou sujettes à dépérissement ; et la loi, d'un autre côté, veut que le fonds de commerce, qui représentera peut-être quelquefois la plus notable partie de l'actif, soit conservée avec toute sa valeur ; il s'agit donc d'une exploitation réelle dans les limites que nous avons posées, quoique à titre provisoire. Liquider est le contraire d'exploiter.

Les dépenses de l'exploitation seront considérées et payées comme frais d'administration.

1732. Les syndics sont également chargés, sur l'autorisation du juge-commissaire, de procéder immédiatement à la vente des objets sujets à dépérissement ou dispendieux à conserver, tels que des animaux domestiques, des chevaux de luxe ou servant à l'exploitation d'une usine, dont la conservation serait jugée onéreuse à la masse. En ce qui concerne ces derniers objets surtout, il ne faut pas oublier que l'art. 470 donne une faculté, et qu'il y a lieu d'apprécier la convenance qu'il peut y avoir à en user. Toute personne intéressée pourrait présenter des observations au juge-commissaire à qui appartient le droit de décider : « On doit faire attention, dit M. Par-

(1) Renouard, t. 1er, p. 479.
(2) Aix, 15 juill. 1822, et Cass., 28 janv. 1824.
(3) *Faillites*, n. 272.

dessus, qu'il ne s'agit point encore de disposer de la totalité de l'actif pour en répartir le prix à des créanciers, dont les droits ne sont pas constatés et vérifiés; qu'il est possible qu'un concordat intervienne, et que la vente totale de cet actif pourrait rendre le concordat inutile » (1).

La loi n'a pas déterminé la voie à suivre pour la vente des objets dont elle autorise l'aliénation immédiate; pour mettre leur responsabilité à l'abri, les syndics doivent faire décider par le juge-commissaire si la vente sera faite à l'amiable, ou aux enchères publiques par l'entremise de courtiers ou de commissaires-priseurs; et dans les lieux où il n'en existe pas, par des notaires, greffiers ou huissiers (L. du 25 juill. 1841, art. 4), dont le choix appartiendrait aux syndics (2).

ARTICLE 471.

Les livres seront extraits des scellés et remis par le juge de paix aux syndics, après avoir été arrêtés par lui; il constatera sommairement, par son procès-verbal, l'état dans lequel ils se trouveront. — Les effets de portefeuille à courte échéance ou susceptibles d'acceptation, ou pour lesquels il faudra faire des actes conservatoires, seront aussi extraits des scellés par le juge de paix, décrits et remis aux syndics pour en faire le recouvrement. Le bordereau en sera remis au juge-commissaire. — Les autres créances seront recouvrées par les syndics sur leurs quittances. Les lettres adressées au failli seront remises aux syndics, qui les ouvriront; il pourra, s'il est présent, assister à l'ouverture.

1735. Les mesures exigées par cet article se justifient de la manière la plus complète par la nécessité de mettre les syndics à même de gérer, en connaissance de cause, les intérêts

---

(1) *Droit comm.*, n. 1169.

(2) Pardessus, n. 1170.

qui leur sont confiés, et de préserver de toute perte l'actif de la faillite. Aucun doute ne peut donc exister que les prescriptions de cet article doivent être exécutées dans le plus bref délai.

La loi, en imposant au juge de paix l'obligation *d'arrêter* les livres, n'a eu en vue dans cet article qu'une formalité toute matérielle ; il doit, en les parafant, les clore définitivement ; après avoir constaté sommairement l'état dans lequel ils se trouvent, il les remet immédiatement aux syndics, qui en donnent décharge sur le procès-verbal qui a été dressé.

La nécessité des recouvrements pour éviter les déchéances, des acceptations et des actes conservatoires, est plus évidente encore. La remise d'un bordereau au juge-commissaire prévient toute possibilité d'abus. Les autres créances que celles qui sont spécifiées au second paragraphe de l'art. 471 ne sont remises aux syndics qu'après la levée des scellés et la confection de l'inventaire. Les syndics en opèrent le recouvrement sur leurs seules quittances, sans qu'ils soient tenus de les faire viser par le juge-commissaire.

Le nouvel art. 471 donne formellement aux syndics le droit absolu d'ouvrir la correspondance adressée au failli, sauf à celui-ci, s'il est présent, à assister à l'ouverture. Il a été reconnu dans la discussion à la chambre des députés que le failli pouvait se faire rendre immédiatement les lettres étrangères à son commerce (1). Il est également reconnu par tous les auteurs que cette disposition exorbitante ne peut être étendue, et que les syndics n'ont aucun droit sur les lettres adressées à la femme du failli, à ses enfants et aux personnes de sa maison. Les syndics ne peuvent détruire les lettres qui restent en leur possession.

Une instruction générale sur le service des postes, du 29 mars 1839, trace les devoirs à remplir par les agents de cette administration pour la remise des lettres au cas de faillite du destinataire.

---

(1) Séance du 18 fév. 1835.

ARTICLE 472.

Le juge-commissaire, d'après l'état apparent des affaires du failli, pourra proposer sa mise en liberté avec sauf-conduit provisoire de sa personne. Si le tribunal accorde le sauf-conduit, il pourra obliger le failli à fournir caution de se représenter, sous peine de paiement d'une somme que le tribunal arbitrera, et qui sera dévolue à la masse.

ARTICLE 473.

A défaut, par le juge-commissaire, de proposer un sauf-conduit pour le failli, ce dernier pourra présenter sa demande au tribunal de commerce, qui statuera, en audience publique, après avoir entendu le juge-commissaire.

1754. Lorsque le tribunal n'a pas usé du droit que lui accorde l'art. 455, d'affranchir le failli du dépôt ou de la garde de sa personne, il peut toujours, soit sur la proposition du juge-commissaire, soit sur la demande du failli lui-même, ordonner sa mise en liberté avec sauf-conduit. Une semblable mesure, toutefois, n'est que provisoire, parce qu'une connaissance plus complète des circonstances de la faillite peut démontrer que cette faveur n'était pas méritée.

Le tribunal peut obliger le failli à fournir caution de se représenter, sous peine de paiement d'une somme qu'il déterminera ; cette somme serait dévolue définitivement à la masse, si la peine était encourue, et sans préjudice de la poursuite autorisée par l'art. 586. La loi n'a apporté aucune restriction au pouvoir conféré au tribunal, qui peut accorder dans tous les cas le sauf-conduit ; son droit n'est pas moins absolu pour révoquer en tous temps le sauf-conduit accordé, s'il le juge convenable; tous les auteurs sont d'accord sur ce point. Cette révocation laisse subsister encore le droit d'accorder un nouveau sauf-conduit. Si la durée du sauf-conduit a été fixée, il prendrait fin naturellement par l'expiration du terme ; dans le cas contraire, il subsiste tant que dure l'état de faillite ou jusqu'à la révocation (1).

La Cour de Paris a jugé, avec raison selon nous, que les art. 472 et 474 ne font aucune distinction entre le failli incarcéré antérieurement à la faillite en vertu d'un jugement de contrainte par corps ou postérieurement à la faillite par le dépôt de sa personne ordonné par le tribunal de commerce, et qu'un sauf-conduit peut être accordé dans tous les cas; les art. 455 et 456 déterminent seulement les mesures à prendre par le jugement même de déclaration de faillite et sauf ce qui sera jugé utile plus tard dans l'intérêt de la masse quelquefois autant que dans celui du failli; d'ailleurs, il résulterait du principe contraire un privilége en faveur du créancier incarcérateur (2). Nous avons déjà dit, au reste, sous l'art. 455, que l'état de faillite faisait cesser l'effet de la contrainte par corps, prononcé pour dettes contre un commerçant (*suprà*, n. 1672). La règle n'est plus applicable évidemment, si le failli est sous la main de la justice pénale.

Le tribunal ne prononce que sur la proposition du juge-commissaire, ou du moins qu'après l'avoir entendu ; et la loi nouvelle a ajouté qu'il statuerait en audience publique. « Cette addition, dit M. Renouard, faite par la seconde commission de la chambre des Pairs, me paraît avoir implicitement tranché la question, douteuse sous l'ancien Code, si les syndics ou des créanciers pouvaient intervenir pour contester la demande du failli. Le nouveau législateur, qui n'a point expliqué les motifs de cette addition, semble avoir voulu, par la publicité des débats, laisser la porte ouverte aux contradictions de toute partie intéressée » (3).

Les jugements qui statuent sur les saufs-conduits ne sont pas susceptibles d'appel (C. comm., art. 583), et doivent être rendus dans tous les cas par les tribunaux de commerce (4).

---

(1) Paris, 17 fév. 1817; Bédarride, n. 300; Esnault, n. 315.

(2) Paris, 31 août 1839; Dalloz, *Rép.*, n. 389; Bravard-Veyrières, p. 543; Bédarride, n. 295; Renouard, t. 1er, p. 484; Dalloz, *Rép.*, n. 389; Pardessus, n. 1153.—*Contrà*, Riom, 21 janv. 1839.

(3) *Faillites*, t. 1er, p. 485; Esnault, n. 316; Dalloz, *Rép.*, n. 390.

(4) Paris, 31 août 1839 (S.V.40.2.122). Un autre arrêt de la même Cour paraît

ARTICLE 474.

Le failli pourra obtenir pour lui et sa famille, sur l'actif de sa faillite, des secours alimentaires qui seront fixés, sur la proposition des syndics, par le juge-commissaire, sauf appel au tribunal, en cas de contestation.

1735. Sans attendre le contrat d'union et dès les premières opérations de la faillite, le failli peut obtenir des secours alimentaires; la quotité en est fixée par le juge-commissaire, soit sur la proposition des syndics, soit au moins après les avoir entendus, si, à leur défaut, le failli s'adresse directement au juge-commissaire. Nous ne mettons pas en doute que ce droit lui appartienne (1), mais, dans tous les cas, le juge-commissaire peut accueillir la demande, la modifier ou la rejeter; la loi accorde une simple faculté.

En cas de contestation, la loi permet également l'appel au tribunal de la décision prise par le juge-commissaire, aussi bien de la part du failli que de celle des syndics, puisque la disposition est générale; ils peuvent y être intéressés de part et d'autre (2). Le tribunal de commerce, en statuant sur l'appel, peut aussi, dans tous cas, refuser l'allocation qui est demandée. Elle doit de sa nature être modérée, puisqu'elle n'est accordée qu'à titre d'aliments, et fixée en proportion des besoins du failli et des ressources de la faillite.

M. Pardessus enseigne avec raison qu'aucun reproche ne pourrait être fait au failli, si devançant l'exécution de l'art. 474, il avait, au moment de déposer son bilan, tiré de sa caisse quelques sommes pour faire subsister sa famille, jusqu'à ce qu'il ait été pris une mesure à cet égard (3); si la somme est modique et la déclaration sincère, le failli ne pourrait être inquiété.

---

contraire. Paris, 14 oct. 1840 (S.V.41.2.77); Bédarride, n. 294; Renouard, t. 1er, p. 485.

(1) Bédarride, n. 310; Dalloz, *Rép.*, n. 399.

(2) Bédarride, n. 313; Renouard, t. 1er, p. 490; Dalloz, *Rép.*, n. 401.

(3) *Droit comm.*, n. 1155.

ARTICLE 475.

Les syndics appelleront le failli auprès d'eux pour clore et arrêter les livres en sa présence. — S'il ne se rend pas à l'invitation, il sera sommé de comparaître dans les quarante-huit heures au plus tard. — Soit qu'il ait ou non obtenu un sauf-conduit, il pourra comparaître par fondé de poûvoirs, s'il justifie de causes d'empêchement reconnues valables par le juge-commissaire.

1736. La mission donnée aux syndics de clore et d'arrêter les livres ne fait pas double emploi évidemment avec celle qui est imposée au juge de paix par l'art. 471 d'en constater l'état matériel. L'opération confiée aux syndics consiste à vérifier et arrêter les écritures du failli d'une manière régulière, afin de distinguer d'une manière claire et précise la gestion des syndics de celle du failli et de clore et de balancer les comptes de tous ceux avec qui il a traité. Il est donc naturel que les syndics appellent le failli auprès d'eux, soit pour en tirer d'utiles renseignements, soit même encore pour qu'il puisse surveiller dans son intérêt la manière dont ce travail est fait.

S'il ne se rend pas à l'invitation qui lui est adressée, les syndics doivent le sommer de comparaître dans un délai de quarante-huit heures ; la loi ne distingue pas si le failli est présent ou en fuite; le lieu où il s'est réfugié peut, en effet, être proche et connu, soit de sa famille, soit de toute autre personne restée à son domicile (1). Si nous n'admettons pas une distinction que la loi ne fait pas, nous ne pouvons pas non plus, ainsi que le fait M. Bédarride, ajouter à son texte, et dire que le défaut de comparution entraînerait de plein droit la révocation du sauf-conduit (2), sauf à qui de droit à demander au tribunal cette révocation, qui peut toujours être prononcée.

« Le dernier paragraphe, dit M. Lainné, ne permet au failli de comparaître par fondé de pouvoirs, qu'autant qu'il justifie

(1) Dalloz, *Rép.*, n. 445.—*Contrà*, Bédarride, n. 317.
(2) Bédarride, n. 318.—*Contrà*, Dalloz, *Rép.*, n. 466.

de causes d'empêchement reconnues valables par le juge-commissaire. Or, assurément, le défaut de sauf-conduit n'est pas au nombre des empêchements valables dont la loi a entendu parler : il faut donc reconnaître que cette disposition a pour effet de l'obliger à se présenter, à moins de maladie ou d'un éloignement justifié, sous peine d'être déclaré banqueroutier simple, aux termes du § 5 de l'art. 586 » (1). M. Renouard, en approuvant cette interprétation, ajoute que la disposition de la loi ne peut pas sembler trop sévère; un failli, dit-il, se doit à ses créanciers ; c'est une excuse inadmissible que celle qu'on voudrait tirer de ce qu'après avoir mérité une arrestation, il lui a plu de s'y soustraire (2) : nous ne pensons pas, en effet, que la loi ait voulu considérer comme une excuse légitime cette espèce de contumace; il ne faut pas oublier, du reste, que l'application de l'art. 586 est toujours facultative. Le juge-commissaire est, dans tous les cas, le seul appréciateur de la légitimité des excuses présentées.

ARTICLE 476.

Dans le cas où le bilan n'aurait pas été déposé par le failli, les syndics le dresseront immédiatement à l'aide des livres et papiers du failli, et des renseignements qu'ils se procureront, et ils le déposeront au greffe du tribunal de commerce.

1737. Si, contrairement au vœu qu'exprime l'art. 439 ci-dessus, le failli n'a pas lui-même dressé et déposé son bilan, les syndics doivent réparer cette omission dans le plus bref délai, et le dépôt est également obligé, lorsque la rédaction de cette pièce est l'ouvrage des syndics. Les livres et papiers du failli sont évidemment les éléments naturels pour donner aux syndics les moyens de s'acquitter de cette tâche ; ils sont autorisés à s'entourer, en outre, de tous autres renseignements, dont la loi nouvelle n'a pas voulu limiter le cercle. Il n'est pas dou-

---

(1) Lainné, p. 134.
(2) *Faillites*, t. 1er, p. 465 ; Bédarride, n. 321 ; Dalloz, *Rép.*, n. 447.

teux qu'ils peuvent s'adresser particulièrement à la femme du failli, à ses enfants, à ses commis et autres employés, que désignait l'ancien art. 473 et que la loi nouvelle, à coup sûr, n'a pas voulu exclure, en employant une formule plus large. Les syndics apprécient eux-mêmes quelles sont les personnes à qui ils doivent s'adresser, et celles-ci, les réponses qu'elles doivent faire : il n'existe aucune disposition légale, obligeant les personnes consultées à répondre. Les syndics décident également s'ils doivent demander la coopération du failli.

Si les syndics ne se conformaient pas aux prescriptions de cet article, ils pourraient être déclarés responsables de leur négligence.

Les énonciations du bilan ainsi dressées par les soins des syndics ne peuvent être prises que comme des renseignements, et ne créent aucun droit en faveur des créanciers ou contre eux. Les parties intéressées ont donc tout pouvoir de contester et de faire redresser les erreurs qui seraient signalées.

ARTICLE 477.

Le juge-commissaire est autorisé à entendre le failli, ses commis et employés, et toute autre personne, tant sur ce qui concerne la formation du bilan que sur les causes et les circonstances de la faillite.

1738. Les investigations du juge-commissaire ont deux objets : la formation du bilan et les causes et les circonstances de la faillite.

La formation du bilan, ainsi que nous l'avons vu sous l'article précédent, appartient plus particulièrement aux syndics ; mais on a pensé que l'intervention du juge-commissaire pourrait, dans certaines circonstances, aider les syndics dans leurs recherches et leur faire obtenir des informations plus complètes (1).

La seconde partie de la mission attribuée au juge-commissaire lui est plus spécialement dévolue ; afin de pouvoir don-

(1) Bédarride, n. 329.

ner au ministère public une opinion éclairée sur le caractère de la faillite (art. 482), il faut qu'il se livre à des investigations approfondies, et la loi l'autorise à entendre le failli, ses commis et employés et toute autre personne, sans en excepter la femme ni les enfants du failli, quoiqu'un débat assez prolongé se soit élevé à cet égard dans la discussion de la loi. « En donnant au juge-commissaire le droit de procéder à une enquête, disait M. Renouard, rapporteur, le projet, pas plus que le Code, n'a pu faire de ce magistrat un juge d'instruction, ni créer des moyens de contrainte contre les témoins qui se refuseraient à comparaître. Si des indices de fraude paraissent résulter de ce refus, le juge-commissaire les fera connaître au ministère public; et ce sera dans une instruction criminelle ou correctionnelle que des mandats pourront être décernés et des peines prononcées contre les témoins refusants. Le Code (ancien art. 474) défendait au juge-commissaire d'interroger la femme et les enfants du failli. Introduite pour rendre hommage à la règle de morale publique, qui ferme l'oreille aux témoignages que l'on arracherait à des personnes liées entre elles par tant de devoirs, cette disposition manquait son effet dans bien des cas. Ne peut-il pas arriver que les réponses de la femme et des enfants, loin de nuire au failli, puissent servir à sa justification et à l'éclaircissement de ses affaires? Si d'ailleurs quelque charge peut en résulter, rien n'empêche que la femme et les enfants s'abstiennent de répondre ».

L'esprit de la loi est clairement indiqué; le juge-commissaire n'est pas un juge d'instruction, et c'est dans le seul but de servir à la justification du failli et à l'éclaircissement de ses affaires, que la femme et les enfants doivent être interrogés; le droit qu'ils auraient de ne pas répondre n'est pas une garantie suffisante, car leur refus pourrait être mal interprété; c'est au juge-commissaire d'abord à ne pas se charger d'un rôle odieux, que la morale condamne, et que la loi n'a pas voulu lui imposer.

ARTICLE 478.

Lorsqu'un commerçant aura été déclaré en faillite

après son décès, ou lorsque le failli viendra à décéder après la déclaration de la faillite, sa veuve, ses enfants, ses héritiers, pourront se présenter ou se faire représenter pour le suppléer dans la formation du bilan, ainsi que dans toutes les autres opérations de la faillite.

1739. Les obligations et les droits du failli doivent passer à ceux qui le représentent après son décès; les syndics ne peuvent repousser l'intervention des héritiers toutes les fois qu'ils seraient obligés de souffrir celle du failli lui-même; mais ses ayants cause n'ont pas, du reste, plus de droits que lui, et ne peuvent en rien modifier les conditions établies par la loi pour l'administration de la faillite.

« La veuve, les enfants et les héritiers, dit M. Renouard, peuvent, alors même qu'ils auraient renoncé à la communauté ou à la succession, user du droit ouvert par cet article; le soin de défendre la mémoire du failli ne cesse pas de leur appartenir, et ils conservent un intérêt moral en l'absence de tout intérêt pécuniaire » (1).

SECTION II.

DE LA LEVÉE DES SCELLÉS ET DE L'INVENTAIRE.

ARTICLE 479.

Dans les trois jours, les syndics requerront la levée des scellés et procéderont à l'inventaire des biens du failli, lequel sera présent ou dûment appelé.

1740. Les syndics ne peuvent utilement commencer leurs opérations qu'après la levée des scellés; ils doivent la requérir dans le plus bref délai et procéder à l'inventaire des biens du failli au fur et à mesure de la levée des scellés, et au plus tard dans le délai de trois jours; ce délai de trois jours court du jour de l'acceptation par les syndics des fonctions qui leur sont conférées (2).

---

(1) *Faillites*, t. 1er, p. 491.
(2) Bédarride, n. 336.

La loi n'a pu déterminer que le moment où devraient commencer les opérations qu'elle a prescrites; la confection de l'inventaire devant suivre chaque levée de scellés, il était impossible de régler d'avance le nombre des vacations nécessaires que les juges de paix devront restreindre autant que possible, et que les parties intéressées peuvent surveiller.

L'inventaire des biens du failli présente pour lui un intérêt trop évident pour qu'il n'y soit pas présent ou dûment appelé.

Les syndics représentant tous les créanciers, il n'y aurait pas lieu d'y appeler ceux d'entre eux qui auraient formé opposition à la levée des scellés en leur seule qualité de créanciers. Mais il en serait autrement à l'égard des opposants, alléguant un droit de propriété, et ayant formé des demandes en distraction, en revendication, en restitution de dépôt ou de prêt à usage. Nous pensons aussi que tout créancier aurait le droit d'intervenir, mais à ses frais, dans cet inventaire, et d'y faire tels dires qu'il croirait utile à ses intérêts (1).

ARTICLE 480.

L'inventaire sera dressé en double minute par les syndics, à mesure que les scellés seront levés, et en présence du juge de paix, qui le signera à chaque vacation. L'une de ces minutes sera déposée au greffe du tribunal de commerce, dans les vingt-quatre heures; l'autre restera entre les mains des syndics. — Les syndics seront libres de se faire aider, pour sa rédaction comme pour l'estimation des objets, par qui ils jugeront convenable. — Il sera fait récolement des objets qui, conformément à l'article 469, n'auraient pas été mis sous les scellés, et auraient déjà été inventoriés et prisés.

1741. Les dispositions de cet article ne donnent lieu à aucune difficulté, il y a seulement lieu d'observer que le récole-

(1) Pardessus, n. 1152; Renouard, t. 1er, p. 493; Bédarride, n. 337.

ment dont il est question ne comprend pas les meubles, hardes et effets délivrés au failli et à sa famille.

La loi exige que l'inventaire soit dressé en double minute, afin d'éviter les frais d'expéditions; les intéressés peuvent prendre connaissance sans déplacement du double déposé au greffe, qui doit être mis à leur disposition.

Les syndics ont toute liberté pour choisir les personnes dont le concours leur aurait paru nécessaire. Le salaire de ces personnes, s'il y avait lieu, serait à la charge de la faillite.

ARTICLE 481.

En cas de déclaration de faillite après décès, lorsqu'il n'aura point été fait d'inventaire antérieurement à cette déclaration, ou en cas de décès du failli avant l'ouverture de l'inventaire, il y sera procédé immédiatement, dans les formes du précédent article, et en présence des héritiers, ou eux dûment appelés.

1742. La disposition de cet article est nouvelle; elle a pour but de décider d'une manière explicite qu'il n'y aura pas deux inventaires, l'un par suite du décès, qui devrait être dressé par un notaire et conformément aux règles tracées par le Cod. proc. civ.; l'autre par suite de la faillite, par les syndics et dans les formes de l'art. 480. Un seul inventaire devra être dressé, et c'est celui qui est fait suivant les formes commerciales, soit dans le cas de déclaration de faillite après décès, soit en cas de décès du failli avant l'ouverture de l'inventaire; mais il ne peut y être procédé qu'en présence des héritiers ou eux dûment appelés : leurs droits sont donc suffisamment protégés et la faillite profite des formes brèves et peu dispendieuses établies dans l'intérêt de la masse.

Si un inventaire après décès avait déjà été fait dans les formes ordinaires, il serait pris pour base par les syndics, sauf le récolement, et dans ce cas il faut dire, avec M. Bédarride, qu'il n'y aurait pas lieu à apposition de scellés(1); en cas d'erreur ou d'omission, le droit des syndics à les faire rectifier ne peut être douteux.

Cet article doit être exécuté sans distinguer si les héritiers sont mineurs, sauf à eux, dans tous les cas, après les opérations de la faillite terminée, à satisfaire, s'il y a lieu, aux dispositions de la loi civile (2).

L'acceptation pure et simple de la succession d'un commerçant, qui postérieurement à cet acte de l'héritier est déclaré en faillite, ne forme pas obstacle à ce que les biens du failli soient exclusivement affectés à ses propres créanciers. La cessation de paiements, en effet, a dû nécessairement précéder le décès (3). « Les héritiers, disait le garde des sceaux à la chambre des députés, ne sont pas autre chose que le failli; ils n'ont pas d'autres droits » (4).

ARTICLE 482.

En toute faillite, les syndics, dans la quinzaine de leur entrée ou de leur maintien en fonctions, seront tenus de remettre au juge-commissaire un mémoire ou compte sommaire de l'état apparent de la faillite, de ses principales causes et circonstances, et des caractères qu'elle paraît avoir. — Le juge-commissaire transmettra immédiatement les mémoires, avec ses observations, au procureur du roi. S'ils ne lui ont pas été remis dans les délais prescrits, il devra en prévenir le procureur du roi, et lui indiquer les causes du retard.

1745. La loi fait peser l'obligation de remettre le mémoire dont parle l'art. 482 sur les syndics, le juge-commissaire par l'entremise de qui il doit être transmis, et le ministère public

---

(1) Bédarride, n. 346.

(2) Ch. des pairs, séance du 2 avril 1838.

(3) Bédarride, n. 347; Esnault, t. 2, p. 330; Dalloz, *Rép.*, n. 466.

(4) Séance du 13 fév. 1835.

qui doit réclamer ce document, quand il ne lui est pas parvenu dans les délais de la loi, à moins qu'il n'existe des causes valables pour justifier le retard.

La rédaction de cet article ne dit pas d'une manière suffisamment explicite si les syndics ne doivent fournir qu'un seul rapport après la constitution définitive du syndicat par nomination nouvelle ou maintien des premiers syndics, ou bien s'il doit être fait un rapport par les premiers syndics nommés, et à tout changement partiel ou total du syndicat et à chacune des époques auxquelles une décision spéciale est nécessaire pour le maintien des syndics.

Cette dernière opinion paraît conforme au texte appliqué d'une manière rigoureuse, mais tous les auteurs ont reculé devant une semblable interprétation ; et il faut remarquer, en outre, que la loi n'exige qu'un seul rapport. Les premiers syndics nommés n'auront le plus souvent ni le temps, ni les éléments nécessaires pour faire un rapport utile ; ceux qui leur succéderont devront exécuter l'art. 482 dans la quinzaine de leur entrée en fonctions ou de leur maintien. « Cette disposition strictement exécutée, dit M. Renouard, suffira aux besoins de la justice. La vigilance du ministère public, les renseignements qu'il pourra demander pendant le cours de la faillite, la surveillance du juge-commissaire et du tribunal de commerce, subviendront aux autres nécessités que les circonstances présenteront. Il faut mettre de la sobriété dans les formalités dont on veut rendre l'accomplissement efficace » (1).

Les syndics peuvent avoir des motifs légitimes pour n'avoir pas accompli dans le délai qui leur est fixé le devoir imposé par l'art. 482 ; mais, si le juge-commissaire pensait que le retard ou le défaut absolu d'envoi de ce rapport provient d'une négligence grave ou est le résultat d'une connivence, il pourrait provoquer leur remplacement. Les créanciers pourraient se plaindre également.

La loi a cru inutile de consacrer le droit du failli à prendre communication du mémoire et à y répondre, s'il le juge

(1) *Faillites*, t. 1er, p. 502 ; Bédarride, n. 351. V. Esnault, n. 331 ; Dalloz, *Rép.*, n. 467.

utile. Il aurait également le droit de porter plainte contre les syndics, sans préjudice des dommages-intérêts qui lui seraient dus, si par des allégations mensongères ou inexactes ils l'avaient exposé à des poursuites en banqueroute sans fondement. Cette action contre les syndics ne serait justifiée toutefois qu'en cas de dol ou de faute très-grave de leur part (1).

ARTICLE 483.

Les officiers du ministère public pourront se transporter au domicile du failli et assister à l'inventaire. — Ils auront, à toute époque, le droit de requérir communication de tous les actes, livres ou papiers relatifs à la faillite.

1744. La loi a fixé avec précision dans cet article le droit du ministère public. Le procureur impérial peut par lui-même ou par un de ses substituts se transporter au domicile du failli pour assister à la rédaction de l'inventaire, et afin de faciliter par tous les moyens possibles son action et sa surveillance, il peut requérir à toute époque communication des actes, livres ou papiers, mais il ne peut pas s'immiscer dans les opérations de la faillite.

En s'efforçant de rendre l'action du ministère public plus constante, plus prompte, plus énergique, la loi a voulu en même temps la mieux définir que ne l'avait fait le Code de 1808; et il est évident, d'après la nouvelle rédaction, que le procureur impérial ne peut assister aux actes, tels que la nomination des syndics, ni aux délibérations qui ne peuvent fournir aucune lumière sur la conduite du failli et faire apprécier s'il y a contre lui présomption de banqueroute (2).

---

(1) Cass., 14 déc. 1825; Pardessus, n. 1164; Esnault, t. 2, n. 332.
(2) Renouard, t. 1er, p. 503. V. Bédarride, n. 356.

SECTION III.

DE LA VENTE DES MARCHANDISES ET MEUBLES ET DES RECOUVREMENTS.

ARTICLE 484.

L'inventaire terminé, les marchandises, l'argent, les titres actifs, les livres et papiers, meubles et effets du débiteur, seront remis aux syndics, qui s'en chargeront au bas dudit inventaire.

ARTICLE 485.

Les syndics continueront de procéder, sous la surveillance du juge-commissaire, au recouvrement des dettes actives.

1745. Lorsque par la confection de l'inventaire et les formalités qui l'accompagnent, les créanciers comme le failli ont obtenu les garanties auxquelles ils peuvent avoir droit, il est nécessaire que les syndics soient mis en possession de tout ce qui compose l'actif du failli, ainsi que de ses livres et papiers de commerce, afin qu'ils puissent arriver à la liquidation de ses affaires. Ils constatent leur prise en charge par une déclaration mise à la suite de chacun des doubles de l'inventaire qui doivent être dressés conformément à l'art. 480.

Leur premier acte de gestion est de continuer à procéder au recouvrement des dettes actives, ainsi qu'ils y étaient déjà autorisés par l'art. 471. La loi se borne à dire qu'ils agiront sous la surveillance du juge-commissaire ; ils n'ont pas besoin d'une autorisation spéciale de lui pour chaque recouvrement, et ils peuvent donner vablement quittance suivant les formes ordinaires. Les syndics ont également qualité pour poursuivre les débiteurs garants ou cautions, comme le failli aurait eu le droit de le faire lui-même.

Si les débiteurs du failli sont eux-mêmes en faillite, les syndics doivent se présenter en son nom et le remplacer dans toutes les operations où il aurait pu ou dû intervenir.

Les débiteurs qui veulent se libérer peuvent, en cas de difficultés, faire des offres réelles dans le cas où ils auraient pu en faire au failli leur créancier (1).

C'est à partir de ce moment que les syndics ont le plein exercice de toutes les actions actives et passives qui appartenaient au failli, et représentent complétement la masse des créanciers au nom de laquelle ils agissent pour tout ce qui concerne la faillite.

ARTICLE 486.

Le juge-commissaire pourra, le failli entendu ou dûment appelé, autoriser les syndics à procéder à la vente des effets mobiliers ou marchandises. — Il décidera si la vente se fera soit à l'amiable, soit aux enchères publiques, par l'entremise de courtiers ou de tous autres officiers publics préposés à cet effet. — Les syndics choisiront dans la classe d'officiers publics déterminée par le juge-commissaire celui dont ils voudront employer le ministère.

1746. La vente autorisée par cet article n'a pas pour but d'arriver à une liquidation définitive ; les syndics ne sont encore chargés que d'une administration provisoire jusqu'au contrat d'union, ou jusqu'au concordat qui deviendrait souvent impossible après la vente des effets mobiliers et des marchandises : la loi avait déjà autorisé, par l'art. 470, la vente des objets sujets à dépérissement, ou à dépréciation imminente, ou dispendieux à conserver ; de nouvelles ventes ne doivent être autorisées qu'en cas d'avantage évident ou de nécessité absolue pour faire face à des dépenses indispensables (2). Aussi les syndics ne peuvent agir dans ce cas qu'avec l'autorisation formelle du juge-commissaire, et le failli entendu

---

(1) Cass., 11 mai 1825 ; Pardessus, n. 1172.

(2) Pardessus, n. 1169 ; Bédarride, n. 373 ; Renouard, t. 1er, p. 505 ; Bravard-Veyrières, p. 555.

dans ses observations, ou dûment appelé : celui-ci pourrait déférer au tribunal la décision du juge-commissaire (1).

Le droit d'appréciation pour autoriser ou défendre les ventes dont parle l'art. 486 est exclusivement accordé au juge-commissaire : le juge des référés ne peut donner une autorisation valable au syndic, ni régler le mode de vente, alors même que par ordonnance antérieure à la faillite il aurait prescrit des mesures provisoires qui n'auraient pas été exécutées (2).

C'est au juge-commissaire seul qu'il appartient également de décider si la vente se fera aux enchères publiques ou à l'amiable, et dans laquelle des diverses classes d'officiers préposés à cet effet les syndics choisiront celui qui fera la vente.

Depuis la loi des faillites, la loi du 25 juin 1841 sur la vente aux enchères des marchandises neuves a réglé de quelle manière devait être exécuté l'art. 486. « Les ventes de marchandises après faillite, porte l'art. 4 de cette loi, seront « faites conformément à l'art. 486 du C. de comm., par un « officier public de la classe que le juge aura déterminé. Quant « au mobilier du failli, il ne pourra être vendu aux enchères « que par le ministère des commissaires-priseurs, notaires, « huissiers ou greffiers de justice de paix, conformément aux « lois et règlements qui déterminent les attributions de ces « différents officiers. » Le ministère des courtiers ne peut plus être requis que pour la vente des marchandises seulement, mais la Cour de Bourges a décidé qu'en cas de faillite ils n'étaient pas tenus de vendre par lots, comme dans les cas ordinaires, et que les ventes pouvaient être faites en détail et à la pièce (3).

Le juge-commissaire n'a donc la liberté du choix qu'en se conformant aux dispositions qui fixent les attributions des différents officiers publics ; et il ne pourrait, par exemple, dans un lieu où il existe des commissaires-priseurs, désigner un huissier pour une vente à raison de laquelle celui-ci est exclu par le privilége accordé au premier, ni enlever au courtier

---

(1) Pardessus, n. 1170.
(2) Paris, 4 janv. 1849 (S.V.49.2.155).
(3) Bourges, 10 juin 1844 (S.V.45.2.532).

la vente à la bourse et par lots, si ce mode paraissait préférable (1).

L'art. 486 est spécial aux effets mobiliers et aux marchandises ; les immeubles ne peuvent en aucun cas être vendus qu'après la formation de l'union.

ARTICLE 487.

Les syndics pourront, avec l'autorisation du juge-commissaire, et le failli dûment appelé, transiger sur toutes contestations qui intéressent la masse, même sur celles qui sont relatives à des droits et actions immobiliers. — Si l'objet de la transaction est d'une valeur indéterminée ou qui excède trois cents francs, la transaction ne sera obligatoire qu'après avoir été homologuée, savoir : par le tribunal de commerce pour les transactions relatives à des droits mobiliers, et par le tribunal civil pour les transactions relatives à des droits immobiliers. — Le failli sera appelé à l'homologation ; il aura, dans tous les cas, la faculté de s'y opposer. — Son opposition suffira pour empêcher la transaction, si elle a pour objet des biens immobiliers.

ARTICLE 488.

Si le failli a été affranchi du dépôt, ou s'il a obtenu un sauf-conduit, les syndics pourront l'employer pour faciliter et éclairer leur gestion ; le juge-commissaire fixera les conditions de son travail.

1747. Les pouvoirs des syndics jusqu'à l'union, bornés aux seuls actes d'une administration qu'il faut encore considérer comme provisoire, ne peuvent leur permettre d'une manière générale d'aliéner ; la loi a circonscrit dans les étroites

(1) Cass., 5 janv. 1846 (S.V.46.1.444).

limites et sous les conditions que nous avons fait connaître tous les actes d'aliénation qu'ils peuvent consentir. Il a fallu, par suite, la disposition formelle de l'art. 487 pour leur donner le droit de transiger.

Les syndics ne peuvent transiger dans aucun cas qu'avec l'autorisation du juge-commissaire et le failli dûment appelé : le refus du juge-commissaire est un obstacle absolu.

Sous ces conditions générales, la loi a établi des distinctions entre le cas où l'objet de la transaction est, soit d'une valeur indéterminée, soit d'une valeur excédant 300 fr., et celui où il s'agit d'une valeur moindre. Elle a distingué également si la transaction a pour objet des biens immobiliers ou des biens mobiliers.

Si l'objet de la transaction est d'une valeur indéterminée ou qui excède 300 fr., la transaction ne sera, dans tous les cas, obligatoire qu'après avoir été homologuée par le tribunal compétent pour connaître de la contestation, selon les dispositions du deuxième paragraphe de notre article. Au-dessous de cette limite, l'homologation n'est pas nécessaire, et les syndics décident souverainement, avec l'autorisation du juge-commissaire et le failli dûment appelé, à moins qu'il ne s'agisse de droits immobiliers.

La loi, pour décider si la transaction doit être homologuée, se base non sur la valeur accordée par transaction, mais sur l'importance même de l'objet litigieux; l'article parle de l'*objet* et non de l'*effet* de la transaction : ainsi, si la créance, objet de la transaction, est d'une valeur de 600 fr., sur laquelle, par transaction, il soit fait remise de 200 fr., la transaction devra être homologuée (1).

Le droit de transiger semble devoir emporter, pour les syndics, le droit de faire remise partielle d'une dette pour assurer la rentrée du surplus ; ainsi, dans le cas où le débiteur du failli est tombé lui-même en faillite, les syndics peuvent, avec l'autorisation du tribunal, souscrire un traité qui accorde une remise partielle de la dette (2) ; mais la transaction n'est obligatoire

(1) Bédarride, n. 391 ; Dalloz, *Rép.*, n. 525.
(2) Paris, 21 déc. 1824 ; Dalloz. *Rép.*, n. 479.

pour le failli, qu'autant qu'elle a été accompagnée des formalités prescrites par l'art. 487 (1).

L'opposition du failli empêche la transaction, s'il s'agit des droits immobiliers; la créance mobilière, on le sait, ne change pas de nature, parce qu'elle est garantie par une hypothèque.

1748. Le failli doit, dans tous les cas, être appelé à l'homologation, et peut former opposition; mais s'il s'agit de droits mobiliers, le tribunal de commerce peut n'y pas avoir égard; et dans tous les cas, le jugement est susceptible d'appel dans les termes du droit commun. S'il s'agit de droits immobiliers, le failli peut empêcher la transaction par sa seule opposition, et l'appel qui serait fait du jugement qui a repoussé la transaction serait évidemment sans objet et ne devrait pas être admis, puisque l'opposition du failli est péremptoire.

La loi ne fait aucune distinction entre le cas où le failli reviendrait sur un consentement précédemment donné et celui où il s'expliquerait pour la première fois sur la citation à se présenter pour l'homologation.

Si le failli dûment appelé à l'homologation se borne à ne pas comparaître, son absence ne peut être assimilée à l'opposition formelle que la loi exige, et ne pourrait empêcher la transaction.

Les transactions ainsi faites sont obligatoires pour la masse, et, quel qu'en fût le sort ultérieur, elles ne donneraient lieu à aucun engagement, ni à aucune responsabilité personnelle des syndics qui auraient traité en cette qualité, à moins qu'il ne fût reconnu qu'il y a dol ou fraude de leur part (2).

Les transactions passées, dans les termes de l'art. 487, entre les syndics qui agissent comme représentant le failli aussi bien que la masse, sont inattaquables comme passées entre parties ayant chacune qualité et capacité, et sont obligatoires tout aussi bien pour le failli que pour la personne avec qui les syndics ont transigé en son nom; si le jugement qui déclarait la faillite vient à être rapporté, il doit maintenir toutes les opé-

---

(1) Bordeaux, 20 mai 1853 (S.V.53.2.551); Renouard, t. 1er, p. 516.

(2) Pardessus, n. 1181; Cass., 28 mars 1814; *Id.* 13 mars 1833; Dalloz, *Rép.*, n. 531.

rations actives et passives faites par les syndics, en les considérant comme les représentants, ou *negotiorum gestores* légaux et de bonne foi du commerçant mal à propos déclaré failli. Cette doctrine admise par la Cour d'Aix (1) nous paraît devoir être suivie.

1749. La loi, en accordant aux syndics le pouvoir de transiger, a exclu par cela même celui de compromettre dont elle n'a pas parlé ; aucun doute n'existe à cet égard : les syndics ne pourraient donc pas consentir à soumettre à la décision d'arbitres les droits du failli ; mais il faut admettre que l'engagement valablement pris par le failli, lorsqu'il avait encore le pouvoir de se soumettre à l'arbitrage, devrait être exécuté par les syndics (2) ; ils ne pourraient modifier les conditions du compromis et consentir le dernier ressort, par exemple, si le failli ne s'y était pas soumis, ou donner le droit de juger comme amiables compositeurs. Le droit de choisir des arbitres appartiendrait, s'il y avait lieu, aux syndics.

Le pouvoir des syndics ne peut aller jusqu'à se désister de l'action qu'ils ont intentée ; mais ils peuvent se désister d'un acte de procédure, alors surtout qu'ils ont fait réserve expresse du fond du droit (3).

1750. Les syndics ne peuvent déléguer à d'autres l'administration dont ils sont chargés par un mandat confié évidemment par suite de la confiance qu'inspire leur personne ; mais ils peuvent, sous leur responsabilité personnelle, choisir et employer des auxiliaires ; l'art. 488 les autorise expressément à employer le failli lui-même, dont le concours pourra être particulièrement utile, si l'exploitation du fonds de commerce est continuée. Mais les syndics ne sont pas tenus d'accepter sa collaboration, ni le failli de la donner, dans le cas où elle lui est demandée (4). Le juge-commissaire fixe les *conditions* de son travail, et cette expression s'étend au salaire proprement dit, et aux autres avantages qui peuvent lui être attribués, comme

---

(1) Aix, 6 janv. 1844 (S.V.45.2.31).
(2) Pardessus, n. 1181 ; Lainné, p. 155 ; Cass., 6 fév. 1827.
(3) Nancy, 13 août 1839 (S.V.40.2.79) ; Cass., 27 juin 1843 (S.V.43.1.414).
(4) *Contrà*, Bédarride, n. [illegible]90.

aux obligations qui lui seront imposées et aux précautions qui seront prises contre lui (1).

ARTICLE 489.

Les deniers provenant des ventes et des recouvrements seront, sous la déduction des sommes arbitrees par le juge-commissaire, pour le montant des dépenses et frais, versés immédiatement à la Caisse des dépôts et consignations. Dans les trois jours des recettes, il sera justifié au juge-commissaire desdits versements ; en cas de retard, les syndics devront les intérêts des sommes qu'ils n'auront point versées. — Les deniers versés par les syndics et tous autres consignés par des tiers, pour compte de la faillite, ne pourront être retirés qu'en vertu d'une ordonnance du juge-commissaire. S'il existe des oppositions, les syndics devront préalablement en obtenir la main-levée. — Le juge commissaire pourra ordonner que le versement sera fait par la Caisse directement entre les mains des créanciers de la faillite, sur un état de répartition dressé par les syndics et ordonnancé par lui.

1751. La disposition de cet article est d'un intérêt trop général pour n'être pas rigoureusement observée; quelles que soient les garanties morales et pécuniaires que présentent les syndics, ils ne peuvent être dispensés de son exécution.

Conformément aux statuts de la caisse des consignations, les sommes qui y ont été déposées portent intérêt à trois pour cent après 60 jours; les intérêts que devraient les syndics, en cas de retard, seraient au taux légal de six pour cent.

Les oppositions que prévoit l'art. 489 ne peuvent être élevées que par des créanciers hypothécaires ou privilégiés, ayant droit à être intégralement payés; il est évident que de la part

---

(1) Renouard, t. 1er, p. 517.

des créanciers ordinaires l'opposition n'aurait pas de but; elle ne pourrait en rien modifier ni leur position ni leurs droits.

SECTION IV.

DES ACTES CONSERVATOIRES.

ARTICLE 490.

A compter de leur entrée en fonctions, les syndics seront tenus de faire tous actes pour la conservation des droits du failli contre ses débiteurs. — Ils seront aussi tenus de requérir l'inscription aux hypothèques sur les immeubles des débiteurs du failli, si elle n'a pas été requise par lui; l'inscription sera prise au nom de la masse par les syndics, qui joindront à leurs bordereaux un certificat constatant leur nomination. — Ils seront tenus aussi de prendre inscription, au nom de la masse des créanciers, sur les immeubles du failli dont ils connaîtront l'existence. L'inscription sera reçue sur un simple bordereau énonçant qu'il y a faillite, et relatant la date du jugement par lequel ils auront été nommés.

1752. Il entre dans les devoirs imposés aux syndics comme administrateurs de prendre dès leur entrée en fonctions et pendant toute leur durée les mesures conservatoires des droits du failli, lesquels ne peuvent plus être distincts des droits de la masse, telles que saisies-arrêts ou autres, et sous peine de répondre de leur négligence ; le premier paragraphe de l'art. 490 est général.

Le second paragraphe impose particulièrement aux syndics l'obligation de prendre inscription, s'il y a lieu, sur les immeubles des débiteurs du failli, si elle n'a pas été requise par lui. Le certificat qu'ils devront joindre à leur bordereau sera délivré par le *greffier;* ce mot a été omis par inadvertance dans la dernière rédaction du projet soumis aux chambres (1). Le

(1) Renouard, t. 1er, p. 521.

défaut de ce certificat, du reste, s'il n'avait pas été exigé par le conservateur, n'entraînerait aucun inconvénient.

Le troisième paragraphe considère les syndics non plus comme représentant le failli, mais comme agissant au nom de la masse; il reproduit les termes de l'ancien art. 500; et sous l'ancienne loi, il était généralement admis que cette inscription n'avait pour objet que de rendre plus notoire l'état de faillite et d'empêcher que les immeubles fussent vendus à l'insu et au préjudice de la masse; mais elle ne conférait aux créanciers chirographaires aucun droit hypothécaire ou de préférence (1). Un effet aussi restreint accordé à une inscription hypothécaire prise en vertu de la loi pouvait paraître une assez étrange anomalie; quoi qu'il en soit, sous la loi nouvelle, le véritable sens de l'art. 490 est expliqué par l'art. 517, portant que l'homologation *conservera* à chacun des créanciers sur les immeubles du failli l'*hypothèque* inscrite en vertu du troisième paragraphe de l'art. 490 : le doute a donc été levé, et la question doit être résolue dans un sens contraire à celui qui avait prévalu sous l'empire du Code de 1807. « Si l'inscription de l'art. 490, dit M. Renouard, ne conférait pas à la masse tout entière dans chacun de ceux qui la composent un droit hypothécaire, comment l'inscription de l'art. 517 conserverait-elle individuellement une hypothèque à chacun des créanciers sans distinction, c'est-à-dire aux chirographaires comme aux autres? Cette solution me paraît conforme à l'esprit de la loi comme à son texte. La faillite fixe la condition de tous et affecte à tous les créanciers, à titre de gage commun, les immeubles comme les meubles. Que les droits valablement acquis sur les immeubles continuent d'exister avec les préférences qui s'y attachent, rien de plus juste ; mais il est juste aussi que la survenance de la faillite empêche l'acquisition de tous droits nouveaux, même immobiliers, au préjudice des créanciers dont cet événement a tout à la fois empêché les poursuites et fixé les droits » (2).

---

(1) Bourges, 20 août 1832 (S.V.33.2.642).

(2) *Faillites*, t. 1er, p. 523; Esnault, t. 2, n. 350 et s.; Lainné, p. 163; Dalloz, *Rép.*, n. 494. — *Contrà*, Bédarride, t. 2, n. 416; Paris, 22 juin 1850

L'inscription est nécessaire pour assurer le droit des créanciers composant la masse; les syndics sont tenus en conséquence d'y procéder sous leur responsabilité, s'il y avait lieu, dans le cas où il résulterait de leur négligence un préjudice pour les créanciers, malgré le désaisissement dont le failli est frappé.

La survenance de la faillite n'apporte aucune exception à la règle générale qui ne donne existence à une inscription hypothécaire que pour la durée de dix années, et l'inscription collective prise en vertu de l'art. 490 en faveur de la masse laisse subsister pour chacun des créanciers inscrits l'obligation de renouveler son inscription particulière, sous peine d'encourir la péremption prononcée par l'art. 2154, C. Nap. Il serait singulier, en effet, ainsi que le fait observer M. Renouard, qu'une préférence contre la masse, en faveur du créancier hypothécaire, résultât d'une formalité introduite dans l'intérêt collectif de cette masse même (1).

Il est également certain que cette inscription ne peut avoir pour effet de conserver les droits des créanciers antérieurs à la faillite.

SECTION V.

DE LA VÉRIFICATION DES CRÉANCES.

ARTICLE 491.

A partir du jugement déclaratif de la faillite, les créanciers pourront remettre au greffier leurs titres, avec un bordereau indicatif des sommes par eux réclamées. Le greffier devra en tenir état et en donner récépissé. — Il ne sera responsable des titres que pendant cinq années, à partir du jour de l'ouverture du procès-verbal de vérification.

(S.V.51.2.542).—Pardessus serait cité à tort comme soutenant une opinion contraire à la nôtre; il est fort peu explicite au n. 1168, mais sa pensée est expliquée au n. 1248.

(1) *Faillites*, t. 1er, p. 521; Dalloz, *Rép.*, n. 408.

1755. Les créanciers peuvent, à partir du jugement déclaratif de la faillite, remettre leurs titres, soit au greffier, soit, quoique la loi garde le silence, aux syndics nommés par le jugement; l'art. 491 a eu pour but d'accorder aux créanciers une alternative (1).

Les titres peuvent être sur papier non timbré, et il n'est pas nécessaire qu'ils soient enregistrés; le bordereau seul doit être sur papier timbré (déc. du min. des fin., 11 octobre 1808). La loi dit que le bordereau fera connaître les sommes réclamées, indiquant, par suite, si des à-compte ont été payés, ou si des intérêts ou tout autre accessoire doivent être ajoutés au montant des sommes portées dans les titres. Le créancier, au reste, peut établir son droit par correspondance, livres, registres et tous autres moyens de preuve usités en matière commerciale (*infrà*, n. 1757 et 1759).

Le greffier tient état des titres, et après avoir donné un récépissé, en devient responsable pendant cinq années à partir du jour de l'ouverture du procès-verbal de vérification. M. Renouard enseigne qu'on appliquerait par analogie la même disposition aux syndics entre les mains desquels les titres auraient été remis (2); mais l'interprétation par analogie est dangereuse, et le texte très-positif, en ce qui concerne les greffiers, ne permet pas de déroger au droit commun, en ce qui concerne les syndics, dont il ne parle pas.

Il faudrait décider que le greffier cesse d'être responsable, lorsqu'il justifie régulièrement qu'il a remis les pièces entre les mains des syndics, pour qu'il fût procédé à la vérification.

Tous les créanciers, quelle que soit la qualité ou la nature de la créance, qu'elle soit civile ou commerciale, chirographaire ou hypothécaire, doivent se présenter à la vérification; « en effet, dit la Cour d'Amiens, le droit de préférence qui existe en faveur des créances privilégiées ou hypothécaires ne leur conférant point un caractère plus certain, quant à leur existence et à leur valeur réelle, et aucune exception n'étant écrite dans la

(1) Renouard, t. 1er, p. 528; Bédarride, t. 1er, n. 422; Dalloz, *Rép.*, n. 572. — *Contrà*, Lainné, n. 167.
(2) *Faillites*, t. 1er, p. 528.

loi en faveur de cette espèce de créance, il s'ensuit qu'elles sont comme toutes autres assujetties au contrôle établi par les art. 501 et suiv., C. comm. » (1); d'un autre côté, la légitimité de la dette peut n'être pas contestée et sa qualité, qui la rendrait préférable à d'autres, faire difficulté (2).

Le propriétaire seul a été dispensé par la jurisprudence de l'obligation de soumettre sa créance à la vérification (3).

ARTICLE 492.

Les créanciers qui, à l'époque du maintien ou du remplacement des syndics, en exécution du troisième paragraphe de l'article 462, n'auront pas remis leurs titres, seront immédiatement avertis, par des insertions dans les journaux et par lettres du greffier, qu'ils doivent se présenter en personne ou par fondés de pouvoirs, dans le délai de vingt jours, à partir desdites insertions, aux syndics de la faillite, et leur remettre leurs titres accompagnés d'un bordereau indicatif des sommes par eux réclamées, si mieux ils n'aiment en faire le dépôt au greffe du tribunal de commerce; il leur en sera donné récépissé. — A l'égard des créanciers domiciliés en France, hors du lieu où siége le tribunal saisi de l'instruction de la faillite, ce délai sera augmenté d'un jour par cinq myriamètres de distance entre le lieu où siége le tribunal et le domicile du créancier. — A l'égard des créanciers domiciliés hors du territoire continental de la France, ce délai sera augmenté conformément aux règles de l'article 73 du Code de procédure civile.

---

(1) Amiens, 27 fév. 1839 (S.V.39.2.321).

(2) Pardessus, n. 1184; St-Nexent, t. 3, n. 402.

(3) Paris, 28 sept. 1836; Dalloz, *Rép.*, n. 574; Lyon, 17 mars 1846, et Caen, 24 mars 1846 (S.V.46.2.488).

1754. La loi a dû prévoir que certains créanciers ne profiteraient pas des facilités ouvertes par l'art. 491, et elle leur accorde un délai unique de vingt jours pour se mettre en règle et fournir leurs titres. Le Code fixe comme point de départ de ce délai l'avis donné par insertions dans les journaux après la constitution définitive du syndicat. Le dépôt, facultatif dans le cas prévu par l'art. 491, devient forcé.

Le délai est augmenté pour les créanciers domiciliés en France, d'un jour par cinq myriamètres, au lieu de trois que donne encore le Code de procédure civile. A l'égard des créanciers domiciliés hors de France, l'augmentation à raison des distances est la même que celle qui est déterminée par le C. de proc. civ., art. 73 ; et le délai est de deux mois pour la Corse, l'île d'Elbe, l'Angleterre et les pays limitrophes de la France; de quatre mois, pour les autres États de l'Europe ; de six mois, pour les États hors d'Europe, en deçà du cap de Bonne-Espérance ; d'un an pour les autres.

Les fractions inférieures à cinq myriamètres ne doivent pas être comptées ; ainsi, il n'y a pas d'augmentation de délai pour une distance moindre de cinq myriamètres ; l'augmentation sera d'un jour de cinq à dix myriamètres ; de deux jours de dix à quinze myriamètres, et ainsi de suite (1).

Le greffier doit adresser l'avertissement dont parle l'art. 492, à tous les créanciers retardataires qui sont connus, puisque tous sont également tenus de faire vérifier leurs créances ; mais le défaut de réception d'une lettre du greffier n'entraîne aucune nullité ; il en serait autrement s'il n'y avait eu ni insertions dans les journaux ni lettres du greffier.

Les créanciers peuvent se présenter en personne ou par leurs fondés de pouvoirs ; mais les syndics, bien moins encore le juge-commissaire, ni même le greffier, ne peuvent être choisis pour mandataires (2).

---

(1) Renouard, t. 1er, p. 531 ; Cass., 10 déc. 1839 (S.V.40.1.175).
(2) Renouard, t. 1er, p. 537 et 538. — *Contrà*, Colmar, 10 déc. 1839 (D.P.40.1.127).

ARTICLE 493.

La vérification des créances commencera dans les trois jours de l'expiration des délais déterminés par le premier et le deuxième paragraphe de l'article 492. Elle sera continuée sans interruption. Elle se fera aux lieu, jour et heure indiqués par le juge-commissaire. L'avertissement aux créanciers, ordonné par l'article précédent, contiendra mention de cette indication. Néanmoins, les créanciers seront de nouveau convoqués à cet effet, tant par lettres du greffier que par insertions dans les journaux. — Les créances des syndics seront vérifiées par le juge-commissaire ; les autres le seront contradictoirement entre le créancier ou son fondé de pouvoirs et les syndics, en présence du juge-commissaire, qui en dressera procès-verbal.

1755. La vérification des créances commence trois jours après l'expiration des délais accordés au créancier domicilié en France à la plus grande distance ; c'est naturellement le délai le plus long qui devait être choisi pour ne froisser aucun intérêt légitime ; mais des considérations puissantes n'ont pas permis d'avoir égard aux créanciers domiciliés hors de France et de tenir compte des délais qui leur sont accordés : on a dû craindre dans l'intérêt de tous un retard trop prolongé dans les opérations de la faillite, sauf à mettre leur part en réserve.

Le lieu et le jour de la vérification sont fixés par le juge-commissaire ; il en est fait mention dans l'avertissement donné aux créanciers retardataires, dont il est parlé à l'art. 492 ; mais de nouvelles insertions dans les journaux et de nouvelles lettres du greffier sont envoyées à tous les créanciers et de manière, quoique la loi ne le dise pas expressément, qu'elles puissent arriver utilement et permettre à tous d'assister à la vérification.

A moins de circonstances imprévues, les lettres nouvelles ne doivent être que la répétition des premières ; s'il y avait nécessité de modifier les premières indications, la loi ne s'oppose pas à ce qu'on en tienne compte, mais dans aucun cas, les délais précédemment fixés ne pourraient être abrégés (1).

La vérification est faite par tous les syndics, et la loi exige qu'elle soit continuée sans interruption et dans le plus bref délai ; elle n'a pas exigé cependant que l'opération fût accomplie sans désemparer (2) et dans une seule séance ; ce serait, dans bien des cas, vouloir l'impossible ; il faut éviter tout retard qui peut être évité.

Les créances des syndics seront vérifiées par le juge-commissaire.

ARTICLE 494.

Tout créancier vérifié ou porté au bilan pourra assister à la vérification des créances, et fournir des contredits aux vérifications faites et à faire. Le failli aura le même droit.

1756. Cet article vient interpréter le dernier paragraphe de l'art. 493 copié sur l'ancien art. 503, et permet expressément à tous les créanciers portés au bilan d'assister à la vérification des créances : « Faut-il, disait M. Renouard, rapporteur, pour arriver à des vérifications plus sévères et mieux discutées, exiger qu'elles soient faites en assemblée générale, ainsi qu'il est maintenant d'usage en beaucoup de lieux ? Ce mode présente des avantages. Mais prescrire de s'y conformer dans tous les cas, comme à une règle absolue, ce serait s'exposer à des difficultés, à des lenteurs et gêner un grand nombre de créanciers en exigeant d'eux des déplacements à jours fixes. Il suffira de faire déterminer certains jours de vérification et de faire donner connaissance de cette indication aux créanciers. »

C'est aux syndics spécialement qu'il appartient d'admettre les créances présentées à la vérification, ou de les rejeter en tout ou en partie, mais chaque créancier, non-seulement après

---

(1) Renouard, t. 1er, p. 536 ; Dalloz, *Rép.*, n. 591.

(2) Cass., 13 fév. 1855 (J.P.56.1.57).

la vérification de sa créance, mais simplement s'il est porté au bilan, a le droit de contester, ainsi que le failli, lorsqu'il assiste à la vérification, ainsi que la loi le lui permet.

Les syndics restent seuls appréciateurs des contredits élevés comme des demandes formées par les créanciers. S'ils n'admettent pas la contestation faite par le créancier opposant, celui-ci peut à ses risques et périls poursuivre en justice le contredit qu'il a élevé.

Le failli, qui peut également se porter opposant, dessaisi de l'exercice de toute action, est sans pouvoir sur le refus des syndics, pour intenter une instance judiciaire ; il ne doit que faire des protestations et en demander l'insertion au procès-verbal (1).

En principe, après la clôture définitive du procès-verbal de vérification, aucune réclamation ne doit plus être admise ; nous reviendrons, en expliquant l'art. 497, sur les difficultés que cette règle a soulevées.

Les créances de syndics soumises à la vérification du juge-commissaire peuvent évidemment être contredites comme toute autre.

ARTICLE 495.

Le procès-verbal de vérification indiquera le domicile des créanciers et de leurs fondés de pouvoirs. — Il contiendra la description sommaire des titres, mentionnera les surcharges, ratures et interlignes, et exprimera si la créance est admise ou contestée.

1757. Il résulte des termes de cet article, qu'il doit être dressé procès-verbal de la vérification des créances, et c'est au juge-commissaire que ce devoir est imposé. L'art. 1040 du Cod. proc. civ. exige que le juge soit toujours assisté du greffier pour tous actes ou procès-verbaux de son ministère ; nous ne pensons pas que cette disposition soit applicable au cas qui nous occupe et qui nous semble absolument distinct de tous ceux qu'a prévus le Cod. proc. civ. ; disons seulement avec

(1) Bédarride, n. 447.

M. Renouard, que la loi ne défend pas à ce magistrat de se faire assister du greffier, mais qu'elle ne commande pas cette assistance (1). Le procès-verbal indique le domicile réel des créanciers ou de leurs fondés de pouvoirs. Il contient, en outre, la description sommaire des titres avec énonciation des surcharges, ratures et interlignes qui s'y trouveraient, afin de rendre plus facile à toute personne intéressée de contester, s'il y a lieu, les créances vérifiées.

« Il ne faut pas en conclure, dit M. Pardessus, que toute créance doive être justifiée par titres, car il peut arriver qu'ils soient perdus ou égarés : de plus, ces titres peuvent être hors des mains des créanciers, s'il s'agit, par exemple, de lettres de change ou de billets à ordre que celui qui se présente ait eu besoin de produire dans diverses faillites. Dans d'autres cas, il peut arriver qu'il n'ait pas été souscrit de titre ; par exemple, si les créances ne résultent que des registres, ou si elles consistent en fournitures, comptes courants, etc. » (2). Le cas prévu par M. Pardessus sera même très-fréquent ; mais le créancier doit présenter un extrait de ses livres établissant sa créance et en faisant connaître le chiffre exact.

Le procès-verbal mentionnera enfin si la créance est admise par les syndics et les personnes présentes à la vérification ou contestée par l'une d'elles ou admise sous réserves, sauf au tribunal à statuer définitivement : en effet, l'admission, dont la déclaration est exprimée au procès-verbal, n'est pas une décision ; c'est l'acte donné au créancier que nul de ceux qui ont concouru ou assisté à la vérification n'a contesté sa créance. C'est une simple adhésion de la part de parties ayant intérêt à contredire l'admission (3).

ARTICLE 496.

Dans tous les cas, le juge-commissaire pourra, même d'office, ordonner la représentation des livres

---

(1) *Faillites*, t. 1er, p. 537.—*Contrà*, Bédarride, n. 449.
(2) *Droit comm.*, n. 1186.—*Sic*, Renouard, t. 1er, p. 546.
(3) Renouard, t. 1er, p. 543.

du créancier, ou demander, en vertu d'un compulsoire, qu'il en soit rapporté un extrait fait par les juges du lieu.

1758. La disposition de cet article est générale et il peut être appliqué, quelle que soit l'authenticité ou la régularité du titre, fût-ce même un jugement passé en force de chose jugée; un arrêt contraire de la Cour de Rouen a été critiqué (1). « Je crois que cet arrêt, dit M. Renouard, même avec la rédaction de l'ancien Code, était susceptible de critique, parce qu'au lieu de se borner à prononcer, en fait, la validité de la créance, il a dénié le droit de demander la représentation des registres. Le juge-commissaire ne statue pas sur la créance; si l'on présente un titre authentique, un jugement passé en force de chose jugée, ce ne sera pas lui, ce sera le tribunal qui décidera et devra décider que le titre aura sa valeur; que le jugement aura sa force. Mais le juge-commissaire peut toujours faire représenter les livres à telle fin qu'il appartiendra; les livres peuvent fournir la preuve que le jugement a été exécuté, que la créance a depuis été payée » (2).

La loi s'en est entièrement rapportée à l'appréciation du juge-commisaire; s'il ordonne la représentation des livres, son ordonnance n'est susceptible d'aucun recours et il doit être sursis à l'admission de la créance, jusqu'à ce qu'il y ait été satisfait. En cas de refus, ou si le créancier allègue qu'il n'a pas de livres, le tribunal prononcera.

Le juge-commissaire agit d'office ou sur la demande, soit des syndics, soit des créanciers; mais dans aucun cas, l'accomplissement de cet acte ne saurait par lui-même entraîner aucune déchéance du droit de critiquer la créance produite (3).

Le compulsoire, quand il y a lieu, peut être fait, à défaut de juges consulaires, par les juges civils ou le juge de paix.

---

(1) Rouen, 14 mars 1823; Dalloz, *Rép.*, n. 623.
(2) *Faillites*, t. 1er, p. 544.
(3) Dalloz, *Rép.*, n. 621. — *Contrà*, Bédarride, n. 460.

ARTICLE 497.

Si la créance est admise, les syndics signeront, sur chacun des titres, la déclaration suivante :

Admis au passif de la faillite de. . . . . , pour la somme de. . . . . , le. . . . .

Le juge-commissaire visera la déclaration. — Chaque créancier, dans la huitaine au plus tard, après que sa créance aura été vérifiée, sera tenu d'affirmer, entre les mains du juge-commissaire, que ladite créance est sincère et véritable.

1759. La loi veut que la déclaration dont elle donne la formule soit inscrite sur les titres mêmes, et cette manière de procéder peut être utile pour prévenir les fraudes ou un double emploi. Cette disposition ne fait nullement obstacle à ce qu'une créance, d'ailleurs dûment justifiée, soit admise, alors même qu'elle ne serait pas établie sur un titre écrit et matériellement représenté (1). Dans l'usage, la déclaration d'admission est faite sur le bordereau, et les titres mêmes portent simplement *admis au passif sur bordereau, le...* (2). Le juge-commissaire vise la déclaration.

La créance ne peut être déclarée admise qu'autant qu'il n'y a eu contestation élevée par aucun des créanciers tous autorisés, ainsi que nous l'avons fait connaître, à contredire ; à plus forte raison, faut-il que les syndics, quel que soit leur nombre, soient unanimes ; l'avis de la majorité est insuffisant. « Si donc un seul des syndics contredit la créance, disait Locré, elle ne peut pas être admise sans qu'on ait prononcé sur ses observations » (3). Cette opinion a été suivie par tous les auteurs qui ont écrit sur la nouvelle loi.

1760. Chaque créancier, en outre, est tenu, après la vérification, d'affirmer entre les mains du juge-commissaire que

---

(1) Renouard, t. 1er, p. 546 ; Pardessus, n. 1186.

(2) Lainné, p. 182 ; Bédarride, n. 463 ; Dalloz, *Rép.*, n. 626.

(3) *Esprit du Code de comm.*, t. 6, p. 239, anc. art. 503.

sa créance est sérieuse et véritable ; cette formalité a été maintenue après une assez vive discussion. « Deux points importants, dit M. Renouard, furent clairement constatés : l'un, que l'affirmation peut se faire par un fondé de pouvoirs ; l'autre, que la formule de l'affirmation n'étant point tracée par la loi peut se borner à une affirmation pure et simple, non accompagnée du serment. Il est superflu de remarquer que les termes de l'affirmation n'influent pas sur la sainteté de l'obligation morale qu'elle impose. L'affirmation mensongère ainsi faite en justice, quoique par l'intermédiaire d'un tiers et sans la solennité du serment, est un véritable parjure, qui, comme tout parjure, suppose le mépris de soi-même, et mérite le mépris des autres » (1).

Si la créance présentée à la vérification a été l'objet d'une cession, l'affirmation n'en est pas moins exigée : « Attendu, a dit la Cour de Lyon, que le sens du serment imposé au créancier est d'affirmer qu'il n'existe rien à sa connaissance, qui entache la sincérité de sa créance ; qu'une pareille affirmation peut toujours être prêtée, s'il y a lieu, par les ayants droit ; mais qu'exiger d'eux autre chose, ce serait soumettre l'exercice de droits légitimes et importants à l'accomplissement d'une condition impossible, ce que la loi n'a pu vouloir ; que c'est en ce sens, que statuent pour des cas analogues les art. 2275 du Code civil et 189 du Code de commerce ; que c'est aussi en ce sens que se sont prononcés la jurisprudence et l'usage en ce qui concerne les tuteurs, syndics et héritiers journellement admis à affirmer des créances qui ne leur sont pas personnelles. » Mais nous ne pensons pas que le cédant pût être contraint, comme l'enseigne M. Pardessus, d'assister à la vérification, de répondre aux objections et d'affirmer la sincérité de la créance originaire, sauf conventions expresses (2).

1761. L'affirmation est donc nécessaire pour que la créance soit reconnue légitime ; mais l'art. 497 exige, en outre, qu'elle ait lieu dans la huitaine au plus tard après que la créance aura été vérifiée, et l'on a demandé, par suite, si ce délai était

---

(1) *Faillites*, t. 1er, p. 547.

(2) Lyon, 19 janv. 1850 (D.P.52.2.250); Pardessus, n. 1185.

imposé d'une manière tellement rigoureuse, que le créancier retardataire fût déchu par cela seul, de ses droits, et ne pût désormais être admis à affirmer sa créance. M. Renouard croit que la loi est impérative, et que le créancier, dont les titres ont été vérifiés, ne peut plus, après la huitaine expirée et sauf le cas de force majeure dûment établi, être admis à affirmer sa créance (1). Il nous faudrait une disposition bien expresse, écrite d'une manière impérative, dans les termes les plus clairs et les plus précis, pour que nous puissions admettre que le législateur a voulu consacrer une pareille iniquité ; fort heureusement nous n'avons pas à le laver d'une semblable faute ; l'art. 497, doit être expliqué par l'art. 503, que nous verrons tout à l'heure, et il en résulte qu'après le délai expiré, le créancier doit recourir à cet art. 503 (2).

1762. Le texte de l'art. 494 ne laisse aucun doute sur le droit des créanciers du failli à former des contredits aux créances, même vérifiées ; mais ce droit persiste-t-il encore même après l'affirmation faite de la créance attaquée ou la clôture définitive du procès-verbal des vérifications ?

La réponse ne peut être que négative évidemment, lorsqu'un jugement passé en force de chose jugée a statué sur une contestation qui aurait été élevée. En dehors de cette hypothèse : « La déclaration d'admission, a dit la Cour de cassation, lorsqu'elle n'est accompagnée d'aucune restriction ni réserve, constitue de la part des syndics une reconnaissance de la créance. Ceux-ci ne peuvent être reçus à contester ultérieurement cette créance, à moins toutefois qu'ils n'administrent la preuve que des circonstances de dol, de fraude ou de force majeure, ont arrêté la manifestation de la vérité et empêché une vérification exacte et sincère. Mais la simple erreur de fait ou de droit, dans l'appréciation des titres et documents alors connus ou ayant dû l'être ne saurait détruire les effets de la reconnaissance des syndics et de l'affirmation du créancier » (3).

La Cour avait dit dans un précédent arrêt : « que la con-

---

(1) *Faillites*, t. 1er, n. 548.
(2) Bédarride, n. 467 ; Dalloz, *Rép.*, n. 630.
(3) Cass., 1er mai 1855 (J.P.56.1.92).

dition de chacune des créances serait perpétuellement incertaine, et toute liquidation définitive impossible, » si l'on pouvait toujours remettre en question les résultats qu'une vérification régulière aurait établis (1).

Dans cette dernière espèce, l'arrêt constate que la créance admise, visée et affirmée et réduite de 10,000 fr., avait été présentée, non comme devant son origine à une seule obligation, ayant pour titre unique les billets dont le créancier était porteur, mais, au contraire, comme résultant d'un compte courant, dont tous les éléments étaient entre les mains des syndics, qui avaient dû les examiner et les apprécier au moment de la vérification. C'est dans cette situation que les syndics, revenant sur l'appréciation qu'ils avaient faite en connaissance de cause, sans appuyer leur réclamation d'aucun fait nouveau, voulaient tirer des mêmes éléments qui avaient servi de base à la première décision une décision contraire.

Le principe posé par ces arrêts doit être accepté.

L'affirmation même de la créance ne formerait aucun obstacle à la contradiction ; l'affirmation peut être faite immédiatement après la vérification, et le droit qu'a voulu réserver la loi serait paralysé ; puisque des contredits peuvent être élevés contre les créances vérifiées, il ne faut pas en excepter celles qui ont été affirmées, et le droit reste entier jusqu'à la clôture définitive ; dans la pratique et à Paris particulièrement, il n'est dressé qu'un seul procès-verbal qui constate tout à la fois l'admission de la créance et l'affirmation.

La clôture définitive du procès-verbal de vérification, au contraire, couvre toutes les nullités de procédure et les erreurs de fait ou de droit qui ont pu être commises, si c'est en pleine connaissance des éléments du compte et des causes de la créance que l'admission a été prononcée.

Mais s'il y a eu dol, fraude ou force majeure; si l'admission a été en quelque sorte surprise, il faut dire avec la Cour de Besançon, qu'il appartiendrait au juge, tant que la faillite n'est pas liquidée complétement, d'apprécier les erreurs que les syndics ont pu commettre, en arrêtant avec les formes sacramen-

---

(1) Cass., 8 avril 1851 (S.V.51.1.690).

telles de la loi un compte dont, ni le créancier, ni le failli ne leur auraient préalablement fait connaître tous les éléments (1).

La règle sera applicable au failli (2), aux syndics et aux créanciers, en cas d'inaction des syndics; l'opposant devra établir la force majeure, le dol ou la fraude qui a causé l'injuste admission contre laquelle il réclame.

Nous devons dire toutefois que la jurisprudence des Cours impériales ne paraît pas encore très-bien fixée sur la question.

L'affirmation n'opposera une fin de non-recevoir absolue qu'au créancier demandant à ce que le chiffre de sa propre créance vérifiée sans contestation ni réclamation de sa part et affirmée par lui sans aucune réserve soit modifié; il ne peut revenir sur l'appréciation qu'il a faite lui-même de ses droits ou même, si l'on veut, sur l'abandon qu'il en a consenti (3).

Si les créances vérifiées sont définitivement admises, il faut dire toutefois que c'est, sauf le report de l'ouverture de la faillite, ce qui rendrait applicables les art. 446 et 447 ci-dessus, pour les sommes touchées depuis la cessation des paiements (4), et même en dehors de cette hypothèse, sans préjudice de contester plus tard, en vertu de ces mêmes articles, la légitimité et la régularité d'un à-compte payé au créancier; une seule chose a été décidée, c'est que le surplus de la dette était légalement dû par le failli (5).

1763. L'admission d'une créance n'est pas toujours pure et simple; elle peut n'être prononcée quelquefois que sous réserves faites, soit par les personnes ayant intérêt à contester la créance, soit par le créancier lui-même, qui pourrait plus tard faire valoir ses réserves, sans craindre de se voir

---

(1) Besançon, 22 mars 1855 (J.P.55.1.255); Pardessus, n. 1186 et 1256; Renouard, t. 1er, p. 149 et s.; Bédarride, n. 448; Esnault, n. 375.

(2) *Contrà*, Grenoble, 14 janv. 1843 (S.V.45.2.87); Bédarride, n. 469.

(3) Paris, 5 fév. 1833; Dalloz, *Rép.*, n. 628.

(4) Dijon, 12 mai 1856 (J.P.56.2.535).

(5) Colmar, 27 déc. 1855 (J.P.56.2.493).

opposer une fin de non-recevoir qui repousserait toute demande de sa part.

Les réserves par les créanciers admis sont utiles principalement, lorsqu'ils prétendent à un privilége ou à une hypothèque; si le créancier hypothécaire se présente à la faillite, fait vérifier sa créance, et dans son affirmation ne fait aucune réserve du privilége qui pouvait lui en assurer le paiement, la Cour de cassation a décidé que, dans ces circonstances, le créancier a fait novation de sa créance, conformément à l'art. 1271, C. Nap. (1). M. Dalloz a critiqué cette doctrine avec grande raison selon nous; il cherche en vain, dans ce seul fait de la production d'une créance, les caractères constitutifs de la novation, tels qu'ils résultent des art. 1271 et 1273, C. Nap. Mais en présence de l'arrêt que nous venons de rapporter, il y a doute au moins; la Cour de cassation peut croire qu'il s'agit en semblable circonstance, d'une question de fait et non de droit, et abandonner la décision aux interprétations de chaque Cour; et quelque peu fondée que nous semble cette opinion, si l'on se reporte surtout aux discussions qui ont précédé l'adoption de la loi, il y aurait une grave imprudence à un créancier hypothécaire ou privilégié de ne pas faire consigner une réserve expresse dans le procès-verbal de vérification ou d'affirmation, quoique la loi, à notre avis, nous le répétons, ne l'exige nullement (2). « Le silence du créancier sur son privilége, disait Tripier, rapporteur à la Chambre des pairs, ne porte aucun préjudice à la masse. Ce ne sera que le jour où l'assemblée aura lieu pour le concordat qu'il sera nécessaire de connaître les priviléges : les opérations de la faillite n'éprouveront aucun retard de ce qu'ils n'auront pas été déclarés avant cette époque. Il y aurait injustice à faire perdre à un créancier son droit, parce que ce créancier l'aurait ignoré, ou aurait omis de l'énoncer. Quelquefois cette mention serait même surabondante, lorsque le privilége est inhérent à la nature de la créance tel que celui du propriétaire pour loyers; indiquer une pareille créance, c'est indiquer le privilége qui en est l'ac-

(1) Cass., 19 juill. 1841; Dalloz, *Rép.*, n. 602.
(2) Dalloz, *Rép.*, v° *Faillites*, n. 602; Renouard, t. 1er, p. 560 et s.

cessoire obligé. » Ces raisons parurent déterminantes pour retrancher du projet de loi une disposition conforme à la règle adoptée par l'arrêt que nous avons cité, et suffiront sans doute pour faire revenir la Cour de cassation sur sa jurisprudence.

ARTICLE 498.

Si la créance est contestée, le juge-commissaire pourra, sans qu'il soit besoin de citation, renvoyer à bref délai devant le tribunal de commerce, qui jugera sur son rapport. — Le tribunal de commerce pourra ordonner qu'il soit fait, devant le juge-commissaire, enquête sur les faits, et que les personnes qui pourront fournir des renseignements soient, à cet effet, citées par-devant lui.

1764. Si aucune contestation n'est élevée ni par le failli, ni par les créanciers, ni par les syndics, le juge-commissaire ne peut faire opposition et empêcher que la créance soit admise.

Si la créance est contestée, au contraire, en tout ou en partie, le procès-verbal le constatera; le juge-commissaire ne peut, dans aucun cas, se rendre juge du contredit, et admettre lui-même ou rejeter la créance; il est tenu de renvoyer les parties devant le tribunal compétent, qui sera quelquefois tout autre que le tribunal de commerce; selon la nature de l'affaire, le tribunal civil ou même, s'il y a lieu, la juridiction criminelle, sera régulièrement saisie (1). La seule faculté que la loi ait donnée au magistrat, c'est afin d'abréger les délais et, suivant les circonstances, de renvoyer devant le tribunal de commerce à bref délai et sans qu'il soit besoin de citation, les affaires de sa compétence, qui seront jugées sur son rapport; si le juge-commissaire n'use pas de cette faculté, l'af-

---

(1) V. plus loin, art. 500; Pardessus, n. 1186; Bédarride, n. 477; Renouard, t. 1er, n. 555; Devilleneuve et Massé, v° *Faillite*, n. 450.

faire, même devant la juridiction commerciale, s'instruira conformément aux règles et délais du droit commun (1).

La loi autorise le tribunal de commerce à ordonner qu'il soit fait devant le juge-commissaire enquête sur les faits; et quoique cette enquête doive être sommaire, comme les témoins sont entendus, non par le tribunal, mais par le juge-commissaire, les dépositions doivent être rédigées par le greffier, et signées par les témoins, même dans les affaires non sujettes à l'appel (2).

ARTICLE 499.

Lorsque la contestation sur l'admission d'une créance aura été portée devant le tribunal de commerce, ce tribunal, si la cause n'est point en état de recevoir jugement définitif avant l'expiration des délais fixés, à l'égard des personnes domiciliées en France, par les articles 492 et 497, ordonnera, selon les circonstances, qu'il sera sursis ou passé outre à la convocation de l'assemblée pour la formation du concordat.—Si le tribunal ordonne qu'il sera passé outre, il pourra décider par provision que le créancier contesté sera admis dans les délibérations pour une somme que le même jugement déterminera.

1765. Cet article et le suivant ont eu pour but d'accélérer le règlement des faillites, qui pouvait sous l'ancienne loi être longtemps ajourné par la longueur des procédures, occasionnées par des créances contestées. La vérification des créances, quoique le texte rappelle l'art. 492, ne peut commencer avant l'époque déterminée par l'art. 493 (3); mais si le tribunal juge que la contestation dont il est saisi n'est pas en état de recevoir un jugement définitif avant le jour où l'assemblée des créanciers doit être convoquée pour la formation du concordat,

(1) Renouard, t. 1er, p. 528.
(2) C. proc. civ., art. 432; Bédarride, n. 475; Dalloz, *Rép.*, n. 634.
(3) Bédarride, n. 479.

il peut ordonner qu'il sera sursis à cette convocation ; s'il pense, au contraire, qu'il y a lieu de passer outre, et de convoquer l'assemblée, il peut ordonner que le créancier contesté sera admis par provision aux délibérations, comme ayant droit à la somme que le même jugement doit déterminer.

Le tribunal est appréciateur souverain de la question de sursis, mais l'esprit de la loi est évidemment d'accélérer les opérations de la faillite ; et à moins que la contestation ne soit de nature à révéler des faits de banqueroute frauduleuse, le tribunal presque toujours ordonne qu'il sera passé outre à la convocation de l'assemblée ; presque toujours aussi, il prononce l'admission provisoire du créancier, si ce n'est qu'il y ait toute présomption que la contestation est fondée. L'art. 500 ci-après parle du cas où la créance contestée est l'objet d'une instruction criminelle ou correctionnelle.

Les jugements qui prononcent soit un sursis au concordat, soit l'admission provisionnelle d'un créancier, ne sont susceptibles ni d'opposition, ni d'appel, ni de recours en cassation (V. plus bas art. 583) ; mais un semblable jugement, rendu à une époque où la cause n'est pas encore en état de recevoir une solution définitive, n'engage aucunement le fond, sur lequel il sera statué par un jugement distinct et séparé.

La Cour de Paris a décidé que, si le jugement du tribunal de commerce refuse tout à la fois et le sursis et l'admission provisionnelle, l'art. 583-4°, qui est conçu d'une manière alternative, n'est plus applicable, et que les voies de recours sont ouvertes (1) ; en effet, dans l'un ou l'autre cas, les droits du créancier sont garantis au moins dans une certaine mesure ; ils sont complétement repoussés dans l'espèce jugée par la Cour de Paris.

ARTICLE 500.

Lorsque la contestation sera portée devant un tribunal civil, le tribunal de commerce décidera s'il sera sursis ou passé outre ; dans ce dernier cas, le tribunal

(1) Paris, 18 oct. 1855 (D.P.56.2.43) ; Renouard, t. 2, p. 407.

civil saisi de la contestation jugera, à bref délai, sur requête des syndics, signifiée au créancier contesté, et sans autre procédure, si la créance sera admise par provision, et pour quelle somme. — Dans le cas où une créance serait l'objet d'une instruction criminelle ou correctionnelle, le tribunal de commerce pourra également prononcer le sursis; s'il ordonne de passer outre, il ne pourra accorder l'admission par provision, et le créancier contesté ne pourra prendre part aux opérations de la faillite, tant que les tribunaux compétents n'auront pas statué.

1760. Si la contestation est portée devant un tribunal autre que le tribunal de commerce saisi de la faillite, cette circonstance laisse intact le droit exclusif qui appartient à celui-ci de décider s'il sera sursis ou passé outre à la convocation de l'assemblée.

S'il est passé outre à la convocation de l'assemblée, lorsque la contestation est portée devant les tribunaux civils, les juges décident si le créancier sera admis par provision et pour quelle somme; l'incident sera jugé sommairement, à bref délai, sur requête des syndics signifiée au créancier contesté et sans autre procédure. « L'économie de l'article, dit M. Renouard, suppose que la décision du tribunal de commerce précédera la décision du tribunal civil sur la question de provision. Néanmoins, si le tribunal civil prenant les devants prononçait hypothétiquement une admission provisionnelle pour le cas où le tribunal de commerce viendrait à ordonner de passer outre, cette marche me paraîtrait à l'abri de toute critique » (1).

Si le tribunal de commerce a statué définitivement et que la Cour impériale soit saisie par appel, elle peut également, et par application du droit commun, admettre par provision une partie de la créance réclamée; et le créancier aurait droit, en vertu de l'autorité due à l'arrêt, de figurer au concordat pour le montant de la provision qui lui a été accordée (2).

(1) *Faillites*, t. 1er, p. 559.
(2) Renouard), t. 1er, p. 556.

1767. Le même droit ne peut appartenir aux juges statuant en matière correctionnelle ou criminelle; le tribunal de commerce, dans le cas où la créance serait l'objet d'une instruction criminelle ou correctionnelle, conserve le droit de prononcer le sursis ou d'autoriser la convocation de l'assemblée, mais dans ce dernier cas, aucune autorité ne peut permettre l'admission de la créance par provision. La loi exige qu'il y ait instruction commencée et non pas seulement plainte ou projet de poursuite.

Si les syndics refusaient de présenter la requête dont il est parlé dans cet article, nous pensons que le créancier pourrait former opposition à ce qu'il fût passé outre aux opérations de la faillite, jusqu'à ce que le tribunal eût prononcé; la loi n'a pu lui accorder un droit, sans lui donner les moyens de le faire valoir, et ce moyen nous paraît plus direct et plus efficace qu'une demande en révocation des syndics (1).

Par analogie avec ce que nous avons dit sous l'art. 499, il faut décider que le jugement du tribunal civil admettant par provision le créancier contesté ou rejetant cette demande est inattaquable(2).

ARTICLE 501.

Le créancier dont le privilége ou l'hypothèque seulement serait contesté sera admis dans les délibérations de la faillite comme créancier ordinaire.

1768. Tous les créanciers, quel que soit le titre de leurs créances, sont également soumis à la vérification; et pour tous également, si la contestation porte sur la créance elle-même, les art. 499 et 508 doivent être suivis; lorsque la contestation ne porte que sur la qualité de la créance ou les sûretés accessoires qui en garantissent le paiement, hypothèque, gage ou nantissement, l'art. 501 devient applicable; le créancier est admis dans les délibérations au même titre qu'un créancier ordinaire; la loi a voulu lever toute incertitude à cet égard;

(1) Bédarride, n. 485; Dalloz, *Rép.*, n. 640.
(2) Bédarride, n. 486; Dalloz, *Rép.*, n. 642.

mais l'art. 501 ne déroge nullement à l'art. 508 ci-après; il les autorise à assister et à prendre part aux délibérations; quand il s'agira de voter, ils ne peuvent le faire qu'à leurs risques et périls et sous l'application de cet art. 508. Les deux articles peuvent parfaitement se concilier, en distinguant avec soin la faculté d'assister à la délibération du concordat et celle de voter sur les propositions qui en font la base (1).

ARTICLE 502.

A l'expiration des délais déterminés par les articles 492 et 497, à l'égard des personnes domiciliées en France, il sera passé outre à la formation du concordat et à toutes les opérations de la faillite, sous l'exception portée aux articles 567 et 568 en faveur des créanciers domiciliés hors du territoire continental de la France.

1769. Cet article est le complément nécessaire du système que la loi nouvelle a voulu fonder, afin d'accélérer par tous les moyens le règlement de la faillite; et l'assemblée des créanciers sera, dans tous les cas, convoquée dans les trois jours qui suivront les délais accordés pour l'affirmation des personnes domiciliées sur le territoire continental de France. Ce délai ne pourrait être prorogé que dans le cas où le tribunal, conformément aux art. 499 et 500 ci-dessus, aurait ordonné un sursis. Les art. 567 et 568 protégent les droits des créanciers domiciliés hors du territoire continental de la France.

ARTICLE 503.

A défaut de comparution et affirmation dans les délais qui leur sont applicables, les défaillants connus ou inconnus ne seront pas compris dans les réparti-

---

(1) Bédarride, n. 447; Renouard, t. 2, p. 27.

tions à faire : toutefois la voie de l'opposition leur sera ouverte jusqu'à la distribution des deniers inclusivement; les frais de l'opposition demeureront toujours à leur charge.—Leur opposition ne pourra suspendre l'exécution des répartitions ordonnancées par le juge-commissaire; mais s'il est procédé à des répartitions nouvelles, avant qu'il ait été statué sur leur opposition, ils seront compris pour la somme qui sera provisoirement déterminée par le tribunal, et qui sera tenue en réserve jusqu'au jugement de leur opposition.—S'ils se font ultérieurement reconnaître créanciers, ils ne pourront rien réclamer sur les répartitions ordonnancées par le juge-commissaire; mais ils auront le droit de prélever, sur l'actif non encore réparti, les dividendes afférents à leurs créances dans les premières répartitions.

1770. Lorsque l'ancien art. 513 a été discuté au conseil d'Etat, Berlier demanda si l'on entendait que les créanciers retardataires admis aux dernières distributions y concourussent purement et simplement, sans aucun prélèvement, dont l'effet aurait été de leur faire toucher, si l'actif restant encore à distribuer le permettait, une quotité égale à celle des créanciers ayant eu part aux premières distributions. Il ajoutait « que ce serait une justice très-incomplète, que celle qui refuserait aux créanciers de la catégorie dont on s'occupe un prélèvement proportionnel aux paiements déjà faits aux autres créanciers. Dans l'intérêt de ces derniers, à quoi importe-t-il de pourvoir ? A ce qu'ils ne soient, en aucun cas, tenus de rapporter ce qu'ils ont reçu de bonne foi ; mais c'est la seule faveur qui leur est due ; et lorsqu'il s'agit d'une nouvelle distribution, rien ne doit s'opposer à ce que des créanciers aussi légitimes qu'eux, quoique vérifiés plus tard, prennent d'abord sur les nouveaux deniers à distribuer de quoi s'égaler aux créanciers qui ont déjà participé à de précédentes distributions. S'il en était autrement, qu'ariverait-il ? Que s'il a été antérieurement distribué des fonds dans la proportion de trente pour cent des créances vérifiées et que la dernière distribution donne dix pour cent seulement, ce serait tout ce qu'aurait le créancier tardivement vérifié, tandis que les autres se trouveraient avoir reçu quarante pour cent. Cela est-il juste? Non, sans doute. Et qu'on ne dise pas que c'est la peine du retard: les négligents auront joui plus tard ; voilà un dommage réel qu'ils doivent s'imputer : ils ne peuvent demander aucun rapport et ils perdent tout, si tout a été distribué ; voilà la chance qu'ils courent : aller au delà, ce serait les mulcter outre mesure pour un retard qui ne peut jamais qu'être innocent et tenir à des causes malheureuses ou excusables » (1).

Ces observations de Berlier ne furent pas accueillies et l'ancien art. 513 consacra un système différent du sien ; mais elles expliquent parfaitement, au contraire, l'art. 503 de la nouvelle loi, et les créanciers retardataires peuvent prélever sur les nouvelles répartitions la portion entière de dividende qu'ils auraient touchée, s'ils s'étaient présentés en temps utile pour y prendre part ; ils n'ont à redouter que l'épuisement de l'actif.

Nous avons eu occasion de dire déjà, sur l'art. 497, que M. Renouard restreint l'application de l'art. 503 aux seuls créanciers qui n'ont ni fait vérifier ni, par suite, affirmé leurs créances, et exclut de ce bénéfice ceux qui, après vérification, n'ont pu être compris dans les répartitions par cela seul qu'ils n'avaient pas accompli la formalité de l'affirmation (2). Nous ne pouvons partager une opinion aussi rigoureuse et qui consacrerait une injustice, dont on chercherait en vain l'explication, sauf à dispenser les créanciers vérifiés et non affirmés de l'exécution des règles qui dans l'art. 503 ne leur sont pas applicables.

La déchéance, s'il y a lieu, ne peut, dans tous les cas, être invoquée que par les créanciers et non par le failli ; en cas de concordat, il ne doit pas être dispensé de payer au créancier retardataire, dont les titres ont été reconnus légitimes, le divi-

---

(1) Procès-verbaux, 16 avril 1807 ; Locré, t. 19, p. 251.
(2) *Faillites*, t. 1er, p. 548 et 568.

dende afférent à sa créance ; aucun doute ne peut exister à cet égard (1).

Il n'en pourrait être de même à l'égard de celui qui aurait cautionné l'exécution du concordat, à moins que par une clause expresse, et peu commune sans doute, il n'eût été convenu que le cautionnement n'était pas restreint au montant des créances vérifiées (2).

La déchéance dont parle l'art. 503 est encourue de plein droit, et sans qu'il soit besoin de la faire prononcer, et elle atteint tous les créanciers sans distinction (3).

1771. La loi n'a pas indiqué dans quelle forme devait être faite l'opposition ouverte aux créanciers retardataires; il semble naturel d'en conclure qu'elle peut également être faite par requête adressée au juge-commissaire qui la présentera au tribunal ou par acte extrajudiciaire signifié aux syndics ; cette voie semble la plus naturelle, et elle est généralement suivie ; mais nous ne pouvons croire que l'autre entraînât déchéance. Il faudra dans tous les cas qu'un jugement intervienne et soit rendu avec les syndics représentants de la masse, parce que la garantie de l'autorité judiciaire doit remplacer les précautions dont la loi avait entouré la vérification qui ne peut plus être faite dans la forme ordinaire. Les frais de jugement sont compris dans les frais d'opposition que la loi met dans tous les cas à la charge des réclamants.

L'action du créancier non vérifié ne pourrait être portée que devant le tribunal de la faillite (4).

La loi décide enfin que l'opposition ne peut suspendre l'exécution des répartitions ordonnancées ; mais s'il est procédé à des répartitions nouvelles, les opposants, ainsi que nous l'avons dit, doivent y être compris pour la somme qui sera provisoirement déterminée par le tribunal et qui sera tenue en réserve, jusqu'au jugement de leur opposition.

---

(1) Pardessus, n. 1249; Renouard, t. 1er, p. 567; Bordeaux, 6 déc. 1837 (S.V.39.2.101).

(2) Pardessus, n. 1249; Renouard, t. 1er, p. 567. — *Contra*, Paris, 9 juill. 1828; Bordeaux, 6 déc. 1837 et 24 fév. 1843 (S.V.39.2.101 et 43.2.288).

(3) Pardessus, n. 1188; Bédarride, n. [illegible]8.

(4) Rouen, 6 fév. 1847 (S.V.48.2.671).

CHAPITRE VI.

Du concordat et de l'union.

SECTION Ire.

DE LA CONVOCATION ET DE L'ASSEMBLÉE DES CRÉANCIERS.

ARTICLE 504.

Dans les trois jours qui suivront les délais prescrits pour l'affirmation, le juge-commissaire fera convoquer, par le greffier, à l'effet de délibérer sur la formation du concordat, les créanciers dont les créances auront été vérifiées et affirmées, ou admises par provision. Les insertions dans les journaux et les lettres de convocation indiqueront l'objet de l'assemblée.

1772. Lorsque toutes les opérations préliminaires de la faillite ont été accomplies, il y a lieu de procéder à sa liquidation définitive et les créanciers doivent décider eux-mêmes s'il ont assez de confiance encore dans l'aptitude et l'honnêteté du failli pour le remettre à la tête de ses affaires, en lui faisant remise de la portion de ses dettes qu'il semble hors d'état d'acquitter, ou, en d'autres termes, de lui accorder un concordat, ou s'ils préfèrent procéder eux-mêmes et par leurs syndics à la liquidation complète de tout l'actif, afin de s'en partager le produit.

La convocation des créanciers à cet effet doit être faite dans le bref délai indiqué par l'art. 504 et dans les trois jours, par conséquent, à partir de l'expiration du délai de huitaine accordé au créancier dernier vérifié pour l'affirmation de sa créance. La loi ne l'exige pas toutefois à peine de nullité. L'objet de l'assemblée doit être indiqué dans les lettres de convocation, à cause de l'importance extrême attachée à la délibération qui sera prise ; la loi a voulu, en outre, que des insertions fussent faites dans les journaux.

ARTICLE 505.

Aux lieu, jour et heure qui seront fixés par le juge-commissaire, l'assemblée se formera sous sa présidence ; les créanciers vérifiés et affirmés, ou admis par provision, s'y présenteront en personne ou par fondés de pouvoirs. — Le failli sera appelé à cette assemblée ; il devra s'y présenter en personne, s'il a été dispensé de la mise en dépôt, ou s'il a obtenu un sauf-conduit, et il ne pourra s'y faire représenter que pour des motifs valables et approuvés par le juge-commissaire.

1775. La loi n'a pas établi quel intervalle de temps devrait séparer le jour de la convocation du jour de l'assemblée ; elle s'en est rapportée au juge-commissaire, qui le fixera de manière à ne pas apporter un retard inutile et à donner en même temps aux créanciers domiciliés hors du siége de la faillite les moyens de se rendre à l'assemblée ou de s'y faire représenter.

Les créanciers désignés par les art. 504 et 503 peuvent seuls être admis à l'assemblée ; cette règle ne doit recevoir exception qu'en faveur des créanciers dont les droits ont été contestés, mais ont été plus tard reconnus par jugement (1).

Le droit des créanciers admis par provision réside dans le jugement provisoire qui les concerne.

Les pouvoirs donnés par les créanciers peuvent être sous seing privé aussi bien que par actes authentiques ; leur régularité doit être vérifiée par le juge-commissaire. La loi n'a pas limité le nombre de créanciers qu'un seul mandataire peut représenter : une seule personne peut donc accepter les pouvoirs de plusieurs créanciers, et, dans ce cas, le mandataire a autant de voix qu'il a de mandants (2).

---

(1) Renouard, t. 2, p. 4 ; Pardessus, n. 1234.
(2) *Id.* *Id.*

Si, postérieurement à l'affirmation, la créance passe en d'autres mains ou qu'un changement soit survenu dans la capacité du créancier, ce sera le propriétaire de la créance ou celui qui a l'exercice de ses droits au moment où l'assemblée se réunit qui se présentera : le cessionnaire, par exemple, le mineur devenu majeur, ou les syndics du créancier tombé en faillite.

1771. Le failli est appelé par le juge-commissaire et doit se présenter en personne ou par un fondé de pouvoirs; des dispositions très-précises de l'ancienne loi décidaient que le concordat ne pouvait être consenti en l'absence du failli; peut-être en est-il de même encore aujourd'hui, aux termes de l'art. 507 ; mais une raison plus décisive est tirée de la nature des choses, c'est qu'il n'est pas possible qu'il intervienne une convention, un contrat, un traité, sans que les deux parties ne soient présentes pour stipuler et donner leur consentement. La règle est donc la même aujourd'hui que sous l'ancienne loi (1).

Si des propositions avaient été écrites et signées par le failli, leur acceptation pure et simple par les créanciers rendrait l'engagement proposé définitif et obligatoire (2).

La sommation faite au failli de se présenter à cette assemblée ne doit pas équivaloir pour lui à un sauf-conduit; et il peut être arrêté en se rendant à l'assemblée (3); mais la loi dit expressément que son absence ne lui sera pas reprochée, s'il n'a pas été dispensé de la mise en dépôt, ou qu'il n'ait pas obtenu de sauf conduit ; il lui reste le droit de se faire représenter, en faisant approuver par le juge-commissaire les motifs qui l'empêchent de se présenter en personne.

On ne saurait lui dénier la faculté de se faire assister d'un conseil, pour le choix duquel il a toute liberté (4).

---

(1) Renouard, t. 2, p. 5 et s.; Pardessus, n. 1235; Bédarride, n. 519.
(2) Bédarride, n. 521.
(3) Amiens, 20 août 1839 (S.V.40.2.490).
(4) Pardessus, n. 1234.

ARTICLE 506.

Les syndics feront à l'assemblée un rapport sur l'état de la faillite, sur les formalités qui auront été remplies et les opérations qui auront eu lieu ; le failli sera entendu. — Le rapport des syndics sera remis, signé d'eux, au juge-commissaire, qui dressera procès-verbal de ce qui aura été dit et décidé dans l'assemblée.

1775. La loi nouvelle exige que le rapport des syndics soit fait par écrit, puisqu'il doit être signé par eux ; le failli est appelé à le contredire, s'il y a lieu, à le rectifier ou le compléter ; il a un intérêt évident à ce que sa conduite et sa position ne soient pas présentées d'une manière qui lui serait défavorable. Si les syndics avaient altéré la vérité en sens contraire et déterminé les créanciers par des renseignements inexacts à consentir un concordat qui préjudicierait à leurs intérêts, leur responsabilité serait engagée, et ils pourraient être poursuivis en réparation du préjudice qu'ils auraient causé.

Si le failli a concouru à la fraude, le concordat pourrait être annulé. M. Bédarride établit une distinction pour le cas où le failli a directement concouru à la rédaction même du rapport, et celui où il s'est engagé, pour prix de la coupable complaisance des syndics, à leur promettre des avantages particuliers ; il pense que dans ce dernier cas le concordat intervenu ne pourrait être annulé (1) ; cette distinction nous paraît, comme à M. Bédarride lui-même, extrêmement subtile, pour ne rien dire de plus, et nous croyons qu'elle doit être rejetée sans hésitation.

Le juge-commissaire dresse procès-verbal de tout ce qui s'est passé dans cette assemblée, et l'intervention d'un notaire n'est pas requise pour les parties qui ne savent ou ne peuvent signifier. Cet acte est authentique (2).

La Cour de Bordeaux a jugé avec raison que, si le juge-com-

(1) Bédarride, n. 517.
(2) Pardessus, n. 1235.

missaire a qualité pour dresser procès-verbal des délibérations des créanciers, soit entre eux, soit avec le failli, ces procès-verbaux doivent être revêtus des formalités substantielles exigées pour les actes authentiques, et offrir la preuve qu'ils ont été passés en présence des parties, et qu'elles y ont donné leur consentement (1).

SECTION II.

DU CONCORDAT.

§ Ier. De la formation du concordat.

ARTICLE 507.

Il ne pourra être consenti de traité entre les créanciers délibérants et le débiteur failli, qu'après l'accomplissement des formalités ci-dessus prescrites. — Ce traité ne s'établira que par le concours d'un nombre de créanciers formant la majorité, et représentant, en outre, les trois quarts de la totalité des créances vérifiées et affirmées, ou admises par provision, conformément à la section V du chapitre V : le tout à peine de nullité.

1770. Les sections réunies de législation et de l'intérieur du Tribunat faisaient observer, le 10 juin 1807, sur le projet qui leur était soumis, qu'en principe général, tout créancier a le droit d'exercer sur son débiteur tous les effets attachés à son titre, jusqu'à l'acquit parfait de ce qui lui est dû, ou jusqu'à l'entière cession des biens qui lui servent de gage. Nulle remise ne peut lui rien faire perdre, si elles n'est consentie par lui-même ou de son plein gré.

« Le concordat, ajoutait-il, est un acte qui repose sur des bases entièrerement contraires, puisqu'il s'y trouve toujours quelque

---

(1) Bordeaux, 15 janv. 1834 (S.V.34.2.311).

créancier qui est forcé par la volonté d'autrui à voir s'évanouir une partie, quelquefois très-notable, de sa créance et à laisser en même temps son débiteur jouir en pleine franchise de la liberté de sa personne et de tous les avantages du bien qui lui reste.

« Pour qu'une telle condition, quelquefois si injuste, toujours si dure à l'égard du créancier qui s'y refuse, lui soit imposée malgré lui, il faut du moins que sa volonté se trouve contrebalancée par un grand poids de volontés opposées qui l'entraîne.

« Le poids des volontés nécessaires pour former le concordat a été mesuré jusqu'ici en France sur la quotité seule des créances; mais on sait aussi quels inconvénients en sont résultés.

« Il ne faut à un banqueroutier frauduleux que quelques dettes simulées, dont les titres sont dans les mains de ses confidents, pour former tout à coup un volume de créances capables de réduire au silence les porteurs de titres sincères.

« En écartant même tout soupçon de fraude, les créanciers les plus considérables d'un failli sont toujours les négociants avec lesquels il fait des affaires. Or ceux-là se prêtent volontiers à un concordat, parce qu'ils espèrent se remplir de leurs pertes dans les relations subséquentes qu'un commerce ultérieur leur donnera l'occasion de se ménager avec le failli.

« Il n'en est pas ainsi du petit capitaliste, comme l'employé, le journalier, le domestique qui a placé ses économies sur le failli; celui-là se les voit enlever, sans avoir pour les recouvrer les mêmes ressources que ceux qui lui imposent ce sacrifice.

« Or, cette dernière classe est souvent nombreuse, et les capitaux que chacun a fournis, tout exigus qu'ils soient, sont quelquefois tout pour celui qui les perd ; sa créance est souvent, sous bien des rapports, la plus favorable...

« Un des moyens les plus équitables serait que les voix dans le concordat fussent non-seulement pesées, mais comptées, de manière que, pour faire la loi aux refusants, il fallût avec la plus haute quotité de créances réunir aussi la majorité des voix » (1).

(1) Locré, t. 19, p. 484.

On fit droit à ces observations, qui font apprécier parfaitement le caractère du traité intervenu avec le failli sous le nom de Concordat, et servent de commentaire à l'ancien art. 519, dont l'art. 507 n'a fait que répéter les termes.

1777. La loi dit expressément que les trois quarts en somme qui sont exigés pour la validité du concordat se calculent sur la totalité des créances vérifiées et affirmées ou admises par provision ; mais elle laisse indécis si la majorité des créanciers doit s'entendre également de tous les créanciers vérifiés et affirmés ou admis par provision, ou seulement des créanciers présents à l'assemblée qui peuvent être beaucoup moins nombreux ; sous l'ancienne loi, la question avait été tranchée par le texte de son art. 522, qui restreignait la majorité aux créanciers présents; la loi nouvelle a copié l'art. 519, mais en modifiant la rédaction de l'art. 522, que remplace l'art. 509, elle a fait disparaître cette raison péremptoire de décider. La discussion ne donne aucune lumière, et elle ne laisse pas apercevoir que le législateur ait voulu apporter aucune modification à l'ancien ordre de choses ; c'est aussi l'opinion du plus grand nombre d'auteurs (1), et elle nous semble devoir être adoptée par cette raison que les petits créanciers en faveur desquels le Tribunat a élevé la voix ne pourront se plaindre, puisqu'il n'a tenu qu'à eux de se rendre à l'assemblée.

M. Renouard a soutenu avec force l'opinion contraire : l'esprit dont il suppose animées les deux chambres et les commissions qui ont élaboré cette loi ne peut être pris en considération, lorsque rien ne le révèle ni dans les exposés de motifs, ni dans les rapports, ni dans les discussions ; il est certain, en outre, que le concordat est une dérogation flagrante aux principes du droit commun; une limite devait être posée sans doute en faveur des dissidents, mais où la loi l'a-t-elle placée ? Là est la question. Il est fâcheux qu'elle n'ait pas été tranchée par la loi nouvelle ; mais en présence de l'ancien texte qui

---

(1) Lainné, p. 212 ; Esnault, n. 409 ; Pardessus, n. 1237 ; Bédarride, n. 530 ; Caen, 2 fév. 1842, et Rouen, 30 juin 1853 (S.V.42.2.375 et 54.2.517). — *Contrà*, Renouard, t. 2, p. 15 et 30 ; Paris, 14 mars 1849 et 7 août 1850 (S.V.49.2.344 et 50.2.604).

n'exigeait expressément que la majorité des créanciers présents, et lorsqu'il n'est possible de citer aucun mot qui décèle chez le législateur moderne une pensée de changement, nous croyons qu'il faut s'en tenir à l'ancienne interprétation. « Cette rédaction, dit M. Renouard sur l'art. 509, serait *absurde* et *inintelligible*, si la majorité en nombre reconnue nécessaire n'était que celle des créanciers présents » (1); cette appréciation nous semble trop sévère; « ce serait dire, ajoute M. Renouard, qu'un concordat refusé par la majorité de ceux-là seuls, dont le vote devrait être compté pour supputer la majorité en nombre, ne devra point être considéré comme rejeté, et sera remis en délibération ». Pourquoi pas, répondrons-nous ? N'est-il pas certain, dans le système adopté par la loi, que la majorité des voix ne fait pas loi ? N'est-il pas certain que, si la majorité même de tous les créanciers portés au bilan accorde le concordat, le concordat devra néanmoins être rejeté, si à cette majorité des voix ne se joignent pas les trois quarts en somme ? Si des deux conditions imposées par la loi cette dernière est remplie, qu'y a-t-il d'absurde à vouloir que l'épreuve soit renouvelée, quand on songe surtout, que cette condition était la seule qui fût exigée par le projet du Cod. comm. adopté par le conseil d'État ?

Si le même doute n'existe pas quant à la majorité en somme, la loi disant expressément qu'elle doit être calculée sur la totalité des créances vérifiées et affirmées ou admises par provision, c'est sous la réserve exprimée par l'article suivant, en ce qui concerne les créances privilégiées, hypothécaires ou assurées par un gage.

1778. L'assemblée peut être réunie avant que les créanciers domiciliés hors du territoire continental de la France aient pu faire vérifier leurs titres (art. 493), et l'art. 567 exige qu'on en tienne compte cependant au moment des répartitions : nous croyons avec M. Bédarride que ces créances ne doivent pas être prises en considération pour apprécier les trois quarts en somme nécessaires à la formation du concordat (2); il est certain qu'elles ne sont ni vérifiées, ni affirmées, ni admises provisionnellement

(1) *Faillites*, t. 2, p. 31 et s.
(2) *Id.* n. 538.

par le tribunal, et la loi est muette à leur égard pour toutes les opérations du concordat.

Quel que soit le résultat de la vérification à laquelle seront soumises plus tard ces créances, ou celui du jugement définitif en ce qui concerne les créances admises par provision, la validité du concordat n'en pourra en aucune manière être affectée.

1770. Tout créancier vérifié et affirmé, ou admis provisoirement, a droit de prendre part aux délibérations et de voter pour le concordat ; aucun doute n'existe, ni aucun dissentiment entre les auteurs, pour décider que le vote est attaché à la personne seule, et que, quel que soit le nombre de créances distinctes possédées par une seule personne, elles ne peuvent lui donner plus d'une voix ; le propriétaire de plusieurs créances distinctes ne peut avoir autant de voix qu'il a de créances ; il n'a jamais qu'une voix ; la majorité des créanciers et la quotité des créances sont deux ordres d'idées qui ne peuvent être confondus.

Ce principe ne reçoit-il aucune exception, si postérieurement au jugement déclaratif de faillite plusieurs créanciers ont cédé leurs droits à la même personne? ils peuvent se faire représenter par un mandataire, qui aura autant de voix qu'il a de mandants; ne peuvent-ils se faire représenter également par un cessionnaire, et celui-ci ne jouira-t-il pas du même avantage qui est accordé sans difficulté au fondé de pouvoirs? La question pouvait être douteuse.

La Cour de Bordeaux avait dit : « Attendu que la majorité et le nombre des créanciers doivent être considérés à l'époque de l'ouverture de la faillite ; que si, antérieurement, un créancier est devenu cessionnaire de plusieurs titres de créances, ces titres se confondent sur sa tête et qu'il ne peut avoir qu'une voix dans les délibérations ; mais qu'il en est autrement après l'ouverture de la faillite; que si, postérieurement à cette ouverture, un créancier devient cessionnaire d'autres créanciers, ils lui transmettent les droits qu'ils avaient, et qu'il peut les exercer comme étant subrogé en leur lieu et place en vertu du transport qui lui a été consenti » (1). Mais cette doctrine a

(1) Bordeaux, 26 avril 1836 (D.P.36.2.147).

été repoussée par la Cour de cassation, dont l'opinion est partagée par tous les auteurs : « Le droit de voter dans une assemblée, a dit cette Cour, est un droit individuel qui ne peut être exercé qu'une seule fois par la même personne, quel que soit le nombre des titres qui lui confèrent le droit de l'exercer; pour qu'il en fût autrement, il faudrait qu'il existât dans la loi une disposition qui n'existe pas dans le Code de commerce ; et la distinction faite par l'arrêt attaqué entre les cessions faites avant l'ouverture de la faillite et celles faites postérieurement à cette ouverture est une distinction arbitraire, qui n'est également fondée sur aucune disposition de la loi » (1).

M. Renouard a voulu distinguer encore, dans les cessions faites depuis le jugement déclaratif, entre celles qui ont précédé ou suivi l'époque de la vérification et de l'affirmation des créances (2) ; mais l'arrêt que nous venons de citer condamnerait également par ses motifs cette nouvelle distinction, et selon nous, avec raison.

1780. Un embarras analogue existera, quoique en sens inverse, si un créancier a transporté diverses parties de sa créance à plusieurs personnes ; nous croyons, avec M. Dalloz, que chaque cessionnaire doit être compté comme créancier distinct et admis comme tel dans l'assemblée et au vote, s'il n'existe aucune fraude et que la cession soit sérieuse (3).

Des abus peuvent naître sans doute de ces décisions ; mais elles nous semblent conformes au texte de la loi ; les tribunaux veilleront à y porter remède dans la limite des pouvoirs qui leur sont attribués.

1781. Si avant la clôture des délibérations sur le concordat le jugement au fond est rendu sur une créance admise par provision, ce jugement fixe définitivement la position du créancier et décide s'il doit être maintenu dans le droit provisoire qui lui avait été donné de prendre part aux délibérations, et pour quelle somme.

Le jugement servirait également de titre au créancier qui

(1) Cass., 24 mars 1840 (D.P.40.1.138) ; Pardessus, n. 1236.

(2) *Faillites*, t. 2, p. 10.

(3) *Rép.*, v° *Faillites*, n. 690.

n'aurait pas obtenu de provision, et sans distinguer s'il est rendu en dernier ressort ou susceptible d'appel ; jusqu'à la réformation, la présomption est en faveur du jugement.

Le créancier domicilié hors de France doit également être admis aux délibérations dès qu'il justifie que sa créance a été vérifiée et affirmée.

Les créanciers parents du failli, sa femme même, peuvent prendre part au vote sur le concordat.

Le tuteur représente le pupille et peut consentir en son nom le concordat, sans autorisation spéciale ; les formalités de la faillite présentent une garantie suffisante pour les intérêts du mineur (1). Ce principe pourrait cependant être contesté sans préjudice, bien entendu, de la force obligatoire du concordat régulièrement consenti, même pour le mineur qui n'y aurait pas été représenté. « Quoique à la rigueur, dit M. Pardessus, on puisse considérer un concordat comme une transaction, les formes dont il est entouré et l'intervention de la justice dispensent le tuteur de recourir à une assemblée de famille et à une autorisation spéciale. » Cette règle doit être admise.

1782. L'intervention de la loi et de l'autorité publique seraient inutiles évidemment, si tous les créanciers étaient d'accord avec le failli pour régler leur position respective; mais comme cette unanimité ne peut être supposée, la loi, ainsi que nous venons de le voir, a permis que la minorité fût contrainte de se soumettre à la volonté du plus grand nombre : le traité, ainsi passé en dehors des règles du droit commun, ne sera valable et obligatoire pour tous, présents ou absents, consentants ou dissidents, qu'à la condition que toutes les formalités qui doivent précéder la formation de l'assemblée auront été accomplies. « Comme les concordats, jusqu'ici, disait le Tribunat sur le projet du Code de commerce, ont été conclus à toutes les époques dans les faillites, il serait bon de marquer expressément que désormais ils ne pourront plus l'être qu'après l'accomplissement des formalités ci-dessus prescrites » (2); il fut fait droit à cette observation et la dispo-

(1) Esnault, n. 405 ; Boulay, n. 560; Dalloz, *Rép.*, n. 697; Pardessus, n. 1237.
(2) Locré, t. 19, p. 433.

sition formelle contenue au premier alinéa de l'art. 507, textuellement copié sur l'art. 519, l'a consacrée. Sous la loi nouvelle toutefois, il ne serait plus possible, comme on l'a fait sous la loi ancienne, de déclarer nul le concordat consenti au failli, parce que l'époque de l'ouverture de la faillite n'aurait point été fixée par jugement (1) : en effet, aux termes de l'art. 441, à défaut de détermination spéciale, elle est fixée de plein droit à partir de ce jugement. Si le tribunal en avait fixé l'époque provisoirement, cette désignation devrait être considérée comme définitive, lorsqu'aucun autre jugement ne l'avait changée avant le concordat (2).

La Cour d'Angers ne s'est pas mise en opposition avec cette règle, en jugeant que, bien que la formalité de la vérification des créances, l'une des plus importantes, à coup sûr, n'ait pas été remplie, un traité pouvait être valablement passé entre le failli et ses créanciers, si tous y avaient donné leur adhésion (3). Une adhésion unanime lève toute difficulté ; chaque créancier ne saurait être dépouillé du droit d'accorder, en ce qui le concerne, toute remise à son débiteur ; la loi n'a dû régler que les formes nécessaires pour obliger les créanciers dissidents ou absents ; c'est là le caractère propre du concordat.

Lorsque le juge-commissaire qui préside l'assemblée découvre dans le rapport que doivent faire les syndics (art. 506), ou dans les observations présentées par quelque créancier, que certaines opérations ont été omises ou sont irrégulières, ou que les délais ne sont pas expirés, il doit ordonner, avant de passer outre, que les omissions soient réparées, ou qu'on recommence les opérations irrégulières, ou qu'on attende l'expiration des délais, et ajourner en conséquence l'assemblée (4). Nous verrons tout à l'heure que la loi a ajouté à ces garanties la nécessité de l'homologation par le tribunal, et le droit d'opposition accordé à tout créancier (art. 512 et 513).

---

(1) Cass., 3 janv. 1833 et 13 nov. 1837 (S.V.33.1.132 et 37.1.948).

(2) Dalloz, *Rép.*, v° *Faillites*, n. 675.

(3) Angers, 2 fév. 1839 (S.V.39.2.275).

(4) Pardessus, n. 1234.

ARTICLE 508.

Les créanciers hypothécaires inscrits ou dispensés d'inscription, et les créanciers privilégiés ou nantis d'un gage, n'auront pas voix dans les opérations relatives au concordat pour lesdites créances, et elles n'y seront comptées que s'ils renoncent à leurs hypothèques, gages ou priviléges. — Le vote au concordat emportera de plein droit cette renonciation.

1783. L'art. 508 dit expressément que la règle qu'il établit est commune à tous les créanciers hypothécaires, inscrits ou dispensés d'inscription, aux créanciers privilégiés, ainsi qu'à ceux qui sont nantis d'un gage. Ils doivent néanmoins être appelés à l'assemblée, et ils y ont voix consultative (1); ils peuvent délibérer, mais non voter. Les créances à raison desquelles la participation au concordat n'est pas admise ne sont pas comptées pour établir les trois quarts en somme de la totalité des créances dont parle l'art. 507 ci-dessus.

1784. Toutefois, les créanciers dont il s'agit peuvent, soit être propriétaires de créances de diverses espèces, les unes hypothécaires, les autres chirographaires, soit renoncer à l'hypothèque, au privilége, au nantissement qui leur appartient. Dans le premier cas, rien ne s'oppose à ce qu'ils participent au concordat pour les créances simplement chirographaires qu'ils ont sur le failli.

Le créancier propriétaire tout à la fois et de créances hypothécaires ou privilégiées, et de simples créances chirographaires, doit, lorsqu'il prend part au vote en raison de celles-ci, faire réserve de ses droits de privilége ou d'hypothèque, afin d'éviter toute difficulté ultérieure ; la loi, toutefois, ne lui en fait pas une obligation ; en cas de contestation les tribunaux ne devraient pas oublier qu'il est de règle de ne pas présumer aisément la renonciation à un droit, et que l'art. 508 est bien assez rigoureux sans en exagérer la sévérité par l'inter-

---

(1) Cass., 24 août 1836; Dalloz, *Rép.*, n. 694; Cass., 4 juill. 1855 (S.V.56.1.40); Renouard, t. 2, p. 26.

prétation. C'est dans ce sens que s'est prononcée la jurisprudence ; elle a décidé que la renonciation doit être expresse et formelle (1).

1785. Le créancier dont toutes les créances sont garanties par une hypothèque, un privilége ou un gage, peut, ainsi que nous l'avons dit tout à l'heure, renoncer au bénéfice de cette garantie et est assimilé alors à un simple créancier chirographaire ; la loi lui reconnaît les mêmes droits qu'à tous les créanciers de cette catégorie ; et elle n'avait nul besoin d'énoncer une semblable règle ; mais elle a dit, d'une manière expresse, que le seul fait d'agir, non plus comme simple consultant, mais comme délibérant, et de prendre part au vote sur le concordat, emporte de plein droit la perte du privilége ou de l'hypothèque, et novation de la creance. Le texte est positif et aucune distinction particulièrement n'est à faire, quel que soit le rang de l'hypothèque et la valeur réelle du surcroît de garantie qui appartient au créancier. Aussi importe-t-il que les noms des créanciers hypothécaires ou privilégiés qui ont pris part au vote soient inscrits sur le procès-verbal. Cette constatation assure à chacun des intéressés le bénéfice de l'art. 508 (2).

1786. « Un créancier hypothécaire ou privilégié, dit M. Bravard-Veyrières, ne pourra-t-il donc jamais prendre part au concordat sans perdre absolument son privilége ou son hypothèque ? D'un côté, il paraît inique d'exclure de toute participation au concordat le créancier hypothécaire, car il est possible que son hypothèque ne lui procure en définitive que le paiement d'une très-faible partie de sa créance, et pour l'excédant il est véritablement dans la même position que tous les autres créanciers, un simple chirographaire comme eux. D'un autre côté, il paraît impossible de l'admettre à prendre part au concordat et de lui conserver en même temps son hypothèque, car il aurait alors une sûreté dont les autres créanciers seraient dépourvus, et par conséquent son vote n'offrirait pas de garantie pour la masse » (3).

---

(1) Cass., 2 mars 1840 (S.V.40.1.564) ; Douai, 30 juin 1855 (J.P.56.2.494) ; Cass., 4 juill. 1855 (J.P.56.2.473) ; Renouard, t. 2, p. 23.

(2) Bédarride, n. 541.

(3) *Manuel*, p. 565.

Les inconvénients signalés par M. Bravard-Veyrières avaient été aperçus déjà par le Tribunat en 1807; une disposition proposée pour les atténuer au moins ne fut pas adoptée ; de nos jours tous les auteurs les ont également vus, mais la disposition de l'art. 508 leur a paru générale et absolue; et ils enseignent que les créanciers n'ont d'autre alternative que de renoncer absolument, et d'une manière complète, à leur privilége ou hypothèque, ou de s'abstenir de toute participation au vote du concordat (1).

M. Bravard-Veyrières croit que les auteurs ont singulièrement exagéré la portée de l'art. 508, et en ont tiré des conséquences qui lui semblent erronées.

« Est-ce que le créancier, dit-il, qui a, je suppose, une créance hypothécaire de 100,000 fr., ne pourra prendre part au concordat pour aucune portion de cette créance, s'il ne renonce pas complétement à son hypothèque? Mais l'art. 508, entendu ainsi, consacrerait une flagrante iniquité : car il est possible que le créancier ne soit colloqué que pour 50,000 fr. sur le prix de l'immeuble hypothéqué : dès lors, en réalité, il ne sera, pour les autres 50,000 fr., qu'un créancier chirographaire, et il subira comme tel la loi du concordat.

« Quant à moi, je crois fermement que le créancier, en déclarant qu'il renonce à son hypothèque pour 50,000 fr., pourra prendre part au concordat pour ces 50,000 fr., sans compromettre en rien son hypothèque pour les 50,000 autres. Alors, en effet, il sera dans la même position que s'il avait deux créances distinctes, l'une hypothécaire de 50,000 fr., l'autre chirographaire de 50,000 fr.; auquel cas il pourrait, sans aucun doute, prendre part au concordat pour sa créance chirographaire, tout en conservant son hypothèque pour l'autre créance. Aucune disposition de la loi n'enlève, que je sache, au créancier le droit de renoncer pour partie à son hypothèque; et, au moyen de cette renonciation, il se trouve, pour la portion de sa créance à laquelle elle s'applique, exactement dans la même position que tous les créanciers chirographaires : donc il doit avoir les mêmes droits » (2).

(1) Pardessus, n. 1236 ; Renouard, t. 2, p. 23 ; Bédarride, n. 540.
(2) *Manuel*, p. 507 et 508.

Nous partageons, quant à nous, de la manière la plus complète la conviction de M. Bravard-Veyrières, et nous croyons que le savant professeur a donné la véritable explication de l'art. 508. Mais il est bon que l'on sache que la question ne s'est pas encore présentée devant les tribunaux et que la jurisprudence ne s'est pas prononcée.

1787. A d'autres égards, la Cour de cassation a toujours appliqué l'art. 508 d'une manière restrictive. Elle a décidé que la présomption légale de renonciation établie par cet article n'est pas applicable à ceux qui ont voté ou pour qui l'on a voté, sans les conditions de capacité exigées pour la validité d'une semblable renonciation. « Si, en matière de faillite, a dit la Cour, les créances purement chirographaires des mineurs sont comme celles des majeurs assujetties aux conséquences du concordat, consenti ou non pour eux, parce qu'il est obligatoire pour tous, lorsqu'il a été homologué, il n'en peut être ainsi à l'égard de leurs créances hypothécaires, auxquelles le concordat ne peut porter atteinte, et au bénéfice desquelles aucune renonciation ne peut être faite par le tuteur, qui n'a pas capacité pour aliéner les biens et droits du mineur, ni pour consentir une transaction, sans l'observation des formalités prescrites par la loi » (1). En effet, ainsi que le fait observer M. Renouard, on ne peut pas présumer une renonciation tacite, là où une renonciation, même expresse, serait demeurée sans effet (2).

1788. Il est plus embarrassant de décider si la déchéance n'est applicable que dans le cas où l'hypothèque frappe les biens du failli lui-même, et si le créancier chirographaire du failli peut voter, sans craindre l'application de l'art. 508, lorsque l'hypothèque qui lui appartient a été consentie par un tiers, codébiteur ou caution du failli, mais qui n'est pas lui-même en faillite.

Il est difficile d'apercevoir comment les motifs qui ont déterminé la disposition déclarant déchu de ses droits de pri-

---

(1) Cass., 18 juill. 1843 (S.V.43.1.778). — *Sic*, Cass., 2 mai 1840 (S.V.40.1.564).

(2) *Faillites*, t. 2, p. 26.

vilége ou d'hypothèque le créancier qui prend part au concordat peuvent perdre de leur force, lorsqu'il s'agit d'un privilége ou d'une hypothèque portant sur les biens d'un tiers. La disposition de l'art. 508 semble générale et absolue. Dans l'un et l'autre cas, le créancier est assuré de son paiement et vote sur un concordat, dont il ne subira pas la loi. Il y a lieu de supposer que ce privilége ou cette hypothèque ne pourra être exercé par le créancier, sans nuire à la masse, quand il s'agit d'un co-obligé qui n'aurait désintéressé le créancier du failli que sauf à se présenter pour les sommes qu'il aurait ainsi payées à la décharge de celui-ci. Cette opinion paraît avoir été embrassée par M. Pardessus qui, toutefois, n'a pas discuté la question et la résoud seulement d'une manière implicite : « Ainsi, dit-il, le droit de délibérer est refusé aux créanciers dont les créances sont garanties par des hypothèques ou légales ou utilement inscrites. Comme ils trouvent dans ces hypothèques la sûreté de leurs créances, ils pourraient voter sans risques pour eux-mêmes des remises considérables, qui ne seraient supportées que par les seuls créanciers chirographaires. Il en serait de même des créanciers, à qui des *cautions* auraient fourni des *sûretés hypothécaires*. Mais, si ces cautions ont usé du droit qu'elles avaient de se présenter à la vérification, il ne paraît pas qu'on puisse les écarter, puisque dans la réalité elles ont un droit de créance pour ce qu'elles seront tenues de payer » (1).

La jurisprudence a adopté une doctrine contraire; les cours de Rennes et de Caen ont jugé « que la déchéance des droits de préférence et de priorité prononcée par l'art. 508, C. comm., contre les créanciers qui ont assisté au concordat, n'a lieu que relativement aux créanciers pourvus d'hypothèques, de privilége ou de gage sur les biens du failli ». Un pourvoi ayant été formé contre l'arrêt de la Cour de Caen, il a été rejeté, « attendu, porte l'arrêt de la Cour de cassation, que dans toutes les dispositions du Code de commerce qui précèdent l'art. 508, il n'est question des créanciers et de leurs droits que relativement à la personne et aux biens du failli; que c'est dans le même sens que s'expliquent la section 2 du chap. 7 intitulée : *des*

(1) *Droit comm.*, n. 1236.

créanciers nantis de gage et des créanciers privilégiés sur les biens meubles, et la section 3 du même chapitre intitulée : *des droits des créanciers hypothécaires et privilégiés sur les immeubles;* et que les art. 546, 547 et suiv., de ces sections, s'appliquent exclusivement aux gages, priviléges et hypothèques existant sur des biens appartenant au failli ; qu'ainsi l'art. 508, dans l'interdiction de voter au concordat qu'il prononce contre les créanciers hypothécaires, privilégiés ou nantis de gages, et dans la déchéance de leurs hypothèques, priviléges et gages, dont il frappe ceux qui auront voté, ne s'applique qu'aux hypothèques, priviléges et gages existant sur les biens appartenant au failli lui-même, et non aux hypothèques, priviléges et gages conférés et existant sur les biens appartenant à des tiers » (1).

Cette décision devra être suivie, mais elle ne nous semble pas à l'abri de toute critique : soit que l'on se reporte aux termes mêmes de l'art. 508, qui sont généraux et absolus, soit que l'on se reporte aux motifs qui ont fait écrire cette disposition, on est enclin à adopter une opinion contraire à celle qui a prévalu devant la Cour suprême, et nous engageons les créanciers dans cette position à n'agir qu'avec une extrême prudence.

1780. Dans tous les cas où la déchéance est encourue, elle n'est définitive que si le concordat reçoit son exécution. S'il est annulé; si l'homologation est refusée, les créanciers hypothécaires sont relevés des effets de la déchéance et rentrent dans la plénitude de leurs droits. Ils ne sont censés y avoir renoncé qu'en retour des avantages promis par le concordat ; lorsque la réalisation en devient impossible, comme dans tous les contrats synallagmatiques, leur propre obligation s'évanouit et s'efface (2). Il en est autrement lorsque le vote auquel le créancier a pris part est demeuré sans effet et n'a pas eu pour résultat la concession du concordat (3). Il faut admettre dans le premier cas que le concordat n'était pas possible ; le sacri-

(1) Rennes, 31 mars 1849 ; Caen, 27 déc. 1852 ; Cass., 20 juin 1854 (S.V.49.2.440 et 54.1.593).—*Contra*, Poitiers, 20 août 1850 (S.V.53.1.403).

(2) Bédarride, n. 544 ; Dalloz, *Rép.*, vo *Faillites*, n. 701.

(3) Bordeaux, 22 août 1844 (S.V.45.2.287).

fice fait par le créancier était donc sans but et sans cause; dans le second, le but n'a pas été atteint, mais il pouvait l'être et le créancier a fait ce qui était en lui pour y parvenir.

ARTICLE 509.

Le concordat sera, à peine de nullité, signé séance tenante. S'il est consenti seulement par la majorité en nombre, ou par la majorité des trois quarts en somme, la délibération sera remise à huitaine pour tout délai; dans ce cas, les résolutions prises et les adhésions données, lors de la première assemblée, demeureront sans effet.

1700. La loi, en exigeant que le concordat fût signé séance tenante, à peine de nullité, ne s'oppose pas à ce que plusieurs séances, s'il y a lieu, soient employées à en discuter la convenance et les conditions; elle veut seulement que le concordat soit signé dans la séance même où il a été arrêté et voté, sans pouvoir être revêtu de signatures recueillies isolément; il n'y a aucun doute sur ce point (1). Il est certain également que, si le nombre de signatures exigé par la loi avait été recueilli séance tenante, l'adhésion isolée et postérieure d'autres créanciers ne serait plus un vice dans le concordat. Une simple suspension ne devrait pas faire d'une séance unique deux séances distinctes (2).

1701. Si le résultat du vote ne donne pour l'adoption du concordat, que l'une des deux majorités, dont le concours est exigé, la majorité en nombre ou la majorité des trois quarts en somme, la délibération est remise à huitaine pour tout délai, et il doit être procédé à un nouveau vote; la loi nouvelle décide expressément que les créanciers ne sont pas engagés par le vote émis dans la première assemblée; on procède à nouveau; tout ce qui avait précédemment été délibéré et convenu demeure sans effet.

---

(1) Renouard, t. 2, p. 20.
(2) Cass., 13 fév. 1855 (J.P.56.1.57).

Les créanciers qui n'ont pas usé du droit qui leur appartenait, d'assister à la première délibération, peuvent se présenter à la seconde ; il en est de même pour les créanciers dont les droits n'auraient été reconnus que depuis la première délibération (1).

Si à cette seconde assemblée le concordat ne réunit pas la double majorité exigée par l'art. 507, il est définitivement rejeté et toute délibération ultérieure sur cet objet devient impossible.

1702. La loi nouvelle a répété l'expression dont s'était servi l'ancien art. 522, et fixe la seconde assemblée à huitaine *pour tout délai;* cette expression doit-elle être entendue dans ce sens, que le délai de huitaine, qui évidemment ne peut être abrégé, ne peut être prorogé par la majorité même des créanciers délibérants, et que, ce délai expiré, on doit nécessairement former le contrat d'union ? L'affirmation est enseignée par tous les auteurs et adoptée par la Cour de cassation (2). Quoique cette opinion soit rigoureuse, elle paraît être l'expression fidèle de la loi, et le concordat serait nul, s'il était consenti après l'expiration du délai de huitaine. Il faut excepter le cas fortuit ou de force majeure ; il y aurait lieu alors de s'adresser au tribunal pour obtenir par jugement l'indication d'un autre jour (3). En dehors de ces circonstances exceptionnelles et qui semblent sous-entendues de plein droit, le renvoi ne peut être fait à un délai plus long, même en raison de la distance qui existe entre le lieu de la réunion et la demeure de quelques créanciers (4).

La loi n'exige pas une convocation spéciale des créanciers pour la seconde assemblée ; mais il semble plus régulier, à tous égards, que cette convocation soit faite, principalement dans l'intérêt des créanciers qui ne se sont pas présentés.

Cette convocation serait indispensable dans le cas tout à fait exceptionnel où le tribunal aurait déterminé une autre époque que celle qui est indiquée par la loi.

---

(1) Pardessus, n. 1237.
(2) Cass., 6 août 1840 (S.V.41.1.65).
(3) Renouard, t. 2, p. 34.
(4) Bordeaux, 10 mai 1845 (S.V.46.2.316).

ARTICLE 510.

Si le failli a été condamné comme banqueroutier frauduleux, le concordat ne pourra être formé. — Lorsqu'une instruction en banqueroute frauduleuse aura été commencée, les créanciers seront convoqués à l'effet de décider s'ils se réservent de délibérer sur un concordat, en cas d'acquittement, et si, en conséquence, ils surseoient à statuer jusqu'après l'issue des poursuites. — Ce sursis ne pourra être prononcé qu'à la majorité en nombre et en somme déterminée par l'article 507. Si, à l'expiration du sursis, il y a lieu à délibérer sur le concordat, les règles établies par le précédent article seront applicables aux nouvelles délibérations.

ARTICLE 511.

Si le failli a été condamné comme banqueroutier simple, le concordat pourra être formé. Néanmoins, en cas de poursuites commencées, les créanciers pourront surseoir à délibérer jusqu'après l'issue des poursuites, en se conformant aux dispositions de l'article précédent.

1795. Les dispositions contenues dans ces deux articles ne peuvent donner lieu à aucune difficulté.

La loi ne permet la faveur du concordat que comme récompense de la bonne foi présumée du failli : elle devait donc la refuser au banqueroutier frauduleux.

Lorsque des poursuites en banqueroute frauduleuse sont commencées, ce qui doit s'entendre non d'une simple dénonciation, qui peut n'avoir aucun fondement, mais de quelque acte d'instruction émané de la justice, les créanciers ne peuvent consentir un concordat, au moins immédiatement; mais ils sont convoqués afin de décider s'ils veulent se réserver la faculté de l'accorder plus tard, en cas d'acquittement. Si le sursis n'est pas accordé, le concordat par cela seul et de plein droit est définitivement refusé. La délibération doit être prise par la majorité exigée pour le concordat lui-même (C. comm., art. 507).

1794. La loi nouvelle est moins rigoureuse, s'il y a banqueroute simple. « Les faits d'imprudence ou de négligence, qui entraînent la banqueroute simple, disait le rapporteur de la loi, ne défendent pas dans tous les cas de remettre le failli à la tête de ses affaires. » Mais, comme c'est un fait toujours fort grave au moins, s'il y a procédure pendante, les créanciers peuvent, comme nous venons de le dire pour le cas de banqueroute frauduleuse, ne point accorder immédiatement le concordat et surseoir à délibérer jusqu'à l'issue des poursuites. « Ils sont libres néanmoins, dit M. Pardessus, de passer outre. Seulement on doit remarquer, que si la procédure commencée avec le titre de simple banqueroute prenait une autre face et donnait lieu à une condamnation pour banqueroute frauduleuse, le concordat serait annulé » (1).

L'art. 509 serait applicable, pour la délibération relative au sursis, en cas de consentement de l'une des deux majorités seulement (2). Après l'expiration du sursis, la délibération a lieu dans la forme ordinaire.

ARTICLE 512.

Tous les créanciers ayant eu droit de concourir au concordat, ou dont les droits auront été reconnus depuis, pourront y former opposition. — L'opposition sera motivée et devra être signifiée aux syndics et au failli, à peine de nullité, dans les huit jours qui suivront le concordat; elle contiendra assignation à la première audience du tribunal de commerce. — S'il n'a été nommé qu'un seul syndic et s'il se rend oppo-

(1) *Droit comm.*, n. 1233.
(2) Bédarride, n. 554 ; Renouard, t. 2, p. 37.

sant au concordat, il devra provoquer la nomination d'un nouveau syndic, vis-à-vis duquel il sera tenu de remplir les formes prescrites au présent article. — Si le jugement de l'opposition est subordonné à la solution de questions étrangères, à raison de la matière, à la compétence du tribunal de commerce, ce tribunal surseoira à prononcer jusqu'après la décision de ces questions.—Il fixera un bref délai dans lequel le créancier opposant devra saisir les juges compétents et justifier de ses diligences.

1795. Le concordat ne devient définitif et obligatoire qu'après avoir été homologué par le tribunal de commerce, sur la demande de toute partie intéressée.

Tous les créanciers ayant eu droit de concourir au vote peuvent, à ce titre, y former opposition : la loi y ajoute expressément ceux dont les droits ont été reconnus depuis. Les créanciers admis par provision ont qualité pour former opposition, puisqu'ils pouvaient concourir au concordat, mais ils perdraient ce droit, si leur créance venait à être définitivement rejetée. Le doute a pu s'élever pour les créanciers qui avaient adhéré au concordat et dont la signature constatait un consentement contre lequel il semblait, au premier abord, qu'ils ne pouvaient pas revenir ; mais la loi est explicite et ne contient, avec raison sans doute, aucune exception ; tous les auteurs s'accordent en conséquence à leur reconnaître le droit d'opposition, et nous ne pensons pas qu'il faille le limiter, ainsi qu'on l'a fait quelquefois, aux seuls cas où le créancier signataire alléguerait le dol ou la fraude, ou que les causes de l'opposition seraient postérieures au concordat (1). Il faut décider de même, à l'égard du créancier qui a échoué dans une plainte en banqueroute (2).

Les créanciers nantis, hypothécaires ou privilégiés, ne peuvent former opposition, puisqu'ils n'ont pu voter au concordat ;

---

(1) Bédarride, n. 564; Boulay-Paty, n. 272.
(2) Toulouse, 13 mars 1839 (D.P.40.2.9).

le doute a pu exister sous l'ancienne loi (1); mais, s'ils consentent à renoncer expressément à leur garantie spéciale, même postérieurement au vote du concordat, on est d'accord pour décider que, par l'effet de cette renonciation, ils doivent être assimilés aux créanciers chirographaires, dont les droits ont été reconnus depuis le concordat, et comme eux, avoir le droit d'opposition. Il en est de même, aux termes de l'art. 556 ci-après, de ceux qui ne viennent pas en ordre utile, sous la condition d'être privés de tous les effets éventuels et ultérieurs de leurs droits d'hypothèque (2).

Quant aux créanciers dont les créances n'ont été ni vérifiées ni affirmées, ils ne peuvent former opposition, même en l'accompagnant d'une demande pour être reconnus créanciers ; la constatation de leurs droits doit précéder l'opposition (3). Ils n'y seraient pas admis, même en alléguant qu'ils n'ont pas reçu de circulaire ni de lettres de convocation ; il faut décider que les affiches et les publications dans les journaux suffisent pour rendre la faillite de notoriété publique ; ou parce que le retard dans la vérification provenait de contestations élevées par les syndics ; et à plus forte raison, si la non-vérification doit être attribuée à la négligence même du créancier (4).

1796. L'opposition doit être motivée ; mais le vœu de la loi est rempli quand le créancier déclare s'en référer aux motifs déduits par lui au procès-verbal de l'assemblée, puisqu'il est constant que cet acte est connu du failli, des syndics et de tous les créanciers (5). Elle doit être notifiée aux syndics et au failli, dans les huit jours qui suivront le concordat, à peine de nullité. Ce délai est de rigueur. Il n'est point augmenté à raison des distances. Il court contre toute personne, les mineurs, les interdits, les femmes mariées, sauf leur recours, s'il y a lieu ; il est opposable aux créanciers qui ont pris part à la délibération, comme à ceux qui étaient absents, et à ceux dont

---

(1) Cass., 21 déc. 1840 (S.V.41.1.313).

(2) Renouard, t. 2, p. 41 ; Bédarride, n. 568.

(3) Colmar, 26 mai 1840 (D.P.41.2.49) ; Pardessus, n. 1239. — *Contrà*, Bédarride, n. 560.

(4) Bordeaux, 27 juin 1832 ; Cass., 12 janv. 1831 ; Dalloz, *Rép.*, n. 736 et 737.

(5) Caen, 20 fév. 1822 ; Dalloz, *Rép.*, n. 732 ; Renouard, t. 2, p. 43.

les créances n'ont pas été vérifiées, même par suite de contestations élevées par les syndics, sauf à eux à se faire admettre par provision, et sans qu'une exception à cette règle puisse être introduite en faveur de ceux qui, à raison de droits particuliers auxquels ils prétendaient, semblaient n'avoir aucun intérêt à attaquer le concordat (1). Le délai court indépendamment de toute signification faite aux créanciers mêmes qui n'ont pas signé le concordat (2). Ces règles sont acceptées par tous les auteurs, et quelques arrêts qui semblent y faire exception ne doivent pas être suivis (3).

L'opposition dont il est question dans le paragraphe qui précède est celle qui s'appuie sur ce que le concordat est irrégulier et sur l'inobservation des formalités prescrites par la loi, ou leur accomplissement incomplet, parce que le bilan, par exemple, n'aurait pas présenté la véritable situation active et passive, par suite de l'omission qui aurait été faite des immeubles. « Quel que soit le motif de cette omission, dit un arrêt de la cour de Besançon, il en résulte que les créanciers n'ont pas été complétement informés, comme ils auraient dû l'être, des ressources de leur débiteur; à la vérité, les immeubles dont il s'agit sont grévés d'hypothèques qui en diminuent la valeur, mais sous aucun prétexte on ne peut autoriser un failli à dissimuler dans le bilan qu'il dépose une partie quelconque de son actif » (4).

Mais le délai de huitaine cesse de pouvoir être invoqué quand le créancier allègue des faits de dol ou la fraude, découverts depuis la signature du concordat; l'art. 518 de la loi actuelle semble lever toute incertitude à cet égard : « Si, lorsque le dol a été découvert après la huitaine du concordat, dit M. Renouard, et avant l'homologation, l'opposition n'était plus recevable, il y aurait impunité pour le dol découvert depuis cet intervalle: car, d'une part, l'opposition ne serait plus

(1) Cass., 26 avril 1820, 12 janv. 1831 (S.V.31.1.70); *Id.* 27 mars 1838 (S.V. 38.1.762).

(2) Rouen, 14 avril 1813.

(3) Paris, 2 déc. 1831 ; Colmar, 26 mai 1840 ; Dalloz, *Rép.*, n. 735.

(4) Besançon, 29 nov. 1843 ; Dalloz, *Rép.*, n. 673. V. Paris, 22 mars 1838 ; Dalloz, *Rép.*, n. 683.

recevable à cause de l'expiration du délai ; et, d'autre part, l'action en nullité ouverte par l'art. 518 ne serait pas recevable, parce que le dol aurait été découvert avant l'homologation » (1).

La Cour de Riom nous paraît, comme à M. Dalloz, avoir été trop loin, en rejetant l'opposition, par cela seul que les faits de dol ou de fraude auraient pu être connus des opposants, et qu'ils ne les avaient ignorés que faute par eux d'assister à la vérification des créances ; mais l'arrêt est justifié, parce qu'il constate en même temps que les présomptions de fraude alléguées ne présentaient point le caractère de gravité, de précision et de concordance voulu par la loi (2) : en effet, une simple allégation ne peut suffire pour arrêter l'homologation.

L'opposition doit contenir assignation à la première audience, mais sous la réserve des règles établies par le Code de procédure civile, qui exige un délai d'un jour au moins, et qui ne compte dans le délai des ajournements, ni le jour de l'assignation, ni celui de l'échéance (C. pr. civ., art. 416 et 1033) ; la nullité de l'assignation entraînerait la nullité de l'opposition (3).

La loi règle la marche à suivre dans le cas où le seul syndic nommé forme opposition au concordat ; il faudrait décider que ce syndic opposant conserverait son droit, du moment qu'il a provoqué son remplacement dans le délai de huitaine, et signifié son opposition au failli ; il ne peut pas être tenu de faire l'impossible, ni avoir un délai plus court que celui qui est accordé à tous les créanciers (4).

1707. Le quatrième paragraphe a modifié les règles de compétence consacrées par l'ancienne loi, et le tribunal de commerce, dans tous les cas, est appelé à juger les oppositions au concordat ; il se borne à surseoir, si sa décision doit

(1) *Faillites*, t. 2, n. 44 et s. ; Lainné, p. 230 ; Caen, 18 août 1814 ; Rouen, 8 juin 1818 ; Lyon, 1er août 1825 ; Dalloz, *Rép.*, n. 738. V. Bordeaux, 5 juill. 1833 ; Dalloz, *Rép.*, n. 739.

(2) Cass., 27 mars 1838 ; Riom, 20 juill. 1840 ; Dalloz, *Rép.*, n. 742 et 741.

(3) Paris, 7 juill. 1840 (D.P.40.2.224).

(4) Renouard, t. 2, p. 45 et s. — *Contrà*, Pardessus, n. 1240.

être subordonnée à la solution de questions étrangères par leur nature à la compétence commerciale, telles que des questions d'état ou des questions administratives; mais c'est à lui que revient toujours en définitive la connaissance de l'opposition: « Le jugement des oppositions, disait M. Tripier à la Chambre des pairs, et de tous les incidents qui s'y rattachent, appartient au tribunal de commerce, sauf les questions pour lesquelles son incompétence serait absolue à raison de la matière. » Le retard ne peut être indéfini, et le tribunal, en prononçant le sursis, fixera un bref délai dans lequel le créancier opposant devra saisir les juges compétents; s'il ne justifiait pas de ses diligences, il devrait être passé outre. Il est entendu qu'il ne peut être fixé un délai dans lequel les juges, saisis de l'exception, devront statuer; ce n'est qu'au créancier que le tribunal de commerce doit imposer une obligation.

La loi, en disant que le créancier opposant *devra saisir* les juges compétents, semble indiquer qu'il n'est point nécessaire dans ce cas que l'instance soit déjà pendante (1).

ARTICLE 513.

L'homologation du concordat sera poursuivie devant le tribunal de commerce, à la requête de la partie la plus diligente; le tribunal ne pourra statuer avant l'expiration du délai de huitaine, fixé par l'article précédent. — Si, pendant ce délai, il a été formé des oppositions, le tribunal statuera sur ces oppositions et sur l'homologation par un seul et même jugement. — Si l'opposition est admise, l'annulation du concordat sera prononcée à l'égard de tous les intéressés.

1798. A toutes les garanties que nous avons énumérées jusqu'ici, accordées à la minorité que le concordat oblige, la loi en a ajouté une autre, c'est l'approbation du tribunal, qui

(1) *Contrà*, Dalloz, *Rép.*, v° *Faillite*, n. 750.

seule rendra le concordat obligatoire; toute personne intéressée peut poursuivre l'homologation, le failli, les syndics ou un créancier; mais le tribunal ne peut statuer avant l'expiration du délai de huitaine, accordé par l'article précédent pour former opposition.

Si pendant ce délai des oppositions ont été formées, un seul jugement statuera sur ces oppositions et sur l'homologation : en effet, on a dit avec raison que la décision de l'une de ces questions commande l'autre ; en admettant l'opposition, le tribunal rejette le concordat ; en homologuant le concordat, il repousse l'opposition ; mais il pourrait, ainsi que nous le verrons sous l'art. 515, repousser tout à la fois l'opposition, et refuser l'homologation par d'autres motifs que ceux qui sont déduits dans l'opposition.

L'homologation est prononcée sur simple requête, et sans que la partie qui la demande soit tenue d'assigner les autres intéressés.

L'homologation pouvant être poursuivie par toute partie intéressée, failli, syndic, ou créancier agissant individuellement, l'autorisation du juge-commissaire n'est pas nécessaire au syndic qui veut se pourvoir, et il peut agir sans le concours des autres syndics (1).

Si l'opposition est admise, et le concordat par suite annulé, cette annulation est prononcée, non à l'égard de l'opposant seulement, mais de tous les intéressés.

Le jugement du tribunal de commerce, soit sur l'opposition, soit sur la demande d'homologation, est susceptible d'appel (*infrà*, n. 1802); mais l'appréciation des motifs faite par les juges du fond est souveraine et ne peut être réformée par la Cour de cassation (2).

ARTICLE 514.

Dans tous les cas, avant qu'il soit statué sur l'homologation, le juge-commissaire fera au tribunal de

---

(1) Paris, 28 août 1855 (J.P.55.2.90).

(2) Cass., 14 mai 1839 (S.V.39.1.699).

13.

commerce un rapport sur les caractères de la faillite et sur l'admissibilité du concordat.

1799. La disposition de cet article est une garantie nouvelle ajoutée à tant d'autres pour éviter que la religion du tribunal puisse être surprise. Quoique cette opinion semble rigoureuse, nous croyons que cette formalité est substantielle, tout aussi bien que toutes les autres qui doivent précéder l'homologation, et que son omission entraîne la nullité du jugement (1), même dans le cas où le juge-commissaire a siégé parmi les juges qui ont prononcé ; mais la Cour de cassation a décidé « que la loi n'impose pas au juge d'appel en cette matière l'obligation de ne juger, comme le juge de première instance, que sur la production du rapport du juge-commissaire; qu'elle n'exige pas même que ce rapport soit fait par écrit » (2).

ARTICLE 515.

En cas d'inobservation des règles ci-dessus prescrites, ou lorsque des motifs tirés, soit de l'intérêt public, soit de l'intérêt des créanciers, paraîtront de nature à empêcher le concordat, le tribunal en refusera l'homologation.

1800. « Cet article, dit M. Renouard, et par son principe et ses effets, diffère essentiellement de l'ancien art. 526 qu'il remplace. Dans le système de l'ancien Code, le jugement sur les oppositions au concordat appartenait tantôt aux tribunaux de commerce, tantôt aux tribunaux civils. Pour faire valoir leur opposition, les opposants invoquaient soit des moyens de fond, soit des moyens tirés de l'inobservation des formalités prescrites par la loi. Le jugement que le tribunal de commerce avait à rendre sur l'homologation ne venait qu'ensuite. Ce tri-

---

(1) Renouard, t. 1er, p. 55 ; Bédarride, n. 579 et 587; Dalloz, *Rép.*, vº *Faillites*, n. 765; Douai, 23 déc. 1839 (D.P.41.2.43). —*Contra*, Besançon, 29 nov. 1843; Dalloz, *Rép.*, n. 673.

(2) Cass., 2 mai 1853 (S.V.53.1.403).

bunal n'avait plus à s'enquérir si les formalités, même les plus essentielles, avaient été observées ; il ne lui restait qu'à garantir l'exécution de la disposition qui prohibait tout concordat en cas de présomption de banqueroute, et il ne recevait le pouvoir de refuser l'homologation que pour une seule hypothèse, celle de l'inconduite ou de la fraude du failli. Ce refus ainsi borné dans ses causes entraînait comme conséquence nécessaire la prévention de banqueroute ; et le tribunal de commerce, en le prononçant, ne remplissait d'autre office que de délaisser à la justice pénale, comme par un premier acte d'instruction, un prévenu de délit ou de crime.

« Ce système n'était ni assez indulgent ni assez sévère » (1).

Sous la loi nouvelle, le tribunal de commerce, désormais seul compétent, a une mission plus étendue et une appréciation plus libre. Il doit en premier lieu, dans le cas même, bien entendu, où aucune opposition n'est formée, s'assurer que toutes les formalités exigées par la loi ont été remplies, et, ce point admis, examiner avec une entière liberté d'appréciation, et sans que sa décision ait d'autre effet que le rejet du concordat et s'étende à la personne du failli, si des motifs tirés soit de l'intérêt public, soit de l'intérêt des créanciers, lui paraissent de nature à faire refuser l'homologation.

M. Renouard a essayé d'établir des règles précises sur la conduite à tenir par le tribunal, en cas d'inexécution des formalités ; toutes les prescriptions contenues depuis l'art. 507 lui paraissent imposées à peine de nullité; il n'en est pas de même à l'égard des formalités antérieures, qui ne sont atteintes, dit-il, par l'art. 515 qu'en le combinant avec l'art. 507 (2). Il est difficile à la doctrine de circonscrire d'une manière bien rigoureuse le pouvoir d'appréciation qui appartient en toute circonstance aux tribunaux ; le texte semble positif, mais, si l'irrégularité ou l'omission n'a pas eu pour résultat d'enlever aucune garantie légitime, que les droits des créanciers aient été complétement exercés, sans doute le tribunal passera outre.

---

(1) *Faillites*, t. 2, p. 56.

(2) *Id.* p. 58 et s.

Quand le tribunal refuse l'homologation par des motifs tirés de l'intérêt public ou de l'intérêt des créanciers, son appréciation peut moins encore recevoir une limite tracée d'avance; il a un pouvoir discrétionnaire et souverain (1); et il n'est même pas lié par les décisions des autres tribunaux criminels ou civils, sauf le cas de banqueroute frauduleuse, qui apporte au concordat un obstacle absolu.

1801. Faut-il établir une distinction entre les effets produits par la décision du tribunal, selon que le refus d'homologation a été déterminé par l'inobservation des règles prescrites, ou par des motifs tirés soit de l'intérêt public, soit de l'intérêt des créanciers?

L'art. 529, que nous verrons ci-après, déclare que, « s'il n'intervient point de concordat, les créanciers seront de plein droit en état d'union » ; et M. Renouard, conformément à la doctrine d'un arrêt de la Cour de Rouen, décide qu'il résulte manifestement de ce texte que le failli n'est jamais recevable à présenter à l'homologation un concordat nouveau (2).

La Cour de cassation, conformément aux conclusions développées devant elle par M. Roulland, a admis une doctrine contraire; elle a décidé que l'état d'union dans lequel se trouvent les créanciers par le refus d'homologation n'est qu'un état provisoire ; que la déclaration faite par l'autorité judiciaire en proclamant, en conséquence du refus d'homologation, les créanciers en état d'union, disposition sans doute inutile et surérogatoire, n'implique nullement pour le failli l'impossibilité d'obtenir un nouveau concordat susceptible d'être homologué par la justice.

L'art. 529 ne nous semble pas suffisant pour résoudre la question ; il se borne à déclarer un fait, c'est que les créanciers se trouvent en état d'union et doivent procéder en conséquence, mais non que cet état est définitif. L'art. 515 énonce seulement dans quels cas les tribunaux peuvent refuser l'homologation, mais il ne s'explique pas sur les conséquences de ce refus.

---

(1) Cass., 2 mai 1853 (S.V.53.1.403).

(2) *Faillites*, t. 2, p. 126.—*Sic*, Rouen, 3 mai 1846 (S.V.47.2.561); Alger, 15 mai 1854 (D.P.55.2.52) ; Bédarride, n. 718.

« Nous pensons, dit M. Pardessus, que si le tribunal s'était décidé uniquement par la considération que les formalités n'ont pas été remplies, il pourrait ordonner une nouvelle convocation des créanciers » (1). Le tribunal, selon nous, ne devrait pas prendre cette initiative ; mais toute personne intéressée pourrait provoquer la régularisation exigée, et le concordat être de nouveau soumis au tribunal.

Dans le cas prévu par l'art. 509, et lorsque le concordat proposé par le failli n'a pu obtenir les deux majorités exigées par la loi, c'est une disposition toute de faveur que d'avoir permis qu'il pût en appeler à une autre assemblée d'un refus qui aurait dû être définitif : la loi pouvait donc imposer une condition rigoureuse à peine de déchéance; c'est le délai de huitaine.

Si le concordat consenti par les deux majorités n'est pas homologué conformément à l'art. 515, par des motifs tirés soit de l'intérêt public, soit de l'intérêt des créanciers, le refus doit encore être considéré comme péremptoire.

Mais nous croyons qu'il doit en être autrement, conformément à la doctrine de la Cour de cassation et à celle de M. Pardessus, lorsque la majorité des créanciers désire qu'un concordat soit accordé au failli et que l'homologation n'a été refusée que pour vices de forme; parce qu'il y a eu erreur dans le calcul des majorités obtenues lors de la première assemblée ; que la femme du failli a consenti à tort des sacrifices qui portent atteinte à ses droits dotaux ; et dans tous les cas enfin où les motifs qui ont déterminé le refus ne sont pas personnels au failli ni fondés, nous le répétons, sur l'intérêt public, ou sur celui des créanciers, et aucun texte ne s'oppose à ce que cette opinion soit suivie : « les faillites intéressant l'ordre public, disait-on devant la Cour de Rouen, il faut à la volonté des contractants joindre la volonté de la justice. Or, cette dernière ne permet pas aux tribunaux de donner leur sanction au concordat, s'il existe certains obstacles. Mais, si ces obstacles ne sont point permanents de leur nature et s'ils viennent à disparaître, pourquoi ne pas permettre aux créanciers de dé-

(1) *Droit comm.*, n. 1244.

cider s'ils doivent ou non contracter avec le failli ? Pourquoi, si la majorité trouve qu'un concordat est dans son intérêt, permettre que cette majorité voie ses intérêts compromis par le mauvais vouloir d'une minorité tracassière ? La justice accepte ou rejette le concordat ; mais avant tout, elle laisse la volonté des créanciers se manifester et elle ne s'oppose à cette volonté qu'autant qu'il existe un obstacle légal. Dès que cet obstacle n'existe plus, on ne saurait donc se prévaloir d'aucune raison plausible pour imposer aux créanciers un contrat d'union qui, selon eux, compromet leurs intérêts ». Il faut dire que non-seulement il n'existe pas contre cette opinion de texte prohibitif, mais que les art. 522 et 524 présentent des analogies dans le sens de l'admission d'un nouveau concordat et s'appliquent à des cas où il y a eu faute de la part du failli.

Le tribunal reste toujours maître de refuser, s'il le juge à propos, et par d'autres motifs, l'homologation qui lui est de nouveau demandée.

1802. L'appel doit être recevable contre le jugement qui statue sur l'homologation ; mais il est nécessaire d'établir des distinctions.

Le tribunal statue : 1° ou sur une simple demande d'homologation; 2° ou sur la demande et les oppositions faites au concordat.

1° S'il n'y a pas eu opposition, et que le tribunal accorde l'homologation, personne ne peut appeler ; permettre l'appel dans ce cas, ce serait rendre évidemment illusoire la disposition de l'art. 512 ci-dessus, qui prononce la déchéance après le délai de huitaine, puisqu'au lieu de l'opposition chaque créancier aurait l'appel qui atteindrait le même but. Il est présumé de plein droit avoir adhéré et obtenu par le jugement d'homologation le profit de sa demande. Toutefois, le délai de l'art. 512 n'étant pas opposable au créancier qui invoque le dol ou la fraude, l'appel pour ces faits découverts depuis le jugement serait recevable. Il faut même admettre que l'appel serait également recevable, si l'appelant soutenait que le jugement a été irrégulièrement ou incompétemment rendu, mais le demandeur ne pourrait contester le concordat, ni s'opposer à son homologation.

Si le tribunal, au contraire, refuse l'homologation, par identité de motifs, et tous les créanciers étant supposés y avoir adhéré, l'appel serait recevable de leur part, de celle des syndics et de celle du failli.

2° S'il y a eu opposition et que le tribunal accorde l'homologation, les créanciers opposants seuls peuvent appeler; les autres sont censés avoir adhéré et obtenu ce qu'ils désiraient. C'est la même règle que nous avons enseignée tout à l'heure, sauf le droit réservé aux opposants.

Si le tribunal refuse l'homologation, les créanciers opposants seuls, au contraire, ne peuvent appeler, puisque leurs conclusions ont été admises; et le droit d'appeler appartient tant au failli qu'à tout créancier ayant adhéré au concordat ou non comparant.

Si l'opposition a été formée par les syndics, ils représentent tous les créanciers, à l'exception de ceux qui les auraient formellement contredits, et auraient conclu à l'homologation (1).

L'art. 582 ci-après a fixé à quinze jours le délai d'appel de tout jugement rendu en matière de faillite.

1803. Le pouvoir du tribunal auquel est soumis un concordat se borne à l'homologuer ou à le rejeter; mais il ne peut, en aucune manière, le modifier et changer les conditions d'un contrat qui émane du libre consentement des créanciers et du failli (2); il ne saurait, du reste, sans déni de justice, refuser de statuer.

Les créanciers n'ont en aucun cas le droit de former tierce opposition (3). Ils ne peuvent pas non plus attaquer le jugement par la voie de l'opposition; ils n'ont d'autre recours que l'appel (4).

M. Renouard pense qu'un tribunal français ne pourrait rendre obligatoire le concordat conclu à l'étranger (5); mais il semble difficile, en l'absence de toute disposition légale prohibi-

---

(1) Pardessus, n. 1245; Renouard, t. 2, p. 62 et s.; Bédarride, n. 585.

(2) Nancy, 6 juin 1846 (D.P.46.2.198); Paris, 23 fév. 1839 (S.V.39.2.135).

(3) Douai, 17 fév. 1849 (S.V.49.2.684).

(4) Paris, 28 avril 1855 (S.V.55.2.716); Bédarride, n. 586.

(5) *Faillites*, t. 2, p. 65.—*Sic*, Massé, t. 2, n. 128 et 316; Boileux sur Boulay-Paty, n. 618.

tive, de poser une exception pour les contrats et les jugements en matière de faillite : les principes généraux devraient être appliqués, sauf aux tribunaux français à n'ordonner l'exécution qu'en parfaite connaissance de cause (1).

---

§ II. — Des effets du concordat.

ARTICLE 516.

L'homologation du concordat le rendra obligatoire pour tous les créanciers portés ou non portés au bilan, vérifiés ou non vérifiés, et même pour les créanciers domiciliés hors du territoire continental de la France, ainsi que pour ceux qui, en vertu des articles 499 et 500, auraient été admis par provision à délibérer, quelle que soit la somme que le jugement définitif leur attribuerait ultérieurement.

1804. Le concordat a pour effet de libérer complétement le failli de toute la portion de sa dette, dont ce traité lui fait remise, en ce sens qu'il n'a plus à craindre aucune poursuite, aucune voie d'exécution, ni contre ses biens, ni contre sa personne ; et conformément à ces principes, la Cour de cassation a cassé un arrêt par lequel la totalité d'une créance appartenant à un failli avait été déclarée compensée avec une créance d'égale somme contre ce failli, non échue au moment de la faillite ; la compensation n'avait pu s'opérer que jusqu'à concurrence de la quotité à laquelle la dette du failli avait été réduite par l'effet du concordat (2).

On a vivement discuté le point de savoir si le failli, venant à la succession d'un de ses créanciers, est dispensé de faire rapport de la portion de sa dette, dont le concordat lui a fait remise ; la Cour de cassation s'est prononcée pour la néga-

---

(1) Fœlix, *Droit internat.*, p. 417 ; Lainné, p. 254 et s. ; St-Nexent, p. 446 ; Dalloz, *Rép.*, v° *Faillites*, n. 777.

(2) Cass., 24 nov. 1841 (S.V.42.1.80) ; Renouard, t. 2, p. 72.

tive (1), et sans doute avec raison ; la remise accordée par le concordat n'est pas une libéralité, c'est une transaction (2).

Toutefois la loi n'en laisse pas moins subsister la dette à un autre point de vue ; elle ne la considère même pas simplement comme constituant une obligation naturelle, qui ne permettrait pas la répétition, si elle était volontairement acquittée : la loi va plus loin et exige le paiement de la portion de dette remise, comme condition pour accorder la réhabilitation ; et jusque-là le caractère de failli, et les incapacités qui en résultent, restent attachés à la personne du débiteur. Dans ces limites, le concordat devient, par l'homologation, obligatoire contre tous les créanciers ; la loi nouvelle est assez explicite pour qu'il ne soit plus permis de douter que son effet est général.

Les droits de gage, de privilége, d'hypothèque, ne sont pas affectés par le concordat, et peuvent être exercés librement par les créanciers à qui ils appartiennent ; mais le concordat serait obligatoire pour eux, si leur garantie spéciale devenait insuffisante, en ce qui touche la partie de leurs créances dont ils ne seraient pas payés : ils devraient concourir avec la masse des créanciers.

Le concordat ne permettrait plus, en outre, aux créanciers, même hypothécaires, d'exercer la contrainte par corps, si elle résultait de leur créance (3) ; mais si, par suite du stellionat de son débiteur, le créancier se trouvait privé de l'hypothèque sur laquelle il avait dû compter, le concordat ne lui enlèverait pas le droit spécial que lui accorde l'art. 2059 du C. Nap., et il pourrait exercer la contrainte par corps contre son débiteur, même concordataire (4).

Il n'est pas douteux, du reste, qu'en ce qui concerne les engagements nouveaux pris par le failli dans le concordat, la contrainte par corps ne lui soit applicable (5). Nous ne

---

(1) Cass., 22 août 1843, 17 avril 1850 (S.V.50.1.510).

(2) Bravard-Veyrières, p. 575.

(3) Bourges, 7 mai 1852 (S.V.53.2.388).

(4) Cass., 28 janv. 1840 (S.V.40.1.105) ; Paris, 18 nov. 1843 (S.V.44.2.22) ; Bédarride, n. 978 et s.; Esnault, n. 578.—*Contrà*, Renouard, n. 71.

(5) Bordeaux, 6 déc. 1837 (D.P.39.2.103); Paris, 11 août 1843 (S.V.43.2.546).

pouvons faire exception pour les dividendes afférents aux créances civiles. « Lorsque la dette est civile, dit M. Esnault, la faillite n'a pas la vertu de lui donner une garantie qu'elle ne comportait pas auparavant » (1) ; et cet auteur refuse, par suite, au créancier l'exercice de la contrainte par corps. La Cour d'Alger a dit également : « Le concordat n'opère pas novation et ne saurait changer la nature de la dette, qui est toujours restée purement civile, ni par conséquent la compétence du tribunal qui doit en connaître » (2). Ces règles ne peuvent être suivies ; la loi des faillites a voulu rendre égale la condition de tous les créanciers, et il est bien juste, puisque les créanciers civils ont subi les conditions de la loi commerciale, qu'ils en obtiennent au moins les garanties (3), et sauf le cas, bien entendu, où le failli aurait été formellement affranchi de la contrainte par corps par une clause spéciale du concordat (4).

Les arrérages d'une rente viagère seraient soumis, comme toute autre dette, à la réduction proportionnelle accordée par le concordat (5).

Le concordat ne serait pas opposable à celui dont la dette a pris naissance depuis la faillite ; les sommes indûment payées à la masse de la faillite peuvent être intégralement répétées, nonobstant le concordat accordé depuis au failli (6).

Le concordat doit être restreint à la personne même du failli qui a traité et à ses créanciers ; il ne peut profiter à tout autre, ni être opposé à d'autres créanciers. Mais il forme entre le failli et ses créanciers une sorte de transaction, qui ne lui permet plus d'attaquer aucune des créances comprises dans le traité, s'il ne peut alléguer ou erreur sur la personne, ou erreur sur l'objet de la contestation (7); il ne faut pas ou-

---

(1) Esnault, n. 453.—*Sic*, Paris, 22 juin 1844 (S.V.45.2.593).

(2) Alger, 19 sept. 1851 (S.V.53.2.207).

(3) *Faillites*, t. 2, p. 68.

(4) Cass., 9 déc. 1842 et 3 janv. 1844.

(5) Cass., 22 mars 1847 (S.V.47.1.433); Renouard, t. 2, p. 70.

(6) Cass., 2 janv. 1849 (D.P.49.1.85).

(7) Dalloz, *Rép.*, v° *Faillites*, n. 807; Cass., 23 avril 1834 (D.P.34.1.179).—*Contra*, Bédarride, t. 2, n. 594.

blier, en outre, que les actes consentis par le failli, pendant qu'il est frappé de dessaisissement, ne sont nuls que quant à la masse, et que lui-même est lié par ces actes. Mais le contrat passé entre ses créanciers et lui ne peut lui être opposé par des tiers, et le failli conserve tout pouvoir de réclamer contre l'un de ses créanciers le paiement d'une dette omise dans le bilan (1).

ARTICLE 517.

L'homologation conservera à chacun des créanciers, sur les immeubles du failli, l'hypothèque inscrite en vertu du troisième paragraphe de l'article 490. A cet effet, les syndics feront inscrire aux hypothèques le jugement d'homologation, à moins qu'il n'en ait été décidé autrement par le concordat.

1805. Lorsque le concordat passé entre les créanciers et le failli a été homologué, le jugement d'homologation doit être inscrit au bureau des hypothèques, pour conserver aux créanciers individuellement l'hypothèque prise au nom de la masse, en vertu de l'art. 490 ; en effet, l'homologation du concordat mettant fin à l'existence de la masse, l'hypothèque tomberait par cela seul que l'être collectif au profit duquel elle a été prise n'existe plus, si la loi n'avait eu la précaution d'en conserver les effets au profit individuel de chacun des créanciers (2). Les syndics sont chargés de ce soin, à moins que les conditions du concordat n'en aient affranchi les immeubles du failli.

L'homologation a donc pour effet de convertir les créances chirographaires en créances hypothécaires ; cette hypothèque n'a rang que du jour de l'inscription ; elle ne donne pas aux créanciers, par conséquent, le droit de concourir avec les anciens créanciers hypothécaires, qui nécessairement les précèdent ; mais cette inscription leur assure les avantages de cette

---

(1) Bordeaux, 27 janv. 1846 (D.P.46.2.287).

(2) Renouard, t. 2, p. 80.

espèce de créances à l'égard de tous les créanciers postérieurs à la faillite.

En cas de négligence des syndics, il n'est pas douteux que tout créancier a le droit de faire opérer l'inscription dans son intérêt; mais, dans aucun cas, il n'obtiendrait par ce moyen un rang plus avantageux; l'hypothèque prise en vertu du jugement d'homologation aura le même rang et la même date pour tous les créanciers de la masse; la diligence plus ou moins grande ne peut être dans cette circonstance d'aucune utilité.

« Cette inscription, dit M. Pardessus, est requise individuellement au profit de chaque créancier dénommé au procès-verbal d'admission des créances » (1). Nous pensons toutefois qu'il serait impossible d'attaquer la validité de l'inscription du jugement d'homologation avec simple indication des noms de tous ceux auxquels elle doit profiter, de la somme qui leur est due et de l'époque de son exigibilité (2); c'est l'exécution littérale de l'art. 517.

Les créanciers inconnus ne profitent pas de cette inscription; les prescriptions de la loi, en ce qui concerne les hypothèques, ne peuvent être remplies à leur égard, et ils ont d'ailleurs à s'imputer l'impossibilité où ils ont mis les syndics d'agir pour eux (3); mais l'inscription devrait être prise au nom des créanciers domiciliés hors de France qui sont encore dans les délais.

S'il existe des créanciers admis provisoirement et sur la créance desquels il n'ait pas encore été statué, nous pensons qu'ils doivent être inscrits pour la somme entière qu'ils réclament; mais, dans tous les cas, il y aurait lieu de faire rectifier le chiffre en vertu du jugement définitif, pour tout créancier qui s'est présenté, ou de faire une inscription nouvelle, s'il n'avait pas été admis provisoirement.

Cette hypothèque est soumise à la péremption ordinaire de dix ans et doit, en conséquence, être renouvelée avant l'expiration de ce délai (C. Nap., n. 604).

---

(1) *Droit comm.*, n. 1248.

(2) Dalloz, *Rép.*, vº *Faillites*, n. 838.

(3) Pardessus, n. 1248; Bédarride, n. 604.

En résumé, nous croyons que l'inscription doit être prise au nom de tous les créanciers admis, au nom de tous les créanciers portés au bilan qui sont encore dans les délais de la vérification, tels que ceux qui sont domiciliés hors de France ; au nom de tous les créanciers, portés ou non sur le bilan, qui se sont présentés et n'ont pas été définitivement rejetés par jugement; dans tous les cas, le jugement rendu donne au créancier qui a réclamé en temps utile le droit de se faire inscrire au même rang et à la même date que tous les autres créanciers admis; le résultat a prouvé que c'est à tort que sa prétention n'avait pas été accueillie.

ARTICLE 518.

Aucune action en nullité de concordat ne sera recevable, après l'homologation, que pour cause de dol découvert depuis cette homologation, et résultant, soit de la dissimulation de l'actif, soit de l'exagération du passif.

1806. Après de longues discussions, dont l'analyse ne présenterait aucune utilité, la loi s'est arrêtée au parti de ne permettre aucune action en nullité que pour cause de dol découvert depuis l'homologation et lorsqu'il résulterait soit de la dissimulation de l'actif, soit de l'exagération du passif, faits qui, l'un et l'autre, constituent la banqueroute frauduleuse; mais les créanciers ne sont pas tenus de porter plainte toutefois ; le concordat est annulé indépendamment de l'action criminelle que le ministère public peut toujours poursuivre.

Cette action en nullité appartient à tous les créanciers, qu'ils aient concouru ou non au concordat ; qu'ils l'aient approuvé ou y aient formé opposition, ou à quelque moment que leurs titres aient été reconnus.

L'action en banqueroute simple est également ouverte, même après l'homologation du concordat, et ne s'éteint que par la prescription ; mais il ne faut pas oublier que le concordat peut être accordé en cas de banqueroute simple : la condamnation ne le ferait donc pas tomber.

L'action civile en nullité contre le concordat entaché de dol et de fraude ne se prescrirait que par dix ans (C. Nap., art. 1304).

Le concordat une fois homologué ne pourrait donc plus être annulé pour vices de formes, inobservation des formalités ou tout autre motif qui aurait suffi pour y former opposition ou empêcher le tribunal d'accorder l'homologation.

ARTICLE 519.

Aussitôt après que le jugement d'homologation sera passé en force de chose jugée, les fonctions des syndics cesseront. — Les syndics rendront au failli leur compte définitif, en présence du juge-commissaire; ce compte sera débattu et arrêté. Ils remettront au failli l'universalité de ses biens, livres, papiers et effets. Le failli en donnera décharge.—Il sera dressé du tout procès-verbal par le juge-commissaire, dont les fonctions cesseront. -- En cas de contestation, le tribunal de commerce prononcera.

1807. Après l'expiration des délais de l'appel; ou, si l'appel a été formé après que la Cour aura prononcé; ou, en d'autres termes, ainsi que le porte le texte, après que le jugement d'homologation sera passé en force de chose jugée, et sera par conséquent définitif, les fonctions des syndics cessent de plein droit et le failli se trouve ressaisi de l'administration et de la libre disposition de tous ses biens, dont il n'a pas fait abandon par le concordat, ainsi que de l'exercice de ses actions; l'universalité de ses biens, livres, papiers et effets, lui est remise en conséquence (1); le failli en donnera décharge; mais les syndics devront préalablement lui rendre compte de leur gestion en présence du juge-commissaire, dont les fonctions cesseront également après qu'il aura dressé procès-verbal de tout ce qui vient d'être dit. Les syndics ne peu-

(1) M. Bravard-Veyrières, p. 573, a relevé une singulière distraction échappée à Pardessus à propos de l'art. 519.

vent être dispensés de rendre compte parce qu'ils se seraient substitué quelqu'un dans l'exécution du mandat qui leur a été confié et sauf, bien entendu, l'obligation de celui-ci de leur rendre compte à eux-mêmes, fût-ce le failli concordataire (1); le failli est obligé de respecter tous les actes valablement accomplis par les syndics, pendant leur gestion, et conformément à leur mandat (2).

S'il s'élève quelque contestation sur l'exécution de cet article; le tribunal de commerce prononcera ; il sera saisi dans la forme ordinaire, par la partie la plus diligente et non plus par le juge-commissaire, dont les fonctions ont cessé. Son concours ne peut plus être nécessaire dans les jugements à rendre (3).

Les principes établis par l'art. 519 devaient avoir pour conséquence nécessaire de rendre au failli l'exercice de toutes ses actions actives et passives ; il a donc qualité pour poursuivre personnellement l'exécution d'un jugement obtenu par ses syndics, comme un interdit relevé de l'interdiction, pour les jugements obtenus par son tuteur (4). Il a même été jugé que l'obligation naturelle sous le poids de laquelle il reste placé après le concordat lui donnait qualité suffisante pour poursuivre le recouvrement de créances qu'il avait abandonnées à ses créanciers et que ceux-ci négligeaient de faire rentrer (5). Mais une observation, d'une importance plus pratique, c'est que les conventions du concordat étant étrangères aux tiers, les débiteurs personnels du failli se libéreraient valablement entre ses mains, et sauf recours, pour le montant des créances qui auraient été cédées par le concordat, si la subrogation consentie par le concordataire n'avait été régulièrement notifiée (6).

Le concordat lie les créanciers aussi bien que le failli, et la masse ne pourrait prétendre à être déchargée sur le failli des obligations contractées par elle dans son propre intérêt (7).

(1) Paris, 14 avril 1831 (S.V.31.2.149).
(2) Cass., 7 mars 1848 (S.V.49.1.140).
(3) Bédarride, n. 625.
(4) Cass., 21 juin 1825, Bordeaux, 16 juill. 1840 (D.P.41.2.2).
(5) Paris, 5 avril 1834 ; Dalloz, *Rép.*, n. 810.
(6) Renouard, t. 2, p. 92.
(7) Cass., 11 fév. 1845 (S.V.45.1.81).

Quelquefois, une des conditions du concordat est que le failli ne reprendra la direction de ses affaires que sous la surveillance de commissaires choisis par ses créanciers et qui peuvent être les mêmes que ceux qui ont rempli les fonctions de syndics. Le contrat règle la nature de leur mission et l'étendue de leurs droits. Le débiteur doit souffrir qu'ils agissent conformément aux pouvoirs qu'ils ont reçus par l'acte auquel il a concouru, sous peine de se voir reprocher qu'il n'exécute pas les conditions du concordat. Mais une telle convention n'apporte aucun changement à ce qui vient d'être dit ; ces commissaires ne tiennent leur pouvoir ni de la loi ni du tribunal ; ils agissent en vertu d'une délégation purement privée, nouvelle et particulière ; le failli n'en est pas moins réputé, à l'égard des tiers, complétement relevé du dessaisissement, et ceux qui ont des actions contre lui ne sont pas tenus de les diriger contre les syndics ou les commissaires (1). Ceux-ci sont de simples mandataires des créanciers et il n'existe entre eux que les rapports de mandant et de mandataire suivant les règles du droit commun (2) ; les termes de l'acte règlent l'étendue de leur responsabilité, comme ils ont réglé l'étendue de leurs pouvoirs.

---

§ III. — De l'annulation et de la résolution du concordat.

ARTICLE 520.

L'annulation du concordat, soit pour dol, soit par suite de condamnation pour banqueroute frauduleuse intervenue après son homologation, libère de plein droit les cautions. — En cas d'inexécution, par le failli, des conditions de son concordat, la résolution de ce traité pourra être poursuivie contre lui devant le tribunal de commerce, en présence des cautions, s'il en existe, ou elles dûment appelées. — La résolution du concordat ne libérera pas les cautions

---

(1) Pardessus, n. 1246.—*Contra*, Bédarride, n. 617.

(2) Caen, 7 août 1819 ; Dalloz, *Rép.*, n. 817.

qui y seront intervenues pour en garantir l'exécution totale ou partielle.

1808. La loi nouvelle a permis que, même après le jugement d'homologation passé en force de chose jugée, et lorsque l'appel ne peut plus être recevable, encore moins l'opposition, pour quelque cause que ce soit, et de la part d'aucune personne, le concordat pût encore, dans les cas limitativement prévus par l'art. 520, être annulé ou résolu. Ces dispositions sont donc tout à fait indépendantes du droit d'opposition et d'appel, dont nous avons parlé sous les art. 512 et 513, et ne peuvent faire double emploi, puisque l'art. 520 n'est applicable que dans le cas où toutes les voies de recours, prévues par les art. 512 et 513 sont fermées, par suite des principes suivis, lorsqu'il y a chose définitivement jugée.

Nous parlerons d'abord des causes d'annulation.

1809. La condamnation pour banqueroute frauduleuse doit être mise en première ligne parmi les causes d'annulation, puisqu'aux termes des art. 510 et 515 cette circonstance devait rendre impossible l'existence d'un concordat ; l'arrêt de condamnation fait tomber le traité de plein droit ; « on ne comprendrait pas, dit M. Renouard, que cette annulation, impérieusement commandée en cas de banqueroute frauduleuse, fût, après l'arrêt de la Cour d'assises, remise en question devant le tribunal de commerce, qui n'aurait plus rien à juger sur un fait judiciairement établi » (1). L'art. 522 vient à l'appui de ce système.

Si l'annulation est demandée conformément à l'art. 518, pour dol résultant soit de la dissimulation de l'actif, soit de l'exagération du passif, elle doit être prononcée par le tribunal ; la loi a voulu réserver dans ce cas l'action civile aux créanciers qui refuseraient de porter plainte en banqueroute frauduleuse.

Dans l'un et l'autre de ces deux cas, l'annulation du concordat libère de plein droit les cautions.

1810. L'inexécution des conditions est une cause de réso-

---

(1) *Faillites*, t. 2, p. 99. — *Sic*, Pardessus, n. 1250 ; Bédarride, n. 631. — *Contra*, Lainné, p. 264.

lution; et la résolution, dans ce cas, devra être poursuivie en présence des cautions, s'il en existe, ou elles dûment appelées. Il n'est donc pas à regretter que la condamnation pour banqueroute simple n'entraîne pas l'annulation directement; si l'exécution du jugement, en effet, mettait le failli dans l'impossibilité d'exécuter les conditions du concordat, l'annulation pourrait toujours en être demandée ; la loi ne distingue pas.

L'annulation pour inexécution des conditions ne libère pas les cautions. M. Tripier, rapporteur à la Chambre des pairs, avait combattu cette règle : « Comment voudriez-vous, disait-il, que lorsqu'un débiteur est dépouillé de tous les avantages du concordat, la caution restât obligée à payer pour lui? Le premier effet de la résiliation, c'est d'annuler complétement le concordat. De ce moment, la règle de droit, sauf les conventions particulières, c'est que le concordat est annulé surtout à l'égard des tiers, mais aussi à l'égard de la caution, qui n'est intervenue que pour faire jouir le débiteur du bénéfice du contrat. Quelle sera donc la position des créanciers? ils auront à choisir, ou de rester dans les termes du contrat, ou d'en provoquer l'annulation. S'ils trouvent que le débiteur ne présente pas de solvabilité suffisante et que la caution soit bonne, c'est à eux de ne pas provoquer l'annulation, et alors ils conserveront contre la caution tous les droits que leur confère le concordat. S'ils trouvent, au contraire, qu'il y a bénéfice pour eux à demander l'annulation, la caution ne peut plus être obligée. » Ces raisons qui paraissaient péremptoires, n'ont pas prévalu, et une règle qui ne nous semble pas plus équitable qu'elle n'est juridique, a été écrite dans la loi et doit être suivie. Mais il est nécessaire au moins que les cautions soient mises en cause. Les cautions tenues jusqu'à concurrence seulement du dividende, ne seraient obligées dans tous les cas, bien entendu, que de compléter la somme promise, sous déduction de ce qui aurait été payé, ou pourrait être payé par le failli.

Si les cautions paient les dividendes promis, l'action en résolution n'est plus recevable, faute d'intérêt (1).

---

(1) Dalloz, *Rép.*, v° *Faillites*, n. 880; Boileux sur Boulay-Paty, n. 680. — *Contrà*, Bédarride, n. 644.

1811. La résolution peut être demandée par toute personne y ayant intérêt, et elle est prononcée sur cette poursuite à l'égard de tous ; le concordat ne peut subsister pour les uns quand il est annulé pour les autres ; « la résolution du concordat, a dit la Cour de Riom, prononcée sur la poursuite d'un créancier non payé de son dividende, profite à la masse et fait revivre la faillite pour les autres créanciers non payés de leurs dividendes, comme l'homologation du concordat l'avait fait cesser pour tous ; replacé dans l'état où il était avant l'homologation du concordat, le failli est dessaisi de l'administration de toutes ses affaires, dépouillé de la gestion de son actif, et par suite affranchi de la contrainte par corps que chaque créancier pouvait exercer individuellement contre lui ; le tribunal conservant seulement le droit d'ordonner, dans l'intérêt des opérations de la faillite, le dépôt de la personne du failli dans la maison d'arrêt pour dettes » (1).

La résolution du concordat toutefois n'a pas lieu de plein droit, par suite du non-paiement des dividendes et inexécution des engagements, surtout si ce fait n'existe qu'à l'égard d'un ou de quelques créanciers ; les juges apprécient, et sauf le cas où le débiteur devant être considéré de nouveau comme en état de cessation de paiements, il y aurait lieu à faillite nouvelle (2).

L'action en résolution du concordat doit durer trente ans suivant le droit commun ; mais est-ce à partir de l'échéance des engagements, ou de l'homologation du concordat ? Cette dernière opinion nous paraît préférable ; en effet, ainsi que le fait remarquer M. Renouard, cette action est indépendante de celle qui résulte des engagements, et qui devra durer également trente ans à partir de l'époque où ils seront échus (3).

---

(1) Riom, 2 août 1853, et Colmar, 10 avril 1849 (S.V.54.2.660) ; Renouard, t. 2, p. 102 et s. ; Pardessus, n. 1251 ; Bédarride, n. 638.

(2) Angers, 13 fév. 1852, et Paris, 3 déc. 1842 (S.V.52.2.187). V. Bravard-Veyrières, p. 579 et s.

(3) *Faillites*, t. 2, p. 104. — *Contrà*, Bédarride, n. 636.

ARTICLE 521.

Lorsque, après l'homologation du concordat, le failli sera poursuivi pour banqueroute frauduleuse, et placé sous mandat de dépôt ou d'arrêt, le tribunal de commerce pourra prescrire telles mesures conservatoires qu'il appartiendra. Ces mesures cesseront de plein droit du jour de la déclaration qu'il n'y a lieu à suivre, de l'ordonnance d'acquittement ou de l'arrêt d'absolution.

1812. Les règles prescrites par cet article sont dictées par la prudence. Le Moniteur indique comme adopté, sur la proposition de M. Chégaray, un amendement qui étendait l'application de cet article au failli qui est en état de *mandat d'amener* (1); la rédaction définitive, par suite d'une erreur sans doute, n'est pas conforme à cette décision. Le tribunal devrait suppléer à cette lacune (2), et agir ainsi que l'état des choses paraîtrait l'exiger.

Le tribunal peut être provoqué par toute personne intéressée, et peut aussi agir d'office.

Ces mesures sont nécessaires, parce qu'il ne faut pas perdre de vue que ce n'est qu'après la condamnation pour banqueroute frauduleuse, ou après le jugement prononçant la résiliation, que de nouveaux syndics peuvent être nommés.

ARTICLE 522.

Sur le vu de l'arrêt de condamnation pour banqueroute frauduleuse, ou par le jugement qui prononcera, soit l'annulation, soit la résolution du concordat, le tribunal de commerce nommera un juge-commissaire et un ou plusieurs syndics. — Ces syndics pourront faire apposer les scellés.— Ils procéderont,

---

(1) Séance du 4 avril 1838.

(2) Renouard, t. 2, p. 104 ; Bédarride, n. 650.

sans retard, avec l'assistance du juge de paix, sur l'ancien inventaire, au récolement des valeurs, des actions et des papiers, et procéderont, s'il y a lieu, à un supplément d'inventaire.—Ils dresseront un bilan supplémentaire. — Ils feront immédiatement afficher et insérer dans les journaux à ce destinés, avec un extrait du jugement qui les nomme, invitation aux créanciers nouveaux, s'il en existe, de produire, dans le délai de vingt jours, leurs titres de créances à la vérification. Cette invitation sera faite aussi par lettres du greffier, conformément aux articles 492 et 493.

1815. Quand le concordat est annulé par suite de condamnation pour banqueroute frauduleuse, rien ne peut suspendre les mesures prescrites par l'art. 522; il pourrait y avoir doute, lorsque l'annulation ou la résolution est prononcée par le tribunal, si le jugement était frappé d'appel; mais il semble utile, dans ce cas, de considérer le jugement comme exécutoire par provision; il y a du reste analogie avec ce qui est fait pour le jugement déclaratif (1).

Les syndics ne doivent faire apposer les scellés que dans le cas où ils le jugent utile.

Les autres dispositions de l'article sont obligatoires et les opérations de la faillite, sauf la vérification des créances, ne peuvent commencer qu'après l'expiration des vingt jours accordés par la loi, alors même que le dépouillement des écritures n'a signalé aucun créancier nouveau, parce qu'elles peuvent être fautives (2). Mais ce délai est le même pour tous, et ne peut être prolongé à raison des distances : il court du jour de l'insertion dans les journaux et de l'affiche.

Un nouveau jugement déclarant cette seconde faillite est inutile. La nomination des syndics n'est point assujettie aux formalités prescrites par l'art. 462 ci-dessus. Le tribunal doit avoir les éléments nécessaires pour y procéder immédiatement (3).

---

(1) Bédarride, n. 658; Dalloz, *Rép.*, n. 886.
(2) Bédarride, n. 667.
(3) Renouard, t. 2, p. 107.

ARTICLE 523.

Il sera procédé, sans retard, à la vérification des titres de créances produits en vertu de l'article précédent. — Il n'y aura pas lieu à nouvelle vérification des créances antérieurement admises et affirmées, sans préjudice néanmoins du rejet ou de la réduction de celles qui depuis auraient été payées en tout ou en partie.

1814. Les nouveaux titres de créances seront immédiatement vérifiés à mesure qu'ils seront produits, sans qu'il soit besoin d'attendre l'expiration du délai de 20 jours, fixé par l'article précédent ; la loi ne prescrit pour la validité de cette opération, ni l'assemblée des créanciers ni la présence du failli; il n'est pas douteux toutefois, que celui-ci ne puisse y assister. Les créances antérieures au concordat, et qui, par négligence ou tout autre motif, n'auraient pas été comprises dans la première vérification, pourraient être présentées à la seconde(1).

Tous les créanciers sans distinction, ainsi que le failli, peuvent contester les créances nouvellement produites; mais le même droit existe-t-il en faveur des nouveaux créanciers pour les anciennes créances qui ont été vérifiées et admises régulièrement ? Nous ne le pensons pas ; rien n'autorise à croire que la loi ait voulu que tout ce qui avait précédé l'ancien concordat fût remis en question et que l'on touchât à des droits acquis (2).

Il serait procédé, s'il y a lieu, ainsi qu'il est dit à l'art. 498 et suivants.

M. Bédarride enseigne que, contrairement à ce qui est prescrit par l'art. 493, la vérification n'a pas lieu en assemblée générale des créanciers ; qu'elle s'opère isolément à mesure de la production des titres. M. Renouard se borne à dire que ces créances sont vérifiées conformément aux règles de la

(1) Renouard, t. 2, p. 107.

(2) Bédarride, n. 670; Dalloz, *Rép.*, n. 891. — *Contrà*, Boileux sur Boulay-Paty, n. 690.

sect. 5 du chap. 5 (1). Si l'expression *sans retard* doit être entendue dans ce sens qu'il n'y aura pas lieu d'attendre l'expiration du délai de vingt jours, la vérification de chaque créance s'opérera isolément à mesure de la production des titres, et contradictoirement entre le créancier et les syndics.

ARTICLE 524.

Ces opérations mises à fin, s'il n'intervient pas de nouveau concordat, les créanciers seront convoqués à l'effet de donner leur avis sur le maintien ou le remplacement des syndics. — Il ne sera procédé aux répartitions qu'après l'expiration, à l'égard des créanciers nouveaux, des délais accordés aux personnes domiciliées en France, par les articles 492 et 497.

1815. La vérification terminée, on procède comme on l'a fait une première fois et conformément aux art. 504 et suivants, puisque la loi permet encore qu'un concordat soit accordé de nouveau au failli, sauf évidemment le cas où l'annulation serait la suite d'une condamnation pour banqueroute frauduleuse ; mais, sous cette réserve, la loi est absolue et ne distingue pas entre la résiliation ou l'annulation pour dol (2) ; le tribunal conserve le droit de refuser l'homologation.

S'il n'intervient pas de nouveau concordat, il sera procédé ainsi qu'il est réglé par les art. 529 et suivants.

En ce qui concerne les répartitions à faire, le dernier paragraphe dit expressément qu'il n'y sera procédé qu'après l'expiration des délais établis par les art. 492 et 497 ; une répartition trop hâtive pourrait avoir évidemment, pour les créanciers qui n'y auraient pas été compris, des inconvénients très-grands et irréparables.

ARTICLE 525.

Les actes faits par le failli postérieurement au ju-

---

(1) Bédarride, n. 668 ; Renouard, t. 2, p. 107.
(2) Renouard, t. 2, p. 109. — *Contrà*, Bédarride, n. 675.

gement d'homologation, et antérieurement à l'annulation ou à la résolution du concordat, ne seront annulés qu'en cas de fraude aux droits des créanciers.

1816. La capacité du concordataire jusqu'au moment où le concordat a été résilié ou annulé, était entière ; et il a pu librement et sans entrave disposer de tous ses biens meubles et immeubles (1); la fraude seule serait un motif d'annulation ; mais les nullités prévues par les art. 446 et suivants, ne sont pas applicables. « Si l'on rapproche cet article des art. 446 et suivants, dit M. Renouard, on pourrait croire, au premier coup d'œil, que les actes postérieurs aux concordats anéantis, n'étant annulables qu'en cas de fraude aux droits des créanciers, se trouvent plus favorablement traités que les actes qui ont précédé la faillite originaire, lesquels peuvent tomber sans preuve de fraude. Mais à la réflexion, cette objection disparaît : il est facile de reconnaître que le concordat a dû éclairer assez nettement l'état des affaires du failli et régler assez étroitement ses obligations, pour que les actes consentis au préjudice de l'exécution du concordat et, à plus forte raison, les dispositions à titre gratuit, les paiements anticipés, doivent sans effort, se trouver atteints par la présomption que les droits garantis aux créanciers par le concordat ont été fraudés. C'est à la juste et intelligente sévérité des tribunaux à empêcher qu'il ne soit fait abus de cet article » (2). Toutefois, quelque sévères que se montrent les tribunaux, s'ils se renferment dans les termes de la loi qui ne parle pas des actes faits *au préjudice*, mais bien seulement *en fraude* des droits des créanciers, il est impossible que certains actes proscrits par l'art. 446 ne soient pas déclarés valables aux termes de l'art. 525 (3).

L'action des syndics contre la personne poursuivie pour avoir traité avec le failli en fraude des droits des créanciers sera portée devant le tribunal du siége de la faillite (4).

Quoique l'art. 526 ci-après paraisse assimiler complétement

---

(1) Paris, 10 fév. 1813 ; Dalloz, *Rép.*, n. 897.
(2) *Faillites*, t. 2, p. 111.
(3) Bédarride, n. 682 ; Lainné, p. 280 ; Dalloz, *Rép.*, n. 896.
(4) Cass., 7 nov. 1848 (S.V.48.1.593).

l'annulation du concordat et une seconde faillite, il faut dire cependant, dans ce dernier cas, que toutes les règles établies par le Code de commerce et particulièrement les art. 446 et 447 deviendraient applicables (1).

ARTICLE 526.

Les créanciers antérieurs au concordat rentreront dans l'intégralité de leurs droits à l'égard du failli seulement ; mais ils ne pourront figurer dans la masse que pour les proportions suivantes, savoir : s'ils n'ont touché aucune part du dividende, pour l'intégralité de leurs créances ; s'ils ont reçu une partie du dividende, pour la portion de leurs créances primitives correspondante à la portion du dividende promis qu'ils n'auront pas touchée. — Les dispositions du présent article seront applicables au cas où une seconde faillite viendra à s'ouvrir sans qu'il y ait eu préalablement annulation ou résolution du concordat.

1817. La remise faite au failli d'une partie de ses dettes était subordonnée à l'existence du concordat ; elle tombe avec lui, et les créanciers rentrent à l'égard du failli dans tous leurs droits et pour le montant intégral de leurs créances primitives, déduction faite des sommes qu'ils ont reçues; ainsi, celui à qui il était dû 100,000 fr., et qui n'en a reçu que 10,000, reste créancier du failli, quelle que fût la remise qui avait été consentie en vue du concordat, de 90,000 fr.

Mais il n'en est pas de même à l'égard des créanciers nouveaux, avec lesquels ils doivent être mis sur un pied d'égalité ; en conséquence, ils ne figurent dans la masse, que dans les proportions déterminées par l'art. 526. Ainsi, dans le cas où le concordat annulé avait accordé une remise de 50 pour 100, celui dont la créance primitive était de 100,000 fr. figurera pour cette somme entière, s'il n'a rien reçu ; pour une somme de 50,000 fr., s'il a reçu 25,000 fr., représentant, à

---

(1) Bédarride, n. 689.

50 pour 100 de remise, la moitié de sa créance ; il est évident qu'il a perdu le droit de se présenter, s'il a reçu 50,000 fr., totalité des dividendes qui lui ont été promis et de profiter de l'annulation du concordat, qui, à son égard, a été exécuté et n'a plus laissé subsister que l'obligation naturelle du failli envers lui.

La loi a prévu le cas où, sans recourir à la formalité d'une annulation du concordat, une seconde faillite serait provoquée par suite de la cessation de paiement ; cette circonstance n'amène aucune modification dans les droits des premiers créanciers. Il peut donc y avoir une seconde, une troisième faillite, sans que ces règles soient aucunement modifiées.

1818. L'article n'a pas parlé des inscriptions hypothécaires prises sur les immeubles du failli en faveur des anciens créanciers, en vertu des art. 490 et 517, et a laissé subsister une cause d'embarras.

Nous n'insisterons pas beaucoup sur la différence de principe que M. Renouard établit, avec raison, entre le cas où il y a nouvelle faillite, sans annulation préalable du concordat, ce qui devrait laisser intacts les droits créés par l'art. 517, et le cas où il y a eu annulation et réouverture de l'ancienne faillite ce qui, en annulant l'inscription prise en vertu de l'art. 517, maintient l'inscription prise en vertu de l'art. 490 (1) ; dans l'une et l'autre hypothèse, que la loi a voulu évidemment assimiler, quant à leurs effets, d'une anièrem complète, en définitive, la totalité des immeubles du failli reste affectée au paiement exclusif de ses anciennes dettes. Les personnes à qui elles sont dues sont donc, à l'égard des créanciers nouveaux, des créanciers hypothécaires, et devraient être traitées comme tels dans toutes les opérations.

Nous ne pensons pas, toutefois, que les dispositions écrites pour les créanciers hypothécaires en général doivent trouver leur application dans les cas prévus par l'art. 526; les biens du failli étaient le gage de ses anciens créanciers; si, depuis le concordat, il en a acquis de nouveaux, il est juste qu'ils deviennent au contraire, le gage commun de tous ; mais c'est déjà une

(1) *Faillites*, t. 2, p. 114.

faveur, pour les créanciers nouveaux, de concourir avec les anciens sur les valeurs mobilières; ils ne peuvent trouver mauvais d'être exclus du partage en ce qui concerne les valeurs immobilières. Nous croyons donc que les anciens créanciers peuvent prendre part aux délibérations sans redouter aucune des déchéances qui n'ont pas été écrites pour eux (1).

1819. Mais les sommes qu'ils recevront par suite de cette hypothèque, après l'annulation du concordat, doivent-elles faire déduire de leurs créances, un chiffre proportionnel, comme les dividendes qu'ils ont touchés avant l'annulation, conformément à ce que décide l'art. 526? La loi ne le dit pas, et nous ne croyons pas que l'équité, ni les principes aient à souffrir de ce silence.

La loi a bien pu admettre une exécution partielle du concordat produisant un effet partiel proportionné; mais ce n'est pas le concordat qui a créé la main-mise des anciens créanciers sur les biens du failli; ce concordat l'a restreinte, au contraire, et quoiqu'il soit annulé, elle ne revivra pas sur les valeurs mobilières; c'est beaucoup : accorder plus aux créanciers nouveaux, c'est leur faire un avantage que la loi ne leur a pas donné, et que l'équité réprouve; en traitant avec un failli, ils savaient bien qu'ils devaient être primés par les créanciers de sa faillite.

L'opinion que nous soutenons, avait été adoptée par un jument du tribunal de commerce de la Seine, qui a été infirmé en appel (2). Mais il faut remarquer que la Cour de Paris commence par établir en principe que, sous la nouvelle comme sous l'ancienne loi, l'inscription prise en vertu de l'art. 490, n'est « qu'une mesure conservatoire ayant pour objet de manifester l'état de faillite, et non de créer *un droit hypothécaire* en faveur des créanciers individuellement; » elle ne fait résulter la garantie hypothécaire que de l'inscription prise en vertu de l'art. 517. S'il en était ainsi, ce que nous avons refusé d'admettre, il est évident que cette dernière inscription

(1) *Contrà*, Renouard, t. 2, p. 115.

(2) Paris, 22 juin 1850 (S.V.51.2.512). — *Sic*, Bédarride, t. 2, n. 693; Boileux sur Boulay-Paty, n. 699, cité, quoique fort peu explicite tout au moins; Esnault, t. 2, n. 475; Dalloz, *Rép.*, n. 903.

n'ayant été prise que du montant des dividendes promis, les créanciers ne pourraient y trouver le principe du droit à une somme plus forte : on devrait même logiquement décider que le concordat étant le seul titre en vertu duquel l'hypothèque ait été prise, cette hypothèque cesse d'exister en même temps que le concordat, et que tous les créanciers doivent être mis sur un pied d'égalité. Nous n'admettons pas que ceux qui ont traité avec le concordataire puissent se plaindre des résultats de notre doctrine ; ils savaient que leur débiteur n'était débarrassé des liens de la faillite qu'à la condition d'exécuter le traité qu'il avait accepté ; s'ils sont, ainsi que le dit l'arrêt, « menacés de l'exercice éventuel des prétentions des créanciers concordataires au delà des droits par eux acceptés, » c'est que cette acceptation n'était que conditionnelle, et essentiellement subordonnée à l'exécution d'une obligation qui n'a pas été remplie.

Cette opinion, toutefois, est repoussée par tous les auteurs, ainsi que nous l'avons indiqué; on a dit, pour la combattre, que le texte de la loi attache au paiement de la somme du dividende une extinction proportionnelle du capital. Que ce paiement s'opère avant ou après l'anéantissement du concordat, cette prescription absolue ne devrait pas être modifiée. Si donc il est incontestable que, dans le cas où l'hypothèque aurait produit tous ses effets avant la nouvelle faillite, tel que le créancier eût été payé de l'intégralité de son dividende, son capital eût été éteint, il doit en être de même si ce paiement intégral se réalise après la déclaration. Nous ne contestons pas la force d'un semblable raisonnement, mais le résultat qu'il amène, c'est qu'il n'y a aucune différence entre un contrat exécuté et un contrat annulé faute d'exécution, entre un créancier chirographaire et un créancier hypothécaire : le premier résultat est repoussé par les principes généraux du droit ; le second, par les règles spéciales admises même en cas de faillite ; puisque la faillite n'annulle pas les hypothèques, il faut en laisser le bénéfice entier à celui qui les a obtenues, et l'art. 526, n'a aucune disposition qui s'y oppose. C'est au moment où l'annulation est prononcée, que les droits sont fixés.

1820. Les créanciers nouveaux n'ont aucune action contre les cautions engagées envers les anciens créanciers. Celles-ci ont le droit d'obtenir des créanciers qu'elles désintéresseraient la subrogation à leur droit pour venir, en leurs lieu et place, prendre part à la répartition de l'actif jusqu'à concurrence de ce qu'elles auraient payé (1).

SECTION III.

DE LA CLOTURE EN CAS D'INSUFFISANCE DE L'ACTIF.

ARTICLE 527.

Si, à quelque époque que ce soit, avant l'homologation du concordat ou la formation de l'union, le cours des opérations de la faillite se trouve arrêté par insuffisance de l'actif, le tribunal de commerce pourra, sur le rapport du juge-commissaire, prononcer, même d'office, la clôture des opérations de la faillite. — Ce jugement fera rentrer chaque créancier dans l'exercice de ses actions individuelles, tant contre les biens que contre la personne du failli. — Pendant un mois, à partir de sa date, l'exécution de ce jugement sera suspendue.

ARTICLE 528.

Le failli, ou tout autre intéressé, pourra, à toute époque, le faire rapporter par le tribunal, en justifiant qu'il existe des fonds pour faire face aux frais des opérations de la faillite, ou en faisant consigner entre les mains des syndics somme suffisante pour y pourvoir. — Dans tous les cas, les frais des poursuites exercées en vertu de l'article précédent devront être préalablement acquittés.

---

(1) Bédarride, n. 689.

1821. Ces articles ont pour but de faire cesser un abus, dont les exemples étaient fréquents sous l'ancienne loi; un nombre considérable de faillites s'arrêtaient par insuffisance de fonds, ou par des connivences coupables après les premières opérations, et souvent même immédiatement après la déclaration de faillite, pour ne se terminer jamais ; la déclaration de faillite n'était plus qu'une exemption de la contrainte par corps et l'état du failli ainsi que la condition des créanciers restaient indéfiniment en suspens ; mais il est à regretter que la loi ait été trop laconique.

C'est au tribunal à apprécier la situation de la faillite et à se prononcer en conséquence : aucun embarras ne peut exister, si l'actif entier est épuisé, et que le jugement fasse l'office d'un procès-verbal de carence, mais la loi en parlant de l'*insuffisance de l'actif*, s'applique à des ressources liquides et réalisées; et, ainsi que le fait remarquer M. Pardessus, « il ne serait pas impossible que presque tout l'actif consistât dans des immeubles par exemple, dans une manufacture, que les syndics n'ont pas le droit de mettre en vente avant que les créanciers soient en union. Or l'union n'a lieu qu'après qu'on a essayé, sans résultat, de faire un concordat; et on ne peut s'occuper de ce concordat qu'après un assez grand nombre d'opérations, que précisément le manque de deniers ou de valeurs liquides n'a pas permis d'achever » (1). En semblable circonstance, la clôture des opérations serait fâcheuse, et ce n'est sans doute pas le cas que la loi a eu en vue.

Quoi qu'il en soit, le jugement ne fait pas cesser évidemment l'état de faillite. « Ce qui est clôturé, dit M. Bravard-Veyrières, ce n'est pas la faillite, ce sont les *opérations* dont la marche est arrêtée par l'insuffisance de l'actif » (2). Le jugement ne fait pas cesser, par voie de conséquence, le dessaisissement du débiteur ni les fonctions des syndics qui restent dépositaires de tous les biens du failli; mais, par suite du jugement de clôture, ils ne peuvent plus agir au nom de la masse, et chacun des créanciers rentre dans l'exercice de ses

(1) *Droit comm.*, n. 1269.
(2) *Manuel*, p. 583.

actions contre la personne et les biens du failli; les poursuites individuelles peuvent être reprises.

Le tribunal ne pourrait plus accorder de sauf-conduit au failli pour le protéger contre l'exercice de la contrainte par corps ; et celui qu'il aurait obtenu serait comme non avenu. Si le failli est détenu, la défense de faire des recommandations cesse également.

Les créanciers peuvent faire saisir les biens dont les syndics sont restés gardiens et toute somme qui serait due au failli par des tiers, sauf le droit qui appartient à tout créancier de se joindre à son opposition avant la distribution.

1822. La loi a voulu, afin de prévenir ou de faire cesser un état de choses fâcheux pour le failli comme pour les créanciers, en premier lieu que l'exécution du jugement fût suspendue pendant un mois, et qu'à toute époque le failli ou tout autre intéressé pût le faire rapporter. C'est encore le tribunal, dans ce cas, qui apprécie si les fonds dont on allègue l'existence sont liquides ou représentés au moins par des valeurs d'une réalisation facile et qui reste maître de déterminer quelle somme doit être consignée. « Il suffit de faire remarquer, dit M. Pardessus, que dans cette fixation il ne faut pas s'occuper de ce qui serait nécessaire pour payer les dettes, mais seulement des fonds sans lesquels il ne paraîtrait pas possible d'acquitter les frais de procédure et d'administration que la faillite paraît devoir entraîner jusqu'à l'achèvement de la vérification des créances et à l'assemblée, où il sera possible de délibérer sur des propositions de concordat » (1).

Quand le jugement qui prononçait la clôture est rapporté, on reprend la marche des opérations de la faillite au point où elles en étaient, lorsqu'elles ont été arrêtées et sans autre formalité.

Il semble naturel de regarder la décision qui prononce la clôture des opérations de la faillite comme un acte d'administration et non comme un jugement proprement dit, puisqu'il n'est pas susceptible d'acquérir le caractère irrévocable qui s'attache à l'autorité de la chose jugée ; les expressions de la loi

(1) *Droit comm.*, n. 1269.

favorisent cette interprétation, en disant qu'il peut être rapporté, mot inapplicable à un jugement : il n'est donc susceptible ni d'opposition ni d'appel, et c'est par action principale que la rétractation doit en être demandée. Il en est autrement du jugement qui prononce sur la rétractation et qui est susceptible d'appel (1).

1823. Il faut admettre que contrairement à la règle consacrée par l'art. 443, et comme conséquence de l'exercice des poursuites rendu aux créanciers, le failli recouvre le droit de payer individuellement tel ou tel de ses créanciers ; mais, dit M. Renouard, s'il est incontestable que le créancier, quand il a ainsi reçu son paiement, n'en doit compte à personne tant que la procédure de faillite demeure close, les choses restent-elles dans le même état après les opérations reprises, ou doit-il le rapport à la masse ?

La difficulté pourrait être fort embarrassante, si elle ne semblait résolue par un argument tiré du texte de l'art. 528. Cet article pose dans tous les cas pour condition à la reprise des opérations le paiement des frais de poursuites individuelles exercées par le créancier : « on ne comprend pas, dit M. Renouard, cette affectation privilégiée des valeurs actives de la masse à un remboursement de frais, si ces frais n'avaient dû servir qu'à un recouvrement individuel, dont la masse n'aurait point à profiter » (2).

La clôture des opérations pour insuffisance de l'actif n'ayant point pour effet de faire cesser l'état de faillite, les créanciers nouveaux ne pourraient prétendre à venir en concours avec les créanciers antérieurs sur les biens qui adviendraient au failli ; cet état n'apporte aucune modification aux règles suivies en pareille circonstance (3).

---

(1) Bédarride, t. 2, n. 711 et 712.

(2) *Faillites*, t. 2, p. 123.—*Sic*, Paris, 8 mars 1856 (S.V.56.2.190).—*Contrà*, Bédarride, n. 702.

(3) Rouen, 21 mars 1851 (S.V.52.2.274).

SECTION IV.

DE L'UNION DES CRÉANCIERS.

ARTICLE 529.

S'il n'intervient point de concordat, les créanciers seront de plein droit en état d'union.—Le juge-commissaire les consultera immédiatement, tant sur les faits de la gestion que sur l'utilité du maintien ou du remplacement des syndics. Les créanciers privilégiés, hypothécaires ou nantis d'un gage, seront admis à cette délibération. — Il sera dressé procès-verbal des dires et observations des créanciers, et, sur le vu de cette pièce, le tribunal de commerce statuera comme il est dit à l'article 462.— Les syndics qui ne seraient pas maintenus devront rendre leur compte aux nouveaux syndics, en présence du juge-commissaire, le failli dûment appelé.

1824. Les procédures préliminaires de la faillite doivent nécessairement aboutir ou au concordat, dans les conditions que nous avons fait connaître, ou à l'union des créanciers. Lorsque l'assemblée convoquée pour délibérer sur le concordat ne donne pas les majorités nécessaires en nombre et en somme pour valider le traité ; si l'homologation est refusée, ou si le concordat est plus tard annulé, les créanciers se trouvent en état d'union ; l'union, d'après la loi nouvelle, existe de plein droit ; elle n'a pas besoin d'être déclarée par justice et il ne peut exister un état intermédiaire et sans nom, qui résulterait du rejet simultané du concordat et de l'union ; cet état n'établit point une association entre les créanciers, mais une simple communauté. Nous avons examiné plus haut si cet état d'union était dans tous les cas définitif (*suprà*, n. 1801).

Les syndics en exercice ne cessent pas leurs fonctions ; mais le juge-commissaire doit, après le rejet du concordat, consulter immédiatement les créanciers sur les faits de leur gestion et sur l'utilité de leur maintien ou de leur remplacement, ou convoquer une assemblée à cet effet. Tous les créanciers sans distinction, pourvu qu'ils aient été vérifiés et affirmés, et à quelque époque qu'ils se soient présentés, et même les créanciers hypothécaires, peuvent prendre part à cette délibération, puisqu'il s'agit de l'administration et de la liquidation définitive de la faillite, qui les intéresse tous ; la renonciation des créanciers à la garantie particulière du privilége, de l'hypothèque ou du gage, ne peut plus désormais résulter que d'actes formels conçus en termes clairs et précis (1).

Sauf les dires et observations des créanciers consignés dans le procès-verbal du juge-commissaire, qui devra être consulté et pris en grande considération par le tribunal, les syndics de l'union sont nommés dans la même forme que ceux qui ont dirigé les opérations préliminaires de la faillite : « La seule influence que les créanciers exercent sur la composition du syndicat, dit M. Renouard, au moment où l'union prend existence, c'est d'être consultés par le juge-commissaire, tant sur les faits de la gestion, que les syndics ont eue entre les mains jusqu'à cette époque, que sur l'utilité du maintien de ces syndics ou de leur remplacement.

« Répondre à cette consultation est le seul droit des créanciers. Le juge-commissaire dresse procès-verbal de leurs dires et observations. Sur le vu de ce procès-verbal et de l'état des créanciers affirmés et vérifiés, et sur le rapport du juge-commissaire, le tribunal continue dans leurs fonctions tout ou partie des syndics déjà existants, ou en nomme de nouveaux.

« Quant au nombre des syndics, à leur responsabilité collective ou individuelle, à leur remplacement ou révocation, à l'incapacité des parents ou alliés du failli jusqu'au quatrième degré inclusivement, en un mot, quant à toutes les dispositions des art. 462 à 467, elles sont applicables aux syndics de l'union comme à tous autres syndics » (2).

Nous avons un peu insisté, parce que la loi nouvelle a établi un système tout différent de celui que le Code avait consacré ; et à quelques égards, il semble peu régulier que,

---

(1) Paris, 5 fév. 1822 ; Dalloz, *Rép.*, n. 926.
(2) *Faillites*, t. 2, p. 127.

même pour une pure et simple liquidation, les créanciers n'aient pas le droit de choisir les mandataires qui en seront chargés ; d'excellentes raisons ont dû faire prévaloir le système de l'art. 529.

Si les syndics anciens sont maintenus, leur gestion n'est pas interrompue ; s'ils ne sont pas maintenus, dans ce cas comme dans tous ceux où un syndic cesse ses fonctions, ils doivent rendre compte de leur administration.

Toutes les délibérations désormais seront prises, conformément au droit commun, à la majorité des membres présents.

1825. « Nous nous proposons d'examiner, dit M. Pardessus, si les créanciers qui n'ont pu ou n'ont pas voulu faire un concordat avec le failli, et qui, à ce moyen, sont entrés en union, peuvent ensuite s'arranger avec lui et le réintégrer dans l'administration de ses biens » (1) : après quelque hésitation, il se prononce affirmativement, si les créanciers sont unanimes; et un arrêt de la Cour de Lyon est conforme, par ses considérants au moins, à cette opinion (2).

Le tribunal de commerce de Villefranche avait refusé l'homologation par le motif que « ce serait priver de leurs droits les créanciers inconnus, à qui pourtant la loi a réservé la faculté de se faire admettre au passif de la faillite, jusqu'à la veille du jour où la clôture est prononcée. »

La Cour de Lyon a adopté un système contraire, en se fondant sur ce « qu'aucune disposition du Code de commerce ne prohibe un acte de cette nature : » cette assertion peut être contestée.

L'art. 509 veut que le concordat soit signé séance tenante, ou, dans le cas spécial prévu par la loi, remis à huitaine *pour tout délai*. Rien dans la loi n'autorise à croire qu'aucune circonstance puisse invalider cet article et permettre, lorsque le concordat a été rejeté, que la délibération soit au contraire indéfiniment remise sans fixation *d'aucun délai*.

On exige, il est vrai, l'unanimité des créanciers ; mais la loi n'en a pas parlé. Sans doute l'unanimité des créanciers reste

---

(1) *Droit comm.*, n. 1268.

(2) Lyon, 29 août 1849 (S.V.50.2.19). V. Angers, 2 fév. 1849 (S.V.49.2.275).

maîtresse de ses droits ; tous, comme chacun d'eux, peuvent, s'ils le jugent à propos, faire remise au débiteur de tout ou partie de sa dette, et sous telle condition qu'ils jugent à propos d'établir ; mais ce n'est plus qu'un contrat privé, qui cesse d'être obligatoire pour les créanciers absents, s'il s'en présente, et les créanciers signataires restent soumis au recours de toute partie intéressée, qui prouvera qu'un préjudice lui a été causé. Le tribunal néanmoins peut mettre fin aux fonctions des syndics, et donner à tous les créanciers réunis, qui sollicitent un autre mode d'administration et de liquidation (C. comm., art. 570), des pouvoirs qu'ils jugent utile de retirer à leurs mandataires légaux. Il devra prononcer en connaissance de cause, et examinera ainsi incidemment les conditions du traité ; s'assurera qu'il est bien réellement l'expression de la volonté libre et éclairée des contractants ; que la forme en est régulière, et en outre, ainsi que le dit M. Pardessus, dont l'opinion est peut-être en fait conforme à la nôtre, « il ne doit se décider à cette mesure qu'en prenant des précautions pour les créanciers inconnus qui se présenteraient, en exigeant, dans leur intérêt, un cautionnement dont il déterminera la quotité et la durée » (1). Le tribunal pourra ensuite, non pas homologuer un concordat que la loi a prohibé, mais enlever leurs fonctions aux syndics, qu'il lui appartient, en toute occasion, de remplacer ou de révoquer.

Dans le cas que nous avons examiné sous l'art. 506 (*suprà*, n. 1782) et avant l'accomplissement des formalités prescrites par la loi, comme dans l'hypothèse que nous venons de poser et lorsqu'un traité est signé après les délais fixés par l'art. 509, il faut donc décider que les conventions intervenues manquent au moins de cette force obligatoire attachée au seul concordat régulièrement consenti et à laquelle doivent se soumettre tous les créanciers absents, défaillants ou inconnus, s'il vient à s'en présenter (V. *infrà*, n. 1835).

---

(1) *Droit comm.*, n. 1268.

ARTICLE 530.

Les créanciers seront consultés sur la question de savoir si un secours pourra être accordé au failli sur l'actif de la faillite. — Lorsque la majorité des créanciers présents y aura consenti, une somme pourra être accordée au failli à titre de secours sur l'actif de la faillite. Les syndics en proposeront la quotité, qui sera fixée par le juge-commissaire, sauf recours au tribunal de commerce, de la part des syndics seulement.

1826. L'art. 469 avait déjà autorisé la remise au failli des vêtements, hardes, meubles et effets nécessaires à lui ou à sa famille ; l'art. 474, la concession de secours alimentaires ; sous le régime de l'union, ces secours ne peuvent être continués sans le consentement de la majorité des créanciers ; la remise des effets est définitive.

Les créanciers doivent être consultés dans l'assemblée même qui délibère sur le maintien des syndics ; la loi ne prohibe pas toutefois une convocation spéciale.

Les créanciers ne sont consultés que sur la question de savoir si un secours sera accordé au failli ; et en cas de vote affirmatif, c'est le juge-commissaire, sauf le recours au tribunal, qui en fixe la quotité, sur la proposition des syndics.

Le recours au tribunal contre la fixation du juge-commissaire n'est ouvert qu'aux syndics, si leur proposition n'a pas été suivie. Le jugement rendu sur simple requête, sans citation ni ajournement au failli, est définitif.

Le failli, quelle que soit sa bonne foi, ne peut en aucun cas réclamer comme une chose qui lui soit due le secours dont il a besoin (1).

Le juge-commissaire doit provoquer cette délibération même d'office.

---

(1) Cass., 17 nov. 1818.

ARTICLE 531.

Lorsqu'une société de commerce sera en faillite, les créanciers pourront ne consentir de concordat qu'en faveur d'un ou de plusieurs des associés. — En ce cas, tout l'actif social demeurera sous le régime de l'union. Les biens personnels de ceux avec lesquels le concordat aura été consenti en seront exclus, et le traité particulier passé avec eux ne pourra contenir l'engagement de payer un dividende que sur des valeurs étrangères à l'actif social. — L'associé qui aura obtenu un concordat particulier sera déchargé de toute solidarité.

1827. Cet article, dont le sens nous paraît clair, s'il est lu avec attention, exige cependant d'avoir présents à l'esprit les principes qui régissent les sociétés commerciales. Il a été de la part de M. Renouard l'objet d'explications qui en font bien comprendre à tous la portée.

L'actif social, à l'égard des créanciers, se compose non-seulement de tous les biens mis en société, mais encore de tous les biens personnels des associés, puisqu'ils sont tous obligés solidairement et indéfiniment aux dettes de la société ; mais les créanciers sociaux rencontrent en concurrence avec eux, sur les biens personnels des associés, leurs créanciers également personnels : ces deux espèces de biens, ceux de la société, ceux des associés, doivent donc nécessairement être distingués.

L'un des associés peut tomber en faillite sur ses biens personnels et à l'égard de ses créanciers personnels, sans que la société dont il fait partie soit en faillite ; ses créanciers n'ont pour gage que ses biens personnels et ses droits contre la société, et ils ne peuvent les exercer que dans la mesure, et comme il pourrait le faire lui-même. Il est aisé de concevoir que l'exercice de ces droits dans cette limite et sous cette condition laisse parfaitement intacts les ressources et le crédit de la société ; nous n'avons pas à nous occuper de cette hypothèse.

Mais la société ne peut tomber en faillite sans que tous les associés ne soient en faillite également, puisque les créancier sociaux peuvent poursuivre directement leur paiement, à l'exclusion de tous autres, sur l'actif social, et en concurrence avec les créanciers personnels, sur les biens particuliers de chaque associé, sans limite ni division. Si l'un des associés paie, il libère la société, et l'état de faillite n'est plus possible; s'il ne paie pas, comme il est directement tenu et indéfiniment jusqu'à parfait paiement des dettes sociales, comment ne serait-il pas personnellement en faillite en même temps que la société? (*suprà*, n. 1655.)

Les principes qui découlent d'un semblable état de choses devraient avoir pour conséquence de ne jamais séparer les associés de l'être moral représenté par la société.

Cependant en droit criminel il est bien évident qu'il n'en est pas ainsi; si un associé doit être poursuivi comme banqueroutier frauduleux, l'autre n'est pas nécessairement impliqué dans la même poursuite, ni frappé à coup sûr par la condamnation qui vient atteindre son associé; l'art. 531 a voulu faire quelque chose d'analogue pour le concordat, et permettre de séparer de la société en état d'union l'un des associés qui obtiendrait un concordat : il a réglé en même temps les conséquences de cette situation.

Les biens personnels de l'associé, à qui un concordat a été personnellement accordé, forment une masse spéciale qui ne peut plus être confondue avec l'actif social à aucun égard, et dont elle avait toujours été distinguée, ainsi que nous venons de le rappeler tout à l'heure.

L'actif social demeure sous le régime de l'union.

L'actif personnel de l'associé concordataire lui est laissé, avec liberté entière d'administration, sous la seule condition de remplir les conditions de son concordat; et pour obtenir qu'il soit libéré à ce prix de toute poursuite, il est bien certain qu'il fallait que la loi le déchargeât en même temps de toute obligation solidaire aux dettes sociales, sous peine de rester tout au moins, comme caution solidaire, sous le coup de ces mêmes poursuites, dont elle venait de l'exempter comme débiteur direct. Presque tous les auteurs s'accordent pour entendre dans ce sens le dernier paragraphe de l'art. 531 (1), et non pour lui faire produire cet effet exorbitant, ainsi que l'ont enseigné quelques auteurs, que les créanciers pouvaient délier le débiteur de ses obligations envers ses coassociés, si plus tard ils viennent à régler entre eux leurs droits respectifs (2) : l'article laisse à cet égard toutes les parties sous l'empire du droit commun, et le rapporteur l'a proclamé en termes formels à la Chambre des députés (3) ; il n'a entendu régler que les rapports de la société et de chacun des associés avec les créanciers sociaux. Ainsi donc, ainsi que le dit M. Renouard, « le traité particulier passé avec l'associé concordataire ne pourra contenir l'engagement par cet associé de payer un dividende que sur des valeurs étrangères à l'actif social ; c'est-à-dire à l'actif social diminué de toute la portion des biens personnels de l'associé concordataire, qui y eût accédé en l'absence du concordat » (4).

1828. Quelques mots sont encore nécessaires pour dire à quelles conditions ce concordat particulier peut être accordé.

Les créanciers sociaux réunis en assemblée générale décideront d'abord s'il y a lieu d'accorder le concordat ; si la majorité, en nombre et en sommes exigés par la loi, est acquise à l'associé, ses créanciers personnels se réuniront aux créanciers sociaux, et un nouveau vote de tous ces créanciers réunis, rendu à la même majorité, sera nécessaire pour lui assurer le bénéfice de l'art. 531 : il est évident, en effet, que les créanciers sociaux ne peuvent imposer aux créanciers personnels les conditions d'un concordat qu'ils n'auraient pas accepté. « La loi n'avait nul besoin, dit M. Renouard, de réserver par une disposition formelle les droits des créanciers personnels de l'associé, car ces droits sont régis par les règles applicables à toutes les faillites. L'art. 531 n'est exceptionnel qu'en ce qu'il permet d'isoler l'associé de la société dont il fait partie. A la

(1) Renouard, t. 2, p. 143 ; Esnault, t. 2, p. 489 ; Duvergier, *Coll. des lois*, t. 1838, p. 490 ; Devilleneuve et Massé, v° *Faillite*, n. 663 ; Dalloz, *Rép.*, n. 941 ; St-Nexent, n. 476 ; Boileux sur Boulay-Paty, n. 708.

(2) *Sic*, Bédarride, t. 2, n. 746 et 747.

(3) Séance du 20 fév. 1835.

(4) *Faillites*, t. 2, n. 146.

masse des créanciers sociaux appartient le droit de refuser cette séparation ou de la déclarer possible; à la masse entière des créanciers de l'associé, c'est-à-dire à ses créanciers personnels formant un tout avec les créanciers sociaux, appartient le droit de voter le concordat » (1). D'un autre côté, les créanciers personnels, quelque nombreux qu'ils fussent, ne pourraient imposer aux créanciers sociaux les conditions du concordat qu'ils voudraient accorder à leur débiteur, le tribunal refuserait inévitablement l'homologation qui lui serait demandée (2).

S'il n'existe que des créanciers sociaux et pas de créanciers particuliers, aucune difficulté n'est possible.

Cet article s'applique aux sociétés en nom collectif, ainsi qu'aux associés responsables des sociétés en commandite, alors même, dans ce dernier cas, qu'il n'y aurait qu'un seul gérant (3).

ARTICLE 532.

Les syndics représentent la masse des créanciers et sont chargés de procéder à la liquidation.—Néanmoins les créanciers pourront leur donner mandat pour continuer l'exploitation de l'actif. — La délibération qui leur conférera ce mandat en déterminera la durée et l'étendue, et fixera les sommes qu'ils pourront garder entre leurs mains, à l'effet de pourvoir aux frais et dépenses. Elle ne pourra être prise qu'en présence du juge-commissaire, et à la majorité des trois quarts des créanciers en nombre et en somme.—La voie de l'opposition sera ouverte contre cette délibération au failli et aux créanciers dissidents. — Cette opposition ne sera pas suspensive de l'exécution.

---

(1) *Faillites*, t. 2, p. 140.

(2) Paris, 10 août 1844 (S.V.44.2.610); Colmar, 25 mai 1855 (S.V.56.2.144); Cass., 10 nov. 1845 (S.V.45.1.789).

(3) Douai, 9 mars 1842 (S.V.43.2.14). — *Sic*, Renouard, t. 2, p. 133.

ARTICLE 533.

Lorsque les opérations des syndics entraîneront des engagements qui excéderaient l'actif de l'union, les créanciers qui auront autorisé ces opérations seront seuls tenus personnellement au delà de leur part dans l'actif, mais seulement dans les limites du mandat qu'ils auront donné; ils contribueront au prorata de leurs créances.

1829. L'art. 532 ne fait que rappeler un principe que nous avons eu souvent l'occasion d'appliquer, en disant une fois de plus que les syndics représentent la masse des créanciers; mais la loi détermine en même temps l'étendue du pouvoir qui leur est donné, et le limite expressément aux opérations nécessaires pour arriver à la liquidation.

En état d'union, comme dans d'autres circonstances, cette règle cesse d'être applicable, quand certains créanciers ont des intérêts opposés à ceux de la masse, et spécialement les créanciers hypothécaires, quand ils ont à faire valoir des droits exclusivement attachés à cette qualité. Des arrêts nombreux ont été rendus sur cette question, qui ne peut soulever aucune difficulté.

Sous cette réserve, les syndics représentent, quand il s'agit de procéder à la liquidation, tous les créanciers, sans distinction des chirographaires et des hypothécaires.

La fonction principale des syndics, quand les créanciers sont en état d'union, étant de procéder à la liquidation complète et définitive de la faillite, ils doivent pour y parvenir recevoir des pouvoirs plus étendus que ceux qui leur avaient été attribués pendant les formalités préliminaires de la faillite. La loi les définit; nous les ferons connaître sous les articles suivants. L'art. 532 toutefois prévoit une exception aux règles que nous venons de poser.

1830. « Un seul pouvoir, disait M. Renouard dans son rapport, est donné de plein droit aux syndics, celui de procéder à la liquidation. Pour qu'ils puissent continuer l'exploitation de l'actif, un mandat exprès des créanciers leur est nécessaire. Ce n'est pas tout : la délibération qui leur conférera ce mandat doit en déterminer la durée et l'étendue ; elle doit fixer les sommes qu'ils pourront garder entre leurs mains, à l'effet de pourvoir aux frais et dépenses. « Ce n'est pas sans hésiter que les auteurs de la loi ont autorisé la masse représentée par ses syndics définitifs à ne pas se renfermer dans les actes de pure liquidation ; des raisons graves les engagèrent à se départir de ces principes ; ils ont voulu au moins prendre toutes les précautions possibles pour éviter les abus. Aux mesures exposées par le premier rapport de M. Renouard, que nous venons de citer, la loi a ajouté que la délibération ne pourra être prise qu'à la majorité inusitée des trois quarts en somme et en nombre, et a reservé le droit d'opposition au failli et à chacun des créanciers dissidents, sans que cette opposition toutefois puisse suspendre l'exécution de la délibération.

La délibération n'a pas besoin, au reste, d'être homologuée par le tribunal, qui n'aura à l'examiner qu'en cas d'opposition. Les créanciers qui font partie de la majorité ne pourraient attaquer la délibération à laquelle ils ont concouru qu'en alléguant le dol ou la violence. Aucun délai n'est fixé pour former opposition ; elle est recevable tant qu'il y a intérêt (1).

1831. M. Bédarride enseigne que les créanciers hypothécaires, privilégiés ou nantis de gage, sont exclus de la délibération dont s'occupe l'art. 532, comme ils le sont de la délibération sur le concordat : « il serait illogique, dit-il, de ne pas exiger dans le vote de l'une les règles que la loi a tracées pour celui de l'autre » (2). S'il en était ainsi, quelle serait la sanction d'une infraction à cette règle ? En effet, la loi est complétement muette à cet égard, et, en admettant que les raisons développées par M. Bédarride pussent prouver que la loi est défectueuse, elle n'en devrait pas moins être respectée, sans qu'il fût permis de créer des incapacités ou de prononcer des nullités qu'elle n'a pas prévues. L'art. 529 appelle formellement les créanciers privilégiés à prendre part aux délibérations

(1) Renouard, t. 2, p. 149 ; Lainné, p. 317.
(2) Bédarride, n. 760.

dans l'état d'union (1). Ajoutons que la différence établie par la loi s'explique de la manière la plus satisfaisante. Lorsqu'il s'agit de faire remise au débiteur d'une partie de sa dette, ceux-là seuls qui contribueront au sacrifice doivent le voter : quoi de plus juste? Mais, quand il s'agit de choisir un mode d'administration, pourquoi en exclure des créanciers qui peuvent, quoique nantis, y avoir intérêt? Le texte et la raison repoussent le système de M. Bédarride.

1832. M. Bédarride a fait observer avec beaucoup plus de justesse que l'exploitation ne peut être que pour le compte du failli, et c'est ce qui explique le droit d'opposition qui lui est accordé; si l'exploitation donne des bénéfices, les créanciers ne les touchent qu'à la décharge du failli; s'il y a des pertes, le montant doit en être ajouté au passif de la faillite (2).

Le surplus des bénéfices, après le paiement de tous les créanciers, appartiendrait évidemment au failli, qui rentrerait dans la possession de tous ses biens.

Si l'exploitation a été malheureuse, la loi a déterminé de quelle manière, à l'égard des tiers, seraient supportées les pertes. La première limite apportée à la responsabilité des créanciers réside dans les termes du mandat qu'ils ont conféré; c'est aux tiers qui contractent à se le faire représenter. Les règles générales sur le mandat reçoivent ici une application sans réserve. Dans les engagements pris conformément au mandat, si les pertes n'excèdent pas l'actif, c'est avec les ressources qu'il fournit qu'il y est fait face, et chaque créancier, par suite, contribue aux pertes proportionnellement à sa créance; si les engagements excèdent l'actif de la faillite, l'art. 533 devient applicable. La dette pour cet excédant est donc divisible, et les créanciers consentants, qui seuls y sont obligés, ne sont point solidaires les uns des autres (3). Les tiers sont suffisamment avertis à cet égard par le texte de la loi, qui ne peut être autrement interprété.

---

(1) Dalloz, *Rép.*, n. 952.

(2) Bédarride, n. 768; Dalloz, *Rép.*, n. 953.

(3) Renouard, t. 2, p. 151; Pardessus, n. 1257; Bédarride, n. 772.

ARTICLE 534.

Les syndics sont chargés de poursuivre la vente des immeubles, marchandises et effets mobiliers du failli, et la liquidation de ses dettes actives et passives; le tout sous la surveillance du juge-commissaire, et sans qu'il soit besoin d'appeler le failli.

1835. Sauf le cas exceptionnel où l'union des créanciers continue l'exploitation du commerce du failli, les syndics agissent comme il est dit dans cet article pour arriver à la liquidation. La vente des immeubles est réglée par les art. 572 et suiv.; en ce qui touche les marchandises et effets mobiliers, ils y procèdent sous la surveillance du juge-commissaire, mais sans avoir besoin évidemment d'une autorisation spéciale comme au cas prévu par l'art. 486, puisqu'ils ne sont institués, pour ainsi dire, que pour liquider, et sans qu'il soit besoin d'appeler le failli; toutefois son intervention, si elle n'est pas nécessaire, n'est point non plus interdite.

Sauf ces deux dérogations, l'art. 486 devra-t-il être suivi dans ses deux derniers paragraphes pour les ventes des marchandises? « Les syndics de l'union, dit M. Renouard, pourront-ils choisir le mode de vente, ou faudra-t-il que le juge-commissaire décide si la vente aura lieu, soit à l'amiable, soit aux enchères publiques, par l'entremise de courtiers ou d'autres officiers publics? Je pense que l'art. 486 est inapplicable dans son entier; l'art. 534 s'y serait expressément référé, s'il avait voulu se conformer à ces conditions; en réduisant le rôle du juge-commissaire à une simple surveillance, il lui a ôté la charge de décider : les pouvoirs de vendre les meubles et marchandises sont donnés avec toute latitude aux syndics de l'union » (1). Cette opinion nous paraît préférable; la position diffère d'une manière si tranchée de celle dont s'occupe l'art. 486, que dans le silence de la loi nous croyons, comme M. Renouard, qu'il est complétement inapplicable; l'article suivant, parce que telle était la volonté de la loi, s'est référé

(1) *Faillites*, t. 2, p. 151.— *Contrà*, Bédarride, n. 777.

explicitement à l'art. 487; c'est un argument de plus en faveur de l'opinion de M. Renouard; rien n'empêche toutefois les syndics de s'entendre avec le juge-commissaire.

Les deniers sont versés à la caisse des consignations (Art. 489 et 566).

Les syndics procèdent également au recouvrement de tout ce qui est dû, et aux règlements de tous les intérêts de la masse avec les tiers.

1834. Quand les syndics agissent en leur qualité de liquidateurs de la faillite, ils ne peuvent engager que la masse; une stipulation formelle consentie par tous les créanciers pourrait seule ajouter leur responsabilité à celle de l'être moral représenté par la masse; si les syndics excèdent les bornes du mandat qui leur a été donné, ils pourraient être tenus personnellement, et les principes généraux du mandat deviendraient applicables, sans que les créanciers eussent à en souffrir. Il suit de ces règles que l'arrêt qui condamne les syndics en leur qualité à l'accomplissement de l'engagement pris par eux au nom de la masse n'a pas l'autorité de la chose jugée contre les créanciers personnellement et ne peut être exécuté que sur l'actif que présente la faillite. Les tiers qui traitent avec les syndics ne doivent pas perdre de vue ces principes, qui ont été appliqués par la Cour de cassation dans une espèce où les syndics, en provoquant la vente de l'immeuble d'un failli, avaient inséré dans le cahier des charges une clause onéreuse pour le vendeur et dont l'acquéreur réclamait l'exécution, non-seulement contre la masse, mais contre les syndics personnellement et contre les créanciers : « La condition du cahier des charges que l'acquéreur du premier lot ne servirait la rente dont il était grevé que dans la proportion de son prix, dit cet arrêt, est certainement obligatoire pour la masse, c'est-à-dire qu'aucun créancier ne doit obtenir aucun dividende au préjudi e de cette obligation : mais les syndics n'ont contracté d'engagements personnels, ni en leur propre et privé nom, ni au nom des créanciers ; ils ne sont donc pas personnellement obligés; ils ne sont pas tenus de pourvoir sur leurs biens personnels à l'insuffisance de l'actif net de la faillite; le droit d'y obliger les créanciers n'appartenait même pas aux syndics » (1). Les syndics doivent être assimilés aux liquidateurs d'une société dissoute.

ARTICLE 535.

Les syndics pourront, en se conformant aux règles prescrites par l'article 487, transiger sur toute espèce de droits appartenant au failli, nonobstant toute opposition de sa part.

1835. Le droit de transiger est expressément accordé aux syndics comme une conséquence nécessaire du pouvoir de liquider; mais la loi a réservé, de crainte d'abus, les garanties établies par l'art. 487.

Si le failli n'avait pas été appelé, il pourrait demander la nullité de tout ce qui a été fait; mais la nullité n'est pas absolue et lui seul pourrait l'invoquer (2). Le failli devra encore être appelé à l'homologation; il conserve la faculté de s'y opposer; mais cette opposition ne suffit plus pour empêcher la transaction (3) : c'est au tribunal à apprécier.

Cet article, fort sage, ne doit pas recevoir l'extension abusive qu'on a voulu lui donner quelquefois : « L'union peut, en tout état de cause, dit un arrêt de la Cour de Paris, avec l'autorisation du tribunal de commerce, traiter à forfait des droits et actions dont le recouvrement n'aurait pas été opéré, et les aliéner; mais cet article n'est applicable qu'aux traités qui peuvent intervenir entre l'union et les tiers, dans l'intérêt de la masse des créanciers, et non à ceux qui seraient arrêtés entre une partie des créanciers et le failli lui-même; des conventions de cette nature ne peuvent lier que les créanciers qui les ont consenties, et ne sauraient, en aucun cas, devenir obligatoires pour ceux qui ont refusé d'y adhérer » (4). Décider autrement, ce serait rétablir sous une autre forme, et avec

(1) Cass., 17 mars 1840 (S.V.40.1.213).
(2) Cass., 17 sept. 1833 (D.P.34.1.5); Bédarride, n. 786.
(3) Renouard, t. 2, p. 153; Bédarride, n. 783.
(4) Paris, 2 juill. 1840 (D.P.41.2.25); Bédarride, n. 789.

moins de garanties, la faculté d'accorder encore après l'union un concordat au failli.

Nous avons examiné une question analogue sous l'art. 529 ci-dessus (*suprà*, n. 1825).

ARTICLE 536.

Les créanciers en état d'union seront convoqués au moins une fois dans la première année, et, s'il y a lieu, dans les années suivantes, par le juge-commissaire. —Dans ces assemblées, les syndics devront rendre compte de leur gestion. — Ils seront continués ou remplacés dans l'exercice de leurs fonctions, suivant les formes prescrites par les articles 462 et 529.

1836. La seule assemblée impérieusement exigée par la loi dans le cours de la liquidation, est celle qui doit avoir lieu pendant la première année ; le juge-commissaire, par les soins de qui les convocations doivent être faites, apprécie s'il y a lieu d'en réunir de nouvelles.

Si le failli est libre, il paraît convenable de l'appeler à cette assemblée pour entendre le compte-rendu par les syndics, qui l'intéresse à un haut degré; dans tous les cas, au moins, il ne serait pas possible de l'en exclure s'il se présentait.

ARTICLE 537.

Lorsque la liquidation de la faillite sera terminée, les créanciers seront convoqués par le juge-commissaire. — Dans cette dernière assemblée, les syndics rendront leur compte. Le failli sera présent ou dûment appelé. — Les créanciers donneront leur avis sur l'excusabilité du failli. Il sera dressé, à cet effet, un procès-verbal dans lequel chacun des créanciers pourra consigner ses dires et observations. — Après la clôture de cette assemblée, l'union sera dissoute de plein droit.

1837. Lorsque la liquidation est terminée, les créanciers doivent être convoqués une dernière fois par le juge-commissaire.

Les syndics, comme mandataires, doivent rendre compte de leur gestion, aussi bien dans l'intérêt de leurs mandants que pour recevoir une décharge qui les affranchisse à l'avenir de toute responsabilité. A l'un et l'autre point de vue, le failli doit être présent ou dûment appelé comme intéressé, et pour la décharge des syndics. Faute par eux de s'être conformés à cette règle, ils resteraient exposés à une action de sa part; mais si le failli a été appelé, ou si le compte a été approuvé par lui, il ne peut plus être procédé à la révision de ce compte que pour erreurs, omissions, faux ou doubles emplois (1).

Quand il y a contestation, le juge-commissaire peut ajourner la délibération pour permettre de plus amples explications, s'il est nécessaire, ou la production de pièces nouvelles, s'il y a lieu ; dans tous les cas, le juge-commissaire dressera procès-verbal et le tribunal prononcera, comme il est dit à l'art. 519 ; la position est la même, que le compte soit rendu au failli concordataire ou à l'union.

Le second objet de cette dernière assemblée est de provoquer l'avis des créanciers sur l'excusabilité du failli. « Cet avis n'est point une décision, dit M. Renouard ; il n'est point pris à la majorité ; il peut, suivant la volonté des créanciers, être exprimé sous forme d'avis collectif ou par dire individuel. L'art. 538, tout en prévoyant que les créanciers exprimeront leur avis sous forme de délibération, ne fait nul obstacle à l'exercice du droit personnel, que l'art. 537 réserve expressément à chaque créancier, de consigner ses observations sur le procès-verbal dressé par le juge-commissaire » (2). Le failli pourrait également, sans aucun doute, faire consigner au procès-verbal ses observations.

Ces formalités accomplies, la loi nouvelle, plus explicite que l'ancien Code, dit expressément que l'union est dissoute de plein droit et le failli, comme ses créanciers, sont replacés sous

(1) Cass., 15 mars 1826 ; Dalloz, *Rép.*, n. 971.

(2) *Faillites*, t. 2, p. 159.

l'empire des règles ordinaires et du droit commun, sauf ce qui sera dit dans le second § de l'art. 539 pour l'exercice de la contrainte par corps. Si le failli acquiert de nouveaux biens, il peut en disposer librement, et il est affranchi de toutes les entraves que l'état de faillite lui avait imposées jusqu'à la dissolution de l'union; les créanciers, de leur côté, rentrent dans le plein et entier exercice individuel de leurs actions, pour les sommes qui leur sont encore dues, sommes dont ils n'ont pas fait remise au failli, comme dans le cas où il y a eu concordat.

L'union, au reste, il faut bien le remarquer, ne cesse que lorsque la liquidation complète est terminée, qu'il ne reste plus aucun bien au failli, ni aucune distribution à faire aux créanciers; les syndics verseraient à la caisse des consignations, au profit de qui de droit, les dividendes revenant aux créanciers en retard.

ARTICLE 538.

Le juge-commissaire représentera au tribunal la délibération des créanciers relative à l'excusabilité du failli, et un rapport sur les caractères et les circonstances de la faillite. — Le tribunal prononcera si le failli est ou non excusable.

1838. Le tribunal prononce sur le rapport du juge-commissaire, après avoir pris connaissance des observations des créanciers et du failli, et sans être tenu de suivre l'avis de la majorité des créanciers : il apprécie lui-même ; rien n'indique que le jugement doive être précédé de débats oraux. Si le tribunal avait omis de statuer, le failli poursuivi pourrait obtenir un sursis pour faire prononcer sur l'excusabilité; il n'y aurait pas déchéance ; mais ce serait à lui à agir; les créanciers ne sont pas tenus à produire un jugement de non-excusabilité (1).

Le jugement est susceptible d'appel ; la loi n'ayant pas exclu l'appel, il est réservé de plein droit ; tous les auteurs sont d'ac-

---

(1) Douai, 9 mars 1843 (S.V.43.2.588).

cord sur ce point; un seul admet même l'opposition (1), mais cette doctrine ne peut être suivie.

La faculté d'appeler appartient au failli, comme à chacun des créanciers. L'union étant nécessairement dissoute avant que le jugement soit rendu, les syndics, dont les fonctions ont cessé, n'ont plus pouvoir pour agir au nom de la masse (2).

De quel moment courra le délai d'appel? Il semble impossible d'imposer au failli l'obligation de notifier à tous les créanciers le jugement qui l'a déclaré excusable; en ce qui le concerne, il faut donc décider que le délai courra du jour même du jugement; les arrêts ont décidé, au contraire, que la signification est nécessaire pour faire courir les délais quand il s'agit des créanciers (3). Il est fâcheux que la loi ait gardé le silence le plus complet sur la procédure à suivre en ce qui touche les jugements d'excusabilité; mais aucune difficulté d'exécution ne s'opposant à ce que le droit commun soit appliqué aux créanciers, cette doctrine doit être suivie. Il suffit que le failli sur les poursuites d'un seul de ses créanciers, ait laissé acquérir au jugement qui le déclare inexcusable l'autorité de la chose jugée, pour qu'il ne puisse plus être attaqué : le jugement, dès ce moment, a irrévocablement fixé sa position à l'égard de ses créanciers, et elle reste pour tous ce qu'elle est devenue pour l'un d'eux (4).

L'appel devra être interjeté par voie de simple requête présentée à la Cour et communiqué au ministère public, s'il est formé par le failli; et sauf aux créanciers à intervenir pour le maintien de leurs droits (5); le créancier qui se pourvoit contre le jugement qui prononce l'excusabilité, doit procéder par voie d'ajournement, afin de permettre au failli de fournir ses moyens de défense (6).

(1) Esnault, t. 2, n. 500, et t. 3, n. 677.

(2) Renouard, t. 2, p. 161; Bédarride, n. 840. — *Contrà*, Paris, 19 août 1852 (S.V.52.2.518).

(3) Orléans, 4 mai 1852; Paris, 10 août 1852; Lyon, 14 nov. 1853 (S.V.53.2.140, 52.2.518, 54.2.443); Montpellier, 8 avril 1853 (D.P.55.2.349).

(4) Nîmes, 13 juin 1853 (S.V.53.2.409).

(5) Bourges, 11 fév. 1851 (S.V.52.2.81); Orléans, 4 mai 1852 (S.V.53.2.140). —*Sic*, Renouard, t. 2, p. 164.

(6) Paris, 31 déc. 1853 (S.V.54.2.126).—*Sic*, Renouard, t. 2, p. 165.

Enfin, le doute peut s'élever encore, pour savoir si le délai sera de 15 jours, ainsi que l'ordonne l'art. 582 ci-après pour tout jugement rendu *en matière de faillite*, ou si l'on devra suivre le délai ordinaire de trois mois (Cod. proc. civ., art. 445).

Le délai de trois mois nous paraît préférable : « Les motifs qui ont fait limiter les délais ordinaires de l'appel, dit M. Bédarride, n'existent plus pour le jugement d'excusabilité. Il n'y a plus faillite, lorsqu'il est rendu, car l'union est alors dissoute. Il n'est donc pas intervenu en matière de faillite, mais bien après faillite » (1). A défaut de dispositions contraires, c'est le droit commun qui doit être suivi.

En appel, l'affaire est jugée sur plaidoiries et dans la forme ordinaire.

ARTICLE 539.

Si le failli n'est pas déclaré excusable, les créanciers rentreront dans l'exercice de leurs actions individuelles, tant contre sa personne que sur ses biens. — S'il est déclaré excusable, il demeurera affranchi de la contrainte par corps à l'égard des créanciers de sa faillite, et ne pourra plus être poursuivi par eux que sur ses biens, sauf les exceptions prononcées par les lois spéciales.

1830. Cet article paraît établir d'une manière positive l'alternative dans laquelle va se trouver le failli ; s'il n'est pas déclaré excusable, il est de nouveau exposé aux poursuites individuelles de ses créanciers, tant contre sa personne que sur ses biens ; s'il est déclaré excusable, le seul avantage qu'il en retire, c'est d'être affranchi de la contrainte par corps, à l'égard seulement des créanciers de la faillite et sauf les exceptions prononcées par les lois spéciales. En présence de ce texte, il est désormais difficile de décider, ainsi que l'ancienne loi le

(1) Bédarride, n. 841 ; Bourges, 11 fév. 1851 (S.V.52.2.81) ; Montpellier, 8 avril 1853 (D.P.55.2.349). — *Contrà*, Orléans, 4 mai 1852 ; Nîmes, 13 juin 1853 ; Paris, 31 déc. 1853 (S.V.53.2.140 et 409 ; 54.2.123) ; Renouard, t. 2, p. 165).

permettait peut-être, que les créanciers ne pourront pas exercer la contrainte par corps contre le failli non excusable, s'il n'a acquis aucun bien nouveau depuis le partage de tout son actif ; cette opinion est soutenue cependant par M. Bédarride (1), mais elle a pour résultat de faire complétement disparaître la distinction qu'a établie l'art. 539 (2). Le failli déclaré non-excusable par jugement passé en force de chose jugée ou par arrêt définitif ne peut être supposé de bonne foi, et l'exercice de la contrainte par corps semble, dans ce cas au moins, à l'abri de toute critique.

Si le failli est déclaré excusable, cette décision du tribunal l'affranchit de la contrainte par corps à l'égard des créanciers de sa faillite qui ne peuvent plus le poursuivre que sur ses biens ; il faudrait en excepter, dans tous les cas, les effets qui lui ont été remis par les syndics pour son usage et ceux de sa famille. Quant aux dettes nouvelles que le failli contracterait, elles ne pourraient être comprises évidemment dans la déclaration d'excusabilité, et elles demeureraient sous les garanties ordinaires du droit commun, sans que l'on pût reprocher à la loi aucune contradiction (3).

L'homologation du concordat entraîne de plein droit la déclaration d'excusabilité ; les art. 537 et 538 n'ont d'application que s'il y a eu contrat d'union. Aucun doute n'existe sur ce point.

ARTICLE 540.

Ne pourront être déclarés excusables : les banqueroutiers frauduleux, les stellionataires, les personnes condamnées pour vol, escroquerie ou abus de confiance, les comptables de deniers publics.

1840. La loi a déclaré elle-même que, dans les cas énumérés par l'art. 540, il y avait nécessairement présomption de mauvaise foi, et impossibilité, par suite, de prononcer l'excu-

---

(1) Bédarride, n. 831.
(2) Pardessus, n. 1207 ; Dalloz, *Rép.*, n. 970.
(3) Renouard, t. 2, p. 168.

sabilité. Cette énumération ne peut être étendue ; il n'est pas permis d'y ajouter le banqueroutier simple, même en état de récidive ; un amendement proposé dans ce sens fut rejeté : « Sans doute, dit M. Renouard, la banqueroute simple par récidive est un fait fâcheux et répréhensible qui mérite sévérité ; mais il ne suppose pas nécessairement la mauvaise foi ; et ce sera à la sagesse des tribunaux à ne pas admettre facilement, en pareille occurrence, l'excusabilité. La bonne foi n'est pas impossible et l'art. 540 n'est jamais destiné à frapper les simples fautes. Il fallait, d'ailleurs, mettre cet article en parfaite harmonie avec l'art. 612, qui ne refuse point pour ce cas la réhabilitation » (1).

ARTICLE 541.

Aucun débiteur commerçant n'est recevable à demander son admission au bénéfice de cession de biens. « — Néanmoins, un concordat par abandon total ou « partiel de l'actif du failli peut être formé, suivant les « règles prescrites par la section 2 du présent chapi- « tre. — Ce concordat produit les mêmes effets que les « autres concordats ; il est annulé ou résolu de la « même manière. — La liquidation de l'actif aban- « donné est faite conformément aux paragraphes 2, « 3 et 4 de l'article 529, aux articles 532, 533, 534, « 535 et 536, et aux paragraphes 1er et 2 de l'article 537. « — Le concordat par abandon est assimilé à l'union « pour la perception des droits d'enregistrement. »

1841. La loi de 1838 avait pensé qu'il y aurait contradiction à régler la marche de la faillite et la manière dont elle doit être liquidée ; les conséquences que cet état doit amener pour le failli ; et à permettre en même temps que le débiteur commerçant pût aller demander au tribunal civil, seul juge en cette matière, son admission au bénéfice de cession de

---

(1) *Faillites*, t. 2, p. 167. — *Sic*, Bédarride, n. 837.

biens; le législateur de cette époque avait adopté le premier paragraphe de cet article. La loi du 17 juillet 1856 y a ajouté les quatre derniers paragraphes et a réalisé une incontestable amélioration.

La loi de 1838 ne donnait aux créanciers que l'alternative entre deux solutions diamétralement opposées : ou bien ils accordaient au failli le bénéfice du concordat et le replaçaient d'une manière complète à la tête de l'administration de tous ses biens; mais dans ce cas, ils renonçaient à une partie de leurs créances, n'avaient plus rien à exiger dès qu'ils avaient touché les dividendes promis, et ils abandonnaient à leur débiteur une portion de son actif, pour n'avoir pas l'embarras de procéder à la liquidation.

Ou bien ils rejetaient le concordat et se partageaient alors tous les biens du failli; mais celui-ci, quelle que fût du reste sa bonne foi, ne pouvait obtenir que la déclaration d'excusabilité : il restait exposé aux poursuites de tous ses créanciers, dans l'impossibilité de se livrer avec sécurité à un travail fructueux pour lui et les siens, et d'acquérir les moyens d'arriver à une fortune meilleure et à la réhabilitation.

En fait, la pratique avait trouvé un état intermédiaire entre le concordat et l'union; mais créé en dehors de la loi, cet état donnait lieu à de nombreuses difficultés, que la loi du 17 juillet 1856 a eu pour but et aura pour résultat de faire disparaître : l'idée première en appartient à l'honorable M. Bravard-Veyrières, qui professe avec tant de distinction le droit commercial à la Faculté de Paris.

« Ce nouveau contrat, disait M. Benoît Champy, rapporteur du projet de loi au Corps législatif, destiné à restituer au débiteur la ressource qu'il trouvait dans le bénéfice de cession de biens, en diffère cependant à plusieurs points de vue.

« La cession était volontaire ou judiciaire. Le concordat par abandon est un traité entre les créanciers et leur débiteur, librement consenti de part et d'autre. Le débiteur ne peut pas, en présence du mauvais vouloir de ses créanciers, recourir à la justice et triompher d'un refus inique, comme il en avait le droit sous le régime de la cession de biens.

« La cession était l'abandon de tous les biens du débiteur;

le concordat a lieu par abandon total ou partiel de l'actif du failli.

« Il fallait que la cession volontaire fût acceptée par l'unanimité des créanciers ; il suffit, pour le concordat par abandon, de la majorité en nombre et des trois quarts en somme.

« La cession ne libérait le débiteur que jusqu'à concurrence de la valeur des biens cédés ; le concordat par abandon le libère définitivement.

« Voilà le contrat, né de l'insuffisance de la loi, éprouvé par la pratique, sanctionné par la jurisprudence, que le projet de loi est destiné à consacrer. Le concordat par abandon, toléré jusqu'ici, rentrera désormais dans la classe des contrats reconnus par le Code de commerce ; il termine la faillite, il faut qu'il soit écrit dans la loi qui règle les faillites. Il est venu combler dans la pratique une lacune regrettable ; la même lacune disparaîtra dans la loi.

« Le projet de loi ne s'est pas arrêté là. En consacrant cette forme du concordat, il devait la soumettre aux règles tracées par la loi pour la formation, les effets, l'annulation ou la résolution des autres concordats. Il suffisait, comme l'a fait le projet, de renvoyer à la section 2 du chapitre 6.

« Désormais, par conséquent, le concordat par abandon sera soumis à l'homologation du tribunal de commerce ; cette homologation le rendra obligatoire pour tous les créanciers ; il pourra être annulé, résolu pour les mêmes causes que le concordat ordinaire.

« Il fallait aussi veiller à la réalisation de l'actif abandonné aux créanciers.

« Lorsque les créanciers sont en état d'union, ce sont les syndics qui les représentent et sont chargés de procéder à la liquidation. Ce sont eux, si les créanciers jugent utile de leur en donner mandat, qui continuent l'exploitation de l'actif, qui poursuivent la vente des immeubles, des marchandises, des effets mobiliers. La gestion des syndics est placée sous la surveillance du juge-commissaire. Ils rendent compte aux créanciers de leur gestion.

« Le concordat par abandon n'étant pas, jusqu'ici, régi par la loi, la liquidation des biens abandonnés aux créanciers s'accomplissait sans l'emploi d'aucune de ces formalités qui protègent à la fois les intérêts des créanciers, ceux du failli, ceux même de la société.

« Les créanciers choisissaient des commissaires, souvent inexpérimentés, le plus souvent négligents, quelquefois même peu scrupuleux. Ils n'étaient astreints à aucune surveillance ; libres de toute responsabilité, affranchis de tout contrôle, ils ne rendaient pas de comptes, laissaient la liquidation se prolonger indéfiniment, en un mot administraient mal, au grand détriment des créanciers et du failli lui-même.

« Ces abus cesseront, grâce au projet de loi qui vous est soumis. Les biens abandonnés aux créanciers seront désormais gérés et administrés comme ils le sont sous le régime de l'union. La liquidation sera faite par des syndics, sous la surveillance d'un juge-commissaire. Ainsi se trouveront protégés les intérêts des créanciers et du failli.

« L'intérêt social trouvera dans ce mode de liquidation une sécurité plus grande. Des faits de négligence ou de fraude se révèlent souvent dans les faillites ; les commissaires pris parmi les créanciers en tenaient rarement compte. Les syndics, ou au besoin le juge-commissaire lui-même, mieux pénétrés du sentiment de leurs devoirs, ne manqueront pas de porter ces faits coupables à la connaissance de l'autorité.

« Enfin, la dernière disposition du projet de loi assimile le concordat par abandon à l'union, pour la perception des droits d'enregistrement.

« Nous ne terminerons pas sans vous faire remarquer que, aux termes du projet de loi, l'abandon de l'actif du failli peut être total ou partiel. Au premier abord, cette disposition peut paraître étrange, et l'on est porté à se demander comment un failli, obtenant un concordat par abandon, ne délaisse pas la totalité de son actif; mais elle se justifie dans la pratique, par l'intérêt même des créanciers. En effet, la remise d'une faible portion de l'actif, outre qu'elle est commandée par un sentiment d'humanité, est souvent pour le failli un moyen et comme un instrument de travail, qui lui permet d'utiliser son industrie, et d'en tirer des profits qu'il ne pourrait réaliser sans cette ressource. Souvent aussi cette remise est le prix, soit d'un engagement plus étendu contracté par le failli envers ses créanciers, soit d'une garantie donnée par sa famille ou par ses amis : elle constitue donc, en réalité, moins un bénéfice pour le failli qu'un avantage relatif pour ses créanciers. Aussi le projet de loi a dû sanctionner cette disposition dont l'expérience a démontré l'utilité, et votre commission n'a point hésité à l'approuver à son tour. »

CHAPITRE VII.

Des différentes espèces de créanciers et de leurs droits en cas de faillite.

SECTION Ire.

DES COOBLIGÉS ET DES CAUTIONS.

ARTICLE 542.

Le créancier porteur d'engagements souscrits, endossés ou garantis solidairement par le failli et d'autres coobligés qui sont en faillite, participera aux distributions dans toutes les masses, et y figurera pour la valeur nominale de son titre jusqu'à parfait paiement.

1842. Cet article a clos, définitivement sans doute, une longue controverse, à laquelle l'art. 534 de l'ancienne loi avait cru déjà mettre un terme ; ainsi le porteur d'un engagement souscrit solidairement par quatre personnes tombées en faillite recevrait l'intégralité de la somme qui lui est due, si chacun de ces débiteurs donnait vingt-cinq pour cent seulement de dividende à ses créanciers; en effet, le porteur de l'obligation solidaire, quoiqu'ayant reçu déjà vingt-cinq pour cent dans la faillite du premier débiteur, se présenterait pour la valeur nominale tout entière de sa créance à la faillite du second débiteur, sans déduction de ce qu'il aurait touché ; et ainsi de suite, à la faillite du troisième et du quatrième.

Cette règle n'est point modifiée parce que les faillites sont successives, et qu'au moment où le créancier demande son admission, une ou plusieurs des faillites des coobligés sont déjà liquidées ; ainsi le créancier d'une somme de 10,000 fr. dus solidairement par Pierre et Paul, peut se présenter à la faillite de Paul, lorsqu'il a déjà reçu 5,000 fr. sur sa créance dans la faillite de Pierre (1).

L'art. 542 est applicable également, si quelques-uns des codébiteurs seulement sont en faillite ; le créancier peut se présenter à la masse de chacun des faillis, sans préjudice de ses droits contre les débiteurs non faillis, soit pour le paiement à l'échéance conventionnelle, soit, dans certains cas, pour obtenir caution. « Ni le texte ni l'esprit de l'art. 542, dit un arrêt de la Cour de cassation, n'exigent, pour l'application de sa disposition, que les coobligés solidaires soint tous sans exception en état de faillite » (2). Mais si un à-compte avait été payé par le coobligé non failli, une difficulté peut s'élever que nous examinerons sous l'art. 544 ci-après (*infrà*, n. 1847).

Il va de soi que si un des coobligés n'avait pas suspendu ses paiements, le créancier qui aurait eu la pensée, en pareille circonstance, de s'adresser d'abord au débiteur failli, ne pourrait réclamer au premier le montant de sa créance, que déduction faite des sommes déjà reçues dans la faillite (3). L'art. 542 ne prévoit que le cas où le paiement est demandé au débiteur failli et dans le seul but de faciliter au créancier la rentrée intégrale de la somme qui lui est due, au delà de laquelle il ne peut rien réclamer.

Le créancier n'est tenu de suivre aucun ordre et ne peut être contraint, par exemple, de s'adresser d'abord au créancier principal et successivement aux endosseurs, suivant leur rang ; « cette règle, dit Locré, ne pouvait être admise ; elle aurait blessé le principe de la solidarité qui permet au créancier de s'adresser à celui des débiteurs solidaires qu'il lui plait de choisir (C. Nap., art. 1203 » (4).

Le créancier peut réclamer à chaque faillite, non-seulement

---

(1) Cass., 23 nov. 1852 (S.V.53.1.23).

(2) Cass., 24 juin 1851 (S.V.51.1.561).—*Sic*, Bédarride, n. 855. — *Contrà*, Renouard, t. 2, p. 180.

(3) Bédarride, t. 2, n. 856.

(4) *Esprit du Code de comm.*, t. 7, p. 37.

le capital de la dette, mais encore les intérêts et les frais ; tous les auteurs s'accordent à cet égard; il y a lieu de remarquer seulement que le jugement déclaratif de faillite ayant pour effet d'arrêter le cours des intérêts de toute créance non garantie (art. 445), le créancier ne peut réclamer les intérêts courus jusqu'à l'époque du paiement, mais seulement ceux qui étaient échus à la date du jugement déclaratif (1).

La circonstance que le créancier est garanti dans l'une des faillites par un privilége n'est point un obstacle à ce qu'il profite du bénéfice de l'art. 542 : « Ce droit, dit un arrêt de la Cour d'Amiens, est attribué à tous les créanciers intéressés dans les faillites de leurs coobligés solidaires, la loi ne distinguant pas entre ceux qui auraient reçu des à-compte à titre de privilége et ceux qui ne les auraient touchés qu'à titre de dividende..... Il est vrai que de l'ensemble des dispositions des art. 547 et suivants, il ressort que le créancier privilégié ne peut concourir avec les autres créanciers dans une faillite que pour ce qui lui reste dû après les paiements qui lui ont été faits en vertu de son privilége ; mais cette règle, applicable aux distributions de deniers qui s'opèrent dans une seule faillite, ne saurait être invoquée contre le créancier de plusieurs coobligés solidaires tombés en faillite » (2).

ARTICLE 543.

Aucun recours, pour raison des dividendes payés, n'est ouvert aux faillites des coobligés les unes contre les autres, si ce n'est lorsque la réunion des dividendes que donneraient ces faillites excéderait le montant total de la créance, en principal et accessoires, auquel cas cet excédant sera dévolu, suivant l'ordre des engagements, à ceux des coobligés qui auraient les autres pour garants.

---

(1) Cass., 18 août 1847 (S.V.48.1.215).

(2) Amiens, 29 juill. 1851 (S.V.51.2.725).—*Sic*, Colmar, 14 mai 1851 (D.P. 54.2.16).

1813. Cet article a très-nettement établi comme règle une doctrine qui avait été controversée ; si le porteur d'un engagement souscrit solidairement par Pierre et par Paul a reçu du premier 25 pour 100 de sa créance et du second 75, celui-ci ne peut recourir contre son codébiteur pour se faire rembourser les 25 pour 100 qu'il a payés à sa décharge, quoiqu'aux termes de l'art. 1213, C. Nap., la dette solidaire se divise de plein droit entre les débiteurs qui n'en sont tenus entre eux que chacun pour sa part et portion. Il y a dérogation expresse à cet égard au droit commun ; la loi n'a pas voulu que la même dette pût figurer deux fois dans la même faillite, et c'est ce qui arriverait si, après avoir été produite par le créancier principal pour son montant intégral, elle reparaissait au nom du coobligé solidaire pour la part que l'art. 1213, C. Nap., l'aurait autorisé à réclamer.

Il est entendu que l'art. 1213 reprend son empire, une fois la faillite complétement liquidée ; et si Pierre, plus tard, veut obtenir sa réhabilitation, il devra rembourser à Paul les 25 pour 100 que celui-ci a payés pour lui ; mais la loi ne s'occupe que du règlement à faire en état de faillite et non des obligations qui survivent.

Il n'était pas possible, toutefois, que, dans aucun cas, le porteur des engagements solidairement souscrits par plusieurs faillis pût recevoir au delà du montant total de sa créance ; si donc la faillite d'un des coobligés donne 25 pour 100 de dividende, la seconde 50 pour 100, et la troisième 50 pour 100 encore, les 25 pour 100 d'excédant sont dévolus à ceux des coobligés qui ont les autres pour garants ; en d'autres termes, l'excédant appartient toujours au garanti de préférence au garant; c'est ce que la loi a voulu exprimer en disant : *suivant l'ordre des engagements ;* aucun doute n'existe à cet égard; il faut prendre en considération la nature et non l'ordre matériel et chronologique.

S'il s'agissait d'une lettre de change tirée pour compte et acceptée par le tiré, à qui du tireur ou de l'accepteur devrait-on attribuer l'excédant, demande M. Bédarride ? Le tireur pour compte n'est jamais obligé envers l'accepteur, répond cet auteur; il ne lui doit conséquemment aucune garantie (1); il n'en est pas de même de celui-ci à son égard; c'est donc au tireur pour compte que l'excédant devrait être attribué de préférence à l'accepteur.

S'il s'agissait de coobligés non garantis les uns envers les autres, l'excédant se partagerait dans la proportion suivant laquelle chacun aurait, au delà de sa part virile, contribué au paiement de la dette (2).

« Ainsi par exemple, dit M. Bravard-Veyrières, supposons une dette solidaire de 10,000 fr., et trois masses donnant, la première 25 pour 100, soit 2,500 fr.; la deuxième 75 pour 100, soit 7,500 fr.; la troisième 25 pour 100, soit 2,500 fr. La somme totale des dividendes s'élève à 125 pour 100 ; par conséquent, il y a un excédant de 25 pour 100, c'est-à-dire de 2,500 fr., et il faut répartir cet excédant entre les trois masses dans la proportion du dividende qu'elles donnent. Pour cela, je divise 2,500 fr. en trois parts correspondantes aux trois chiffres 2,500 fr., 7,500 fr. et 2,500 fr., et j'arrive à cette proportion : 500 fr. pour le chiffre de 2,500 fr., 1,500 fr. pour le chiffre de 7,500 fr., 500 fr. pour le chiffre de 2,500 fr. La première masse qui donnait 25 pour 100 reprend 500 fr., la deuxième qui donnait 75 pour 100 reprend 1,500 fr., la troisième qui donnait 25 pour 100, mais qui n'a rien payé, reprend, ou pour mieux dire, garde 500 fr., et c'est elle qui verse aux deux autres masses les sommes ci-dessus de 500 fr. et de 1,500 fr. » (3).

1844. Il est aujourd'hui au moins de règle certaine, qu'en matière de faillite, le dividende payé équivaut à un paiement intégral de la créance ; le paiement a été fait en monnaie de faillite, il est vrai ; au point de vue de l'art. 543, cette monnaie équivaut à la monnaie légale ; par suite, si le tireur et l'accepteur d'une lettre de change ont fait faillite l'un et l'autre, et que le porteur ait touché dans les deux masses, l'accepteur à découvert n'a aucun recours contre le tireur pour la somme

(1) *Faillites*, n. 873.
(2) Renouard, t. 2, p. 188.
(3) *Manuel*, p. 593.

qu'il a payée; le tireur, en effet, est censé avoir intégralement payé, en donnant les dividendes afférant à la valeur nominale tout entière de la lettre de change: « Attendu, disait la Cour de cassation même sous l'ancienne loi, qu'un débiteur ne peut pas payer deux fois; que le tireur d'effets qui en a payé le montant aux porteurs a éteint sa dette; que le paiement qu'il en aurait fait en état de faillite, par un dividende convenu avec ses créanciers, *a le même effet qu'aurait eu le paiement intégral;* qu'ainsi, les porteurs qui ont accédé au concordat et reçu le dividende ont épuisé leur droit contre le tireur; que s'il leur reste une action contre l'accepteur devenu débiteur solidaire par son acceptation, et si l'accepteur paie, ce n'est pas à la décharge du tireur, *qui ne doit plus rien,* mais pour son propre compte, à cause de la garantie qu'il a contractée » (1). Mais cet arrêt consacrait par son dispositif un principe qui ne pourrait plus être suivi, en autorisant le tireur à se faire admettre à la faillite de l'accepteur pour le montant des provisions qu'il lui aurait faites, car celui-ci pourrait répondre à son tour, que le dividende convenu avec ses créanciers *a le même effet qu'aurait eu le paiement intégral*, et qu'il ne *doit plus rien.* Si en effet, il avait intégralement et réellement payé le montant des traites, le tireur n'aurait rien à réclamer; le paiement en monnaie de faillite a le même effet (2).

1845. Une difficulté plus grande peut exister si l'on suppose une lettre de change tirée *pour compte,* dans le cas où le donneur d'ordre, le tireur et l'accepteur sont tombés en faillite.

Il ne faut pas perdre de vue que le donneur d'ordre est inconnu du porteur; le donneur d'ordre est resté complétement étranger au contrat de change intervenu entre le tireur, l'accepteur et le porteur. Il est donc sans difficulté que le porteur ne se présentera qu'aux faillites du tireur pour compte et de l'accepteur; chacun d'eux donnera un dividende et sera censé

(1) Cass., 8 fév. 1827.
(2) Bédarride, n. 866 et s.; Lainné, p. 347; Dalloz, *Rép.*, n. 1010.

avoir payé intégralement le montant de la traite, d'après les principes que nous venons d'établir.

Si l'accepteur avait reçu provision du donneur d'ordre, aucune difficulté n'est possible ; le porteur a privilége sur le montant de la provision, et il est par suite intégralement payé.

Si le tiré, au contraire, a accepté à découvert, après avoir payé ses dividendes, il devient créancier du donneur d'ordre, contre lequel il est évident que le recours est autorisé, puisqu'il n'a encore rien payé : le tireur, qui a été également poursuivi, peut-il, concurremment avec l'accepteur à découvert, failli comme lui, se présenter à la faillite du donneur d'ordre? Tous les deux n'avaient-ils pas reçu mandat du même individu, l'un de tirer, l'autre d'accepter une lettre de change ; tous deux ne l'ont-ils pas exécuté, en payant en *monnaie de faillite* le montant intégral de la lettre de change ?

« Si le tireur et l'accepteur, dit M. Esnault, à la fois en faillite, avaient réciproquement acquitté quelques parties de la dette aux mains du porteur, ils seraient fondés à assister à la faillite du donneur d'ordre, ensemble ou séparément pour la totalité de ce qu'ils auraient respectivement déboursé, parce qu'ils n'auraient pas payé l'un pour l'autre à titre de coobligés, mais en vertu d'un *mandat commun*, conférant néanmoins à tous deux des priviléges égaux et un droit parfaitement *distinct*, résultant de leurs avances individuelles, avances qui constitueraient à leur bénéfice une double action, *contraria mandati*, particulière à chacun d'eux, jusqu'à concurrence des sommes dont ils se trouveraient à découvert » (1).

Ces explications laissent indécise pour nous la question de savoir pour quelle somme chacun de ces deux créanciers, le tireur pour compte et l'accepteur, se présentera à la faillite du donneur d'ordre ; nous restons encore en présence, pour toute issue, de deux impossibilités légales ; ou les admettre l'un et l'autre pour le montant intégral de la lettre de change ; ou ne les admettre que pour une portion, quoique le paiement fait par chacun d'eux *en monnaie de faillite* doive être assimilé, au point de vue de l'art. 543, nous ne saurions trop le

(1) Esnault, t. 2, n. 511.—*Sic*, Dalloz, *Rép.*, v° *Faillites*, n. 1012.

répéter, à un paiement intégral ; ou ne faudra-t-il les admettre que pour la somme effective qu'ils ont donnée à leurs créanciers? Nous nous écartons de plus en plus de l'art. 543.

Les principes exceptionnels sans doute, mais admis par l'art. 543, nous semblent donner une solution facile, si l'on ne veut point les déserter.

Le paiement fait par le tiré, ayant pour effet de le libérer envers la faillite du tireur, doit également libérer la faillite du donneur d'ordre à l'égard de la faillite de ce même tireur; il était libre de ne pas accepter le mandat qui lui était donné, et de ne pas s'engager en mettant sa signature au bas d'une lettre de change; mais nous dirons encore : *le dividende convenu avec les créanciers a le même effet qu'aurait eu le paiement intégral ;* et l'accepteur seul, qui a payé réellement ou en monnaie de faillite, sans avoir provision, a son recours contre la faillite du donneur d'ordre. C'est, selon nous, l'exacte application des règles établies par l'art. 543 (1).

M. Pardessus qui a examiné cette question s'exprime ainsi : « Peut-être au premier coup d'œil, l'équité semblerait commander un partage du dividende entre les deux masses. C'est effectivement ce qui a été jugé par deux arrêts (Cass., 27 août 1832, D.P.33.1.19, et rejet 23 déc. 1834, D.P.35.1.77); mais les principes nous semblent s'y opposer » (2). Cet auteur, toutefois, pense que c'est le tireur pour compte, et non l'accepteur qui doit être admis à la faillite du donneur d'ordre ; nous avons dit par quel motif nous adoptions une opinion différente que nous croyons plus conforme au principe invariable reconnu par M. Pardessus lui-même en cette matière, « que le dividende payé par une masse sur la créance qui y a figuré, la représente tout entière » (3); si l'accepteur à découvert est censé avoir payé, le tireur n'a rien à réclamer ; et l'accepteur, au contraire, a action contre le donneur d'ordre.

C'est par application de ces principes qu'il a été jugé avec

(1) L'arrêt de la Cour de cass., du 25 mars 1839 (S.V.39.1.360), cité quelquefois sur la question, statue sur une espèce différente.

(2) *Droit comm.*, n. 1214-2°.

(3) Pardessus, n. 1214-1°.

raison que celui qui a reçu des effets en compte courant, qui les a négociés et en a reçu la valeur, mais qui plus tard a remboursé cette valeur au tiers porteur, ne peut les effacer dans le crédit du remettant tombé en faillite, lorsque les tiers porteurs de ces effets y ont reçu un dividende ; cette annulation de crédit constituerait le recours contre un coobligé failli, prohibé par l'art. 543 (1).

Il faut admettre également que, dans le cas de faillite du donneur d'ordre, du tireur pour compte et de l'accepteur, qui a reçu provision, le donneur d'ordre est sans droit pour se présenter à la faillite de l'accepteur, à raison de cette provision, lorsque le créancier y a reçu un dividende (2).

Nous croyons donc qu'il faut mettre sur la même ligne, le tireur ordinaire, le donneur d'ordre et le tireur pour compte, et leur refuser un recours, quand le créancier s'est présenté à la faillite du tiré.

ARTICLE 544.

Si le créancier porteur d'engagements solidaires entre le failli et d'autres coobligés a reçu, avant la faillite, un à-compte sur sa créance, il ne sera compris dans la masse que sous la déduction de cet à-compte, et conservera, pour ce qui lui restera dû, ses droits contre le coobligé ou la caution. — Le coobligé ou la caution qui aura fait le paiement partiel sera compris dans la même masse pour tout ce qu'il aura payé à la décharge du failli.

1846. Le paiement d'une dette, à laquelle sont obligés plusieurs codébiteurs, par quelque personne qu'il soit fait, éteint envers tous, les droits du créancier ; il ne peut, en effet, être payé deux fois ; s'il n'a reçu qu'une partie de sa créance, ses droits n'existent plus que pour la portion de la dette non payée. L'art. 542 a cependant fait exception à cette règle, si le paie-

---

(1) Cass., 15 mars 1848 (S.V.48.1.257).
(2) Cass., 25 mars 1839 (S.V.39.1.369).

ment partiel a été fait par des codébiteurs en faillite ; mais la loi n'a pas été plus loin dans la voie d'exception où elle était entrée, et revenant au droit commun, si le paiement partiel a été fait avant la faillite, elle décide que cet à-compte, même dans le cas de faillite postérieure, éteint jusqu'à due concurrence les droits du porteur de l'engagement solidaire.

Ainsi, en supposant un engagement de 20,000 fr., souscrit solidairement par deux débiteurs ; si l'un et l'autre sont en faillite, le créancier, après avoir touché 5,000 fr. dans la masse de l'un des deux, se présentera néanmoins pour la somme entière de 20,000 fr. dans la masse du second : c'est la disposition expresse de l'art. 542. Si, au contraire, la faillite n'a été déclarée que postérieurement au paiement de 5,000 fr. fait par le premier débiteur, le créancier ne pourra se présenter à la masse du second que pour 15,000 fr. : la règle ne sera pas modifiée, même dans le cas où le premier débiteur lui-même tomberait à son tour en faillite ; il suffit que l'à-compte ait été payé avant les déclarations de faillite, pour qu'il y ait lieu d'appliquer l'art. 544 et non l'art. 542.

1847. Le porteur d'un engagement souscrit solidairement par deux individus, dont un seul est en faillite, peut recevoir du codébiteur non failli postérieurement à la cessation de paiement de l'autre, un à-compte ; est-ce l'art. 442 ou l'art. 444 qui doit être appliqué ? En d'autres termes, le créancier a-t-il le droit de se présenter à la masse pour la valeur nominale tout entière de son titre, ou ne doit-il se présenter que sous la déduction de cet à-compte ?

La Cour de cassation a décidé que si la somme payée à-compte n'a été touchée par le créancier « que depuis l'ouverture de la faillite, elle ne peut évidemment donner lieu à l'application de l'art. 544, relatif aux à-compte touchés avant la faillite » (1).

Cette interprétation de l'art. 544, donnée par la chambre des requêtes, peut être contestée ; la Cour de cassation semble avoir persisté dans sa jurisprudence, par un second arrêt ren-

---

(1) Cass., 24 juin 1851 (S.V.51.1.561).

du par la chambre civile (1); mais la position n'était pas la même; le codébiteur ayant donné l'à-compte était lui-même en faillite; et l'art. 542 devenait par suite seul applicable; l'à-compte reçu l'avait été à titre de dividende, et aucun recours, par conséquent, n'était ouvert. Il n'en peut être de même si l'à-compte a été payé, soit avant, soit depuis la faillite du codébiteur, par un individu non failli lui-même.

« La distinction faite par la Cour de cassation, dit M. Devilleneuve, dans la note qui accompagne l'arrêt du 24 juin 1851, ne nous paraît pas fondée; et nous croyons que les principes de droit commun s'opposent à ce que celui qui a reçu un à-compte d'un coobligé, ou d'une caution qui n'est pas en faillite, soit avant, soit depuis la faillite, puisse y produire pour la valeur intégrale de sa créance. On comprend que lorsque tous les coobligés ou plusieurs d'entre eux sont en faillite, le créancier puisse agir contre chacun d'eux pour la totalité de sa créance jusqu'à parfait paiement, parce que les faillis qui le paient intégralement en monnaie de faillite, n'ont aucun recours les uns contre les autres, et ne sont exposés en définitive qu'à payer ce qu'ils doivent. Mais le coobligé non failli, qui a payé un à-compte, pouvant avoir un recours contre le coobligé failli, dont il est la caution, il n'est pas possible d'admettre le créancier qui a reçu cet à-compte, à produire dans la faillite pour la valeur nominale de son titre, puisque, dans ce cas, le failli serait obligé de payer deux fois, une fois au créancier et une autre fois à son coobligé ou à sa caution pour le montant de l'à-compte. C'est ce résultat que l'art 544 a voulu empêcher. Et si ce résultat est injuste quand le paiement est antérieur à la faillite, on ne voit pas comment il cesserait de l'être quand le paiement est postérieur. »

Ces raisons nous semblent sans réplique; la conséquence nécessaire de la doctrine professée par l'arrêt de la chambre des requêtes, c'est que le coobligé non failli qui a payé un à-compte ne pourrait se présenter à la faillite pour tout ce

(1) Cass., 23 nov. 1852 (S.V.53.1.23).

qu'il a payé à la décharge du failli ; et faire sortir une pareille règle de la disposition contraire, expressément écrite et conforme au droit commun, qui existe en faveur du coobligé qui a donné un à-compte avant la faillite, nous paraît une interprétation un peu forcée. Que déciderait donc la Cour de cassation, si le coobligé payait la totalité, même après la faillite? lui refuserait-elle le droit de se présenter? L'art. 544 lui accorde positivement le même droit pour un à-compte.

1848. Le second paragraphe de l'article est la conséquence nécessaire du premier ; la dette du failli ne peut être diminuée par un paiement qu'il n'a pas fait : « Le futur failli, dit M. Renouard, me devait 100. Le coobligé ou la caution m'ont payé à sa décharge 25 avant la faillite ; la faillite continue à devoir 100, quoiqu'elle ne me doive à moi que 75. A qui devra-t-elle les 25 ? Evidemment ce sera au coobligé ou à la caution, qui ont payé à la décharge du failli ; c'est ce que décide le dernier paragraphe de l'art. 544. Pour les 75 qui me restent dus, je continue à avoir pour obligés solidaires, non-seulement le failli, mais encore le coobligé ou la caution. Si le coobligé ou la caution sont solvables, nulle difficulté ; ils me payent, peu m'importe que ce soit en s'aidant du dividende qu'ils toucheront du failli, ou au moyen de leurs autres ressources personnelles. S'ils sont tombés en faillite, aurai-je sur le dividende qu'ils toucheront dufailli en recouvrement de l'à-compte à moi payé par eux, un droit de préférence relativement à leurs autres créanciers, jusqu'à mon parfait paiement » (1)? L'affirmative avait été soutenue en s'appuyant sur l'art. 1252, C. Nap., qui ne paraît pas applicable dans ce cas, puisque le créancier, à l'égard de la masse du moins, est censé intégralement payé des 75 qui lui sont dus, au moyen du dividende qu'il a reçu ; le deuxième paragraphe de l'art. 544 n'assignant aucun privilége spécial à tel ou tel créancier de la caution, il semble impossible d'accorder le droit de préférence dont il s'agit (2).

1849. Une différence est à faire entre le coobligé ou la caution ; la caution est subrogée aux droits du créancier qu'elle

---

(1) *Faillites*, t. 2, p. 186.
(2) Renouard, t. 2, p. 188 ; Bédarride, n. 870. — *Contrà*, Pardessus, n. 1214.

a désintéressé, et a son recours pour la totalité de la somme qu'elle a payée ; en outre, s'il existe plusieurs codébiteurs tenus solidairement, elle pourra se présenter pour cette somme entière à la faillite de chacun d'eux, conformément à l'article 542 : il ne peut en être de même si le paiement partiel a été fait par un codébiteur ; pour lui, il ne peut y avoir subrogation que jusqu'à concurrence de la somme dont le failli était tenu, non envers le créancier, mais envers le codébiteur : « Ainsi, dit M. Bédarride, si la dette était commune, le coobligé qui a payé ne pourrait réclamer de ses codébiteurs que la partie qui les concernait personnellement. Il ne pourrait donc être admis dans aucune des faillites pour la totalité des sommes qu'il aurait payées. Ce pouvoir n'est accordé au créancier qu'en vertu de la solidarité des débiteurs à son égard. Or, de débiteur à débiteur, il n'existe jamais de solidarité (1).

L'art. 1213, C. Nap., en effet, est ainsi conçu : « L'obligation contractée solidairement envers le créancier se divise « de plein droit entre les débiteurs qui n'en sont tenus entre « eux que chacun pour sa part et portion. » Ainsi, en droit commun, le paiement intégral fait par l'un des débiteurs tenu directement du montant de l'obligation ne le subroge aux droits du créancier que pour la part dont le codébiteur était tenu envers lui : Pierre et Paul ont contracté solidairement l'obligation de payer 40,000 fr.; lorsque Pierre a acquitté cette somme, il ne peut réclamer à Paul, son codébiteur, que 20,000 fr., moitié de l'obligation qui de plein droit est divisée entre eux dans le silence du titre.

Si la solidarité, au contraire, résulte d'une lettre de change ou d'autres effets de commerce négociés par voie d'endossement, le seul débiteur direct sera l'accepteur ou le tireur, et s'il s'agit d'un billet à ordre, le souscripteur; les autres signataires ne sont que des garants, et si l'un d'eux a payé, il peut réclamer à la masse du débiteur principal la totalité de la somme payée par lui au porteur, aux droits duquel il est subrogé d'une manière complète (2).

(1) Bédarride, n. 881.
(2) Pardessus, n. 1213 et s.

ARTICLE 545.

Nonobstant le concordat, les créanciers conservent leur action pour la totalité de leur créance contre les coobligés du failli.

1850. Cet article a mis fin à une longue controverse et aucun doute ne peut exister que la remise ou décharge d'une partie de la dette accordée par un créancier au failli dans un concordat n'a pas pour conséquence de libérer les coobligés du failli ; le créancier conserve son recours contre eux. « Cependant, fait observer M. Pardessus, les coobligés ou cautions ainsi contraints de payer au créancier le complément de la dette ne peuvent agir en remboursement contre le débiteur (Cass., 22 mars 1814) ; ils supportent cette perte comme y eût été forcé le créancier, s'il n'avait pas eu de droits contre eux » (1).

Aucune distinction n'est à faire entre le créancier qui a adhéré volontairement au concordat et celui qui ne s'y est soumis qu'après l'homologation qui l'a rendu obligatoire pour tous ; il n'est tenu à faire aucune réserve ni aucune notification ; l'art. 545 a levé tous les doutes ; mais il faut dire qu'il est d'une grande importance de distinguer les remises faites *volontairement*, quand le débiteur éprouve des embarras, et les remises *forcées*, produites par le concordat. Dès qu'il n'y a pas eu faillite déclarée, ou même, si elle a existé, dès qu'il n'y a pas eu accomplissement des préalables du concordat, une remise faite par le traité n'a plus que les caractères d'une remise volontaire ; et celui qui l'a consentie ne peut plus agir contre la caution, puisqu'il s'est mis hors d'état de la subroger à ses droits (C. Nap., art. 2037), à moins qu'il ne se soit muni de son consentement et n'ait conservé ses droits contre elle, suivant les règles communes (2) (*suprà*, n. 1825).

En vertu du même article 2037, C. Nap., le créancier garanti qui, en votant au concordat, ou par toute autre cause, aurait

---

(1) *Droit comm.*, n. 1247.

(2) Pardessus, n. 1247.

perdu par sa faute son hypothèque ou son privilége, ne pourrait évidemment exercer son recours contre la caution (1).

SECTION II.

DES CRÉANCIERS NANTIS DE GAGE ET DES CRÉANCIERS PRIVILÉGIÉS SUR LES BIENS MEUBLES.

ARTICLE 546.

Les créanciers du failli qui seront valablement nantis de gages ne seront inscrits dans la masse que pour mémoire.

1851. En principe, le créancier gagiste doit rester étranger à la masse chirographaire ; s'il doit être inscrit afin de présenter un tableau exact de la situation du failli, ce n'est donc que pour mémoire ; nous verrons sous l'art. 548, que cette inscription peut être utile encore à un autre point de vue, soit dans l'intérêt du créancier, soit dans l'intérêt de la masse.

La Cour de cassation a jugé « que, pour donner lieu à une simple inscription pour mémoire jusqu'à son retrait ou à sa réalisation, le gage doit avoir été fourni par le failli lui-même ; qu'en effet, l'art. 547 donnant aux syndics le droit de le retirer en payant la dette, et l'art. 548 les autorisant à recevoir l'excédant du prix de la vente sur la créance, il est évident que ce double droit ne peut appartenir qu'au propriétaire même du gage » (2).

La doctrine de cet arrêt rendu par la Chambre des requêtes ne doit être acceptée que sous le bénéfice d'une distinction. Nul doute, évidemment, que les art. 547 et 548 ne sont applicables que si le gage est fourni par le failli, et la loi devait régler les droits de la masse dans ce cas, qui sera évidemment le plus fréquent ; mais l'art. 546 est exclusivement écrit pour régler d'une manière générale les droits et les intérêts du créancier gagiste, droits entièrement distincts de ceux de la masse ; à ce point de vue qu'importe par qui le gage est fourni ?

---

(1) Bédarride, n. 890.
(2) Cass., 24 juin 1851 (S.V.51.1.561).—Sic, Renouard, t. 2, p. 251 et s.

L'art. 546 a été écrit pour le cas où le créancier est nanti; s'il l'est en effet, la condition est remplie, à moins que le propriétaire du gage ne doive conserver son recours.

Nous avons expliqué sous les art. 92, 93 et 95, les conditions nécessaires pour la validité du gage ou nantissement en matière commerciale; nous ne pouvons qu'y renvoyer.

Un droit analogue peut exister en faveur de l'ouvrier ou du fabricant sur la matière qui lui a été livrée pour être travaillée; le droit de rétention accordée dans ce cas ne doit pas être confondu avec le privilége de l'ouvrier employé par le failli, à raison de son salaire, dont s'occupe l'art. 549. L'ouvrier est admis sans difficulté à retenir la chose qu'il a travaillée, jusqu'à ce que le prix de sa main-d'œuvre et des matières accessoires qui y ont été jointes lui soit payé, ou à la faire vendre pour être payé. Mais s'il s'est dessaisi de la chose qui, de plein droit et sans qu'il soit intervenu de contrat spécial, lui servait de gage, il n'a plus qu'une créance ordinaire; lorsqu'il s'est dessaisi, il a consenti par ce fait, à suivre, pour être payé de ce qui lui est dû, la foi de son débiteur. Le doute commence lorsque l'ouvrier ou le fabricant s'est dessaisi d'une partie des objets manufacturés par lui, pour savoir si le droit de rétention peut s'exercer sur la partie non livrée qu'il a encore entre les mains. La Cour de cassation paraît s'être prononcée dans ce sens, qui est le plus équitable (1).

ARTICLE 547.

Les syndics pourront, à toute époque, avec l'autorisation du juge-commissaire, retirer les gages au profit de la faillite, en remboursant la dette.

ARTICLE 548.

Dans le cas où le gage ne sera pas retiré par les

(1) Cass., 9 déc. 1840 (S.V.41.1.33).

syndics, s'il est vendu par le créancier moyennant un prix qui excède la créance, le surplus sera recouvré par les syndics; si le prix est moindre que la créance, le créancier nanti viendra à contribution pour le surplus, dans la masse, comme créancier ordinaire.

1852. L'art. 547, en reproduisant à peu près l'ancien art. 536, a exprimé, pour faire cesser toute difficulté, que le retrait du gage pourra s'effectuer à toute époque : « C'est un acte d'administration, dit M. Renouard, qui peut avoir lieu dès les premières opérations de la faillite, comme après la formation de l'union » (1).

La loi nouvelle a rendu nécessaire l'autorisation du juge-commissaire.

Jusqu'à ce que le créancier ait fait vendre le gage dont il est nanti, et en ait imputé le produit sur sa créance, il ne peut être admis à recevoir de dividende, soit de l'union, soit du failli lui-même concordataire (2) ; ce n'est que la réalisation du gage qui permettra de savoir s'il restera créancier et pour quelle somme.

Dans le cas où le moment paraîtrait mal choisi pour procéder à cette vente, le droit qui appartient à la masse de retirer le gage préviendra tout abus.

Le créancier nanti ne peut faire vendre le gage qu'à l'échéance fixée par la convention, et la loi n'a pas dit si l'état de faillite apportait une modification à cette règle : la raison de douter, c'est qu'aux termes de l'art. 448, toutes les dettes passives non échues sont devenues exigibles. M. Bédarride enseigne que le créancier pourra faire vendre le gage avant que le terme réel soit échu, lorsque les créanciers sont en état d'union : « En effet, dit-il, tant qu'il est nanti du gage, le créancier ne peut sous aucun prétexte, pas même sous celui d'insuffisance certaine, se présenter et concourir aux distributions. Si on le réduisait à ne vendre qu'après que ces distributions

---

(1) *Faillites*, t. 2, p. 251. — *Sic*, Bédarride, n. 915.
(2) Paris. 16 déc. 1836 (S.V.37.2.313) ; Renouard, t. 2, p. 251.

ont été réalisées, ce serait donc le condamner à perdre tout ce qui pourra lui être dû, déduction faite de la valeur que le gage a produite. L'intérêt qu'il a à empêcher un pareil résultat ne saurait être contesté ni méconnu » (1). Cette règle nous paraît devoir être suivie.

ARTICLE 549.

Le salaire acquis aux ouvriers employés directement par le failli, pendant le mois qui aura précédé la déclaration de faillite, sera admis au nombre des créances privilégiées, au même rang que le privilége établi par l'article 2101 du Code civil pour le salaire des gens de service. — Les salaires dus aux commis pour les six mois qui auront précédé la déclaration de faillite seront admis au même rang.

1853. Les art. 549 à 551, qui traitent des priviléges sur les meubles, ni les art. 552 et suivants, qui s'occupent des priviléges sur les immeubles et des hypothèques, n'ont même essayé de résumer les règles écrites sur ces matières, dans un des titres les plus importants du Code Nap., et de tous peut-être celui qui a donné lieu aux plus vives controverses ; ces matières n'ont en effet qu'un rapport assez éloigné avec le droit commercial et les faillites, et nous ne pouvons tenter, sans ajouter à notre ouvrage, un autre ouvrage plus considérable encore peut-être, de combler cette lacune volontaire du législateur. Il faut se reporter aux art. 2095 et suivants du Code Napoléon, et aux nombreux traités qui les ont expliqués. Sans même essayer un résumé qui ne donnerait que des idées incomplètes, si ce n'est fausses, sur les difficultés que nous ne pouvons discuter, nous nous contenterons de copier quelques articles du Code Nap., qu'il est nécessaire d'avoir sous les yeux, pour bien saisir les dispositions des art. 549 et suivants du Code de commerce. Nous devons rappeler encore,

(1) *Faillites*, n. 917.

que la loi n'a même pas rassemblé dans cette section et la suivante, toutes les règles particulières aux créanciers privilégiés et hypothécaires en cas de faillite, et que nous avons eu, à bien des reprises déjà, occasion de les nommer et de tracer la limite de leurs obligations et de leurs droits. « Ces deux sections, dit M. Renouard, ne sont point destinées, dans le Code de commerce, à présenter l'ensemble des règles qui, en matière de faillite, déterminent les droits des créanciers privilégiés et hypothécaires. Les dispositions spéciales de la loi des faillites sur cette matière n'ont que deux objets : l'un, de tracer quelques-unes des règles destinées à aider l'application du droit commun tel qu'il résulte principalement du Code civil ; l'autre, d'apporter à ce droit quelques modifications particulières. Si la loi avait entrepris de codifier toutes les règles à suivre en cas de priviléges et hypothèques en cas de faillite, elle aurait été obligée de reproduire le texte du Code civil et des lois qui l'ont complété » (1).

1854. « Le privilége, dit l'art. 2095 du Code Nap., est « un droit que la qualité de la créance donne à un créancier « d'être préféré aux autres créanciers même hypothécaires ».

« Entre les créanciers privilégiés, la préférence se règle par « les différentes qualités des priviléges » (Code Nap., art. 2096). La date de la créance et le moment où le privilége a été acquis n'ont donc aucune importance, et c'est la nature même du privilége qui décidera si le créancier, qui peut l'invoquer, doit être payé de préférence à tel autre créancier privilégié comme lui, mais par un autre motif.

« Les créanciers privilégiés, qui sont dans le même rang, « sont payés par concurrence. » (Code Nap., art. 2097).

« Le privilége, à raison des droits du Trésor, et l'ordre dans « lequel il s'exerce, sont réglés par les lois qui le concernent. « Le Trésor ne peut cependant obtenir de privilége au préju- « dice des droits antérieurement acquis à des tiers » (Code Nap., art. 2098).

Le Trésor public ou les administrations qui en dépendent,

(1) *Faillites*, t. 2, p. 101.

peuvent avoir des droits à exercer, à raison de sommes dues pour contributions directes ou indirectes ou pour droits de douane, dans les cas où les préposés ont fait des crédits autorisés par les lois et règlements ; le failli peut encore être débiteur envers le Trésor, s'il est comptable de deniers publics, ou s'il a été condamné à l'amende ou à des frais de procédure ; les lois applicables dans ces cas divers assurent au Trésor des avantages particuliers : ces lois sont évidemment tout à fait étrangères à notre sujet.

« Les priviléges peuvent être sur les meubles ou sur les immeubles » (C. Nap., art. 2099).

« Les priviléges sur les meubles sont généraux ou parti-
« culiers sur certains meubles (C. Nap., art. 2100).

L'art. 549 se rapporte aux priviléges généraux et sur les meubles.

1855. « Les créances privilégiées sur la généralité des
« meubles, dit l'art. 2101 du Code Nap., sont celles ci-après
« exprimées et s'exercent dans l'ordre suivant : 1° les frais
« de justice ; 2° les frais funéraires ; 3° les frais quelconques
« de la dernière maladie, concurremment entre ceux à qui ils
« sont dus ; 4° les salaires des gens de service pour l'année
« échue et ce qui est dû sur l'année courante ; 5° les fournitu-
« res de subsistances faites au débiteur et à sa famille ; savoir
« pendant les six derniers mois par les marchands en détail,
« tels que boulangers, bouchers et autres, et pendant la der-
« nière année pour les maîtres de pension et marchands en
« gros ».

Les salaires, dont parle l'art. 549, doivent par conséquent être mis au quatrième rang des créances privilégiées sur les meubles ; et ces trois catégories de créanciers placés sur la même ligne seront payés par concurrence (*infrà*, n. 1859).

1856. *Frais de justice.* Les frais de justice, dont il est question ici, doivent s'entendre de ceux qui sont faits au nom de la masse, tels que les frais de scellés, d'inventaires, de jugement déclaratif de la faillite, de convocation de créanciers et autres de même nature, qui ont pour but l'accomplissement des prescriptions de la loi ou qui sont rendus nécessaires pour la liquidation de la faillite. « On ne donnerait ni ce nom, ni ce privilége, dit

M. Pardessus, aux frais qu'un créancier particulier aurait faits contre le failli, pour obtenir des condamnations; ils suivraient le sort de la créance. De même, si les syndics avaient soutenu quelque procès dans l'intérêt commun, les dépenses par eux faites et régulièrement justifiées ne seraient pas précisément considérées comme frais de justice jouissant des priviléges dont il s'agit ici » (1). M. Pardessus pense qu'ils donneraient lieu seulement aux prélèvements que ces mandataires peuvent faire sur les recettes ou les premiers deniers qu'ils perçoivent.

La règle serait la même, que les avances aient été faites par les officiers publics qui ont opéré, par les syndics ou par le Trésor, dans le cas prévu par la loi (C. comm. 461).

Si les frais faits avant la faillite par un créancier ont profité à la masse, il serait juste de les faire jouir du même avantage (2).

1857. *Frais funéraires.* La faillite d'un commerçant pouvant être déclarée après son décès, les frais faits pour ses funérailles peuvent se trouver au nombre des dettes qu'il a laissées, et ils seraient privilégiés. Il y a eu controverse entre les auteurs, pour savoir si cette disposition serait applicable aux funérailles du commerçant décédé après la déclaration de faillite ; mais en fait, le question ne se présentera sans doute pas : « L'intérêt public, dit M. Dalloz, la morale et la décence, exigent qu'il soit fait au failli de modestes funérailles ; c'est une dette sacrée qu'aucun créancier, lorsqu'il a traité avec un négociant depuis tombé en faillite, n'a eu la pensée de décliner » (3).

1858. *Frais de dernière maladie.* Ces frais ne peuvent rigoureusement s'entendre que de ceux qui étaient dus au moment de l'ouverture de la faillite, soit que le débiteur ait succombé à la maladie dont il était atteint, ou en soit guéri, puisque le jugement déclaratif a fixé le passif d'une manière définitive; mais il faut dire avec M. Pardessus que l'humanité

(1) *Droit comm.*, n. 1192.

(2) Amiens, 15 nov. 1837; Bordeaux, 28 nov. 1840; Dalloz, *Rép.*, n. 1051 et 229.

(3) *Rép.*, v° *Faillite*, n. 1054.—*Sic*, Renouard, t. 2, p. 207.

exigerait dans ce cas, que la faillite les acquittât à titre de secours accordé au débiteur, par voie de prélèvement (1).

1859. *Gages et salaires des gens de service.* Les ouvriers que l'art. 549 admet à jouir de ce privilége ne doivent s'entendre que de ceux qui sont employés directement par le failli. S'ils sont au compte d'un entrepreneur travaillant pour le failli, c'est à l'entrepreneur qu'ils doivent s'adresser (*suprà*, n. 1855).

1860. Quelques auteurs ont pensé que le privilége accordé aux commis ne peut être réclamé que par ceux qui ont des *appointements fixes*, et non par ceux qui sont rétribués à la commission. Les raisons données à l'appui de cette distinction que la loi n'a pas faite ne nous semblent pas admissibles ; il est impossible de confondre des commis avec des courtiers ; en fait, des commis rétribués en tout ou en partie au moyen de commission, conservent parfaitement le caractère de serviteurs ou d'aides exclusivement attachés au commerce du failli ; et nous ne voyons pas pourquoi la doctrine leur refuserait un bénéfice que la loi, par des motifs qui leur sont parfaitement applicables, a voulu accorder à tous (2).

Le privilége ne pourrait être étendu aux dommages-intérêts qu'une personne louée aurait droit de prétendre pour inexécution des engagements pris envers elle (3).

1861. *Fournitures de subsistances faites au débiteur et à sa famille.* L'état de faillite ne peut modifier en rien les règles établies par le droit civil à raison de ce privilége qui occupe le cinquième rang ; c'est donc au Code Napoléon qu'il faut se reporter pour juger les difficultés qui s'élèvent à ce sujet.

1862. Les priviléges énumérés par l'art. 2101 s'étendent non-seulement sur la généralité des meubles, mais encore sur les immeubles (C. Nap., art. 2104) ; des difficultés peuvent naître pour décider, dans le cas où ces priviléges sont en concurrence avec les créanciers privilégiés sur les immeubles, à qui le premier rang sera donné. Cette question envisagée d'une manière générale est tout à fait étrangère à notre sujet ; elle

---

(1) *Droit comm.*, n. 1194 ; Renouard, t. 2, p. 211.

(2) Lainné, p. 398 ; Bédarride, n. 936 ; Dalloz, *Rép.*, n. 1056.

(3) Pardessus, n. 1195.

ne s'est présentée particulièrement en matière de faillite, qu'à raison des frais de justice ; et des décisions en sens divers, peuvent être citées sur la question (1). Il faudrait dire avec M. Renouard, que les créanciers nantis, hypothécaires ou autres ne peuvent être primés par des frais faits dans l'intérêt de la masse, s'ils n'ont profité qu'aux chirographaires ; si la preuve était faite, au contraire, que les premiers en ont retiré un bénéfice, ils devraient être primés par ces frais (2).

Aux priviléges énumérés par le Code Napoléon et le Code de commerce, il faut joindre celui que l'art. 2 de la loi du 5 septembre 1807 a établi pour les frais de défense personnelle des accusés, puisque les faillis peuvent être exposés à des poursuites correctionnelles ou criminelles. Le privilége du Trésor public ne s'exerce qu'après le paiement de ces frais, lesquels en cas de contestation de la part de l'administration des Domaines, seront réglés d'après la nature de l'affaire par le tribunal qui aura prononcé la condamnation.

ARTICLE 550.

Le privilége et le droit de revendication établis par le n. 4 de l'article 2102 du Code civil, au profit du vendeur d'effets mobiliers, ne seront point admis en cas de faillite.

1863. Cet article contient une dérogation aux règles établies par l'art 2102, C. Nap. qui donne l'énumération des créances privilégiées, non sur tous les meubles, mais sur certains meubles seulement ; et la disposition formelle de la loi a mis fin à une très-vive controverse qui s'était élevée sous l'empire du Code de 1807, sans qu'il eût été possible d'arriver à une règle nette et précise que la loi nouvelle a enfin donnée : le vendeur d'effets mobiliers non payé n'a plus désormais que le

---

(1) Rouen, 6 nov. 1812 ; Paris, 26 avril 1836 (D.P.37.2.9) ; Bordeaux, 20 août 1837 (D.P.37.2.180) ; Rouen, 2 déc. 1841 (S.V.42.2.156) ; Colmar, 4 juill. 1831 (D.P.31.2.203).

(2) *Faillites*, t. 2, p. 200.

droit de revendication soumis aux règles restrictives que nous ferons connaître sous les art. 574 et suiv. qui traitent de la revendication.

L'art. 550 est applicable aux objets mobiliers même incorporels, tels que les fonds de commerce, les offices et autres objets de cette nature (1), et sans préjudice du droit de rétention, qui appartient, dans tous les cas, au vendeur qui ne s'est pas encore dessaisi; la jurisprudence et tous les auteurs sont d'accord.

La loi a omis de s'expliquer sur une difficulté qui devait inévitablement se présenter ; en matière d'immeubles, il est certain que la perte du privilége accordé au vendeur laisse intacte entre ses mains l'action en résolution autorisée d'une manière générale par l'art. 1654, C. Nap Le Code de commerce en proscrivant la revendication autorisée par l'art. 2102, n. 4 du C. Nap. a-t-il laissé subsister l'action en résolution qui, en définitive, amènerait au même résultat ?

La question a été décidée négativement (2); toute autre solution annulait, en fait, l'art. 550.

La question peut se présenter encore pour savoir si, en cas de faillite de l'acheteur, le vendeur du fonds de commerce pouvait provoquer en son nom personnel, faute de paiement des loyers, la résiliation du bail cédé par lui en même temps que le fonds de commerce; sans doute l'exploitation du commerce peut souvent devenir impossible sans le bail, et en usant de ce droit, le vendeur arrive presque par une voie détournée à la résolution de la vente elle-même; mais l'interprétation a des bornes et ne peut se substituer au législateur : il faut donc bien décider que le Code de commerce n'a apporté aucune modification aux droits résultant du contrat de bail et que ces droits peuvent être exercés, si ce n'est par le vendeur de son chef (3), au moins, à coup sûr, comme exerçant les

(1) *Moniteur* du 24 fév. 1835 ; Paris, 24 août 1839 (S.V.39.2.534) et 10 janv. 1842 (S.V.43.2.58) ; Cass., 23 août 1853 (S.V.53.1.606).

(2) Paris, 24 août 1839 (S.V.39.2.533) ; Limoges, 6 mai 1843 (S.V.43.2.326); Paris, 8 août 1845 (S.V.45.2.540); Rennes, 23 août 1847 (D.P.49.2.111); Caen, 3 janv. 1849 (S.V.49.2.640), et tous les auteurs.

(3) Paris, 24 août 1839 (S.V.39.2.534).

18.

droits du propriétaire, à la place duquel il se trouve (1); il est impossible d'admettre que le non-paiement des loyers n'aura pas pour conséquence nécessaire la résolution du bail ; c'est aux syndics à y pourvoir.

Il a été décidé avec grande raison que des stipulations particulières ne pourraient déroger à l'art. 550 ; il eût été inutile d'abroger la résolution légale, s'il avait été permis de la rétablir par une simple convention qui fût devenue de style (2).

ARTICLE 551.

Les syndics présenteront au juge-commissaire l'état des créanciers se prétendant privilégiés sur les biens meubles, et le juge-commissaire autorisera, s'il y a lieu, le paiement de ces créanciers sur les premiers deniers rentrés. — Si le privilége est contesté, le tribunal prononcera.

1804. Cet article fait suffisamment entendre que les créanciers privilégiés ne sont pas obligés d'attendre pour recevoir ce qui leur est dû, que la contribution sur le prix du mobilier soit ouverte au profit des autres créanciers ; il suffit que le procès-verbal de vérification des créances soit clos pour que les syndics puissent, sans autre retard, remettre au juge-commissaires l'état des créanciers privilégiés; mais c'est au juge-commissaire que la loi donne le droit, en définitive, de décider si ce paiement sera fait, tant sur les sommes qui sont en caisse, que sur les premières rentrées ; et les créanciers qui seraient ajournés jusqu'au moment où les syndics, au nom de l'union, auront procédé à la réalisation de l'actif du failli n'auraient aucun recours, ni les moyens d'obtenir leur paiement par une autre voie. Si le privilége est contesté, c'est le tribunal de commerce qui prononcera (3).

---

(1) Paris, 21 juill. 1842 ; *le Droit*, 16 août 1842.

(2) Amiens, 12 janv. 1849 (D.P.49.2.150); Paris, 20 déc. 1849 (D.P.50.2.207).

(3) Bordeaux, 17 déc. 1839 (S.V.40.2.202) ; Limoges, 16 mai 1840 (S.V.40.2.404) ; Caen, 6 juill. 1842 (S.V.43.2.91). — *Sic*, Renouard, t. 2, p. 284. — *Contrà*, Nancy, 13 juill. 1853 (D.P.54.2.08).

Les frais de l'instance seraient supportés par la partie qui a succombé, soit le créancier dont le privilége a été contesté, soit la masse au nom de laquelle les syndics ont agi.

SECTION III.

DES DROITS DES CRÉANCIERS HYPOTHÉCAIRES ET PRIVILÉGIÉS SUR LES IMMEUBLES.

ARTICLE 552.

Lorsque la distribution du prix des immeubles sera faite antérieurement à celle du prix des biens meubles, ou simultanément, les créanciers privilégiés ou hypothécaires, non remplis sur le prix des immeubles, concourront, à proportion de ce qui leur restera dû, avec les créanciers chirographaires, sur les deniers appartenant à la masse chirographaire, pourvu toutefois que leurs créances aient été vérifiées et affirmées suivant les formes ci-dessus établies.

ARTICLE 553.

Si une ou plusieurs distributions des deniers mobiliers précèdent la distribution du prix des immeubles, les créanciers privilégiés et hypothécaires vérifiés et affirmés concourront aux répartitions dans la proportion de leurs créances totales, et sauf, le cas échéant, les distractions dont il sera parlé ci-après.

ARTICLE 554.

Après la vente des immeubles et le règlement définitif de l'ordre entre les créanciers hypothécaires et privilégiés, ceux d'entre eux qui viendront en ordre utile sur le prix des immeubles pour la totalité de leur créance ne toucheront le montant de leur collocation hypothécaire que sous la déduction des sommes par eux perçues dans la masse chirographaire. —Les sommes ainsi déduites ne resteront point dans la masse hypothécaire, mais retourneront à la masse chirographaire, au profit de laquelle il en sera fait distraction.

ARTICLE 555.

A l'égard des créanciers hypothécaires qui ne seront colloqués que partiellement dans la distribution du prix des immeubles, il sera procédé comme il suit: leurs droits sur la masse chirographaire seront définitivement réglés d'après les sommes dont ils resteront créanciers après leur collocation immobilière, et les deniers qu'ils auront touchés au delà de cette proportion, dans la distribution antérieure, leur seront retenus sur le montant de leur collocation hypothécaire, et reversés dans la masse chirographaire.

ARTICLE 556.

Les créanciers qui ne viennent point en ordre utile seront considérés comme chirographaires, et soumis comme tels aux effets du concordat et de toutes les opérations de la masse chirographaire.

1865. Les art. 552 à 556 sont la reproduction presque textuelle des art. 539 à 543 de l'ancien Code, dont l'exécution avait donné lieu à peu de difficultés; il semble plus difficile encore qu'il s'en élève aujourd'hui. En effet, l'état de faillite n'apporte aucun changement aux droits respectifs des créanciers privilégiés et hypothécaires; les contestations qui s'élèveraient sur le fonds même du droit seraient complétement étrangères à notre sujet.

Lorsque la faillite a désintéressé comme caution avec les deniers de la masse chirographaire une dette, qui devait être, avant tout, à la charge de la masse hypothécaire, les créanciers hypothécaires ne peuvent s'opposer à ce que les syndics se fassent colloquer par subrogation aux droits du créancier qu'ils ont payé, sur le motif qu'en faisant ce paiement, ils n'ont acquitté que la propre dette du failli (1).

D'après les mêmes principes, mais en sens inverse, si les créanciers ayant un privilége général, peuvent, aux termes de l'art. 2104, C. Nap., se faire colloquer à l'ordre ouvert sur les immeubles, et s'y faire payer avant les créanciers hypothécaires ou privilégiés sur ces immeubles seulement, lorsque cet ordre s'ouvre avant la répartition du mobilier, comme cette dette est, avant tout, à la charge de l'actif mobilier, les créanciers devraient reverser plus tard à la masse hypothécaire le montant de leur contribution (2).

En effet, ainsi que le reconnait, au reste, l'art. 552, les biens d'un débiteur sont le gage commun de tous ses créanciers; les priviléges et les hypothèques créant des causes légitimes de préférence en faveur de certains créanciers, s'il est nécessaire, de ne porter aucune atteinte aux droits que la loi assure aux créanciers garantis, il faut éviter, avec le même soin, de leur rien accorder qui puisse leur donner, au préjudice des créanciers chirographaires, un avantage qui ne leur est pas dû. C'est le but qu'on a voulu atteindre par les art. 552 à 556, et c'est dans ce sens, en cas de doute, qu'ils devraient être interprétés.

1806. La disposition parfaitement claire de l'art. 556 peut donner lieu cependant à une difficulté.

Le concordat auquel sont soumis les créanciers hypothécaires sans distinction, dans le cas prévu par l'art. 556, a pour effet de décharger le failli de toute poursuite ultérieure sur les biens qu'il acquerra par la suite. Cependant, il a été jugé que le créancier qui, à défaut de collocation utile de son hypothèque générale, n'a participé aux distributions qu'à titre de chirographaire dans les limites du concordat, conserve néanmoins le droit d'exercer cette hypothèque sur les immeubles que le failli concordataire a acquis postérieurement (3); en

(1) Cass., 4 juill. 1844 (S.V.44.1.481).

(2) Bédarride, n. 964 et 971; Dalloz, *Rép.*, n. 1068.

(3) Cass., 1er mars 1848 (S.V.48.1.478).

effet, l'hypothèque générale s'étendant à tous les biens présents et à venir du débiteur, cette décision paraît justifiée, et il ne semble pas possible d'admettre que l'art. 556 ait voulu enlever au créancier hypothécaire aucun droit utile ; il n'a fait que réglementer la marche à suivre par tous les créanciers sur les biens existant au moment du concordat, et n'a assimilé au créancier chirographaire, le créancier hypothécaire, que dans le cas où, par la force des choses, son droit s'évanouit et se réduit à un vain titre.

Dans le cas où le créancier pourrait se faire colloquer sur ces nouveaux biens pour toute sa créance, M. Dalloz pense qu'il devra restituer à la masse tout ce qu'il en a reçu comme créancier chirographaire, conformément à l'art. 554 (1). Nous ne le pensons pas : ce serait toujours, pour la masse, profiter directement ou indirectement des biens nouveaux acquis par le failli depuis le concordat : cet acte a réglé définitivement les droits des créanciers chirographaires ; c'est à leur égard une transaction qu'ils doivent respecter. Disons, en outre, que le dividende reçu par le créancier ayant une hypothèque générale, a été régulièrement payé, et qu'il ne pourrait donc être admis à réclamer sur les nouveaux immeubles que la somme nécessaire pour parfaire son entier paiement.

1867. Un grand nombre d'arrêts et presque tous les auteurs décident également que le concordat dûment homologué ne pourrait mettre le failli à l'abri des poursuites autorisées en cas de stellionat (2). Il est bien entendu, toutefois, que le créancier victime du stellionat n'a aucun droit particulier et privilégié sur les biens du failli ; mais il peut exercer contre lui la contrainte par corps, comme le ministère public pourrait le poursuivre pour tout crime ou tout délit.

---

(1) *Rép.*, v° *Faillite*, n. 1074.— *Contrà*, Rouen, 25 janv. 1855 (D.P.55.2.94).

(2) Cass., 22 janv. 1840 (S.V.40.1.105) ; Bordeaux, 9 déc. 1834 (S.V.35.2.269) ; Paris, 13 nov. 1843 (S.V.44.2.22). — *Contrà*, Renouard, t. 2, p. 71 ; Lainné sur l'art. 556.

SECTION IV.

DES DROITS DES FEMMES.

ARTICLE 557.

En cas de faillite du mari, la femme dont les apports en immeubles ne se trouveraient pas mis en communauté reprendra en nature lesdits immeubles et ceux qui lui seront survenus par succession ou par donation entre-vifs ou testamentaire.

1868. Nous devons ici encore, ainsi que nous l'avons fait quand nous nous sommes occupé des priviléges et des hypothèques, rappeler que le Code de commerce ne pouvait d'une manière accessoire, donner une seconde fois et après le Code Nap., l'ensemble des règles relatives aux contrats de mariage et aux droits respectifs des époux ; ces règles remplissent le titre 5 du 3e livre du Code Nap. de l'art. 1387 à l'art. 1581 ; quant à nous, nous devons nous borner à rapporter seulement les dispositions de ce titre, important à tant d'égards, qui nous paraîtront indispensables, pour faire comprendre les dispositions exceptionnelles du Code de commerce.

La loi des faillites n'a rien changé aux règles établies par le Code Nap., pour déterminer les biens qui tombent dans la communauté ou en sont exclus (art. 1401 et suiv., C. Nap.). Cette communauté ne comprend, ni les immeubles que les époux possédaient au jour de la célébration du mariage, ni ceux qui leur échoient pendant son cours à titre de succession (C. Nap., art. 1404), ni ceux qui sont donnés à l'un des deux époux, à moins de déclaration expresse du donateur (C. Nap., art. 1405). L'art. 557 maintient les droits de la femme, sauf les dispositions du Code Nap. lui-même, qui porte : « Lorsque les époux ou l'un d'eux font entrer en communauté tout « ou partie de leurs immeubles présents ou futurs, cette clause « s'appelle *ameublissement* (C. Nap., art. 1505). »

Art. 1507. « L'effet de l'ameublissement déterminé est de « rendre l'immeuble ou les immeubles qui en sont frappés, « biens de la communauté comme les meubles mêmes. » S'il y avait eu ameublissement, la femme ne pourrait donc, dans aucun cas, être admise à reprendre conformément à l'art. 557, l'immeuble qui en aurait été frappé (1).

Il faut rappeler encore que l'art. 1402, C. Nap., porte que : « Tout immeuble est réputé acquêt de communauté, s'il « n'est prouvé que l'un des époux en avait la propriété ou la « possession légale, antérieurement au mariage, ou qu'il lui « est échu depuis, à titre de succession ou de donation » ; si cette preuve n'était pas faite contre les créanciers, l'immeuble appartiendrait donc à la faillite.

1869. L'art. 557 ne parle pas des immeubles acquis par la femme à titre d'échange ou par suite de remploi, et qui doivent représenter ceux qu'elle est autorisée à reprendre en nature ; les articles suivants sont également muets. «Faut-il conclure de ce silence, dit M. Renouard, que la reprise de ces immeubles est interdite à la femme? Evidemment non, ce serait blesser ouvertement la règle, qui tout en empêchant l'usurpation des biens du mari, gage des créanciers, conserve néanmoins à la femme, la propriété de ses biens personnels (2).

« Faut-il conclure du silence des art. 557 et 558, ajoute-t-il, que ces cas sont régis par l'art. 559, et que par conséquent la femme pourra fournir toute espèce de preuve de sa propriété sans être astreinte comme par l'art. 558, ni à une déclaration d'emploi, ni à une constatation authentique de l'origine des deniers? Je ne le pense pas ; tout en reconnaissant que cette question est beaucoup plus difficile que la précédente. Il faut, avec l'art. 1407 du Code civil, dire que le nouvel immeuble est subrogé aux lieu et place de celui qui a été aliéné ; et il me paraît suivre de là, que la subrogation, en recueillant les avantages de l'acquisition première, doit en suivre les conséquences. L'origine des deniers sera naturellement constatée par l'authenticité de la vente ; la déclaration de remploi est une garantie nécessaire à conserver et facile à accomplir » (3).

---

(1) *Moniteur* du 6 avril 1838.

(2) Renouard, t. 2, p. 297.

(3) *Faillites*, t. 2, p. 297 ; Dalloz, *Rép.*, n. 1088 ; Cass., 8 janv. 1844 (S.V. 44.1.104).

La loi a légèrement modifié la rédaction de l'ancien art. 545 en employant l'expression de donation entre-vifs ou testamentaire plus conforme à l'intitulé du titre 2, livre 3 du Code Nap.; il n'en faut point conclure que l'art. 557 a voulu exclure les institutions contractuelles, qui sont comprises dans le titre du Code Nap., que nous venons de rappeler (1).

1870. Aucun doute n'existe que les dispositions de cette section, dans le nouveau Code comme dans l'ancien, n'ont été introduites qu'en faveur des créanciers du mari failli. Le droit commun serait seul applicable dans les rapports de la femme avec le mari, ses héritiers ou ses ayants cause autres que les créanciers de la faillite; mais est-il nécessaire qu'il y ait faillite déclarée par jugement, ou suffit-il qu'il y ait simple cessation de paiements? La Cour de cassation a décidé que pour rendre applicables les dispositions du Code de commerce, restrictives des droits de la femme, il suffisait que le mari fût commerçant et eût cessé ses paiements; cette règle devrait encore être suivie, puisque c'est la cessation de paiements qui constitue l'état de faillite et non le jugement déclaratif, qui ne fait que le proclamer comme nécessairement préexistant; mais les juges civils doivent néanmoins constater avant tout, et ainsi qu'ils en ont le droit, que le mari commerçant est en état de cessation de paiements (2).

ARTICLE 558.

La femme reprendra pareillement les immeubles acquis par elle et en son nom des deniers provenant desdites successions et donations, pourvu que la déclaration d'emploi soit expressément stipulée au contrat d'acquisition, et que l'origine des deniers soit constatée par inventaire ou par tout autre acte authentique.

(1) Renouard, t. 2, p. 296.

(2) Cass., 7 mars 1836, 8 juin et 13 nov. 1838, 28 déc. 1840; Dalloz, *Rép.*, n. 1081, 119 et 1085; Pardessus, n. 1225; Bédarride, n. 994.

1871. Les conditions imposées par cet article doivent être scrupuleusement accomplies; il introduit un droit spécial auquel la femme doit se soumettre. Toutefois, il a été jugé que l'origine dotale des deniers employés à l'acquisition d'un immeuble est suffisamment constatée lorsque l'acte de vente établit que le prix a été payé avec la dot mobilière de la femme qui lui avait été constituée par son contrat de mariage, et que l'acquisition a été faite pour lui servir de remploi : il n'est pas nécessaire que le paiement de la dot soit constaté par une quittance authentique (1) : cette interprétation doit être suivie, puisqu'elle est favorable à la femme et n'est pas contraire à la loi; mais sous cette réserve, il est bien certain que la femme ne serait pas admise à produire d'autres preuves que les actes authentiques.

ARTICLE 559.

Sous quelque régime qu'ait été formé le contrat de mariage, hors le cas prévu par l'article précédent, la présomption légale est que les biens acquis par la femme du failli appartiennent à son mari, ont été payés de ses deniers, et doivent être réunis à la masse de son actif, sauf à la femme à fournir la preuve du contraire.

1872. Les biens dont il est question dans cet article, sont tous ceux que la femme a pu acquérir en dehors des cas prévus par les articles précédents; la loi, en ce qui concerne ces biens, établit une présomption légale en faveur des créanciers, en réservant toutefois à la femme la preuve contraire.

La preuve à faire par la femme, dans ce cas, n'est pas aussi restreinte que celle qui est mentionnée à l'art. 558, et la loi n'exige plus exclusivement des actes authentiques pour établir que la femme est légitime propriétaire. Plusieurs auteurs, dont l'autorité est considérable, pour faire disparaître ce qu'ils considèrent comme une contradiction, ont cru pouvoir ensei-

(1) Cass., 8 janv. 1844 (S.V.44.1.164).

gner que, même dans les cas prévus par l'art. 559, la preuve doit également être faite par actes authentiques (1) ; c'est évidemment ajouter au texte de la loi (2) ; et, s'il fallait justifier cette disposition, il serait aisé de dire en outre, que l'art. 559 peut trouver son application dans des circonstances telles qu'imposer à la femme l'obligation de fournir des actes authentiques, c'était la condamner à faire l'impossible; comment pourrait-elle constater par actes authentiques l'accumulation qu'elle a pu faire lentement et successivement sur les revenus de biens qui lui sont propres et ne sont pas entrés dans la communauté ? La loi s'en est rapportée à la sagesse des tribunaux, qui se montreront sévères toutes les fois qu'ils reconnaîtront la fraude (3); mais nous ne pouvons même admettre, dans le silence de la loi, que la preuve testimoniale doive être repoussée d'une manière absolue, ainsi que semble le proclamer l'arrêt que nous venons de citer.

ARTICLE 560.

La femme pourra reprendre en nature les effets mobiliers qu'elle s'est constitués par contrat de mariage, ou qui lui sont advenus par succession, donation entre-vifs ou testamentaire, et qui ne seront pas entrés en communauté, toutes les fois que l'identité en sera prouvée par inventaire ou tout autre acte authentique. — A défaut, par la femme, de faire cette preuve, tous les effets mobiliers, tant à l'usage du mari qu'à celui de la femme, sous quelque régime qu'ait été contracté le mariage, seront acquis aux créanciers, sauf aux syndics à lui remettre, avec l'autorisation du juge-commissaire, les habits et linge nécessaires à son usage.

---

(1) Bédarride, n. 1006; Esnault, n. 585.

(2) Renouard, t. 2, p. 280; Dalloz, *Rép.*, n. 1089.

(3) Nancy, 17 janv. 1846 (S.V.47.2.129).

1875. M. Dufaure défendant, au nom de la Commission, l'art. 560, disait : « Votre Commission a trouvé dans l'article du Code de commerce une inconséquence ; elle a donc étendu aux autres effets mobiliers les dispositions que le Code de commerce avaient faites pour les objets qui ont le plus de valeur, les diamants, les bijoux et l'argenterie. Nous avons pensé qu'il devait être permis à la femme de reprendre tous les objets qui n'entrent pas dans la communauté. Cette disposition comprend : 1° les meubles apportés sous l'empire du régime dotal, et que la femme peut reprendre d'après l'art. 1564 du Code civil ; 2° les meubles qui sont exclus de la communauté et que la femme peut reprendre aux termes de l'art. 1498 » (1). L'article est également applicable, bien entendu, s'il y a séparation de biens. Cette disposition a mis fin à toute controverse sur les espèces de meubles que la femme peut reprendre, puisqu'aucun n'est exclu ; la controverse est également impossible sur leur origine ; l'article est applicable, soit que les meubles aient été constitués par contrat de mariage, ou proviennent, non-seulement de succession, mais encore de donations entre-vifs ou testamentaires, pourvu qu'ils ne soient pas tombés dans la communauté. L'article ajoute enfin, par dérogation aux règles du Code Napoléon (art. 1415), que l'identité n'en pourra être prouvée que par inventaire ou tout autre acte authentique, tel qu'un contrat de mariage (2) ; la femme ne peut prouver la réalité de ses apports par tout autre moyen ; la loi est formelle (3).

Dans les termes que nous venons de faire connaître, la femme n'est donc pas réduite à une simple créance à raison des objets mobiliers qui lui appartiennent ; mais la faveur que la loi lui accorde ne va pas jusqu'à créer une alternative dont elle puisse se prévaloir ; si, après plusieurs années de mariage, les effets mobiliers sont détériorés et ont perdu la majeure partie de leur valeur, la femme n'en est pas moins réduite à la reprise en nature, seul droit que la loi lui ait accordé.

---

(1) Séance du 23 fév. 1835.

(2) Cass., 19 janv. 1836 (S.V.36.1.198).

(3) Cass., 21 fév. 1827 ; Besançon, 21 juin 1828. — *Contrà*, Angers, 23 juil. 1830.

Si la preuve n'est pas faite conformément au premier paragraphe de l'article, tous les effets mobiliers appartiennent aux créanciers.

Si la reprise en nature n'est plus possible, et que la femme se présente comme simple créancière, l'art. 560 n'est pas applicable ; elle n'a droit à aucun privilége, et, d'un autre côté, ne peut être astreinte pour établir sa créance, aux modes de preuve que cet article a exigés (1).

ARTICLE 561.

L'action en reprise résultant des dispositions des articles 557 et 558 ne sera exercée par la femme qu'à la charge des dettes et hypothèques dont les biens sont légalement grevés, soit que la femme s'y soit obligée volontairement, soit qu'elle y ait été condamnée.

1874. Cet article rappelle une règle incontestable de droit commun ; mais il est bien entendu qu'à l'égard des dettes et hypothèques que la femme a contractées, non dans son intérêt personnel, mais pour son mari, et qui grèvent l'immeuble qu'elle reprend, elle conserve contre lui un recours pour indemnité de ces dettes, et qu'elle l'exerce, quoiqu'il soit failli (2).

« La femme qui s'oblige solidairement avec son mari pour « les affaires de la communauté ou du mari, dit l'art. 1431, « C. Nap., n'est réputée, à l'égard de celui-ci, s'être obligée « que comme caution ; elle doit être indemnisée de l'obliga- « tion qu'elle a contractée ». Cet article serait applicable, en cas de faillite, s'il s'agissait d'une dette qui ne lui serait pas personnelle (3).

L'article dit expressément que la femme n'est tenue que des charges dont les biens sont *légalement* grevés. Si l'hypothèque

---

(1) Lyon, 29 avril 1850 (S.V.52.2.598).

(2) Séance du 23 fév. 1835.

(3) Pardessus, n. 1224; Bédarride, n. 1020.

grevait un immeuble dotal, par exemple, l'hypothèque étant nulle aux termes de la loi, la femme n'en serait pas tenue.

ARTICLE 562.

Si la femme a payé des dettes pour son mari, la présomption légale est qu'elle l'a fait des deniers de celui-ci, et elle ne pourra, en conséquence, exercer aucune action dans la faillite, sauf la preuve contraire, comme il est dit à l'article 559.

1875. Cet article, dans le cas qu'il prévoit, n'exclut aucun moyen pour la preuve réservée à la femme ; tous sont admissibles comme dans le cas prévu par l'art. 559, sauf aux tribunaux à se montrer sévères (1).

L'article serait applicable même dans le cas où la femme serait séparée de biens ou mariée sous le régime dotal. La présomption, dans tous les cas, nonobstant toute subrogation stipulée, c'est qu'elle a fait ces paiements avec les deniers de son mari (2).

ARTICLE 563.

Lorsque le mari sera commerçant au moment de la célébration du mariage, ou lorsque, n'ayant pas alors d'autre profession déterminée, il sera devenu commerçant dans l'année, les immeubles qui lui appartiendraient à l'époque de la célébration du mariage, ou qui lui seraient advenus depuis, soit par succession, soit par donation entre-vifs ou testamentaire, seront seuls soumis à l'hypothèque de la femme : 1° pour les deniers et effets mobiliers qu'elle aura apportés en dot, ou qui lui seront advenus depuis le mariage par succession ou donation entre-vifs ou testamentaire, et dont elle prouvera la délivrance ou le

(1) Renouard, t. 2, p. 306 ; Bédarride, n. 1026.—*Contra*, Pardessus, n. 1224.
(2) Pardessus, n. 1224.

paiement par acte ayant date certaine; 2° pour le remploi de ses biens aliénés pendant le mariage; 3° pour l'indemnité des dettes par elle contractées avec son mari.

1876. En vertu des dispositions du Code Napoléon, les femmes mariées ont sur tous les immeubles appartenant au mari une hypothèque appelée légale, parce qu'elle résulte de la seule autorité de la loi. L'art. 563 modifie les règles consacrées à cet égard par les art. 2114, 2117, 2121 et 2135 du Code Nap., tant à l'égard des créances de la femme, qui lui confèrent cette hypothèque, qu'à l'égard des biens du mari, sur lesquels les droits de celle-ci peuvent s'exercer; ces modifications sont une suite de la qualité du mari qu'il faut en premier lieu examiner.

L'art. 563 n'est applicable que dans les cas suivants : 1° Le mari était commerçant au moment de la célébration du mariage; 2° n'ayant pas alors d'autre profession déterminée, il est devenu commerçant dans l'année.

Les énonciations portées au contrat de mariage ne suffiraient pas pour attribuer ou faire refuser au mari dans cette circonstance, non plus que dans toute autre, la qualité de commerçant : il faut se reporter aux principes généraux sur la qualité de commerçant, pour apprécier si cette qualité lui appartient; la simple déclaration que le mari est commerçant est sans effet, si, en fait, il ne faisait pas des actes de commerce sa profession habituelle (1) : l'art. 563 sera applicable, au contraire, si, quoique ayant une profession déterminée autre que celle de commerçant, celle de notaire, par exemple, il se livrait habituellement à l'époque de son mariage à des actes de commerce (2) : quand il s'agit de la qualité de commerçant, c'est exclusivement aux faits qu'il faut s'attacher (*suprà*, n. 1 et s. sous l'art. 1er).

Si au moment du mariage il exerçait une profession déterminée autre que celle de commerçant, l'article n'est pas appli-

(1) Orléans, 16 mars 1839; Besançon, 13 fév. 1856 (J.P.39.1.648 et 56.1.271).
(2) Cass., 5 juin 1837 (S.V.37.1.923); Nîmes, 10 juill. 1851 (S.V.51.2.634).

cable, quoi qu'il soit arrivé par la suite. « La bonne foi de la femme et les calculs faits par la sollicitude de sa famille en la mariant seraient trompés, dit M. Renouard, si, après qu'elle aura épousé un homme qui exerçait une profession déterminée autre que celle de commerçant, elle se voyait néanmoins exposée, sans l'avoir prévu, aux rigueurs exceptionnelles par lesquelles la loi commerciale frappe dans leur fortune les femmes des commerçants » (1).

Pour rendre applicable l'art. 563, qui fait partie de la loi spéciale des faillites, il faut non-seulement que le mari soit commerçant, mais qu'il ait cessé ses paiements ; il n'est pas nécessaire, du reste, que la faillite ait été déclarée par le tribunal de commerce (2).

1877. L'art. 563 explique avec détails les créances pour lesquelles la femme conserve son hypothèque légale, même quand son mari était commerçant au moment de la célébration de son mariage ; l'énumération est assez précise pour n'exiger aucune explication.

La preuve du paiement des deniers et de la délivrance des effets ou legs doit résulter d'un acte ayant date certaine. La Cour de cassation a jugé que le vœu de la loi était rempli, s'il y avait contrat de mariage portant que la célébration vaudrait quittance ; cette clause doit recevoir son effet du moment, au moins, où il est reconnu, en fait, que la constitution de dot était sincère (3). Cet arrêt a été attaqué comme donnant des facilités à la fraude (4) : si l'on se place dans l'hypothèse d'une fraude, a dit M. Renouard, la nécessité d'une quittance spéciale ne serait point une garantie ; il est tout aussi facile de mentir dans une quittance que dans un contrat de mariage, et sauf le droit des créanciers de prouver la fraude (5) ; mais une Cour impériale ne pourrait déclarer que le paiement de la somme constituée en dot résulte de simples présomptions ; la

---

(1) *Faillites*, t. 2, p. 309.

(2) Cass., 28 déc. 1840 (S.V.41.1.31).

(3) Cass., 10 janv. 1836 (S.V.36.1.198). — *Sic*, Colmar, 28 déc. 1853 (J.P.56.2.301).

(4) St-Nexent, t. 3, n. 389.

(5) Renouard, t. 2, p. 315 ; Massé, t. 3, n. 894 ; Bédarride, t. 2, n. 1037.

loi ne les admet pas (1), et dans le droit spécial introduit par la loi des faillites, nous ne pensons pas que l'art. 1569, C. Nap., pût être invoqué (2).

La Cour de cassation a jugé également que la preuve du paiement des deniers advenus à la femme peut résulter d'une quittance notariée attestant qu'elle les a reçus, assistée et autorisée de son mari, sans qu'elle soit tenue, en outre, à fournir la preuve par acte authentique ou ayant date certaine que les deniers ont été versés dans les mains du mari (3).

1878. Le même arrêt a décidé, quant au remploi des biens aliénés pendant le mariage, que l'art. 563 n'a pas mis à l'hypothèque accordée pour ce remploi la condition apportée pour les deniers mobiliers constitués en dot ou advenus par succession ou donation, à savoir, que la délivrance ou le paiement en soient prouvés par acte ayant date certaine; qu'il suffit donc que la femme prouve, d'une part, l'aliénation faite d'un bien à elle propre, et d'autre part que cette aliénation a été faite pendant le mariage; que l'art. 563 n'a, en ce qui touche cette nature de créance, rien innové aux dispositions du Code Napoléon suivant lesquelles, sous le régime de la communauté dans tous les cas, et lorsqu'il y a séparation de biens dans le cas où la vente a été faite en présence et du consentement du mari, celui-ci est garant du défaut d'emploi; cette règle s'étend à la vente des paraphernaux (4).

1879. En ce qui concerne les dettes contractées par la femme avec son mari, la femme peut en vertu de l'art. 2032, C. Nap., si elle s'est obligée solidairement, exercer ses droits dans la faillite, même avant d'avoir payé la dette et fait liquider ses reprises matrimoniales (5).

1880. L'art. 563 est restrictif des avantages accordés par le droit commun, en ce qu'il refuse, dans certains cas, à la femme mariée à un commerçant, l'hypothèque légale qui lui serait acquise dans toute autre position; mais il ne statue pas

---

(1) Cass., 21 fév. 1827; Dalloz, *Rép.*, n. 1093.

(2) *Contrà*, Esnault, n. 586 *bis*; Dalloz, *Rép.*, n. 1095.

(3) Cass., 27 déc. 1852 (S.V.53.1.161).

(4) Même arrêt.

(5) Amiens, 19 et 20 déc. 1837 (D.P.38.2.102 et 103); Renouard, t. 2, p. 316.

sur le fond même du droit ; il ne s'occupe que de la garantie accessoire qui devrait le protéger : si donc la femme se présente comme simple créancière, elle suit la loi générale, et par conséquent, elle n'est plus soumise, dans ce cas, à ne pouvoir faire la preuve de la délivrance ou du paiement que par acte ayant date certaine ; elle reste sous l'empire du droit commun ; les conditions auxquelles la loi a subordonné l'existence du privilége hypothécaire accordé aux femmes mariées par le Code Napoléon, de même que les dispositions restrictives de l'article 563, n'ont pour objet que l'exercice de ce privilége et non la simple qualité de créancière chirographaire (1). Mais, en ce qui concerne les avantages hypothécaires, il faut dire que la loi commerciale a fixé d'une manière certaine les droits de la femme ; quoiqu'elle ne s'en soit pas expliquée ouvertement, elle ne permet pas à la femme de se soustraire indirectement aux règles restrictives qui la concernent, en recourant à un autre genre d'hypothèque que celle que le Code Napoléon lui accordait de plein droit, et de prendre inscription sur les immeubles du mari à mesure de leur acquisition, même en vertu d'un jugement qui l'aurait reconnue créancière, comme séparée de biens par contrat de mariage ou judiciairement ; la loi n'a pas voulu l'assimiler complétement à un créancier ordinaire, et l'a évidemment frappée de suspicion (2) ; la faillite rendrait sans effet la collocation de la femme sur les biens du mari acquis durant le mariage (3).

1881. La disposition de l'art. 563 soumet à l'hypothèque légale de la femme les immeubles qui appartenaient au mari à l'époque de la célébration du mariage et ceux qui lui seraient advenus depuis, soit par succession, soit par donation entre-vifs ou testamentaire. Les immeubles acquis à tout autre titre sont exclus de l'affectation à l'hypothèque légale de la femme, non point évidemment à l'égard du mari et de ses héritiers ou ayants cause autres que ses créanciers, mais

(1) Limoges, 29 juin 1839 (S.V.40.2.9) ; Douai, 27 mai 1841 ; Dalloz, *Rép.*, n. 1111 ; Renouard, t. 2, p. 307 ; Esnault, n. 592.

(2) Bédarride, t. 2, n. 1033 ; Boileux sur Boulay-Paty, n. 914 ; Dalloz, *Rép.*, n. 1106.

(3) Rouen, 20 mai 1840 (S.V.41.2.366).

à l'égard seulement de ses créanciers en cas de faillite; il y a présomption que ces biens ont été acquis avec des deniers appartenant aux créanciers.

Par suite de cette règle, il faut également affranchir les constructions et additions faites aux immeubles, même affectés à l'hypothèque de la femme (1).

« Nous parlons uniquement des constructions, dit M. Boileux; il serait difficile, en effet, d'appliquer la même règle au cas où il s'agirait d'améliorations proprement dites, qui auraient été produites *sans diminuer l'importance de l'actif* : il ne faut pas sans doute que la femme s'enrichisse aux dépens des créanciers, mais il faut également s'éloigner avec le même soin d'un résultat qui pourrait être inique pour la femme » (2). Cette réserve, ainsi restreinte, nous paraît devoir être adoptée.

Une question plus douteuse est de savoir si, lorsque le mari possédait à l'époque du mariage un droit indivis dans un immeuble, dont il est devenu, après le mariage, propriétaire sur licitation ou partage, l'hypothèque de la femme s'étend sur l'immeuble entier ou est restreinte à la seule portion qui appartenait au mari. En droit commun, et aux termes de l'art. 883, C. Nap., le partage étant déclaratif et non attributif de propriété, le mari est présumé avoir été seul propriétaire dès l'origine de l'immeuble entier. Dans le silence de la loi spéciale des faillites, nous ne pensons pas qu'on puisse dépouiller la femme d'une garantie que le droit commun lui accorde, et sauf, bien entendu, les faits de fraude (3).

ARTICLE 564.

La femme dont le mari était commerçant à l'époque

---

(1) Cass., 24 janv. 1838 (S.V.38.1.97) ; Renouard, t. 2, p. 312 et s.; Massé, t. 3, n. 395; Boileux sur Boulay-Paty, n. 915; Bédarride, n. 1034; Dalloz, *Rép.*, n. 1107.—*Contrà*, Esnault, n. 599.

(2) Boileux sur Boulay-Paty, n. 916.

(3) Limoges, 14 mai 1853 (S.V.53.2.565); Renouard, t. 2, p. 313 et s. — *Contrà*, Bourges, 2 fév. 1836, et Paris, 8 avril 1853 (S.V.37.2.465 et 53.2.565) ; Esnault, n. 600.

de la célébration du mariage, ou dont le mari, n'ayant pas alors d'autre profession déterminée, sera devenu commerçant dans l'année qui suivra cette célébration, ne pourra exercer dans la faillite aucune action à raison des avantages portés au contrat de mariage, et, dans ce cas, les créanciers ne pourront, de leur côté, se prévaloir des avantages faits par la femme au mari dans ce même contrat.

1882. Cet article est la reproduction de l'ancien art. 549 du Code, dont la sévérité, il faut le dire, est excessive, puisqu'il semble porter atteinte à des droits acquis ; il avait donné lieu à des observations du Tribunat. « Les sections du Tribunat pensent que les dispositions de cet article paraissent contraires aux principes de l'équité et même de la justice ; . . . . . une fois qu'une femme s'est mariée avec un commerçant à certaines conditions avantageuses insérées dans son contrat de mariage, elle a sur les biens de son mari un droit acquis, dont on ne peut la priver sans injustice. . . . . D'après ces principes, les sections réunies proposent de rédiger l'article de la manière suivante : « La femme ne pourra exercer dans la faillite au-« cune action, à raison des avantages portés au contrat de « mariage, que sur les immeubles existant à l'époque de la « célébration dudit mariage, et spécialement affectés à leur « garantie » (1).

Ces observations ne furent pas écoutées et la réciprocité que contient l'article ne peut évidemment en tempérer la rigueur.

Il est certain que l'annulation atteindrait, à plus forte raison, les avantages faits pendant le mariage, toujours de leur nature essentiellement révocables (C. Nap., art. 1096).

Les mêmes règles que nous avons posées plus haut sous l'art. 563, pour déterminer dans quels cas le mari devait être déclaré commerçant, doivent également être suivies pour l'application de l'art. 564 (2).

« La réhabilitation du failli, dit M. Bédarride, devrait rendre

---

(1) Locré, t. 19, p. 439 et 440.
(2) Cass., 5 juill. 1837 (D.P.37.1.394).

à la femme la plénitude de ses droits » (1) : cette observation fait présumer une idée fausse, car il est bien entendu que l'art. 564, comme le précédent, ne limite les droits de la femme qu'à l'égard des créanciers du mari et non à l'égard du mari lui-même.

CHAPITRE VIII.

De la répartition entre les créanciers et de la liquidation du mobilier.

ARTICLE 565.

Le montant de l'actif mobilier, distraction faite des frais et dépenses de l'administration de la faillite, des secours qui auraient été accordés au failli ou à sa famille, et des sommes payées aux créanciers privilégiés, sera réparti entre tous les créanciers au marc le franc de leurs créances vérifiées et affirmées.

ARTICLE 566.

A cet effet, les syndics remettront tous les mois, au juge-commissaire, un état de situation de la faillite et des deniers déposés à la caisse des dépôts et consignations ; le juge-commissaire ordonnera, s'il y a lieu, une répartition entre les créanciers, en fixera la quotité, et veillera à ce que tous les créanciers soient avertis.

1885. Lorsqu'il n'y a point de concordat, la totalité des deniers provenant de la liquidation de tout l'actif de la faillite doit être répartie entre les créanciers ; le chapitre 8 s'occupe de l'actif mobilier.

L'art. 565 indique quels sont les prélèvements à faire avant de procéder au paiement des dividendes que chaque créancier peut réclamer. Dans les frais et dépenses de l'adminis-

(1) *Faillites*, n. 1043.

tration de la faillite, il faut comprendre les sommes allouées pour reddition de compte, l'indemnité allouée aux syndics, s'il y a lieu, tous autres déboursés dûment justifiés et toute autre somme au paiement de laquelle la masse aurait été condamnée, ou se serait obligée envers les tiers, par exemple, pour la continuation du commerce du failli (1).

Les remboursements de dettes autorisés par l'art. 547 pour retirer, au profit de la faillite, les choses dont les créanciers gagistes se trouvent nantis, peuvent indistinctement figurer parmi les sommes privilégiées sur les meubles ou parmi les dépenses d'administration (2).

Il est sans difficulté que la réalisation *totale* de l'actif mobilier n'est pas une condition nécessaire de toute répartition ; le juge-commissaire peut autoriser, et en fait autorise journellement, des répartitions suivant l'état des sommes déjà encaissées et quel que soit le chiffre de celles qui restent encore à recevoir (3). L'art. 566 ne laisse aucun doute à cet égard.

La loi abandonne entièrement au juge-commissaire le soin d'apprécier l'opportunité des répartitions, en tenant compte de l'obligation qui pèse sur la faillite de faire face aux dépenses énumérées dans l'art. 565 et pour lesquelles il est nécessaire de conserver des fonds disponibles.

C'est au juge-commissaire également que la loi s'en est rapportée pour choisir la forme la plus convenable et la plus sûre d'avertir les créanciers intéressés.

ARTICLE 567.

Il ne sera procédé à aucune répartition entre les créanciers domiciliés en France, qu'après la mise en réserve de la part correspondante aux créances pour lesquelles les créanciers domiciliés hors du territoire continental de la France seront portés sur le bilan. —Lorsque ces créances ne paraîtront pas portées sur

(1) Pardessus, n. 1262.

(2) Renouard, t. 2, p. 319.

(3) Renouard, t. 2, p. 320 ; Bédarride, n. 1045 ; Dalloz, *Rép.*, n. 1186.

le bilan d'une manière exacte, le juge-commissaire pourra décider que la réserve sera augmentée, sauf aux syndics à se pourvoir contre cette décision devant le tribunal de commerce.

ARTICLE 568.

Cette part sera mise en réserve et demeurera à la caisse des dépôts et consignations jusqu'à l'expiration du délai déterminé par le dernier paragraphe de l'article 492; elle sera répartie entre les créanciers reconnus, si les créanciers domiciliés en pays étranger n'ont pas fait vérifier leurs créances, conformément aux dispositions de la présente loi. — Une pareille réserve sera faite pour raison de créances sur l'admission desquelles il n'aurait pas été statué définitivement.

1884. Nous avons vu précédemment que l'éloignement de quelques créanciers ou leur négligence ne devaient pas empêcher que les opérations de la faillite suivissent leurs cours en prenant, du reste, les précautions nécessaires pour sauvegarder tous les intérêts. Les art. 567 et 568, dont l'application ne peut soulever aucune difficulté, ont été écrits d'après les mêmes principes.

Les intérêts des sommes mises en réserve profiteront à la masse et non aux créanciers rétardataires, car cette consignation n'est pas un paiement, et la règle en vertu de laquelle le cours des intérêts se trouve arrêté contre les créanciers (art. 445) doit continuer à être appliquée (1).

L'art. 568 détermine le délai à l'expiration duquel les sommes réservées aux créanciers domiciliés hors du territoire continental de la France doivent être réparties aux créanciers dûment reconnus. En ce qui concerne les réserves faites au profit de créances qui sont l'objet de contestations judiciaires, il y a

---

(1) Renouard, t. 2, p. 322; Boileux, n. 778; Dalloz, *Rép.*, n. 1463.

lieu d'attendre, avant de prendre un parti définitif, qu'il y ait une décision ayant acquis l'autorité de la chose jugée.

ARTICLE 569.

Nul paiement ne sera fait par les syndics que sur la représentation du titre constitutif de la créance. — Les syndics mentionneront sur le titre la somme payée par eux ou ordonnancée conformément à l'article 489. — Néanmoins, en cas d'impossibilité de représenter le titre, le juge-commissaire pourra autoriser le paiement sur le vu du procès-verbal de vérification. — Dans tous les cas, le créancier donnera la quittance en marge de l'état de répartition.

1885. La loi exige que le titre constitutif de la créance soit représenté, afin que les syndics puissent mentionner sur ce titre même la somme payée, et éviter ainsi que le créancier réclame un dividende déjà payé, ou, s'il y a plusieurs obligés solidaires, touche au delà de ce qui lui serait dû (1).

Dans les discussions qui ont précédé la rédaction de l'ancien Code, on avait prévu que le titre, dûment vérifié, pourrait plus tard être perdu par force majeure, ou que, par toute autre cause, le créancier ne pourrait le représenter (2). L'ancien art. 561 ne contenait cependant aucune règle sur la marche à suivre en semblable circonstance. « La disposition, dit Locré, est loin de présenter les difficultés qu'on croyait y voir. Un titre quelconque a été vérifié, sans cela le créancier ne serait pas appelé aux répartitions. Si ce titre était une facture acceptée, ou un arrêté de compte, il est facile d'en obtenir un duplicata d'après les livres du failli et le procès-verbal de vérification. Si c'était une lettre de change ou un billet à ordre, les art. 150, 151 et 187, ont pourvu à tout. Si, enfin, c'est

---

(1) Renouard, t. 2, p. 323.

(2) Cour d'appel d'Orléans et trib. de comm. de Toulon; *Observ. des trib.*, t. 1er, p. 247, et t. 2, 2e part., p. 531.

un acte civil en brevet, l'extrait du procès-verbal de vérification le remplacera » (1).

Quoi qu'il en soit, la loi nouvelle a prévu ce cas d'une manière explicite, et décide que le paiement pourrait être fait sur le vu du procès-verbal de vérification avec l'autorisation du juge-commissaire. « Cette autorisation, dit M. Renouard, pourra être refusée par le juge-commissaire ou accompagnée de toutes les précautions nécessaires pour prévenir les fraudes. Ainsi, le juge-commisaire pourra, suivant les circonstances, n'accorder l'autorisation qu'à la charge de donner caution. Il pourra l'accorder sans condition, s'il y a de justes motifs de croire à la bonne foi et à la solvabilité du créancier réclamant » (2).

Le porteur d'un effet de commerce ne serait pas tenu de le représenter, s'il s'en était régulièrement dessaisi pour obtenir le paiement d'un dividende dans la faillite d'un coobligé (3).

1886. L'art. 453 qui décide que les ordonnances du juge-commissaire ne seront susceptibles de recours que dans les cas prévus par la loi, doit-il être appliqué dans cette circonstance; et l'art. 569 étant muet, le créancier est-il déchu de tout moyen de se pourvoir, s'il est repoussé? Une solution affirmative serait extrêmement rigoureuse.

C'est contre les syndics représentant la masse que la demande du créancier était formée; c'était aux syndics à y répondre, mais la loi a pensé qu'il serait sage de les obliger à suivre l'avis du juge-commissaire qu'ils doivent consulter. Le magistrat ne rend pas, à proprement parler, une ordonnance, qui ne pourrait trancher d'une manière définitive une question de propriété, et nous ne mettons pas en doute que le créancier repoussé ne puisse en appeler au tribunal de commerce de la décision des syndics qui l'exclut d'une répartition à laquelle il croit avoir droit (4). La partie qui succombe, de la masse ou du créancier, supporterait les frais.

---

(1) *Esprit du Code de comm.*, t. 7, p. 575.

(2) *Faillites*, t. 2, p. 324.

(3) Cass., 23 nov. 1852 (S.V.53.1.23).

(4) Esnault, n. 612; Dalloz, *Rép.*, n. 1141.

Le juge-commissaire exprimera s'il étend son autorisation à toutes les répartitions à faire ou la restreint à une seule répartition.

Quand le créancier ne sait pas signer, il devra recourir à l'intervention d'un notaire, dans le cas où le juge-commissaire ne suppléerait point par son attestation à la signature du créancier illettré (1).

ARTICLE 570.

L'union pourra se faire autoriser par le tribunal de commerce, le failli dûment appelé, à traiter à forfait de tout ou partie des droits et actions dont le recouvrement n'aurait pas été opéré, et à les aliéner; en ce cas, les syndics feront tous les actes nécessaires. —Tout créancier pourra s'adresser au juge-commissaire pour provoquer une délibération de l'union à cet égard.

1887. Dans l'exposé de motifs de l'ancien art. 563, Treilhard disait : « Il existe souvent dans les faillites des créances d'un recouvrement difficile, ou parce qu'elles sont litigieuses, ou parce que le débiteur est peu solvable : il faudrait beaucoup de temps et de frais pour parvenir à un recouvrement, qui même est souvent incertain. Des poursuites de cette nature conviennent mieux à un particulier qu'à une administration ; elle dépenserait presque toujours beaucoup plus qu'elle ne pourrait recouvrer : le grand intérêt des créanciers demande que l'administration termine ses opérations le plus tôt possible, et qu'elle puisse aliéner des droits dont la poursuite serait trop longue ou très-difficile ». Ces réflexions, fort justes, devaient amener la disposition reproduite par l'art. 570, et en font bien apprécier la portée.

Pour prévenir les abus, la loi exige que les syndics obtiennent l'autorisation du tribunal, le failli dûment appelé ; mais l'irrégularité résultant du défaut de convocation du failli ne

---

(1) Esnault, n. 611 ; Dalloz, *Rép.*, n. 1144.

peut être invoquée que par lui (1) ; un créancier n'a pas qualité pour s'en prévaloir.

Les syndics n'ont pas le pouvoir de conclure le traité dont parle l'art. 570 ; une délibération des créanciers unis est nécessaire. En thèse générale, les délibérations prises après le contrat d'union n'ont pas besoin, pour être valables, de réunir les majorités en nombre et en sommes exigées pour la formation du concordat : la majorité des créanciers présents suffirait donc, dans ce cas, si tous, du reste, avaient été convoqués ; l'inexactitude de certains créanciers ne doit pas paralyser la liquidation (2).

L'intervention du tribunal est une nouvelle garantie, et il n'accordera l'homologation qu'en connaissance de cause, sur le rapport du juge-commissaire et à charge d'appel : le failli doit être mis en cause dans l'instance en homologation, et nous pensons également que tout créancier opposant peut demander à intervenir (3).

L'autorisation peut être demandée à toute époque de la faillite, et le traité porter sur tout ou partie seulement des droits et actions.

Cet article ne doit pas fournir les moyens d'éluder les règles spéciales écrites pour les concordats : il n'est donc applicable qu'aux traités qui interviennent entre l'union et les tiers, dans l'intérêt de la masse des créanciers, et non à ceux qui seraient arrêtés entre une partie des créanciers et le failli lui-même : des conventions ainsi passées ne peuvent lier que les créanciers qui les ont consenties, et ne sauraient, en aucun cas, devenir obligatoires pour ceux qui ont refusé d'y adhérer (4).

---

(1) Cass., 17 déc. 1833 (S.V.34.1.14) ; Renouard, t. 2, p. 326 ; Bédarride, n. 1072.

(2) *Faillites*, t. 2, p. 326 ; Bédarride, n. 1068 ; Boileux sur Boulay-Paty, n. 781 ; Cass., 17 déc. 1833 (S.V.34.1.14).

(3) Bédarride, n. 1070 ; Dalloz, *Rép.*, n. 1134.

(4) Paris, 2 juill. 1840 (D.P.41.2.25) ; Renouard, t. 2, p. 327.

CHAPITRE IX.

De la Vente des immeubles du failli.

ARTICLE 571.

A partir du jugement qui déclarera la faillite, les créanciers ne pourront poursuivre l'expropriation des immeubles sur lesquels ils n'auront pas d'hypothèques.

ARTICLE 572.

S'il n'y a pas de poursuite en expropriation des immeubles, commencée avant l'époque de l'union, les syndics seuls seront admis à poursuivre la vente ; ils seront tenus d'y procéder dans la huitaine, sous l'autorisation du juge-commissaire, suivant les formes prescrites pour la vente des biens des mineurs.

1888. La loi nouvelle a distingué d'une manière très-nette les créanciers hypothécaires de ceux qui n'ont pas d'hypothèque : ceux-ci, fussent-ils même porteurs de titres exécutoires, ne peuvent, à partir du jugement qui déclare la faillite, intenter ni même continuer des poursuites en expropriation ; les créanciers hypothécaires conservent, nonobstant l'état de faillite, l'exercice de tous leurs droits de poursuite, au moins jusqu'à l'époque de l'union, sauf à procéder contre les syndics à partir du jugement déclaratif. Si à cette époque les créanciers hypothécaires eux-mêmes n'ont pas commencé de poursuite en expropriation, les syndics seuls, à l'exclusion des créanciers hypothécaires, sont admis à poursuivre la vente : en effet, les syndics étant tenus d'y procéder immédiatement, les créanciers hypothécaires ne peuvent éprouver aucun préjudice, et il a paru plus régulier de rentrer dans la règle générale.

L'ouverture de la faillite rend exigibles les dettes passives non échues, mais cette exigibilité, qui prend sa source dans la faillite, ne peut s'entendre que de celle qui s'exerce par la voie du concours à la distribution entre tous les créanciers;

et les créanciers hypothécaires ne pourraient se prévaloir d'une semblable règle, pour poursuivre l'expropriation des immeubles du failli affectés à une créance, dont l'échéance conventionnelle n'est pas arrivée, ni le créancier gagiste pour procéder à la vente du gage, au moins jusqu'à l'union (*suprà*, n. 1852) (1).

Il est certain maintenant que la poursuite en expropriation, quand elle est autorisée, doit être dirigée exclusivement contre les syndics de la faillite (C. comm., art. 443), ou être continuée contre eux d'après ses premiers errements, et sans qu'il soit nécessaire de la recommencer (2); mais une irrégularité ne constituerait qu'une nullité relative, que les syndics seuls et non le failli ou ses ayants cause pourraient invoquer (3).

Les syndics auraient qualité pour demander ou consentir la conversion de la vente par expropriation forcée en vente volontaire (C. proc. civ., 744, 937 et suiv.) (4).

Un avis du conseil d'Etat des 4-9 décembre 1810 avait décidé, sous l'ancienne législation, que les tribunaux civils sont seuls compétents, à l'exclusion des tribunaux de commerce, pour connaître de la vente des immeubles du failli, ainsi que de l'ordre et de la distribution du prix provenant de la vente ; la règle n'a point été changée et est admise par tous les auteurs ; et le tribunal compétent est celui de la situation des biens, non celui de l'ouverture de la faillite (5). Mais M. Pardessus enseigne que dans une faillite, qui ne se réduit pas à des poursuites partielles sur certains objets, mais qui comprend l'universalité des biens du failli, c'est devant le tribunal civil du lieu de l'ouverture que l'ordre doit être fait, quelque part que les biens aient été vendus ; la Cour de cassation l'a décidé ainsi, au moins lorsque les parties ne se sont pas opposées à ce que la vente même eût lieu devant le tribunal de l'ouverture (6).

---

(1) Bruxelles, 5 déc. 1811, et tous les auteurs. — *Contrà*, Bordeaux, 22 août 1827 (D.P.28.2.146).

(2) Cass., 10 mars 1845 (S.V.45.1.601).

(3) Toulouse, 4 avril 1840 ; Dalloz, *Rép.*, n. 198; Esnault, n. 165 ; Dalloz, *Rép.*, n. 1157.

(4) Cass., 23 août 1836 (S.V.36.1.705) ; Bédarride, n. 1086.

(5) Cass., 10 mars 1813 ; Renouard, t. 2, p. 330 ; Dalloz, *Rép.*, n. 1160.

(6) Cass., 30 mai 1824 ; Pardessus, n. 1265.

L'art. 572 se réfère d'une manière générale aux formes prescrites par la législation en vigueur, pour la vente des biens des mineurs; si les formes actuellement suivies étaient plus tard modifiées, elles deviendraient applicables de plein droit à la vente des biens des faillis : l'avis des parents est remplacé, ainsi qu'on le voit, par l'autorisation du juge-commissaire, qui n'est ici, il est vrai, qu'une pure formalité, puisqu'elle ne peut être refusée : aussi, la loi n'en ayant pas réglé la forme, cette autorisation résulterait suffisamment de sa présence et de la signature qu'il aurait donnée à quelques actes de la procédure (1).

1889. Les syndics, en poursuivant la vente des immeubles du failli, n'agissent pas comme maîtres de la propriété qui a continué de résider sur la tête du failli, mais simplement comme créanciers : l'acquéreur n'aurait donc de recours, dans aucun cas, que contre la masse, et jusqu'à concurrence des forces de la faillite; et les créanciers comme les syndics ne seraient pas plus responsables des conditions du cahier des charges qu'un créancier hypothécaire qui poursuit l'expropriation des biens de son débiteur (2).

Par suite de ces principes, les syndics mandataires, non du failli poursuivi, mais de la masse poursuivante, pourraient se rendre adjudicataires aussi bien que tous autres créanciers (3); l'art. 1596, C. Nap., ne leur est pas rigoureusement applicable. Il semblerait plus convenable, cependant, de s'abstenir.

La voie de la tierce opposition n'est pas ouverte au failli contre le jugement d'expropriation de ses immeubles, puisqu'il y est intervenu ou y a été régulièrement représenté par les syndics (4).

Le délai de huit jours imposé aux syndics par l'art. 572 n'a pas d'autre sanction que de permettre à toute partie intéressée de mettre les syndics en demeure de procéder à la vente qu'ils sont chargés de poursuivre.

---

(1) Cass., 22 mars 1836 (S.V.36.1.390); Orléans, 16 nov. 1842; Dalloz, *Rép.*, n. 1164.

(2) Cass., 17 mars 1840 (S.V.40.1.213).

(3) Cass., 22 mars 1836 (S.V.36.1.399), et tous les auteurs.

(4) Cass., 31 août 1831 (S.V.31.1.407); Esnault, t. 3, n. 621; Dalloz, *Rép.* n. 1152.

ARTICLE 573.

La surenchère, après adjudication des immeubles du failli sur la poursuite des syndics, n'aura lieu qu'aux conditions et dans les formes suivantes : — La surenchère devra être faite dans la quinzaine. — Elle ne pourra être au-dessous du dixième du prix principal de l'adjudication. Elle sera faite au greffe du tribunal civil, suivant les formes prescrites par les articles 708 et 709 du Code de procédure civile ; toute personne sera admise à surenchérir. — Toute personne sera également admise à concourir à l'adjudication par suite de surenchère. Cette adjudication demeurera définitive et ne pourra être suivie d'aucune autre surenchère.

1890. Cet article introduit un droit spécial pour les surenchères en ce qui concerne les immeubles d'un failli : quelles que soient les règles du droit commun sur le fonds du droit, toute personne peut surenchérir, sans en excepter les syndics ; cette surenchère doit être du dixième au moins du prix principal ; elle doit être faite dans la quinzaine, et au greffe du tribunal civil. Le Code de commerce ne renvoie au Code de procédure civile que pour les points qui n'ont pas été spécialement réglés, et particulièrement pour les formes de procéder. Conformément à ce que nous avons dit sous l'article précédent, si ces formes sont changées, c'est la loi nouvelle qui devient applicable ; ainsi les art. 710 et 711, C. proc. civ., auxquels l'art. 573 renvoyait, ayant été modifiés par les art. 708 et s. de la loi du 2 juin 1841, c'est à ces dispositions nouvelles que s'applique le référé de notre article, quand elles ne dérogent pas à l'art. 573.

L'art. 2185 du C. Nap. donne à tout créancier inscrit sur un immeuble le droit de surenchérir, dans les délais et suivant des formes spéciales ; les créanciers hypothécaires sont-ils déchus, dans le cas prévu par l'art. 573, du droit particulier qu'ils tiennent du Code Napoléon et qui leur est exclusivement attribué? La Cour de cassation a décidé affirmativement la question (1).

CHAPITRE X.

De la Revendication.

ARTICLE 574.

Pourront être revendiquées, en cas de faillite, les remises en effets de commerce ou autres titres non encore payés, et qui se trouveront en nature dans le portefeuille du failli à l'époque de sa faillite, lorsque ces remises auront été faites par le propriétaire, avec le simple mandat d'en faire le recouvrement et d'en garder la valeur à sa disposition, ou lorsqu'elles auront été, de sa part, spécialement affectées à des paiements déterminés.

1891. « La détermination des justes limites du droit de revendication, dit M. Renouard, et les conditions de l'exercice de ce droit ont donné lieu à toute époque à de graves et sérieuses controverses.

« Considéré dans son principe, ce droit est d'une évidente justice et d'une facile application. Revendiquer, c'est réclamer la chose dont on a la propriété, et dont un autre est possesseur. Le prêteur, le déposant, l'emprunteur sur gage, le commettant, usent d'un droit certain, lorsqu'ils réclament l'objet par eux prêté, déposé, donné en gage, livré en commission. Si tous les biens d'un failli sont le gage de ses créanciers, les biens d'autrui, accidentellement possédés par lui, ne sont pas plus le gage de ses créanciers qu'ils n'étaient sa propriété; le légitime propriétaire peut incontestablement les revendiquer, sauf à lui à satisfaire aux obligations et aux charges qui auront été la condition ou la juste conséquence de la possession par le failli.

---

(1) Cass., 10 mars 1851 (S.V.51.1.270); Paris, 19 mars 1836 (S.V.36.2.260); Orléans, 20 mars 1850 (S.V.50.2.325).

« Le revendiquant n'a, en ces cas, que deux faits à établir : sa qualité de propriétaire et l'identité de la chose réclamée. Celui qui réclame, non sa chose identique, mais l'équivalent ou la valeur de sa chose, n'est plus un revendiquant, c'est un créancier » (1).

La revendication, dans ces termes, ne peut soulever aucune difficulté, et elle a été réglée par les art. 574 et 575.

La coutume ne s'en est pas tenue là et elle a étendu les bornes de la revendication ; il était impossible de déroger aux principes, sans qu'il en résultât de l'embarras dans la règle à établir et de l'incertitude dans l'application. Ainsi on a admis, par extension, le vendeur non payé à réclamer, sous certaines conditions, l'objet dont il avait abdiqué la propriété ; et il n'a pu y être admis, qu'en déclarant préalablement résolu le contrat de vente qu'il avait consenti. C'est cette revendication, en dehors des termes rigoureux du droit, qui a soulevé au Conseil d'État, à l'époque où le Code de commerce a été rédigé, comme au sein des Chambres législatives, trente ans plus tard dans la discussion de la loi des faillites, les luttes les plus animées ; l'art. 576 règle ce droit particulier accordé au vendeur.

Il était nécessaire de rappeler ces principes, afin qu'aucune confusion ne fût possible entre des règles justes, équitables, et qui n'ont jamais été contestées, et d'autres, au contraire, qui ont été l'objet de la plus vive controverse.

1802. L'art. 574 s'applique exclusivement aux effets de commerce, ou autres titres de créances.

Les dispositions que renferme cet article, d'après ce que nous venons de dire, ne sont qu'une application des principes vrais et incontestés de la pure revendication. Le revendiquant n'a voulu, en aucun temps, abdiquer sa propriété en faveur du failli, ni suivre sa foi. Les remises faites dans les termes de notre article ont été consenties à titre de dépôt ou de mandat. Il peut donc y avoir difficulté quelquefois, si le dépôt ou le mandat, si l'affectation spéciale qui le constitue, ne sont pas exprès et manifestes et n'ont pas été clairement indiqués, mais le

(1) *Faillites*, t. 2, p. 339.

débat roulera exclusivement sur ce fait à établir, non sur le droit qui doit en découler et qui est clairement consacré par l'art. 574.

L'article s'applique aux effets de commerce proprement dits, comme à tous autres titres de créance, tels que billets et mandats non commerciaux, factures, polices d'assurance, actions industrielle , etc., etc. : aucun motif ne devait faire limiter aux seuls effets de commerce la règle établie. La revendication de tous objets, autres que les meubles incorporels ou titres de créances, est réglée par les articles suivants.

On avait proposé, dans la discussion à la Chambre des députés, de n'admettre la revendication que dans le cas où celui qui l'exerce ne serait débiteur de la faillite à aucun titre (1) ; cet amendement a été repoussé avec raison ; la revendication est de droit, lorsqu'il n'y a pas eu abandon de la propriété ; c'est d'après ces principes que le Code Napoléon (art. 1295) excepte de la compensation les sommes ou objets remis en dépôt et les choses prêtées à usage, ou, en d'autres termes, devant être identiquement rendues et en nature, après que l'emprunteur s'en sera servi.

La revendication est donc autorisée dans tous les cas, mais sous quatre conditions : 1° il faut que les titres n'aient pas été payés ; 2° qu'ils existent encore en nature ; 3° qu'ils se trouvent dans le portefeuille du failli ; 4° qu'ils aient été remis ou à titre de mandat, ou à titre de dépôt, ou affectés à des paiements déterminés.

1895. § 1er. C'est au défaut de paiement seul qu'il faut s'attacher pour savoir si l'art. 574 est applicable et non à l'exigibilité de l'effet ; jusqu'à ce qu'il ait été payé, il peut être revendiqué.

Si l'effet a été encaissé, il n'existe plus entre les mains du failli qu'une somme d'argent ; et par suite du principe incontesté qui laisse le dépositaire d'une somme d'argent débiteur du déposant, quoique cette somme lui ait été soustraite, le déposant, de son côté, ne peut revendiquer des espèces et il

---

(1) Séance du 24 fév. 1835.

est considéré comme simple créancier (*suprà*, n. 396, et *Dépôt irrégulier*, n. 619).

1894. § 2. L'obstacle à la revendication existe lorsqu'il y a eu confusion des titres réclamés avec les autres valeurs actives appartenant au failli, résultat nécessairement produit, ainsi que nous venons de le voir, quand il y a eu paiement ; c'est dans ce sens que doit être entendu l'article.

Si un débiteur ne pouvant payer les effets souscrits par lui, les remplace par d'autres effets donnés en renouvellement et en contre-valeur, quoique les anciens effets, à proprement parler, ne se trouvent plus en *nature* sans doute dans le portefeuille du failli, les nouveaux qui les représentent et n'ont pu se confondre avec l'actif du failli, ont conservé leur individualité et peuvent être revendiqués (1).

Si le failli en a disposé, même avant l'échéance, la revendication n'est plus possible.

1895. § 3. Il faut considérer également comme une expression figurée ces mots de l'art. 574 : *le portefeuille du failli ;* l'existence en nature des effets revendiqués entre les mains des préposés du failli ou des mandataires qu'il se sera substitués, suffit pour que le droit existe (2). Lorsque les effets sont entre les mains de courtiers ou agents de change qui doivent les négocier ; de correspondants chargés eux-mêmes d'encaisser ; et dans tous les cas enfin, où le failli ne s'est pas dessaisi d'une manière complète, l'art. 574 est applicable.

L'embarras peut exister si le failli a mis un endos sur les effets revendiqués et la question de l'endossement peut se présenter également dans les rapports entre le revendiquant et le failli. La revendication est exclusivement fondée sur le principe que la propriété n'a pas été abdiquée et si l'endossement irrégulier ne peut la transférer, il en est autrement de l'endossement régulier.

Nous avons eu occasion déjà, en expliquant le titre de la lettre

---

(1) Cass., 5 avril 1831 ; Dalloz, *Rép.*, n. 1183.

(2) Cass., 5 fév. 1812 ; Cass., 25 avril 1849 (S.V.49.1.394) ; Pardessus, n. 1284 ; Vincens, *Lég. comm.*, t. 1er, p. 498 ; Renouard, t. 2, p. 344 ; Bédarride, n. 1105.

de change, de résoudre les difficultés qui peuvent naître des endossements.

L'endos peut avoir été mis par le revendiquant ou par le failli.

Si le revendiquant n'a mis sur l'effet qu'un endos irrégulier, comme cet endos ne vaut que pour procuration, il n'a pas abdiqué la propriété et il peut revendiquer.

Si le revendiquant a mis sur l'effet un endos régulier au profit du failli, en droit rigoureux, la revendication devrait lui être interdite, parce qu'il a transféré la propriété même ; mais du cédant au cessionnaire, l'endossement, même régulier, ne transporte pas toujours la propriété et si le cessionnaire n'a pas fourni la valeur, s'il n'est que mandataire, ou dépositaire, malgré son titre apparent, le cédant peut revendiquer ; et la preuve peut être faite, même par témoins (*suprà*, n. 854 et s. et 877).

Les mêmes règles seront suivies lorsque le failli, à qui l'effet avait été remis par le revendiquant, s'en est dessaisi : si l'endos mis par lui est irrégulier, pas de difficulté ; l'effet, comme nous l'avons dit, est regardé comme étant encore dans le portefeuille, puisque le possesseur n'est que mandataire du failli.

Si l'endos mis par le failli avant le jugement déclaratif est régulier, même dans le cas où il aurait abusé de son mandat, la propriété a été valablement transférée et l'effet ne peut être revendiqué entre les mains du tiers porteur. Il faut excepter toutefois, non-seulement le cas de fraude imputable à celui-ci, mais aussi la preuve faite, ainsi que nous venons de le dire tout à l'heure, que la valeur n'a pas été fournie et que le cessionnaire du failli n'est, en réalité, que mandataire ou dépositaire malgré son titre apparent.

La revendication est admise dans tous les cas, si l'effet a été transmis par le failli détenteur postérieurement au jugement déclaratif, puisqu'il devient incapable de disposer ; et si les traites avaient été négociées par le failli, elles pourraient être revendiquées contre les tiers qui les détiennent par suite de cette négociation (1).

Si les effets négociés par le failli, lui ont été renvoyés faute

(1) Cass., 24 juin 1834 (S.V.34.1.630).

de paiement, le propriétaire les trouve en nature dans son portefeuille et peut les revendiquer au préjudice du dernier cessionnaire, qui, de son plein gré, a renoncé au bénéfice de le négociation (1).

M. Dalloz enseigne que si, dans les remises envoyées au failli, il se trouve des traites souscrites ou acceptées par lui-même, l'envoyeur pourra les revendiquer, parce que ces effets n'étant payables qu'à une époque déterminée, le seul fait de leur arrivée dans les mains de celui qui doit les payer n'opère pas confusion et n'éteint pas la dette (2). Nous avons soutenu avec M. Massé une règle contraire (*suprà*, n. 862).

Si le débiteur a donné des à-compte sur le montant de la créance représentée par le titre resté entre les mains du failli, les sommes versées ne peuvent être revendiquées, mais ne sont pas un obstacle à la revendication du titre (3).

1890. § 4. La loi commerciale exige enfin, pour que la revendication soit autorisée, que l'effet ait été envoyé avec mandat d'en opérer le recouvrement et d'en garder la valeur à la disposition du commettant; ou que cette valeur ait été par lui spécialement affectée à des paiements déterminés. Il peut y avoir difficulté quelquefois à reconnaître si l'affectation spéciale exigée par la loi existe.

Si les deux correspondants ne se font pas de remises réciproques et que l'un soit seul chargé de faire des paiements pour l'autre au moyen des valeurs qui lui sont envoyées, le doute n'est guère possible. Mais s'il y a croisement d'affaires et envoi de remises des deux côtés; que les deux correspondants soient en compte courant réciproque, selon le sens le plus général donné à ce mot (*suprà*, n. 631), l'embarras peut commencer. Tous les auteurs s'accordent pour enseigner que le droit de revendication ne peut résulter, dans ce cas, que de la preuve bien établie que les effets ont été transmis avec une indication précise et explicite; les autres remises ne peuvent être revendiquées; la propriété en est abdiquée quand elles sont

(1) Renouard, t. 2, p. 345; Dalloz, *Rép.*, v° *Faillites*, n. 1184 et 1185.
(2) *Rép.*, v° *Faillites*, n. 1179.
(3) Bédarride, n. 1113; Dalloz, *Rép.*, n. 1182.

envoyées en compte courant (1). Il suffit que cette circonstance soit clairement établie.

Les difficultés qu'avait soulevées l'ancien art. 584 sur les remises entrées dans un compte courant ne doivent donc plus aujourd'hui se renouveler : « les remises ainsi faites, disait M. Renouard, ne l'ont été ni à titre de *dépôt* ni à titre de *mandat ;* elles sont la conséquence de la confiance accordée au failli et n'ont pu être que l'exécution d'un contrat formel ou tacite passé avec lui antérieurement à la faillite. La personne qui, ayant suivi la foi du failli, l'a volontairement constitué son débiteur, doit être placée dans la même catégorie que les autres créanciers avec lesquels il se trouve en compte » (2). L'intention de transmettre ou de retenir la propriété ne pourrait plus résulter, ni de la forme de l'endossement, ni encore moins des stipulations accessoires, telles que la dispense du protêt et l'injonction du retour sans frais; mais il faut que l'abandon soit complet et certain. Dans tous les cas, l'effet restera la propriété de l'envoyeur, si le correspondant est tombé en faillite ou décédé avant d'avoir reçu l'effet (3).

Aucun débat sérieux ne peut donc exister sur le principe même de l'article ; il roule uniquement sur l'application qui doit en être faite, si le mandat n'est ni exprès ni manifeste, ou si l'affectation spéciale n'est pas clairement indiquée ; l'appréciation des faits appartient évidemment aux juges du fond, et ils peuvent admettre de simples présomptions, si elles sont graves, précises et concordantes, et autoriser même la preuve testimoniale (4).

1897. Il sera peut être utile avant d'abandonner l'explication de l'art. 574, de revenir sur le sens qui doit être donné à l'expression : *à l'époque de sa faillite,* dont s'est servie la loi ; il peut être douteux si cette expression s'applique à la cessation de paiement ou au jugement déclaratif. En se reportant aux art. 443, 446 et 447 ci-dessus, on décidera sans hésiter, qu'il s'agit du jugement déclaratif.

---

(1) Paris, 12 janv. 1851 (S.V.51.2.49).
(2) *Faillites,* t. 2, n. 357.
(3) Cass., 20 juill. 1846 (S.V.46.1.875) ; Renouard, t. 2, p. 347 et 348.
(4) Cass., 25 mai 1837 (S.V.37.1.406).

En effet, ce n'est qu'à partir du jugement, qu'aux termes de l'art. 443, le failli est dessaisi. Si, même avant ce moment, les art. 446 et 447 limitent sa capacité dans les cas qui y sont expressément énumérés, ces textes ne peuvent être étendus; les actes prohibés doivent avoir pour résultat de porter préjudice à la masse ; les autres sont valables et rien ne s'oppose, jusqu'au jugement déclaratif, à ce que le failli puisse recevoir le montant des effets qui lui ont été envoyés et acquérir la propriété des espèces qu'il a touchées (*Infrà*, n. 1906).

C'est donc le jugement déclaratif qui fixe le droit.

Si, au moment où les titres arrivent entre les mains du failli, le jugement était déjà rendu, ces traites n'auraient pas besoin même d'être revendiquées; elles restent entre les mains des syndics à la disposition du propriétaire; le failli n'a pu les recevoir même à titre de dépôt ou comme mandataire.

Si au jour du jugement, les titres étaient déjà entre les mains du failli, et pouvant être revendiqués par le propriétaire, ce droit lui est définitivement acquis; si le failli en a reçu le montant, cette somme n'a pu être confondue avec ses biens ; elle en est restée distincte et est susceptible d'être revendiquée. A plus forte raison, cette règle serait-elle appliquée, si les syndics eux-mêmes avaient touché le montant des titres. Si ce n'est la revendication proprement dite qui serait exercée dans ce cas, il faut dire au moins, que la créance existerait, non plus contre le failli, mais contre la masse tenue personnellement.

Il ne peut en être de même pour les titres arrivés entre les mains du failli avant le jugement déclaratif, quoique après la cessation de paiements. Nous ne pouvons admettre une distinction qu'essaie d'établir M. Bédarride (1). Le failli avait encore capacité pour acquérir et la revendication ne peut être autorisée que sous les conditions exigées par l'art. 574 ; si le failli en a encaissé la valeur, la revendication n'est plus possible (2).

La revendication serait également admise sans difficulté contre les tiers détenteurs, ainsi que nous l'avons dit, si

(1) *Faillites*, n. 1116.

(2) Renouard, t. 2, p. 346; Bédarride, n. 1115.

le failli n'a disposé des titres que postérieurement au jugement déclaratif (1).

ARTICLE 575.

Pourront être également revendiquées, aussi longtemps qu'elles existeront en nature, en tout ou en partie, les marchandises consignées au failli à titre de dépôt, ou pour être vendues pour le compte du propriétaire.—Pourra même être revendiqué le prix ou la partie du prix desdites marchandises qui n'aura été ni payé, ni réglé en valeur, ni compensé en compte courant entre le failli et l'acheteur.

1898. Cet article n'est également encore que l'application des vrais principes en matière de revendication, ainsi que le précédent, et les règles qu'il consacre ont toujours été favorablement accueillies. Ce que nous avons dit sous l'art. 574, relativement au mandataire, que le failli se serait substitué et à ses préposés; sur l'impossibilité d'appliquer la revendication aux espèces touchées par le failli, comme représentant la valeur des choses déposées ou consignées ; sur les principes différents à appliquer, si ces sommes avaient été perçues après le jugement déclaratif par le failli ou par les syndics, doit être étendu aux cas énumérés par l'art. 575.

Le premier § de l'art. 575, prévoit le cas où les marchandises déposées ou consignées existent encore en nature, dans les mains du failli ; le second, le cas où les marchandises ayant été livrées, le prix en est encore dû. Dans l'une et l'autre hypothèse, la chose ou le prix qui la représente n'a pas été confondu avec l'actif du failli; et, par suite, la revendication doit pouvoir être exercée.

La revendication ne pourrait s'exercer sur les objets que le dépositaire infidèle aurait achetés avec l'argent qu'a produit la vente de l'objet déposé; il ne peut y avoir subrogation de chose (2).

---

(1) Cass., 24 juin 1834 (S.V.34.1.639).
(2) Pardessus, n. 1274 ; Bédarride, n. 1127; Dalloz, *Rép.*, n. 1214.

Si le failli dépositaire n'avait pas encore livré la chose vendue par lui sans droit, le déposant pourrait s'opposer à la livraison; il devrait être préféré évidemment à l'acheteur, qui ne pourrait pas invoquer le fait de la possession. Il en est autrement, s'il s'agit de choses consignées, que le commissionnaire avait mandat et pouvoir de vendre, puisque le droit de l'acheteur aurait une origine légitime; la règle serait la même, quoique le commissionnaire ne se fût pas strictement renfermé dans les termes de son mandat, sauf l'action en dommages-intérêts contre lui (1).

1899. La revendication est soumise à deux conditions : 1° prouver son droit de propriété; 2° l'identité de la marchandise réclamée. C'est aux juges du fond, qu'il appartient d'apprécier souverainement les contestations élevées pour savoir si le revendiquant justifie pleinement de son droit de propriété, et de son intention persévérante de ne pas l'abdiquer en faveur du failli; à eux aussi de décider, si les marchandises revendiquées sont bien identiquement les mêmes que celles qui ont été déposées ou consignées; mais dans le cas prévu par l'art. 575, il n'est pas nécessaire que l'objet soit intact, et n'ait éprouvé dans son emballage, son enveloppe, ou même sa forme aucune modification; il suffit qu'on puisse le reconnaître : la revendication s'exercerait même sur une partie, si le surplus ne se retrouvait plus en la possession du failli. Toutes ces circonstances ne peuvent modifier le droit de propriété, qui donne naissance à la revendication. Il faudrait décider de même, dans le cas où il y aurait eu confusion des choses déposées ou consignées avec d'autres de même espèce, si la séparation pouvait être opérée (2).

Si le commissionnaire a acheté au nom du commettant, un objet, dont l'identité est établie, avec des fonds à lui spécialement envoyés à cet effet, la revendication doit être autorisée; nous pensons que la solution devrait être la même, si l'achat avait été fait par le commissionnaire, en son nom, mais pour le compte du commettant (3).

---

(1) Pardessus, n. 1274 et 1279; Bédarride, n. 1124 et 1125; Boulay-Paty, n. 735; Dalloz, *Rép.*, n. 1208 et 1209.

(2) Pardessus, n. 1273.

(3) Cass., 23 juill. 1833; Dalloz, *Rép.*, n. 1223.—*Contrà*, Dalloz, *id.*

1900. Le second § de l'art. 575 autorise même, dans certaines circonstances, la revendication du prix des marchandises déposées ou consignées; aux deux conditions imposées pour la revendication en nature, il faut en ajouter une troisième, celle de prouver que le prix est encore dû, et la revendication n'est possible entre les mains de l'acheteur, que si le prix n'en a été ni payé, ni réglé, ni compensé. La loi nouvelle plus explicite a tari des difficultés qu'avait soulevées l'ancien art. 581.

La revendication a lieu, tout aussi bien pour une partie du prix que pour le prix intégral. Elle n'est admise dans aucun cas, si le prix a été payé (1).

L'art. 575 suit cet axiome de droit commercial : qui règle, paie; si donc le prix a été réglé en valeurs, la revendication n'est plus possible, et si l'acheteur a remis au commissionnaire des billets à l'ordre de celui-ci en paiement de marchandises livrées, l'art. 576 n'est plus applicable ; mais nous croyons, avec quelques auteurs, que si les billets avaient été souscrits ou passés directement à l'ordre du commettant, ils pourraient être revendiqués (2).

Les termes explicites de la loi ne permettent pas aujourd'hui de douter que, pour empêcher la revendication, il faille autre chose que porter le prix sur un compte ouvert, où n'existe pas un article correspondant antérieur qui doive le balancer; il faut que le commissionnaire, au moment de la vente, soit débiteur, et que les deux dettes soient également liquides et exigibles, et puissent, par conséquent, se compenser; si la compensation n'a pu avoir lieu, la revendication est admise. « C'est une erreur de prétendre, disait la Cour de Toulouse sous l'ancienne loi, que la seule inscription, la seule insertion sur un compte ouvert entre le commissionnaire et l'acheteur, du prix de la marchandise dû par ce dernier, constitue la *passation* en compte courant, dont parle la loi ; s'il en était ainsi, jamais la revendication du prix n'aurait lieu; car d'un côté, le commissionnaire vend presque toujours en son nom, et il

(1) Bédarride, n. 1132 ; Pardessus, n. 1280 ; Dalloz, *Rép.*, n. 1218.

(2) Lainné, n. 510 ; Bédarride, n. 1132 ; Dalloz, *Rép.*, n. 1217 ; Pardessus, n. 1280.

y est autorisé par l'art. 91 du Code de commerce ; de l'autre, il ne peut pas vendre à terme, sans ouvrir un compte et y débiter l'acheteur » (1). La loi nouvelle a complétement adopté cette doctrine, et fait disparaître toute équivoque, en substituant le mot *compensé* au mot *passé*.

1901. La novation de la dette du commettant sur le commissionnaire serait assimilée à un véritable paiement, et ferait obstacle à toute revendication ; il ne pourrait y avoir difficulté que pour savoir si la novation existe. Si le commettant avait reçu du commissionnaire des effets émanés directement de lui, ou passés par lui à son ordre, dans le cas où ces remises ne seraient pas échues au moment de la faillite, M. Pardessus enseigne que le commettant peut, en les rendant à la masse, agir contre les acheteurs qui n'ont pas payé : « On ne peut lui opposer, dit M. Pardessus, qu'en recevant ainsi des effets de son commissionnaire, il a fait novation. Les effets qu'il a reçus sont des titres conditionnels qui ne devaient libérer le commissionnaire de l'obligation de rendre les sommes qu'autant qu'ils seraient acquittés. En les rapportant à la masse, lorsque l'identité et la parfaite application au prix des marchandises en sont avouées ou établies par les moyens admis dans le commerce, le commettant est donc recevable à se faire payer directement par ces mêmes acheteurs. Mais s'il avait quittancé purement et simplement le compte de vente de son commissionnaire, et reçu de lui des billets ou des remises pour solde de ce compte, en lui abandonnant les recouvrements sur les acheteurs, c'est alors qu'il y aurait véritable novation » (2).

C'est donc encore une simple question de fait à décider; et cette circonstance que le commissionnaire s'est rendu *ducroire* ne devrait pas être considérée comme établissant une dérogation aux règles générales sur la revendication ; il est certain que la stipulation de *ducroire* n'apporte aucune modification au droit de propriété de l'envoyeur, et qu'il n'est

(1) Toulouse, 7 janv. 1825.

(2) *Droit comm.*, n. 1282; Bédarride, n. 1134 ; Dalloz, *Rép.*, n. 1221 ; Delamarre et Lepoitvin, t. 2, n. 373.

pas possible de distinguer là où la loi ne distingue pas (1).

La loi n'a point parlé du cas où le compte courant existe entre le commettant et le commissionnaire, et où le prix de la vente aurait été porté au crédit général du commettant ; M. Pardessus ne pense pas qu'il y ait novation dans ce cas : « Il n'y a qu'un cas où la revendication d'un commettant doive cesser, dit-il, et la nature du contrat de commission commandait cette règle ; c'est lorsque les acheteurs ont payé le commissionnaire, soit effectivement, soit par compensation en compte courant » (2). Mais si le commettant a accepté cette passation d'écriture, et consenti à n'avoir pour débiteur que le commissionnaire, nous retombons dans l'espèce prévue tout à l'heure, et il faudra rechercher s'il y a eu novation. Il faut dire, toutefois, que le commettant doit être difficilement présumé avoir renoncé gratuitement au droit qu'il tient de la loi ; en règle générale, les passations d'écriture qui doivent se résoudre matériellement en articles de débit et de crédit, ne sont que des mesures d'ordre ou des modes de constater les opérations accomplies, mais ne touchent pas au fond du droit.

Si le commettant était débiteur du commissionnaire d'une somme équivalente à la valeur des marchandises consignées et vendues, il y aurait eu dation en paiement, et le prix même encore dû, ne pourrait être revendiqué (3).

1902. Si le commissionnaire s'était rendu acquéreur des marchandises consignées entre ses mains, le commettant pourrait-il revendiquer ses marchandises existant encore dans les magasins du commissionnaire acheteur ? Évidemment non, si la vente a été connue du commettant et acceptée par lui ; mais en dehors de ces circonstances, la vente est-elle valable ?

Nous ne pensons pas qu'en l'absence de toute pensée de fraude reprochée au commissionnaire, cette vente puisse être déclarée nulle (*suprà*, n. 398) (4).

---

(1) Delamarre et Lepoitvin, t. 2, n. 373 ; Vincens, t. 1er, p. 501.
(2) *Droit comm.*, n. 1283. — *Contrà*, Delamarre et Lepoitvin, t. 2, n. 380.
(3) Bédarride, n. 1135.
(4) *Contra*, Dalloz, *Rép.*, v° *Faillites*, n. 1222.

ARTICLE 576.

Pourront être revendiquées les marchandises expédiées au failli, tant que la tradition n'en aura point été effectuée dans ses magasins, ou dans ceux du commissionnaire chargé de les vendre pour le compte du failli. — Néanmoins la revendication ne sera pas recevable si, avant leur arrivée, les marchandises ont été vendues sans fraude, sur factures et connaissements ou lettres de voiture signées par l'expéditeur. — Le revendiquant sera tenu de rembourser à la masse les à-compte par lui reçus, ainsi que toutes avances faites pour fret ou voiture, commission, assurances, ou autres frais, et de payer les sommes qui seraient dues pour mêmes causes.

1903. L'art. 576, à la différence de ceux qui précèdent, consacre en faveur du vendeur, un droit que les principes auraient dû faire repousser ; le vendeur ayant abdiqué sa qualité de propriétaire (*suprà*, n. 570 et suiv.) avait perdu sans retour la faculté de revendiquer et n'était plus qu'un créancier pur et simple. La loi en donnant, contrairement aux plus énergiques réclamations, à certains créanciers une position plus favorable qu'aux autres, par ce seul motif que les objets vendus n'étaient pas encore entre les mains du failli, a introduit cependant quelques restrictions à la règle exorbitante qu'elle consacrait, et ces restrictions devront être observées avec d'autant plus de soin qu'elles constituent elles-mêmes un retour au droit commun.

La revendication dont parle l'art. 576 est limitée aux cas spécialement prévus et ne peut être exercée que dans les conditions exigés par la loi. Dans une association en participation, la difficulté consisterait à reconnaître si le revendiquant a conservé la propriété des marchandises expédiées à son participant (*suprà*, n. 246 et suiv.). Nous avons examiné longuement aussi déjà la question, quand il s'agit du commissionnaire chargé d'acheter pour compte (*suprà*, n. 372 et suiv.).

On ne distingue pas si le vendeur est ou n'est pas commerçant pour appliquer les règles de la revendication dans les cas où elle est permise ; le bénéfice en est acquis à l'un comme à l'autre, mais sous les mêmes conditions (1).

L'art. 576 s'applique exclusivement au cas de faillite ; mais à quel moment l'acheteur doit-il, conformément au texte, être considéré comme *failli ?* Est-ce à partir de la cessation de paiements ou du jugement déclaratif ? Nous pensons que la revendication est permise, du moment qu'il y a cessation de paiements, sauf au revendiquant, en cas de contestation, à faire constater par jugement le fait de la cessation de paiements ou en d'autres termes, la *faillite ;* mais sa demande en revendication aura été régulièrement introduite (2). Des présomptions plus ou moins graves, des embarras éprouvés par l'acheteur, mais ne constituant point une cessation de paiements, ou toute autre circonstance que celle qui a été prévue par la loi n'autoriseraient pas l'application de l'art. 576 (*Infrà,* n. 1906) (3).

Le Code de commerce ne s'occupe pas des droits accordés au vendeur d'un immeuble ; le Code Napoléon est exclusivement applicable à ces transactions. Dans les matières que le Code de comm. a réglées, la revendication ne pouvant exister dans les cas prévus par l'art. 576 que s'il y a eu préalablement résolution de la vente, il ne serait pas possible d'admettre, au moins lorsqu'il y a faillite, que le vendeur auquel la revendication serait refusée, pût obtenir la résolution de la vente. Cette question, qui avait été controversée sous l'ancienne loi et avait donné lieu à certaines distinctions telles que celle qui avait été essayée entre les marchandises et les objets mobiliers, n'est plus douteuse aujourd'hui en présence de l'art. 550, C. comm. (4).

Nous avons vu que l'art. 550 ci-dessus, en effet, a aboli en matière de faillite le privilége établi par l'art. 2102, —4° du Code Napoléon en faveur du vendeur d'objets mobiliers non payés.

---

(1) Pardessus, n. 1288.

(2) V. Dalloz, *Rép.*, v° *Faillites*, n. 1237.

(3) Douai, 5 août 1818; Paris, 20 juill. 1831. —*Contrà*, Rouen, 15 juin 1825; Dalloz, *Rép.*, n. 1237.

(4) Paris, 24 août 1839 (S.V.39.2.533); Limoges, 6 mai 1843 (S.V.43.2.326); Paris, 8 août 1845 (S.V.45.2.540).

L'art. 576 ne peut être appliqué aux objets mobiliers incorporels qui ne sont pas compris dans l'énumération de l'art. 575 ci-dessus, et particulièrement aux fonds de commerce (1).

Les conditions exigées par la loi sont : 1° que le prix soit encore dû ; 2° que les marchandises soient sorties des mains du vendeur ; 3° qu'elles ne soient pas entrées dans les magasins du failli ; 4° que le revendiquant prouve l'identité de la marchandise ; 5° que, même encore en route, elle n'ait pas été revendue sur facture et connaissement ou lettre de voiture.

1904. § 1er. La revendication, dans les cas prévus par l'art. 576, exige nécessairement, ainsi que nous l'avons dit, qu'il y ait préalablement résolution de la vente ; si le prix en a été payé, tout est consommé et il n'est plus possible de revenir sur une opération entièrement terminée. Le non-paiement du prix est donc une condition indispensable.

Si le paiement des objets vendus se faisait toujours en espèces, aucune difficulté ne serait possible, puisqu'il est bien évident que le vendeur complétement désintéressé n'élèverait aucune réclamation ; mais, si la vente a été faite contre des billets ou effets de commerce non échus, la question de revendication sera sans doute sérieusement débattue.

Le second paragraphe de l'art. 575 prohibe formellement la revendication du prix des marchandises consignées vendues par le failli, s'il a été payé en espèces, ou réglé en valeurs, ou compensé en compte courant ; l'art. 576 n'a point répété cette disposition.

Si le prix des marchandises vendues a été payé en espèces, aucune difficulté, nous le répétons, n'est possible, et il ne peut y avoir lieu d'invoquer l'art. 576.

Si le prix a été réglé en valeurs, cette circonstance n'est pas un obstacle, en principe, à ce que les marchandises puissent être revendiquées ; ce n'est qu'autant que le règlement en valeurs aurait constitué une véritable novation de la dette, parce que la novation est un mode d'extinction pour les obligations tout aussi bien que le paiement. Il faut donc rechercher si le règlement en valeurs a opéré novation.

---

(1) Paris, 24 août 1839 (S.V.39.2.534) ; Cass., 12 déc. 1850 (D.P.51.2.62).

La novation ne se présume pas. Par suite, si l'acheteur a remis ses propres billets au vendeur, on ne peut supposer que la remise de ces effets constitue une novation : il n'y aura donc pas paiement. Il en serait de même, s'il avait remis une délégation, un mandat, une lettre de change, qui aurait même été acceptée. Le fait de l'acceptation, en donnant au vendeur un obligé de plus qui doit être considéré comme une caution, ne change pas la règle. Il faut que l'intention de nover résulte positivement d'autres circonstances, qui pourraient être invoquées, et que le juge apprécierait.

Si l'acheteur a payé le prix en valeurs de portefeuilles endossées au nom du vendeur, la novation sera, au contraire, aisément présumée ; c'est là un véritable paiement, si le vendeur, du reste, n'a fait aucune réserve et a acquitté la facture purement et simplement.

S'il existe un compte courant entre le vendeur et l'acheteur, le seul fait d'avoir porté le montant de la vente en compte courant n'opérera pas novation et ne pourra empêcher la revendication. Mais, si le vendeur était, au moment de la vente, débiteur envers l'acheteur, l'envoi des marchandises devrait être assimilé à une dation en paiement, et il ne pourrait plus y avoir lieu à revendication (1).

1905. § 2. Quand les marchandises vendues n'ont pas été livrées, l'art. 577 consacre un principe qui n'a jamais été contesté ; le vendeur garde les objets qui sont encore entre ses mains en vertu du droit de *rétention*, droit que nos lois et principalement le Code Napoléon applique en mainte occasion, mais qu'il a jugé inutile de définir et de régler, parce qu'il est universellement accepté. Les critiques dont l'art. 576 a été l'objet n'ont de fondement que parce qu'il s'applique à des choses dont la vente non-seulement est consommée, mais qui sont sorties, en outre, des mains du vendeur.

Pour empêcher la revendication il n'est pas nécessaire qu'il y ait eu tradition *réelle*, dans l'acception rigoureuse de cette expression, et elle a été retranchée du projet pour éviter toute

---

(1) Bédarride, n. 1143 ; Pardessus, n. 1288 ; Aix, 26 avril 1827 ; Dalloz, *Rép.*, n. 1248.

difficulté. En effet, a-t-on dit pour justifier cette suppression, quand les marchandises sont arrivées à leur destination, il peut y avoir tradition réelle ou tradition feinte aux termes de l'art. 1606, C. Nap. (V. *suprà*, n. 590). Dans un cas comme dans l'autre, la revendication ne doit pas être admise, parce que l'acheteur est saisi. La condition essentielle, c'est donc que les marchandises revendiquées n'aient pas été mises en la possession du failli (1). Ainsi la vente, même sans déplacement, empêchera la revendication, si les clefs du magasin où les marchandises sont déposées et son usage exclusif ont été remis à l'acheteur (*suprà*, n. 433) (2).

Deux arrêts décident qu'en matière de machines la livraison ne se fait point pièce par pièce; c'est l'ensemble seul du mécanisme qui est l'objet du contrat, et la livraison n'est effectuée que quand toute la machine est établie et en état de fonctionner; jusque-là, la revendication des pièces détachées peut être faite (3).

1005 *bis*. § 3. Il est impossible que la marchandise soit en même temps dans la possession du vendeur et de l'acheteur, mais, en envisageant la question à ces deux points de vue, les doutes qui existeraient peuvent quelquefois être levés, et il est bien certain que, dès qu'il sera établi que les marchandises sont entrés dans les magasins du failli, c'est qu'elles ont cessé d'être dans la possession du vendeur.

Si l'acheteur failli a donné les marchandises en gage à un créancier, les magasins de celui-ci sont réputés les siens, « puisque, dit un arrêt, les marchandises y étaient pour le compte du failli, auquel elles auraient été restituées, s'il se fût libéré, et pour le compte duquel elles auraient été vendues dans le cas contraire » (4).

Les auteurs sont également d'accord pour enseigner que, si les marchandises ont été vendues sous condition ; qu'elles doivent être comptées, pesées ou mesurées (*suprà*, n. 570), ou que la vente ait été faite à l'essai et avec la clause que les

(1) Cass., 1er mai 1832 ; Dalloz, *Rép.*, n. 1240.
(2) Cass., 31 janv. 1826 ; Bourges, 25 fév. 1836 (D.P.36.2.211).
(3) Rouen, 14 juin 1841, et Metz, 3 juin 1856 (J.P.41.2.155 et 56.2.429).
(4) Cass., 27 avril 1853 (S.V.53.1.353).

marchandises seront goûtées et agréées (*suprà*, n. 574), elles ne peuvent être réputées entrées dans les magasins du failli, lorsque cette opération n'est pas encore accomplie.

Il est admis par tous que l'expression de *magasins* dont la loi s'est servie ne doit pas être entendue dans un sens restreint.

Tout emplacement où la marchandise déposée est à la disposition du failli doit être considéré comme son magasin ; en effet, certaines denrées très-encombrantes, telles que les bois ou les pierres, ne sont jamais emmagasinées ; la revendication ne doit pas en être plus facile que celle d'autres marchandises ; « si les termes de la loi sont équivoques, dit M. Dalloz, son intention ne l'est point » (1).

La question s'est présentée fréquemment pour les coupes de bois, et plusieurs arrêts ont décidé que le parterre même de la vente doit être considéré comme magasins de l'acheteur, si le vendeur lui a permis de s'y installer pour opérer le débit partiel des bois, les mettre en œuvre ou les carboniser (2) ; il faudrait une stipulation très-expresse et très-licite, du reste, du cahier des charges, pour faire admettre une règle contraire, ou que le vendeur se fût engagé à transporter les bois dans un autre lieu, même après le mesurage (3). Mais l'abatage successif des arbres étant nécessaire pour que la tradition s'en effectue dans l'atelier ou vente considéré comme le magasin de l'exploitant, il en résulte que la partie non abattue pourrait être revendiquée (4).

Lorsque l'usage des lieux est de faire les ventes dans le port ou sur les quais, grèves ou rives, les marchandises, quand l'acheteur en a pris possession dans ces lieux de vente, doivent être assimilées à celles qui seraient entrées dans ses magasins (5).

---

(1) Dalloz, *Rép.*, v° *Faillites*, n. 1245.

(2) Cass., 10 janv. 1821 ; Rouen, 30 mai 1840 ; Dalloz, *Rép.*, n. 1247 ; Cass., 9 juin 1845 (D.P.45.1.285) ; Amiens, 12 janv. 1849 (D.P.49.2.150) ; Paris, 20 déc. 1849 (D.P.50.2.207) ; Cass., 4 août 1852.

(3) Amiens, 20 nov. 1847 (S.V.51.2.493) ; Pardessus, n. 1288.

(4) Bourges, 26 mars 1855 (J.P.55.1.376).

(5) Renouard, t. 2, p. 365.

Il n'est donc pas nécessaire que le lieu du dépôt soit la propriété de l'acheteur ou ait été loué par lui, pour être considéré comme son magasin : il suffit, pour empêcher la revendication, que les marchandises y aient été mises à sa libre disposition : ainsi un magasin public, ou un entrepôt (1).

Il est impossible toutefois de donner des règles précises : ce que nous avons dit suffit pour faire comprendre l'esprit de la loi, et c'est à la sagesse des tribunaux, en cas de contestation, qu'il appartient de discerner s'il y a eu dessaisissement du vendeur, et prise véritable et efficace de possession par l'acheteur ; et il n'en serait pas ainsi, si l'acheteur, tout en recevant et emmagasinant la marchandise, avait déclaré la laisser *pour compte* de l'acheteur ; les syndics ne seraient pas admis à revenir sur cette déclaration acceptée (2).

1906. La loi a assimilé aux magasins du failli ceux du commissionnaire chargé de vendre les marchandises pour lui ; mais les expressions de la loi sont ici restrictives, et de nombreux arrêts, tous conformes, ont décidé que la revendication est autorisée, quand les marchandises sont dans tout autre magasin que celui d'un commissionnaire chargé d'en opérer la vente, par exemple, celui du voiturier ; si elles ne sont chez lui qu'en dépôt, ou pour en faciliter le transport ou la réexpédition, la revendication est permise (3). Si le commissionnaire n'a été chargé de vendre pour le compte du failli qu'une partie des marchandises déposées dans ses magasins, l'autre partie pourra être revendiquée (4).

La loi n'a pas dit que, si les marchandises n'étaient entrées dans les magasins du failli ou dans ceux de son commisionnaire que postérieurement au jugement déclaratif de faillite, la revendication en sera toujours permise ; cette règle résulte suffisamment des principes généraux : le failli n'était plus capable d'en prendre la possession juridique, d'en disposer et de les confondre avec son actif (5). Mais le doute peut exister si

(1) Rennes, 26 mai 1815 ; Cass., 31 janv. 1826 ; Dalloz, *Rép.*, n. 1251.
(2) Bédarride, n. 1147.
(3) Cass., 7 mars 1848 (S.V.49.1.140) ; Paris, 16 juill. 1842 (S.V.42.2.529).
(4) Bordeaux, 4 mars 1834 (D.P.34.2.175).
(5) Renouard, t. 2, p. 370 ; Bédarride, n. 1151.

les marchandises ont été reçues avant le jugement, mais postérieurement à la cessation des paiements. « Je conçois, dit M. Renouard, le doute sous l'ancien Code, qui attachait des effets plus étendus que la loi nouvelle à l'ouverture réelle ayant précédé l'ouverture judiciaire. Mais, d'après l'économie actuelle de la loi, la question devrait être résolue négativement. Le jugement déclaratif fixe seul maintenant l'époque du dessaisissement légal du failli. La simple cessation de paiements, tout en étant la faillite réelle, est la faillite non encore visible aux yeux des tiers ; les motifs qui ont fait admettre l'art. 550 démontrent qu'elle ne suffit pas pour empêcher les marchandises, qui entrent alors dans les magasins du failli, d'accroître l'actif, gage de la masse » (1). Nous approuvons cette doctrine, mais nous avons dit plus haut que la demande en revendication serait régulièrement introduite à partir de la cessation de paiements, et empêcherait la prise de possession légale par le failli, même avant le jugement déclaratif (*sup.*, n. 1905).

1907, § 4. La revendication enfin ne peut s'exercer que sur les objets mêmes qui ont été vendus ; et l'ancien art. 580 n'admettait pas que l'identité pût être suffisamment reconnue, si les balles, barriques ou enveloppes, dans lesquelles les marchandises se trouvaient lors de la vente, avaient été ouvertes, les cordes ou marques enlevées ou changées, et si les marchandises avaient subi un changement ou une altération dans leurs nature et quantité ; la loi nouvelle, en ne reproduisant pas la disposition de cet article, n'a pu vouloir que le principe même qu'il consacrait fût abandonné, et faire de la revendication le non-sens le plus complet ; mais elle a voulu laisser aux juges liberté entière pour apprécier la valeur des circonstances invoquées comme établissant l'identité (2).

Si les marchandises ont été dénaturées, aujourd'hui comme sous l'ancienne loi, la revendication n'est plus possible à un double point de vue : la dénaturation détruit l'identité et suppose, en outre, presque nécessairement, la tradition réelle et la

(1) *Faillites*, t. 2, p. 370 ; Bédarride, n. 1151 et 1152 ; Dalloz, *Rép.*, n. 1260.

(2) V. cependant Pardessus, n. 1292, qui a été entraîné par les souvenirs de la loi anciennement commentée par lui.

prise de possession : ainsi on ne peut revendiquer du bois sous la forme de charbon (1), ni même des bois déjà façonnés (2); du vin sous la forme d'alcool ; du blé sous la forme de farine ; des vins même qui auraient été simplement mélangés. Il en est autrement si l'altération provient du vice propre de la chose et que, sans le fait de l'homme, des vins, par exemple, aient aigri (3).

La revendication sera également permise, si le changement de forme est une suite nécessaire de la négociation : la vente d'une coupe de bois sur pied, par exemple, n'empêcherait pas la revendication de ces mêmes bois, s'ils avaient été coupés (4), sauf la livraison, dont nous avons déjà parlé.

La revendication doit également être autorisée, si une force majeure ou toute autre cause avait mélangé les marchandises expédiées avec d'autres, dans le cas où il serait possible de les reconnaître ; la Cour de cassation a appliqué cette règle à une partie de bois mêlée accidentellement à d'autres dans le flottage (5); mais, si des blés de qualités différentes vendus par divers ont été mélangés pour arriver à un prix moyen, la revendication n'est plus possible, puisqu'on ne pourrait rendre à chacun des vendeurs que des blés ayant subi une altération dans leur nature, et non des blés identiques à ceux qui avaient été vendus par chacun d'eux (6).

Il a même été jugé que les changements et altérations des marchandises expédiées subis par le fait d'un naufrage rendaient la revendication inadmissible ; mais nous pensons avec M. Dalloz que ce principe est grandement contestable (7), la force majeure doit être assimilée au vice propre.

Du reste, sous la loi nouvelle, nous le répétons, les juges ont toute liberté pour apprécier la question d'identité ; c'est à ce point de vue que les tribunaux décideraient si la revendication est permise, dans le cas où il y a eu changement dans la

(1) Cass., 9 juin 1845 (D.P.45.1.285); Renouard, t. 2, p. 366.
( ) Cass., 10 janv. 1821 ; Paris, 8 août 1845 (D.P.46.2.9).
(3) Pardessus, n. 1293 ; Renouard, t. 2, p. 366 et s.
(4) Pardessus, n. 1293 ; Dalloz, *Rép.*, n. 1278.
(5) Cass., 11 nov. 1812 ; Pardessus, n. 1293 ; Renouard, t. 2, p. 367.
(6) Amiens, 20 déc. 1837 ; Dalloz, *Rép.*, n. 1280.
(7) Amiens, 29 nov. 1837 ; Dalloz, *Rép.*, vº *Faillites*, n. 1280.

quantité de la marchandise expédiée ; l'ancien art. 580 la prohibait expressément en pareil cas ; « Si l'acheteur, disait Regnaud de Saint-Jean-d'Angély, a disposé d'une partie aliquote quelconque, il a fait acte de propriété et dénaturé les marchandises » ; et Berlier ajoutait : « Dans une matière aussi sujette aux abus, il faut bien se garder de les augmenter, et ce n'est point trop exiger que de vouloir, qu'outre l'identité des marchandises reconnues par les moyens ordinaires, la revendication ne puisse s'exercer que sur celles qui sont en même quantité que lors de la livraison » (1). Cette règle ne pourrait être suivie que si le changement dans la quantité était, en effet, un indice ou une preuve de non-identité, ou établissait le fait de la livraison complète : les juges apprécieraient (2).

1908. Quand la revendication est autorisée dans les cas prévus non-seulement par l'art. 576, mais encore par les art. 574 et 575, la masse peut s'y opposer, et retenir les choses revendiquées, si les obligations imposées par le dernier § de l'art. 576 ne sont pas complétement remplies.

Le § parle des à-compte reçus par le vendeur, et qu'il est tenu de rembourser à la masse : la loi nouvelle décide donc d'une manière expresse que le vendeur payé en partie seulement est admis à revendiquer ; mais la revendication, ainsi qu'on le voit, ne peut être partielle, et porter exclusivement sur l'équivalent de la portion du prix non payée.

Aucun délai n'est fixé pour l'exercice de l'action en revendication, sous les conditions que nous venons d'exposer.

1909. § 5. Les droits des tiers de bonne foi doivent être respectés, quand ceux-ci ont eu juste sujet de croire que l'acheteur pouvait revendre légitimement les marchandises qui lui étaient expédiées ; mais, pour prévenir tout abus, la loi exige pour empêcher la revendication la réunion de trois circonstances : 1° L'absence de fraude ; 2° la possession par le failli de la facture ; 3° la possession, en outre, du connaissement ou de la lettre de voiture. Aucun doute n'existe que la vente sur simple facture, ou réciproquement celle qui aurait eu lieu sur

---

(1) Procès-verbaux, 5 mai 1807 ; Locré, t. 19, p. 347 et 348.

(2) Renouard, t. 2, p. 367 ; Bédarride, n. 1150. V. Pardessus, n. 1293.

simple lettre de voiture ou sur connaissement, n'empêcherait pas la revendication, quelle que fût la bonne foi du tiers acheteur ; mais il n'est pas nécessaire évidemment que la facture et le connaissement ou la lettre de voiture soient parvenus en même temps, pourvu que le failli en fût nanti avant l'ouverture de la faillite (1).

La facture et le connaissement ou la lettre de voiture doivent être signés par l'expéditeur ; cette condition est également indispensable (2) : mais le défaut de signature du connaissement pourrait-il être couvert par une lettre signée de l'expéditeur, faisant mention spéciale de cet acte ? La jurisprudence est divisée, et M. Renouard pense que la négative est préférable, comme strictement conforme au texte. Cette interprétation nous semble trop sévère (3).

C'est aux juges à apprécier, dans ce cas comme toujours, s'il y a eu fraude, et s'ils reconnaissent qu'elle existe, à annuler la vente. Si l'acheteur, même avant d'avoir reçu la facture et le connaissement, avait donné connaissance au vendeur de la revente faite par lui des marchandises qui lui étaient destinées, et que le vendeur, par son ordre, les eût expédiées au cessionnaire qui lui a été désigné, il aurait ratifié cette vente, et ne pourrait plus exercer la revendication (4).

ARTICLE 577.

Pourront être retenues par le vendeur les marchandises, par lui vendues, qui ne seront pas délivrées au failli, ou qui n'auront pas encore été expédiées, soit à lui, soit à un tiers pour son compte.

1910. Lorsque les marchandises sont encore matériellement entre les mains du vendeur, et quelles que soient les circonstances qui devraient faire considérer comme parfait le

---

(1) Rouen, 2 déc. 1828.

(2) Ch. des députés, séance du 24 fév. 1835.

(3) Rouen, 14 janv. 1848 (S.V.48.2.460). — *Contrà*, Amiens, 14 juill. 1848 (S.V.48.2.686) ; Renouard, t. 2, p. 369.

(4) Pardessus, n. 1290 ; Lainné, p. 527.

contrat intervenu, la disposition formelle de la loi autorise le vendeur, à bien plus forte raison que dans les cas prévus par l'article précédent, à retenir les marchandises. C'est la consécration du droit de rétention, et l'application de l'art. 1613, C. Nap.

Ce droit de rétention s'exerce que la vente ait été faite à terme ou au comptant. Il suffit qu'il y ait cessation de paiements, et conformément à ce que nous avons dit plus haut (*suprà*, n. 1903).

ARTICLE 578.

Dans le cas prévu par les deux articles précédents, et sous l'autorisation du juge-commissaire, les syndics auront la faculté d'exiger la livraison des marchandises, en payant au vendeur le prix convenu entre lui et le failli.

1911. Les dispositions du Code de commerce relatives au droit de rétention et à la revendication n'ont pour but que d'éviter au vendeur une perte, et non de lui ménager, en certains cas, un bénéfice ; si l'exécution du contrat de vente paraît avantageuse, les syndics ont le droit de l'exiger du vendeur ; toutefois, l'autorisation du juge-commissaire est nécessaire comme garantie qu'une semblable opération ne sera pas faite mal à propos.

C'est la masse, dans ce cas, et non plus le failli, qui est débitrice du prix de la vente ; elle doit être autorisée, par suite, à jouir du terme qui avait été convenu, en donnant caution, ou à déduire l'escompte en usage dans le commerce pour paiement comptant (1).

Cet article est une preuve que la faillite n'a pas pour effet de résoudre de plein droit la vente consentie au failli (2).

---

(1) Renouard, t. 2, p. 373 ; Bédarride, n. 1165 ; Lainné, p. 537.
(2) Renouard, t. 2, p. 375.

ARTICLE 579.

Les syndics pourront, avec l'approbation du juge-commissaire, admettre les demandes en revendication : s'il y a contestation, le tribunal prononcera après avoir entendu le juge-commissaire.

1012. La loi, pour éviter les frais d'une contestation judiciaire, autorise les syndics à admettre, avec l'approbation du juge-commissaire, les demandes en revendication, et ce droit appartiendrait même aux syndics provisoires (1).

Si les syndics contestent, c'est contre eux seuls que l'action sera dirigée ; dans le cas contraire, nous croyons que tout créancier est recevable à contester la revendication.

Les frais seraient à la charge de la partie qui succomberait, soit le créancier dont la revendication est contestée, soit son adversaire (2).

Quand les syndics ont consenti à la revendication demandée par le vendeur, il y a transaction légalement conclue entre les parties ayant qualité et définitive ; le jugement déclaratif de faillite vînt-il même à être reformé, l'acte n'en reste pas moins valable, et le vendeur privé de toute action contre l'acheteur, replacé à la tête de ses affaires (3).

CHAPITRE XI.

Des voies de recours contre les jugements rendus en matière de faillite.

ARTICLE 580.

Le jugement déclaratif de la faillite, et celui qui fixera à une date antérieure l'époque de la cessation de paiements, seront susceptibles d'opposition, de la

---

(1) Renouard, t. 2, p. 376 ; Lainné, p. 539 ; Pardessus, n. 1270.

(2) Bédarride, n. 1173 et s.; Esnault, t. 3, n. 654 ; Lainné, p. 540 ; Aix, 11 janv. 1831 (S.V.31.2.206).—*Contrà*, Renouard, t. 2, p. 375 et s.

(3) Aix, 6 janv. 1844 (S.V.45.2.31).

part du failli, dans la huitaine, et de la part de toute autre partie intéressée, pendant un mois. Ces délais courront à partir du jour où les formalités de l'affiche et de l'insertion énoncées dans l'article 442 auront été accomplies.

1915. Deux voies de recours principales sont ouvertes contre les jugements : l'opposition contre les jugements rendus par défaut, et l'appel, dans tous les cas, quand le jugement n'est pas en dernier ressort : notre article ne change rien à ces règles, et il est bien entendu que ce n'est que dans les termes du droit commun que l'opposition est recevable. Le jugement déclaratif est toujours rendu par défaut contre les créanciers, quand il est provoqué par le débiteur ; par défaut contre le failli, quand les créanciers ne l'ont pas fait assigner, et par défaut contre les uns et les autres, quand il est rendu d'office ; dans ces termes au moins, il n'existe aucune difficulté.

Le droit du failli à former opposition semble évident (1); mais les termes de l'art. 580 lui permettent-ils d'en user, si le jugement de déclaration avait été rendu sur la déclaration faite par lui de la cessation de ses paiements et le dépôt de son bilan ?

La Cour de Rouen a décidé « qu'on ne pouvait faire résulter aucune fin de non-recevoir contre le failli de ce que le jugement qui l'a mis en faillite a été rendu sur sa propre déclaration ; que la loi accorde au failli ce droit d'opposition d'une manière générale et absolue, sans distinguer les différents modes employés pour déclarer la faillite » (2). Cette circonstance ne devrait donc pas former obstacle à ce que le jugement fût considéré comme rendu par défaut, puisque le failli n'a pas été assigné. Cette doctrine nous paraît devoir être préférée. M. Bédarride l'admet, si la conduite du failli n'était que le résultat de l'erreur ou d'une fausse appréciation de sa position ; il l'admet également, si de nouveaux faits se sont

(1) Bordeaux, 9 juill. 1832 (S.V.32.2.652).
(2) Rouen, 2 mars 1843 ; Dalloz, *Rép.*; n. 206-6°.

produits depuis la déclaration. Sans entrer dans des distinctions que les circonstances pourraient mettre en défaut, nous croyons préférable de reconnaître le principe d'une manière générale, et de déclarer l'opposition recevable, en laissant toute latitude au tribunal pour ne réformer le jugement qu'en connaissance de cause (1).

Quelque favorable que soit la matière, il n'est pas possible d'admettre que le failli ne puisse acquiescer au jugement déclaratif et se fermer ainsi le droit d'opposition ; mais l'acquiescement devrait être formel ou résulter d'actes entièrement libres et positifs qui le feraient nécessairement présumer. On ne pourrait alléguer contre lui, pour repousser l'opposition, sa participation aux procédures et aux opérations de la faillite : le jugement est exécutoire par provision, et il doit s'y soumettre (2).

M. Bédarride enseigne qu'il est certain que l'acquiescement formel du failli enlèverait même aux créanciers le droit d'opposition (3). Nous n'admettons pas cette règle : le droit des créanciers est reconnu par la loi d'une manière absolue (4).

1914. Nous avons parlé des créanciers, quoique la Cour de Caen ait dit que « par ces mots : *parties intéressées*, employés dans l'art. 580, on ne doit entendre que les personnes qui ne peuvent se dire créancières au moment de l'ouverture d'une faillite, mais qui pourraient avoir intérêt à attaquer le jugement » (5). Cette interprétation nous semble complétement erronée ; l'intérêt des créanciers peut être très-grand à former opposition, et il nous est difficile de comprendre comment le texte pourrait les exclure. L'expression de la loi est aussi générale que possible, et la seule condition à remplir est de justifier l'intérêt (6).

(1) Bédarride, n. 1181 et s.; Dalloz, *Rép.*, v° *Faillites*, n. 1335. — *Contrà*, Locré, t. 5, p. 458.

(2) Paris, 7 fév. 1835 (S.V.35.2.512); Rouen, 10 déc. 1836 et 2 mai 1838 (D.P.40.2.14); Douai, 3 mai 1841 (S.V.42.2.57); Renouard, t. 2, p. 380 ; Bédarride, n. 1184.

(3) *Faillites*, t. 2, p. 1178.

(4) Dalloz, *Rép.*, n. 1332.

(5) Caen, 26 juin 1843 et 16 juill. 1844 (S.V.44.2.409 et 45.2.139).

(6) Renouard, t. 2, p. 383.

Tout créancier pourrait, par suite, intervenir lorsque l'instance est engagée, et, opposant ou intervenant, l'opposition étant toujours antérieure à la vérification des créances, il ne doit pas être tenu de produire une créance reconnue; il lui suffit d'être créancier apparent du failli (1).

L'acquiescement des créanciers les rendrait non recevables à former opposition ; mais nous devons répéter, en ce qui les concerne, ce que nous avons dit pour le failli : c'est que cet acquiescement ne se présume pas, et ne peut résulter de ce qu'ils ont pris part à la nomination des syndics et aux opérations de la faillite (2).

1015. Si le droit d'opposition appartient au failli, il appartient forcément à tous les associés en nom collectif d'une société tombée en faillite; mais le doute peut exister pour le commanditaire.

Il est certain que le commanditaire n'est pas failli, quoique associé ; il n'est pas non plus créancier; mais la loi s'étant servie de l'expression si large de *toute partie intéressée*, l'opposition devrait être admise, si l'intérêt était prouvé (3).

L'art. 580 est donc applicable, non-seulement au failli et à tout créancier, mais à toute personne ayant eu affaire au failli, et intéressée à l'existence de la faillite, ou à la fixation de l'époque à laquelle doit remonter la cessation de paiements.

L'opposition ne serait pas recevable contre un jugement, même par défaut, qui a débouté d'une première opposition (C. pr. civ., art. 165). La seule voie de recours qui reste est l'appel (4).

La loi nouvelle a assimilé d'une manière complète le jugement qui fixe l'époque de la cessation de paiements au jugement déclaratif, qui peut en être distinct. Les difficultés que soulevait l'absence de règles à cet égard ont donc complétement disparu.

---

(1) Agen, 4 juill. 1851 (D.P.51.2.230).

(2) Orléans, 29 mai 1840 (D.P.41 2.171); Renouard, t. 2, p. 379.

(3) Renouard, t. 2, p. 383.—*Contrà*, Bédarride, n. 1178; Paris, 26 nov. 1839 (D.P.40.2.180).

(4) Cass., 9 janv. 1812; Renouard, t. 2, p. 379.

Le jugement par défaut serait périmé suivant les principes généraux, faute d'exécution dans les six mois (*sup.*, n. 1658) (1).

1915 *bis*. La loi nouvelle n'a pas expressément résolu une question agitée déjà sous le Code de 1808, celle de savoir si le droit d'opposition accordé aux tiers est exclusif à leur égard de la voie de recours extraordinaire, appelé *tierce opposition*. Une distinction avait été essayée avant la loi de 1838 entre les jugements déclaratifs et ceux qui ne statuaient que sur l'époque de l'ouverture de la faillite (2); mais l'article 580 ayant assimilé les uns aux autres d'une manière complète, le seul système à suivre doit être général. Il semble que le plus conforme au texte et à l'esprit de la loi des faillites est celui qui abrége les délais et simplifie les procédures. L'application de l'art. 474, C. pr. civ., doit donc être repoussée dans tous les cas (3).

Les jugements dont s'occupe l'art. 580 peuvent être attaqués par la voie de l'appel, soit à défaut d'opposition en temps utile, si les délais de l'appel ne sont pas expirés, soit en cas de rejet d'une opposition régulièrement formée.

1916. L'art. 580 s'en est rapporté aux principes généraux pour déterminer les personnes qui devront être mises en cause, sur l'opposition formée contre les jugements dont il s'agit, et il faut décider, en conséquence, que, si l'opposition est formée par le failli ou par les créanciers, ce sont les syndics qui doivent être mis en cause.

La Cour d'Agen a jugé cependant que l'opposition au jugement déclaratif pouvait être formée contre les créanciers sur la poursuite desquels le jugement a été rendu, sauf le droit d'intervenir réservé aux syndics, parce que l'art. 580 ne contient aucune règle contraire (4). Mais nous pensons, avec M. Re-

(1) Renouard, t. 2, p. 388; Cass., 26 fév. 1834 (S.V.35.1.222); Paris, 6 déc. 1838 (D.P.40.2.10); Orléans, 31 août 1850 (S.V.51.2.23). — *Contrà*, Metz, 30 mars 1833 (D.P.34.2.201).

(2) Cass., 15 mars 1830.

(3) Cass., 10 nov. 1824; Renouard, t. 2, p. 384; Bédarride, n. 1185; Esnault, n. 138 et s.; Devilleneuve et Massé, v° *Faillite*, n. 33; Dalloz, *Rép.*, n. 1340.—*Contrà*, Pardessus, n. 1113.

(4) Agen, 4 juill. 1851 (S.V.52.2.31).

nouard, que la doctrine adoptée par un arrêt de la Cour de Metz est préférable : « Un tel jugement, dit cet arrêt, qui atteint toute la fortune et même la personne du débiteur, n'est pas rendu dans l'intérêt des requérants, mais dans un intérêt général, celui de tous les intérêts connus ou inconnus; par ce motif il indique en même temps les mesures et les personnes qui doivent protéger la masse des créanciers; il est de principe que toutes les actions qui intéressent la masse doivent se diriger contre son représentant » (1).

Toutefois la Cour de cassation a décidé que le créancier à la requête duquel le jugement déclaratif de faillite a été rendu doit être appelé, ou que dans ce cas particulier il pourrait former tierce opposition (2).

Si l'opposition est formée par les syndics, il ne peut y avoir difficulté, et ils mettent en cause ceux qui ont obtenu le jugement.

1917. L'art. 580 fixe d'une manière très-précise les délais de l'opposition, soit pour le failli, soit pour toute autre partie intéressée. Le délai expiré, toutes les parties sont présumées de plein droit avoir formellement acquiescé au jugement.

Ces délais sont de rigueur et ils ne peuvent en aucun cas être augmentés à raison des distances (3).

Ils courent à partir de l'accomplissement des formalités de l'affiche et de l'insertion dans les journaux exigées par l'art. 442 ci dessus; la loi exige l'accomplissement de l'une et de l'autre de ces formalités, pour faire courir les délais, mais non pas la signification du jugement même par défaut.

L'accomplissement des formalités qui font courir les délais doit être constaté par un procès-verbal régulier ou tout autre acte ayant date certaine émané d'un officier ministériel; un simple certificat du greffier n'est pas suffisant (4). Toutefois la loi étant complétement muette, il serait difficile peut-être de casser l'arrêt qui déciderait, ainsi que l'a fait la Cour de

(1) Metz, 6 déc. 1850 (S.V.50.2.390); Renouard, t. 2, p. 387.
(2) Cass., 16 déc. 1850 (S.V.52.1.575) et 15 mai 1854 (S.V.54.1.382).
(3) Bédarride, n. 1186; Renouard, t. 2, p. 381.
(4) Caen, 24 août 1841, et Orléans, 11 mars 1840 (S.V.51.2.24); Bédarride, n. 1183.

Poitiers, que l'accomplissement des formalités exigées résulte suffisamment des circonstances et des documents de la cause (1).

Il est certain que le failli ou toute autre partie intéressée n'a pas pour agir le délai ordinaire des oppositions en outre de celui qui est accordé par l'art. 580. « Les motifs pour lesquels la loi dans le cas dont il s'agit a substitué l'affiche à la signification et prescrit un court délai pour l'opposition du failli sont manifestes, a dit la Cour de cassation, tandis qu'on ne voit pas pourquoi, indépendamment du délai ordinaire de l'opposition ou concurremment avec ce délai, elle en aurait accordé un autre à compter de l'affiche » (2).

ARTICLE 581.

Aucune demande des créanciers tendant à faire fixer la date de la cessation de paiements à une époque autre que celle qui résulterait du jugement déclaratif de faillite, ou d'un jugement postérieur, ne sera recevable après l'expiration des délais pour la vérification et l'affirmation des créances. Ces délais expirés, l'époque de la cessation de paiements demeurera irrévocablement déterminée à l'égard des créanciers.

1918. Nous avons fait observer sous l'art. 580 que, le texte assimilant d'une manière complète le jugement qui déclare la faillite au jugement qui détermine l'époque de l'ouverture, les règles sont les mêmes ; nous avons dit également que les créanciers étaient compris dans l'expression si large de *toute partie intéressée*. S'il en est ainsi, pourquoi l'art. 581 établit-il une règle spéciale pour les jugements qui fixent l'ouverture de la faillite et dispose-t-il que cette règle n'existe que pour les créanciers ?

« Voici, dit M. Renouard, ce qui résulte de la combinaison

---

(1) Poitiers, 23 mars 1850 (S.V.51.2.24).

(2) Cass., 15 déc. 1850 (S.V.32.1.615).

des art. 580 et 581 : les intéressés autres que les créanciers ne sont soumis qu'à l'art. 580 : en conséquence, ils ont toujours, quelle que soit la date de la vérification et de l'affirmation des créances, un mois pour former opposition, et non plus tierce opposition, soit au jugement déclaratif, soit à tout jugement qui fixerait à une autre époque la cessation des paiements; ce délai ne court que du jour de l'affiche et de l'insertion ordonnée par l'art. 442. Les créanciers n'auraient le même délai pour former opposition au jugement de fixation que si la vérification et l'affirmation des créances n'ont pas été terminées avant l'expiration du mois ; le délai ne s'étendra jamais pour eux au delà de ces vérifications et affirmations. Tant que dure le délai imparti par l'art. 580 et restreint par l'art. 581, tout créancier peut former une demande pour faire changer la fixation de l'époque de cessation des paiements, nonobstant le jugement déclaratif de faillite ou l'existence d'un jugement postérieur sur cette fixation » (1).

Suivant M. Renouard, il résulterait donc de la combinaison des art. 580 et 581 :

1° Que le droit de former opposition au jugement *déclaratif* serait pour toute partie intéressée, y compris les créanciers, d'un mois à partir de l'accomplissement des formalités exigées par l'art. 442 ;

2° Que le droit de former opposition au jugement qui détermine la date de la *cessation des paiements* sera également d'un mois, et à partir de la même époque, pour toute partie intéressée, *autre que les créanciers ;*

3° Qu'à l'égard des créanciers particulièrement, et en ce qui concerne le jugement qui détermine la date de la *cessation des paiements*, le délai sera ou d'un mois également, si la vérification et l'affirmation des créances n'est pas terminée avant ce délai, ou durera jusqu'à la clôture du procès-verbal de vérification et d'affirmation des créances, si cette clôture est prononcée avant un mois. En ce qui concerne les créanciers et pour le jugement qui statue sur la date de la cessation des paiements, l'art. 581 aurait donc pour but de restreindre les délais dans

(1) *Faillites*, t. 2, p. 395. — *Sic*, Bravard-Veyrières, p. 619 et s.

certaines circonstances et il ne peut jamais être invoqué pour les étendre ; le *maximum* est, dans tous les cas, un mois : l'unique effet de l'art. 581 serait de prévoir un cas où le délai indiqué par l'art. 580 pourrait être *diminué*.

Il faut nécessairement admettre dans ce système, qu'après les délais fixés par l'art. 581, s'ils se trouvent expirés avant un mois, le tribunal de commerce ne pourrait plus changer d'office la fixation d'ouverture, sous peine évidemment d'enlever aux créanciers tout moyen de se pourvoir contre cette décision (1). C'est ajouter à la loi.

1010. M. Bédarride propose un autre système. Le failli et les tiers, autres que les créanciers, ne peuvent, suivant lui, se pourvoir que par opposition ou par appel ; mais l'art. 581 aurait eu pour but d'accorder particulièrement aux créanciers une troisième voie, en leur permettant de demander *par action principale* que la date de l'ouverture de la faillite soit reportée à une époque autre que celle qui a été fixée par les jugements qui ont déjà statué. Le jugement déclaratif reste, dans tous les cas, régi par l'art. 580. Mais ce droit de se pouvoir par action principale est irrévocablement perdu, s'il n'a été réalisé avant l'expiration des délais pour la vérification et l'affirmation (2).

Ce système est l'antipode de celui qui est enseigné par M. Renouard ; l'art. 581 aurait pour but *d'étendre* le délai dans certaines circonstances et il ne pourrait jamais être invoqué pour le *restreindre ;* le *minimum* serait dans tous les cas un mois : l'unique effet de l'art. 581 serait donc de prévoir un cas où le délai indiqué par l'art. 580 pourrait être *étendu*.

Il semble impossible d'admettre qu'une demande nouvelle en report de la faillite puisse être faite sans tenir aucun compte du jugement rendu qui, s'il n'était pas attaqué en temps utile, acquerrait inévitablement l'autorité de la chose jugée. Quant à l'appel, il est très-explicitement réglé par l'article suivant.

Le système de M. Bédarride ne pourrait être admis que dans

(1) Angers, 20 juill. 1843 (D.P.43.2.178) ; Renouard, t. 2, p. 391.

(2) Bédarride, n. 1188. — *Sic*, Esnault, n. 670; Orléans, 6 mars 1850 (S.V. 50.2.642).

le cas exceptionnel où le jugement déclaratif de la faillite n'a pas déterminé, d'une manière spéciale, l'époque à laquelle a eu lieu la cessation de paiement (C. comm., art. 441). Dans ce cas, mais dans ce cas seulement, les créanciers, aux termes de l'article 581, pourraient en effet, par action principale, demander que la date de la cessation des paiements fût fixée à une autre époque que celle qui résulterait, à défaut de détermination spéciale, du jugement déclaratif de faillite.

1920. La jurisprudence a adopté une troisième interprétation; elle considère l'art. 581 comme étendant les droits des créanciers; en cela elle est d'accord avec M. Bédarride et en contradiction, par suite, avec M. Renouard : et elle leur permet d'agir, non par action principale, mais bien par la voie de l'opposition, jusqu'à l'expiration des délais [illegible]s pour la vérification et l'affirmation des créances, si ces délais, ainsi qu'il arrivera nécessairement, sont plus étendus que celui d'un mois (1).

Quoi qu'il en soit, il est peu probable que la jurisprudence change le système qu'elle a fait prévaloir et auquel nous nous rallions pleinement ; il laisse subsister quelques objections sans doute, mais il ne peut être remplacé par un autre qui lève toute incertitude. Il est donc à désirer que la règle soit maintenue, et que chacun sache de quelle manière la loi doit être appliquée.

Dans le cas où, par suite de cette interprétation, le jugement qui déterminerait une nouvelle date comme étant celle de la cessation des paiements, serait rendu plus d'un mois après le précédent jugement ainsi modifié, il est nécessaire de donner à toute partie intéressée, autre que les créanciers auxquels l'article 581 fait une position spéciale, un nouveau délai d'un mois pour former opposition. Il ne faut pas oublier, en effet, que la voie de la tierce opposition leur est fermée, et qu'ils peuvent avoir l'intérêt le plus grand à ce que l'ouverture de la faillite ne soit pas reportée à une époque qui rendrait nulle l'opération faite par eux avec le failli, dans la persuasion que celui-ci était encore dans la plénitude de ses droits.

---

(1) Limoges, 9 déc. 1840 (S.V.41.1.180); Paris, 13 fév. 1841 (J.P.41.1.386); Angers, 30 déc. 1842 (S.V.44.2.209); Caen, 16 juin 1844 (S.V.44.2.409) et 16 juill. 1844 (S.V.45.2.189) ; Cass., 4 janv. 1842 (S.V.42.1.267).

M. Bédarride pense même qu'il faudrait en semblable circonstance considérer comme un tiers le créancier qui serait exposé, par le report de la date fixée, à voir annuler une inscription d'hypothèque que le failli aurait consentie (1). Cette doctrine est équitable et devrait être suivie.

1021. Le délai accordé aux créanciers par l'art. 581 ne cesse qu'à l'expiration de la huitaine qui suit la clôture définitive du procès-verbal de vérification des créances, et non après la huitaine qui suit la vérification particulière de chacun des créanciers : « Attendu, dit un arrêt de la Cour de cassation, que de la combinaison des art. 497 et 581 il résulte que le premier impose à chaque créancier individuellement l'obligation d'affirmer sa créance dans la huitaine qui en suit la vérification, et que le second donne à tous les créanciers indistinctement le droit de faire fixer l'époque précise de l'ouverture de la faillite, jusqu'à l'expiration des délais accordés pour la vérification et l'affirmation de la créance présentée la dernière au juge-commissaire ; qu'en effet ce n'est que lorsque toutes les créances sont connues et vérifiées que l'on peut savoir avec certitude et fixer avec précision à quelle époque a commencé la cessation des paiements, et par suite jusqu'où doit remonter l'ouverture de la faillite; que tous les créanciers ayant ou pouvant avoir intérêt à cette fixation, donner aux uns le droit de la demander, tandis que ce droit aurait cessé pour d'autres, ce serait les traiter inégalement, ce qui ne saurait être; que par conséquent le même avantage doit exister pour tous tant que durent les délais fixés par la loi » (2). Nous croyons toutefois, contrairement à la doctrine que paraît consacrer cet arrêt, que le délai ne pourrait être pour ainsi indéfini et réglé par l'art. 503 qui permet aux créanciers défaillants ou inconnus de se présenter jusqu'à la liquidation définitive de la faillite. Le délai doit s'entendre de celui qui est accordé aux créanciers domiciliés en France, et après lequel l'art. 502 permet de

---

(1) Bédarride, n. 1190 et 1191.

(2) Cass., 4 janv. 1842 (S.V.42.1.267); Renouard, t. 2, p. 389 et 390 ; Bédarride, n. 1189 ; Esnault, n. 126 ; Massé, t. 3, n. 212.

passer outre à la formation du concordat et à toutes les opérations de la faillite (1).

Le droit ouvert par les art. 580 et 581 existe en faveur de tous les créanciers indistinctement, vérifiés ou non vérifiés ; il faudrait même le décider ainsi pour le créancier, dont la créance serait contestée, s'il s'est pourvu contre cette décision, à moins d'adopter la doctrine d'un arrêt rendu sous l'ancienne loi qui reconnaissait, au profit de ce créancier, un délai particulier à compter du jour du jugement intervenu sur la contestation (2; cette règle ne pourrait être admise aujourd'hui.

ARTICLE 582.

Le délai d'appel, pour tout jugement rendu en matière de faillite, sera de quinze jours seulement à compter de la signification.—Ce délai sera augmenté à raison d'un jour par cinq myriamètres pour les parties qui seront domiciliées à une distance excédant cinq myriamètres du lieu où siége le tribunal.

1022. L'appel est toujours réservé, et toute partie intéressée peut y recourir, soit à défaut d'opposition formée en temps utile, si les délais de l'appel n'étaient pas expirés (3), soit en cas de rejet d'une opposition régulièrement formée.

La Cour saisie de l'appel contre un jugement qui déclare la faillite ou qui en fixe l'ouverture peut, de sa pleine autorité, et sans renvoyer devant les premiers juges, statuer sur la question relative à la fixation définitive du jour de l'ouverture de la faillite (4).

L'art. 582 est exclusivement applicable aux jugements rendus *en matière de faillite;* le texte est positif et ne laisse aucun doute à cet égard ; mais l'embarras commence pour détermi-

---

(1) Renouard, t. 2, p. 390 ; Bédarride, n. 1189 ; Massé, t. 3, n. 212.
(2) Rouen, 17 janv. 1826.
(3) Esnault, n. 674.
(4) Cass., 24 déc. 1818 ; Dalloz, *Rép.*, n. 1365.

ner avec précision à quels jugements doit appartenir cette qualification.

En premier lieu, il faut décider que tout jugement émané d'un tribunal civil, quoique rendu sur une contestation qui intéresse une faillite, est nécessairement exclu de la disposition spéciale de l'art. 582. En effet, si le caractère dominant de la contestation n'avait pas été civil, c'est le tribunal de commerce qui aurait dû être saisi, puisque c'est aux tribunaux de commerce qu'est dévolu, aux termes de l'art. 635 ci-après, tout ce qui concerne les faillites. « Les actes non commerciaux, dit M. Renouard, ne tombent point sous la juridiction commerciale de la faillite, bien que les intérêts d'une faillite s'y trouvent mêlés, parce que ce mélange ne change pas leur nature. L'objection que l'on tirerait de la nécessité d'empêcher les retards auxquels les opérations de la faillite pourraient ainsi être exposés a sa réponse dans les précautions spéciales prises par l'art. 500, qui a eu en vue de pourvoir à cet inconvénient » (1). Le délai ordinaire de trois mois est donc seul applicable pour tous les jugements rendus par les tribunaux civils même sur des contestations nées de la faillite ou pouvant s'y rattacher.

1923. La règle est plus difficile à établir en ce qui concerne les jugements rendus par les tribunaux de commerce, et il peut y avoir embarras, en outre, pour décider quelles contestations doivent être portées devant la juridiction consulaire, en vertu de l'art. 635 ci-après, qui attribue aux tribunaux de commerce *tout ce qui concerne les faillites.*

« Pour qu'un jugement soit rendu en matière de faillite, a dit la Cour de cassation, la réunion de deux conditions est nécessaire : l'une, qu'il ait été rendu sur une contestation née de l'événement de la faillite ; l'autre, qu'il intéresse l'administration de la faillite et la procédure spéciale instituée par la loi pour la régir ». La Cour a décidé, en conséquence, que l'art. 582 ne pouvait être appliqué à l'appel d'un jugement rendu contre le failli à une époque où, par suite d'un concordat, il était ressaisi de l'administration de ses biens, quoi-

(1) *Faillites*, t. 2, p. 399.—*Sic*, Bédarride, n. 1194.

que la contestation fût née de l'événement de la faillite (1).

Il a été jugé également que l'art. 582 était inapplicable, si la contestation prend sa source dans des actes antérieurs à la faillite : ainsi lorsqu'il s'agit de savoir si un commanditaire a rempli ses obligations et versé la totalité de sa mise (2), ou si un individu était débiteur du montant d'une traite tirée sur lui par le failli antérieurement à la faillite (3). L'article n'est applicable, dit ce dernier arrêt, qu'aux jugements qui concernent la faillite, règlent son ouverture, son organisation, son administration, dans lesquels la faillite joue un rôle pour créer, étendre ou modifier un droit, soit quant au failli, soit quant à ses créanciers, soit quant aux tiers.

Un autre arrêt est plus explicite et a essayé d'énumérer les jugements auxquels s'applique l'art. 582 : « Attendu, en droit, dit un arrêt de la Cour de cassation, que l'art. 582 du Code de commerce ne s'applique qu'aux jugements rendus en matière de faillite ; qu'on ne peut réputer tels que les jugements qui ont prononcé sur les questions résultant de la faillite, sur des actions nées de la faillite, ou exercées à son occasion, notamment ceux qui déclarent la faillite et fixent son ouverture (art. 440 et 441) ; qui statuent sur la validité de paiements faits par le failli, et des hypothèques ou privilèges inscrits sur lui depuis la cessation de ses paiements, ou dans les dix jours qui ont précédé cette cessation (art. 446, 447, 448 et 449), sur l'admission au passif des créances contestées (art. 498), sur l'homologation du concordat (art. 515 et 516), sur le compte définitif des syndics (art. 519), sur les privilèges réclamés sur le mobilier (art. 551), sur les droits de la femme du failli (art. 556 et 558), sur les revendications dans les cas prévus par les art. 574, 575 et 576, C. comm., et sur les autres cas analogues (art. 579) ; mais que l'on ne saurait ranger dans la même catégorie les jugements intervenus sur les actions qui ne sont pas nées de la faillite, comme lorsqu'il s'agit d'une question de propriété soulevée par un

---

(1) Cass., 27 juill. 1852 (S.V.52.1.621).—*Sic*, Cass., 10 mai 1853 (S.V.53.1.509).

(2) Bordeaux, 27 juin 1844 (S.V.44.2.621).

(3) Caen, 30 juill. 1844 (S.V.45.2.224).

tiers contre le failli, et des instances qui en sont la suite, dans lesquelles le syndic des créanciers du failli agit, soit en demandant, soit en défendant, dans l'intérêt des créanciers contre le tiers réclamant » (1).

Il serait dangereux sans doute de considérer comme complète et limitative l'énumération donnée par cet arrêt, mais, dans tous les cas au moins qu'il a prévus, il pourrait servir de règle.

La Cour de cassation a déclaré encore l'art. 582 applicable au jugement portant rejet d'une demande en déclaration de faillite : « s'il a été décidé que la qualité de failli ne pouvait être attribuée au débiteur, dit l'arrêt, ce n'a été qu'en appréciant les éléments constitutifs de la faillite, et en examinant s'ils étaient applicables aux faits de la cause » (2).

Du reste, nous ne pouvons qu'approuver le conseil que donne M. Renouard : « Toutes les fois, dit-il, qu'on est en doute si un jugement a été rendu *en matière de faillite*, la prudence la plus vulgaire conseille d'interjeter appel dans les délais de l'art. 582. C'est une règle générale de conduite que, plus une question intéresse les jurisconsultes par ses difficultés, plus le bon sens est attentif à ne pas la laisser surgir dans la pratique lorsqu'un peu de vigilance suffit pour l'empêcher de naître » (3).

1924. Le délai de 15 jours accordé par la loi est franc et, conformément au droit commun, il n'y faut pas comprendre le jour de la signification, ni le jour de l'échéance du délai (4). Il est augmenté d'un jour par cinq myriamètres, pour les personnes auxquelles le jugement a été signifié et qui interjettent appel, lorsque leur domicile est à plus de cinq myriamètres du lieu où siége le tribunal ; il ne peut y être ajouté aucun autre délai, à raison, par exemple, de la distance entre le domicile de l'appelant et celui de l'intimé (5).

Ce délai court, conformément à l'art. 443 du C. proc. civ.,

---

(1) Cass., 1er avril 1840 (S.V.40.1.744).
(2) Cass., 16 août 1842 (S.V.42.1.379).
(3) *Faillites*, t. 2, n. 400.
(4) Rennes, 26 fév. 1851, et Amiens, 10 mai 1851 (S.V.51.2.571).
(5) Caen, 17 déc. 1844 (D.P.45.2.46).

pour les jugements contradictoires, du jour de la signification à personne ou domicile, et non au domicile élu. « L'art. 582, a dit la Cour de Paris, n'a apporté aux principes généraux sur l'appel qu'une seule dérogation, à savoir, l'abréviation du délai ; cette disposition atteignait le but du législateur, c'est-à-dire la célérité, sans qu'il fût nécessaire de priver encore le justiciable d'avoir la signification à personne ou domicile du jugement lui faisant grief; la dérogation à une règle aussi importante ne se présume pas facilement, et devrait résulter d'un texte formel » (1).

Pour les jugements par défaut, le même art. 443, C. proc. civ., décide que le délai court du jour seulement où l'opposition ne sera plus recevable. C'est donc contrairement aux principes posés par l'arrêt de Paris que la Cour de Douai avait jugé que le délai courait pendant les délais de l'opposition (2). « La disposition de l'art. 443 relative aux jugements par défaut, dit M. Chauveau Adolphe, a été introduite pour éviter le cumul des deux délais de l'opposition et de l'appel, et pour retarder l'ouverture du second jusqu'au moment de l'expiration du premier, encore que le jugement eût été préalablement signifié à partie ; lorsqu'il n'y a point lieu à opposition, comme dans le cas d'un jugement de débouté, dans celui d'un jugement sur-réassigné, le concours n'est plus à craindre. Le délai de l'opposition étant nul, la règle générale reprend son empire. Mais il en est autrement en ce qui concerne les jugements déclaratifs de faillite ; les art. 580 et 582 du C. de comm. accordant deux délais distincts, l'un pour former opposition, l'autre pour interjeter appel, le principe de l'art. 443 doit recevoir son application. S'il en était autrement, il pourrait arriver que le jugement déclaratif de faillite ne fût plus susceptible d'appel, orsqu'il serait encore attaquable par la voie de l'opposition»(3).

La signification, du reste, est dans tous les cas nécessaire pour faire courir le délai de l'appel, au moins à l'égard du failli (4); mais cette règle recevrait exception pour les juge-

(1) Paris, 31 janv. 1856 (S.V.56.2.230).
(2) Douai, 14 mai 1853 (J.P.55.1.416). V. Cass., 15 juill. 1850 (S.V.56.1.815).
(3) *Lois de la Procédure*, quest. 1566.
(4) Cass., 23 juin 1851 (J.P.52.1.306). V. Bravard-Veyrières, p. 612.

ments où l'appelant n'a pas eu de contradicteur : ainsi du jugement qui rejette la requête d'un créancier, tendant à faire déclarer la faillite de son débiteur (1); ainsi de l'appel interjeté par les syndics du jugement qui fixe l'époque de l'ouverture de la faillite (2), parce que le failli n'était point partie nécessaire dans de semblables jugements; ainsi encore de l'appel formé par le failli du jugement d'excusabilité (3). Dans ce cas, le délai court du jour de la prononciation du jugement, et l'appelant agit par voie de simple requête.

ARTICLE 583.

Ne seront susceptibles ni d'opposition, ni d'appel, ni de recours en cassation : 1° les jugements relatifs à la nomination ou au remplacement du juge-commissaire, à la nomination ou à la révocation des syndics; 2° les jugements qui statuent sur les demandes de sauf-conduit et sur celles de secours pour le failli et sa famille; 3° les jugements qui autorisent à vendre les effets ou marchandises appartenant à la faillite; 4° les jugements qui prononcent sursis au concordat, ou admission provisionnelle de créanciers contestés; 5° les jugements par lesquels le tribunal de commerce statue sur les recours formés contre les ordonnances rendues par le juge-commissaire dans les limites de ses attributions.

1925. Cet article, en proscrivant d'une manière formelle toute voie de recours dans les cas qu'il énumère, laisse sous l'empire du droit commun tous les autres; les dispositions n'en peuvent être étendues et sont complétement restrictives (4); elles sont exprimées, du reste, en termes clairs et précis, et ne peuvent soulever aucune difficulté.

---

(1) Rennes, 25 mai 1838 (S.V.39.2.26).
(2) Agen, 20 juin 1855 (J.P.56.2.390).
(3) Amiens, 11 déc. 1855 (J.P.56.1.414).
(4) Rennes, 22 déc. 1841 (S.V.42.2.62 et 207); Bédarride, n. 1201.

TITRE II.

Des Banqueroutes.

CHAPITRE Ier.

De la Banqueroute simple.

ARTICLE 584.

Les cas de banqueroute simple seront punis des peines portées au Code pénal, et jugés par les tribunaux de police correctionnelle, sur la poursuite des syndics, de tout créancier ou du ministère public.

1926. Le Code de commerce avait établi une division qui a été maintenue par la loi actuelle ; elle distingue : la faillite, ou cessation de paiements accompagnée de bonne conduite et de bonne foi ; la banqueroute simple, qui est qualifiée de délit et punie de peines correctionnelles ; la banqueroute frauduleuse, qui constitue un crime. « Cette division, dit M. Renouard, serait tout à fait satisfaisante, si deux mots entièrement distincts séparaient le délit et le crime » (1).

Il ne peut y avoir condamnation pour banqueroute que contre un individu qui a la qualité de commerçant, et est en état de faillite. La jurisprudence est fixée à cet égard (2). La difficulté n'existera que pour savoir si cet état de faillite peut être constaté par les tribunaux correctionnels ou les Cours d'assises, avant d'avoir été déclaré par la juridiction commerciale ; l'affirmative est certaine aujourd'hui, ou si la juridiction criminelle peut refuser de reconnaître la qualité de commerçant et de failli, lorsqu'il y a un jugement passé en force de chose jugée qui déclare que la faillite existe (3). La réponse doit être également affirmative (*suprà*, n. 1643 et 1644).

---

(1) *Faillites*, t. 2, p. 424.

(2) Cass., 18 oct. 1842 (S.V.42.1.593).

(3) Cass., 22 et 23 mai 1846 (S.V.46.1.972).

L'art. 584 permet aux syndics, et même à tout créancier, de provoquer de concert avec le ministère public la poursuite en banqueroute simple; ils agissent suivant le droit commun, ou par voie de plainte, ou par citation directe. Sous la loi nouvelle, la poursuite peut être intentée même après l'homologation du concordat et par un créancier qui y a donné son adhésion. Tout créancier pourrait appeler, encore que le ministère public eût acquiescé au jugement qui rejette la plainte (1).

L'action, dans tous les cas, se prescrit par trois ans, qui commenceront à courir du jour de la cessation de paiements, ou du fait qui constitue, pour le failli, le délit de banqueroute (2).

« Quoique le délit de banqueroute simple puisse résulter de circonstances diverses, et même non connexes, ces circonstances, dit un arrêt de la Cour d'Aix, soit qu'on les prenne isolément, soit qu'on les prenne cumulativement, ne constituent jamais qu'un fait dans le sens de l'art. 360 du C. d'Inst. crim., lequel fait n'est jamais que celui de banqueroute simple » (3). Ainsi la plainte une fois rejetée ne pourrait pas être renouvelée, quoique appuyée sur un fait différent. Il faudrait excepter le cas où le fait donnant lieu à la nouvelle plainte ne se serait produit que depuis le rejet de la première. Mais aucun doute n'existe que la banqueroute simple et la banqueroute frauduleuse étant deux incriminations complétement distinctes, l'acquittement sur l'une ne s'opposerait nullement à l'introduction de l'autre, si la plainte était fondée sur un fait différent.

Le délai de quinzaine donné par l'art. 582 pour interjeter appel ne s'applique pas au jugement rendu en matière correctionnelle.

On est d'accord également pour décider que la tentative de banqueroute simple ne donne pas lieu à l'action publique, et que la loi ne reconnaît pas la complicité (4). Les banquerou-

(1) Cass., 19 mai 1815.

(2) Cass., 22 janv. 1847 (S.V.47.1.472). Bédarride, n. 1235; Renouard, t. 2, p. 434.

(3) Aix, 9 août 1837 (S.V.38.2.127,); Renouard, t. 2, p. 436; Bédarride, n. 1234; Dalloz, *Rép.*, n. 1406.

(4) Cass., 12 oct. 1844 (S.V.44.1.750). — *Contrà*, Pardessus, n. 1308. — Mais

tiers simples seront punis d'un emprisonnement d'un mois au moins, et de deux ans au plus (C. pén., art. 402).

Il importe peu du reste que les caractères de la banqueroute ne se soient manifestés que depuis la déclaration de faillite ou qu'ils aient été reconnus et constatés en même temps que la cessation de paiements (1).

ARTICLE 585.

Sera déclaré banqueroutier simple tout commerçant failli qui se trouvera dans un des cas suivants : 1° si les dépenses personnelles ou les dépenses de sa maison sont jugées excessives; 2° s'il a consommé de fortes sommes, soit à des opérations de pur hasard, soit à des opérations fictives de bourse ou sur marchandises; 3° si, dans l'intention de retarder sa faillite, il a fait des achats pour revendre au-dessous du cours; si, dans la même intention, il s'est livré à des emprunts, circulation d'effets ou autres moyens ruineux de se procurer des fonds; 4° si, après cessation de ses paiements, il a payé un créancier au préjudice de la masse.

1927. D'après les termes de la loi nouvelle, « la poursuite, dit M. Renouard, est toujours facultative pour le ministère public, en ce sens qu'elle est toujours subordonnée à la conviction que le poursuivi est coupable ; elle est toujours obligatoire en ce sens, qu'elle doit toujours être intentée, lorsque cette conviction est acquise » (2); mais le législateur de 1838 a établi à un autre point de vue une différence capitale entre les faits prévus par l'art. 585 et ceux qui sont énumérés dans l'article suivant ; dans le premier cas, lorsque l'acte est matériellement constaté, ainsi que l'intention coupable qui y a présidé, la con-

---

tous les auteurs qui ont écrit soit sur le droit criminel, soit sur les faillites, combattent l'opinion soutenue par M. Pardessus.

(1) Pardessus, n. 1299 ; Cass., 5 mars 1813.

(2) *Faillites*, t. 2, p. 438.

damnation est nécessairement prononcée (1) ; dans le second cas, que nous examinerons sous l'art. 586, les juges ne condamneront que si, en raison des circonstances, les faits, une fois constatés, paraissent offrir des caractères suffisants de gravité pour constituer le délit.

La loi laisse aux tribunaux toute latitude pour apprécier si les dépenses ont été excessives ; les pertes au jeu proprement dit, faites en dehors des cas prévus par le 2ᵉ §, rentrent dans les dépenses personnelles (2).

1928. Le même pouvoir appartient aux juges pour déterminer, en raison des circonstances particulières à chaque affaire, à quel chiffre doivent s'élever les pertes éprouvées dans des opérations de pur hazard pour constituer de *fortes sommes*. Les opérations fictives de bourse ou sur marchandises ne sont pas les seules qui constituent des opérations de pur hazard ; elles ont été mentionnées par la loi comme étant les plus fréquentes.

Le troisième paragraphe énumère certains faits qui ne constituent la banqueroute que sous la double condition d'avoir été accomplis dans le but de retarder une faillite inévitable du reste, et de constituer une opération ruineuse. Le fait de vendre au-dessous du cours même des marchandises qui n'auraient pas été achetées dans ce but serait jugé presque toujours constituer un moyen ruineux de se procurer des fonds (3) : les termes de la loi sont purement énonciatifs en effet. La vente avec perte sur le prix d'achat ne rentre pas dans la prévision de la loi, si elle est faite au cours du moment.

La Cour de Rennes a jugé que des renouvellements perpétuels d'effets protestés au moyen d'autres effets qui fort souvent l'étaient aussi constituaient un des moyens ruineux pour se procurer des fonds que la loi prohibe (4).

Enfin le fait prévu par le quatrième paragraphe est peut-être le plus défavorable de tous, parce qu'il semble impossible qu'il ne révèle pas chez le failli une intention criminelle ; il

(1) Bédarride, n. 1213 ; Renouard, t. 2, p. 439 ; Cass., 30 juill. 1841 (S.V.42.1.479).

(2) Renouard, t. 2, p. 440.

(3) Bédarride, n. 1218 ; Dalloz, *Rép.*, n. 1413.

(4) Rennes, 17 janv. 1849 (S.V.52.2.301).

est évident qu'il ne peut être excusé par ce motif qu'en agissant ainsi il a voulu éviter une déclaration de faillite : « Attendu, a dit la Cour de cassation, que les dispositions de l'article 585 sont absolues, et que dès qu'il est constaté que le failli a payé un de ses créanciers après la cessation de ses paiements, et que le paiement a été fait au préjudice de la masse, le tribunal n'a pas la faculté de ne pas appliquer la loi pénale» (1). Mais si un créancier privilégié, dont le droit n'est pas contesté, avait été payé, ce paiement ne serait pas fait au préjudice de la masse.

ARTICLE 586.

Pourra être déclaré banqueroutier simple tout commerçant failli qui se trouvera dans un des cas suivants : 1° s'il a contracté, pour le compte d'autrui, sans recevoir des valeurs en échange, des engagements jugés trop considérables eu égard à sa situation lorsqu'il les a contractés ; 2° s'il est de nouveau déclaré en faillite sans avoir satisfait aux obligations d'un précédent concordat ; 3° si, étant marié sous le régime dotal, ou séparé de biens, il ne s'est pas conformé aux art. 69 et 70 ; 4° si, dans les trois jours de la cessation de ses paiements, il n'a pas fait au greffe la déclaration exigée par les art. 438 et 439, ou si cette déclaration ne contient pas les noms de tous les associés solidaires ; 5° si, sans empêchement légitime, il ne s'est pas présenté en personne aux syndics dans les cas et dans les délais fixés, ou si, après avoir obtenu un sauf-conduit, il ne s'est pas représenté à la justice ; 6° s'il n'a pas tenu de livres et fait exactement inventaire ; si ses livres ou inventaire sont incomplets ou irrégulièrement tenus, ou s'ils n'offrent pas sa véritable situation active ou passive, sans néanmoins qu'il y ait fraude.

---

(1) Cass., 30 juill. 1841 (S.V.42.1.479).

1029. Les faits énumérés dans cet article ne supposent pas nécessairement chez le failli la mauvaise foi ; quelques-uns peuvent être assimilés presque à de simples contraventions : aussi, en les punissant d'une peine sévère, la loi a permis aux juges d'absoudre, quand ils ne reconnaissent pas à ces infractions un caractère de gravité suffisant et tout en constatant qu'elles ont été matériellement accomplies.

On ne pourrait étendre le troisième cas à l'époux contre qui une séparation de biens aurait été judiciairement prononcée (1); la loi ne parle que de la séparation contractuelle.

Si le failli refuse de représenter ses livres, il doit être assimilé tout au moins à celui qui n'en a pas tenu ; il ne peut combattre la présomption défavorable que ce fait établit contre lui que par la production ordonnée par la loi (2) : l'application même pourrait lui être faite de l'art. 591, qui punit des peines de la banqueroute frauduleuse celui qui a soustrait ses livres.

ARTICLE 587.

Les frais de poursuite en banqueroute simple intentée par le ministère public ne pourront, en aucun cas, être mis à la charge de la masse. — En cas de concordat, le recours du Trésor public contre le failli pour ces frais ne pourra être exercé qu'après l'expiration des termes accordés par ce traité.

ARTICLE 588.

Les frais de poursuite intentée par les syndics, au nom des créanciers, seront supportés, s'il y a acquittement, par la masse, et, s'il y a condamnation, par le Trésor public, sauf son recours contre le failli, conformément à l'article précédent.

---

(1) Cass., 9 sept. 1813; Pardessus, n. 1307 ; Renouard, t. 2, p. 447.
(2) Dalloz, *Rép.*, n. 1429.

ARTICLE 589.

Les syndics ne pourront intenter de poursuite en banqueroute simple, ni se porter partie civile au nom de la masse, qu'après y avoir été autorisés par une délibération prise à la majorité individuelle des créanciers présents.

ARTICLE 590.

Les frais de poursuite intentée par un créancier seront supportés, s'il y a condamnation, par le Trésor public ; s'il y a acquittement, par le créancier poursuivant.

1930. Ces articles contiennent des règles nouvelles sur le paiement des frais occasionnés par les poursuites en banqueroute simple ; règles qui dérogent en partie aux principes du droit commun, en vertu desquels les poursuites intentées à la requête du ministère public ne restent à la charge du Trésor que dans le cas d'acquittement. La dérogation consacrée par l'art. 587 a été admise, afin de ne pas placer les créanciers du failli dans cette position fausse, où une déposition entraînant condamnation doit avoir pour résultat de mettre à la charge de la masse des frais que le Trésor public supportera, si le failli est renvoyé de la plainte. Le Trésor conserve son recours contre le failli, mais ne l'exerce que de manière à ne pas nuire à la masse.

Si la poursuite a été intentée par les syndics avec l'autorisation des créanciers, qui est impérieusement exigée pour que les syndics puissent agir, les frais en cas d'acquittement sont supportés par la masse : la délibération rendue à la majorité individuelle des créanciers présents engage même ceux qui sont absents ; et en cas d'insuffisance de l'actif, chaque créancier serait tenu pour sa part au prorata de sa créance. Le failli doit être libéré envers ses créanciers de tout ce qui aurait été pris sur la masse pour solder les frais de poursuite (1).

---

(1) Bédarride, n. 1247.

Si la poursuite est intentée par un créancier, le droit commun est également appliqué et le Trésor ne supporte les frais, sauf son recours contre le failli, que s'il y a condamnation.

CHAPITRE II.

De la Banqueroute frauduleuse.

ARTICLE 591.

Sera déclaré banqueroutier frauduleux, et puni des peines portées au Code pénal, tout commerçant failli qui aura soustrait ses livres, détourné ou dissimulé une partie de son actif, ou qui, soit dans ses écritures, soit par des actes publics ou des engagements sous signature privée, soit par son bilan, se sera frauduleusement reconnu débiteur de sommes qu'il ne devait pas.

1931. Il faut dire, pour la banqueroute frauduleuse comme pour la banqueroute simple, que ce crime ne peut être commis que par un commerçant, et non par celui qui se livre accidentellement à des actes de commerce; il faut de plus qu'il soit en état de faillite; mais les tribunaux criminels sont compétents pour constater ces faits (*suprà*, n. 1926). Il faut donc que le jury ait déclaré l'accusé commerçant et failli; mais une question distincte et séparée ne doit pas être posée sur ce point; elle doit être comprise dans la question principale, cette qualité étant un élément constitutif du crime (1).

Le crime de banqueroute peut résulter de faits qui ont suivi tout aussi bien que de ceux qui ont précédé la faillite (2).

La simple tentative de banqueroute frauduleuse est punissable des mêmes peines que le crime lui-même (C. P., art. 2).

Il en est de même du fait de complicité (C. P., art. 423).

La prescription de dix ans applicable à la banqueroute frauduleuse (C. Inst. crim., art. 637) ne court que du

---

(1) Cass., 28 mars 1846 (S.V.46.1.585).

(2) Cass., 5 mars 1813.

jour de la cessation de paiements, ou des faits de fraude commis postérieurement à la cessation de paiements (1).

Les peines applicables sont de cinq au moins et de vingt ans au plus de travaux forcés (C. pén., art. 402).

L'union des créanciers subsiste en cas de condamnation pour banqueroute frauduleuse, et conserve l'administration des biens de la masse; mais il doit être pourvu en même temps, conformément à l'art. 29, C. pénal, à la nomination d'un tuteur au condamné, et c'est en sa présence que doit avoir lieu l'assemblée pour la clôture de l'union dont parle l'art. 537 (2).

La loi nouvelle n'a pas procédé par voie d'énumération, en ce qui concerne les faits constitutifs de la banqueroute frauduleuse; elle a préféré employer une formule générale, qui embrasse tous les cas de dissimulation ou de fraude et ne permet plus au coupable d'espérer l'impunité, parce que le fait qui lui est reproché n'aurait pas été spécialement prévu (3); il suffit qu'il y ait eu soit détournement ou dissimulation de l'actif, soit exagération du passif (4).

ARTICLE 592.

Les frais de poursuite en banqueroute frauduleuse ne pourront, en aucun cas, être mis à la charge de la masse. — Si un ou plusieurs créanciers se sont rendus parties civiles en leur nom personnel, les frais, en cas d'acquittement, demeureront à leur charge.

1932. Cet article décide, par exception aux règles admises en droit commun, que les frais de poursuites en cas de banqueroute frauduleuse ne pourront être mis à la charge de

---

(1) Bédarride, n. 1264; Dalloz, *Rép.*, n. 1479.—*Contrà*, Mangin, t. 2, n. 328; Cass., 29 déc. 1828; Dalloz, *Rép.*, n. 1402.

(2) Renouard, t. 2, p. 471; Bédarride, n. 1263.

(3) Cass., ch. crim., 7 mars 1839 et 16 janv. 1840; Dalloz, *Rép.*, n. 1449.

(4) Bédarride, n. 1252.

la masse, même dans le cas où les syndics se seraient portés en son nom parties civiles (1); il en est autrement à l'égard des créanciers agissant en leur nom personnel. Aussi les syndics n'ont-ils pas besoin, dans ce cas, d'être autorisés par une délibération des créanciers (2).

CHAPITRE II.

Des crimes et des délits commis dans les faillites par d'autres que par les faillis.

ARTICLE 593.

Seront condamnés aux peines de la banqueroute frauduleuse : 1° les individus convaincus d'avoir, dans l'intérêt du failli, soustrait, recélé ou dissimulé tout ou partie de ses biens, meubles ou immeubles; le tout sans préjudice des autres cas prévus par l'article 60 du Code pénal; 2° les individus convaincus d'avoir frauduleusement présenté dans la faillite et affirmé, soit en leur nom, soit par interposition de personnes, des créances supposées; 3° les individus qui, faisant le commerce sous le nom d'autrui ou sous un nom supposé, se seront rendus coupables de faits prévus en l'article 591.

1935. Cet article prévoit et définit certains crimes indépendants de la banqueroute frauduleuse et pouvant être commis par d'autres que par le failli lui-même.

Il réserve en même temps l'action publique contre les complices; mais à l'égard de ceux-ci, il se contente de renvoyer à l'art. 60 du Code pénal, qui énumère et spécifie les caractères constitutifs de la complicité. Le Code de commerce ne s'occupe donc pas des complices.

Les individus dont parle l'art. 593, de même que les com-

---

(1) Renouard, t. 2, p. 471; Bédarride, n. 1261.
(2) Rouen, 23 mai 1840; Dalloz, *Rép.*, n. 1473.

plices, peuvent n'être ni commerçants ni faillis; ces qualités ne doivent exister nécessairement que dans la personne coupable du crime même de banqueroute, et dans l'intérêt de laquelle il y a eu soustraction, recel ou dissimulation (1).

Si la complicité ne peut exister que dans le cas où l'accusé principal lui-même est déclaré coupable, et si son acquittement doit entraîner nécessairement celui des individus poursuivis comme ses complices, il n'en est pas de même des crimes prévus par l'art. 593 ; et il suffit, pour que la condamnation puisse être prononcée, que la soustraction, le recel ou la dissimulation aient eu lieu dans l'intérêt du failli, sans que celui-ci y ait participé (2). Cette doctrine, cependant, a été trouvée trop rigoureuse, et M. Dalloz ne comprend pas que de simples peines correctionnelles soient appliquées à ceux qui ont volé pour leur propre compte, et que les peines beaucoup plus sévères de la banqueroute frauduleuse frappent ceux qui ont eu l'intention de faire restitution au failli (3). Si le détournement, en effet, n'a pas été accompli dans l'intérêt du failli, l'acte n'est plus qu'un crime ou un délit ordinaire.

Le même principe a été appliqué dans le cas prévu par le deuxième paragraphe. « Ce fait, dit un arrêt de la Cour de cassation, s'il ne suppose dans l'origine une participation du failli, ne prend cependant le caractère de crime que par une circonstance entièrement personnelle à son auteur, c'est-à-dire par sa persistance dans une simulation qui peut, à l'égard du failli et par suite de circonstances qui lui seraient personnelles, avoir cessé d'être frauduleuse » (4).

La loi dit expressément que la pénalité est encourue dans le cas même où la présentation et l'affirmation de la créance ont été faites par une personne interposée, telle qu'un mandataire.

---

(1) Cass., 26 mai 1838 (S.V.38.1.562) et 18 oct. 1842 (S.V.42.1.953).

(2) Cass., 2 mai 1840 et 3 juin 1843 (S.V.43.1.837 et 838) ; Renouard, t. 2, p. 478 ; Bédarride, n. 1276.

(3) Dalloz, *Rép.*, v° *Faillites*, n. 1483.

(4) Cass., 2 mai 1840 (S.V.43.1.837).

ARTICLE 594.

Le conjoint, les descendants ou les ascendants du failli, ou ses alliés aux mêmes degrés, qui auraient détourné, diverti ou recélé des effets appartenant à la faillite, sans avoir agi de complicité avec le failli, seront punis des peines du vol.

1034. Nous avons vu sous l'article précédent que la doctrine n'a voulu établir aucune différence, quant à l'incrimination, entre les individus qui ont soustrait, diverti ou recélé des objets appartenant à la faillite de concert avec le failli, et ceux qui ont agi dans son intérêt, mais sans sa participation; l'art. 594 établit cette distinction pour les personnes qu'il énumère; dans le premier cas, elles sont condamnées aux peines de la banqueroute frauduleuse comme les étrangers ; dans le second, elles n'encourent que les peines du vol. La loi n'a accordé aucun autre adoucissement ; mais il est évident qu'elle a voulu cependant établir une différence, et c'est une raison peut-être pour croire que l'art. 593 n'a pas été interprété d'une manière trop sévère.

Les jurés, forcés d'appliquer la loi, la trouveront souvent, sans doute, d'une rigueur excessive; ils se montreront indulgents bien des fois, quand ils verront l'épouse du failli poursuivie pour vol parce qu'elle aura exécuté les ordres que lui aura donnés son mari, et n'aura pu, comme un étranger, discuter avec lui la gravité de l'acte qu'elle aura commis pour lui obéir : chacun comprend qu'il ne doit pas aller prendre dans la maison du voisin un objet qui n'a jamais été à sa disposition ; il est beaucoup plus difficile pour une femme étrangère aux affaires de saisir qu'à partir d'un moment donné son mari a perdu le droit de disposer de toutes les marchandises qu'elle a toujours regardées comme étant sa pleine et entière propriété. Les juges apprécieront. Quoi qu'il en soit, il est certain qu'il n'y a pas lieu d'appliquer, dans ce cas, le premier paragraphe de l'art. 380 du Code pénal ainsi conçu : « Les soustractions commises par des maris au préjudice de « leurs femmes, par des femmes au préjudice de leurs maris,

« par un veuf ou une veuve quant aux choses qui avaient « appartenu à l'époux décédé, par des enfants ou autres des- « cendants au préjudice de leurs pères ou mères ou autres « ascendants, par des pères et mères ou autres ascendants au « préjudice de leurs enfants ou autres descendants, ou par des « alliés au même degré, ne pourront donner lieu qu'à des ré- « parations civiles. » En doctrine on comprend parfaitement que le vol est fait au préjudice de la masse et non du failli ; mais nous persistons à croire que toute la sévérité de la loi aurait dû être réservée pour le failli seul. L'art. 594 laisse encore intact le principe de la complicité. Disons, toutefois, que la loi nouvelle a tempéré déjà la rigueur de la loi ancienne.

Il a été jugé que l'art. 594 n'a pas pour objet, du reste, de déroger aux dispositions du Code pénal relatives aux circonstances aggravantes du vol, et aux conséquences qu'elles entraînent (1).

ARTICLE 595.

Dans les cas prévus par les articles précédents, la Cour ou le tribunal saisis statueront, lors même qu'il y aurait acquittement : 1° d'office sur la réintégration à la masse des créanciers de tous biens, droits ou actions frauduleusement soustraits ; 2° sur les dommages-intérêts qui seraient demandés et que le jugement ou l'arrêt arbitrera.

1935. Cet article s'étend aux faits de complicité comme à tous les autres cas prévus par les art. 594 et 595 et il est applicable en cas de condamnation comme en cas d'acquittement; c'est donc peut-être à tort que la loi a conservé l'expression de: *soustraits frauduleusement.* La soustraction peut exister, quoiqu'il y ait acquittement; mais il faut admettre qu'elle n'a pas été frauduleuse : la réintégration n'en devrait pas moins être ordonnée, et le texte dit qu'elle sera prononcée même d'office.

Les dommages-intérêts, au contraire, ne peuvent être accor-

---

(1) Cass., 13 mai 1841 (S.V.42.1.173).

dés que sur la demande de la partie lésée; la quotité en sera déterminée par les juges; la généralité des termes de la loi permet d'étendre cette disposition aux dommages intérêts dus à la personne injustement poursuivie, comme à ceux qui seraient dus par la personne déclarée coupable (1).

ARTICLE 596.

Tout syndic qui se sera rendu coupable de malversation dans sa gestion sera puni correctionnellement des peines portées en l'article 406 du Code pénal.

1936. L'art. 406, C. pén., dont il est question, punit l'abus de confiance et prononce la peine de deux mois à deux ans d'emprisonnement et d'une amende, qui ne pourra excéder le quart des restitutions et des dommages-intérêts dus aux parties lésées, ni être moindre de 25 francs. Le coupable pourra, en outre, à compter du jour où il aura subi sa peine, être interdit pendant cinq ans au moins et dix ans au plus des droits mentionnés en l'art. 42 du Code pénal.

ARTICLE 597.

Le créancier qui aura stipulé, soit avec le failli, soit avec toutes autres personnes, des avantages particuliers à raison de son vote dans les délibérations de la faillite, ou qui aura fait un traité particulier duquel résulterait en sa faveur un avantage à la charge de l'actif du failli, sera puni correctionnellement d'un emprisonnement qui ne pourra excéder une année, et d'une amende qui ne pourra être au-dessus de deux mille francs. — L'emprisonnement pourra être porté à deux ans, si le créancier est syndic de la faillite.

---

(1) Cass., 17 sept. 1835; Dalloz, *Rép.*, n. 1505; Renouard, t. 2, p. 483.

1037. Cet article est applicable : 1° au créancier qui stipule des avantages particuliers à raison de son vote dans les délibérations de la faillite ; 2° à celui qui aura fait, même sans condition aucune, un traité particulier qui doit être onéreux pour la masse ; dans l'un et l'autre cas, il y a nullité absolue du traité et application des peines portées par cet article.

Le premier cas ne peut forcément se réaliser que lorsqu'il y a eu déclaration judiciaire de faillite ; ce n'est qu'après le jugement qu'il y a lieu de voter dans les délibérations, et il ne nous semble pas possible d'appliquer les dispositions pénales dont il s'agit, quand il y a simple atermoiement et que les créanciers dissidents ont conservé le droit entier de refuser leur adhésion à un projet de traité dont le vote ne peut être obligatoire pour eux (1).

Le plus souvent, l'avantage sera accordé à raison du vote dans le concordat, mais la disposition de la loi est générale, et la Cour de cassation a jugé que l'art. 597 prévoit le vote dans la délibération qui a pour objet l'excusabilité du failli, comme tout autre, si la masse pouvait en éprouver un préjudice (2).

L'art. 597 doit également être appliqué, que les avantages aient été stipulés comme la condition, soit d'un vote favorable au concordat, soit d'un désistement à l'opposition formée à l'homologation, ou à une plainte en banqueroute frauduleuse ; la loi nouvelle a voulu atteindre tous les traités faits pendant le cours de la faillite, qui tendraient directement ou indirectement à détruire l'équilibre entre les créanciers (3), ou la sincérité des opérations.

Dans le cas prévu par la première disposition de l'art. 597, que nous examinons en ce moment, la pénalité est encourue, aux termes de la loi, soit que les avantages particuliers aient été assurés par le failli ou par toute autre personne, même bénévolement, et de manière à ne charger, en aucune façon, l'actif de la faillite ; ce que la loi punit, c'est la vente de son vote faite par le créancier, parce qu'il aura toujours pour objet

(1) Paris, 11 janv. 1844 (S.V.44.2.479).
(2) Cass., 20 mars 1852 (S.V.52.1.587).
(3) Cass., 1 févr. 1848 (S.V.48.1.661); Paris, 10 mai 1842; Dalloz, *Rép.*, n. 2511.

d'accorder ou de refuser une mesure qui peut être une garantie des intérêts communs et froisser par conséquent les droits des créanciers composant la masse; la concession du concordat, par exemple, peut avoir pour résultat de leur enlever une partie de leur gage.

1958. Le second cas prévu par l'art. 597 s'applique à la charge qui vient grever l'actif de la faillite et porter ainsi atteinte aux droits des créanciers de se partager cet actif tout entier. La peine est encourue par suite du préjudice matériel, qui résulte pour la masse du traité particulier consenti par le failli au bénéfice d'un créancier, sans qu'il y ait nécessité de prouver que cet avantage a été le prix d'un vote demandé au créancier qui l'a obtenu; quel qu'ait été le motif déterminant du traité particulier fait à la charge de l'actif, et fût-il inspiré par une pure bienveillance du failli envers le créancier favorisé, celui-ci n'avait pas le droit d'en profiter au préjudice de ses cocréanciers. Sous ce rapport, le second cas est plus général que le premier. Mais une conséquence nécessaire du principe que nous venons de poser, c'est que l'avantage particulier fait à un créancier, dans les termes que nous venons de faire connaître, par un tiers agissant par pure bienveillance et ne conservant aucun recours contre le failli pour les sommes payées à sa décharge, n'entraîne point l'application de l'art. 597, puisque cet avantage ne serait point à la charge de l'actif du failli (1). Ce traité passé par le tiers avec le créancier ne peut entraîner l'application d'une peine que dans l'un de ces deux cas: 1° s'il est le prix d'un vote, 2° si le tiers conserve son recours contre le failli.

« Un traité amiable passé antérieurement à la déclaration judiciaire de la faillite, dit encore un arrêt de la Cour de cassation, avec intention de la prévenir, n'est pas un vote dans les délibérations de la faillite; il rentrerait dans le cas prévu par la loi et serait annulable, même à l'égard des tiers, s'il avait contenu, implicitement ou explicitement, la promesse de voter, le cas échéant, en tel ou tel sens; mais il est nécessaire alors

---

(1) Paris, 9 août 1838, et Amiens, 1er fév. 1839 (D.P.39.2.90); Douai, 3 avril 1843 (S.V.43.2.410); Cass., 17 avril 1849 (S.V.49.1.389).

de constater en fait que les conventions ont présenté ce caractère d'une aliénation de la future liberté du vote » (1).

Quand il s'agit de l'application de la seconde disposition de l'art. 597 et de conventions au moyen desquelles des avantages particuliers sont accordés à un créancier, il n'est plus nécessaire qu'il y ait eu déclaration judiciaire de la faillite; il suffit que le traité soit postérieur à la cessation de paiements régulièrement établie, indépendamment même de toute déclaration judiciaire : la jurisprudence est constante sur ce point (2). Mais, si les tribunaux criminels, ainsi que nous avons eu occasion de le dire déjà, ont tout pouvoir pour décider, même contrairement à un jugement émané de la juridiction commerciale, que le débiteur avait cessé ses paiements, et pour prononcer l'annulation du traité (3), ils doivent, au moins, constater expressément l'existence de cette cessation de paiements; à défaut, ils ne peuvent pas appliquer les dispositions de l'art. 597 (4).

Toutefois, si le traité fait après la cessation de paiements et avant le jugement déclaratif est nul dans tous les cas, la peine ne peut être prononcée contre le créancier qu'autant qu'il avait connaissance de cet état de choses (5), et le seul fait d'arrangements amiables ne constitue pas une preuve légale de l'état de faillite.

Le traité ne pourrait être garanti par un aval ou un cautionnement, puisqu'il est frappé de nullité à l'égard de tous (6).

La nullité peut être demandée soit par le failli, soit par un de ses créanciers même postérieur à la convention illicite (7).

S'il s'agit d'un traité antérieur même à la cessation de paiements, l'art. 597 est inapplicable, sauf aux créanciers à attaquer le traité conformément au droit commun et en établissant

---

(1) Cass., 17 avril 1849 (S.V.49.1.380).
(2) Cass., 4 juill. 1854 (J.P.55.1.208).
(3) Cass., 23 avril 1841 (J.P.42.1.382); *Id.* 3 avril 1846 (D.P.46.1.163); *Id.* 23 mai 1846 (S.V.46.1.792).
(4) Cass., 8 août 1848 (S.V.48.1.600) et 20 juin 1849 (J.P.50.1.652).
(5) Cass., 12 fév. 1846 (S.V.46.1.506).
(6) Douai, 3 avril 1843 (S.V.43.2.410).
(7) Cass., 4 juill. 1854 (J.P.55.1.208).

dans les termes du Code Napoléon qu'il a été fait en fraude de leurs droits (1).

L'article fixe le maximum des peines à prononcer et permet aux juges de les abaisser selon leur appréciation; mais il est nécessaire d'appliquer dans une mesure, si minime soit-elle, l'emprisonnement et l'amende, l'art. 463, C. pén., n'étant pas applicable à ce délit spécial (2).

ARTICLE 598.

Les conventions seront, en outre, déclarées nulles à l'égard de toutes personnes, et même à l'égard du failli.—Le créancier sera tenu de rapporter à qui de droit les sommes ou valeurs qu'il aura reçues en vertu des conventions annulées.

1039. La loi nouvelle a fait cesser une controverse assez vive, en déclarant d'une manière expresse que le traité est nul, même à l'égard du failli, quoiqu'il ait participé au délit, dont la peine retombe sur le créancier. Il était nécessaire d'intéresser le failli à faire annuler de pareils actes, et l'on a supposé d'ailleurs qu'il n'avait pu agir en pleine liberté.

La Cour de Bordeaux a jugé que la nullité n'est pas applicable à des conventions intervenues après le concordat, et si elles ne nuisent pas au paiement des dividendes promis aux autres créanciers (3) Le concours de ces deux circonstances est indispensable; l'absence de l'une ou de l'autre rendrait l'art. 597 applicable (4).

« Les sommes ou valeurs reçues en vertu des conventions annulées, disait le rapporteur, seront rapportées par le créancier à qui de droit : au failli, si, ayant obtenu un concordat, il a fait ce sacrifice sur l'actif de la masse ou à l'aide de ressources particulières, et cette somme servira alors à remplir

---

(1) Paris, 30 mars 1843 et 11 janv. 1844 (S.V.43.2.421 et 44.2.479).

(2) Renouard, t. 2, p. 485 ; Bédarride, n. 1288.

(3) Bordeaux, 24 août 1840 (D.P.50.2.102).

(4) Renouard, t. 2, p. 492.

les obligations du concordat ; à l'union, si les avantages particuliers proviennent du failli ; aux parents ou amis qui auront fourni les deniers, s'il s'agit de sommes données pour prix d'un vote dans les délibérations de la faillite. »

La nullité est absolue, et elle peut être poursuivie par tous ceux qui y ont intérêt, c'est-à-dire, d'après ce que nous venons de dire, par le failli lui-même, ses créanciers, ou les tiers qui y ont concouru. Si l'action en nullité est exercée par la voie purement civile, et indépendamment de la constatation du délit, par exemple, contre les héritiers de celui qui a contracté, elle n'est soumise qu'à la prescription trentenaire (1).

Quant au délit, dont la punition serait demandée, il est prescrit par trois ans, et avec lui l'action civile qui résulte de la condamnation, aux termes de l'art. 638 du Code d'instruction criminelle (2).

Toutefois, si ces règles sont applicables, quand on poursuit la restitution des sommes payées, elles ne peuvent être suivies lorsque le créancier demande l'exécution du traité ; à quelque époque que se réalise la demande en exécution du traité, la nullité pourra en être opposée par voie d'exception (3).

Aucune fin de non-recevoir ne pourrait être tirée contre la demande, de l'exécution totale ou partielle que le traité aurait reçue, si la prescription n'était pas acquise (4).

Des dommages-intérêts pourraient être accordés, s'il y avait lieu ; la loi ne contient aucune prescription à cet égard, et c'est le droit commun en pareille matière qui devra être appliqué (5).

ARTICLE 599.

Dans le cas où l'annulation des conventions serait poursuivie par la voie civile, l'action sera portée devant les tribunaux de commerce.

---

(1) Cass., 28 août 1855.
(2) Renouard, t. 2, p. 493 ; Bédarride, n. 1208.
(3) Bédarride, n. 1208 ; Renouard, t. 2, p. 493.
(4) Bédarride, t. 2, n. 1292.
(5) Renouard, t. 2, p. 492 ; Bédarride, n. 1296.

1940. Le demandeur est libre de choisir, pour poursuivre l'annulation des conventions, la voie criminelle ou la voie civile; dans ce dernier cas, suivant M. Renouard, c'est le tribunal de commerce du domicile du défendeur qui sera compétent, conformément au droit commun, et en l'absence de toute disposition particulière (1); M. Dalloz pense, au contraire, qu'il s'agit d'une action en matière de faillite, et que l'action doit être portée au tribunal du siége de la faillite (2): cette opinion nous paraît préférable.

L'acquittement du prévenu par les tribunaux criminels ne forme point obstacle à l'action purement civile.

ARTICLE 600.

Tous arrêts et jugements de condamnation rendus, tant en vertu du présent chapitre que des deux chapitres précédents, seront affichés et publiés suivant les formes établies par l'article 42 du Code de commerce, aux frais des condamnés.

1941. Cet article est commun aux trois premiers chapitres du titre des banqueroutes, et embrasse tous les crimes et tous les délits qui y sont prévus.

Ces formalités sont remplies aux frais des condamnés.

CHAPITRE IV.

De l'administration des biens en cas de banqueroute.

ARTICLE 601.

Dans tous les cas de poursuite et de condamnation pour banqueroute simple ou frauduleuse, les actions civiles autres que celles dont il est parlé dans l'article 595 resteront séparées, et toutes les dispositions

---

(1) Renouard, t. 2, p. 404.

(2) *Rép.*, v° *Faillite*, n. 1520.

relatives aux biens, prescrites pour la faillite, seront exécutées sans qu'elles puissent être attribuées ni évoquées aux tribunaux de police correctionnelle, ni aux Cours d'assises.

ARTICLE 602.

Seront cependant tenus, les syndics de la faillite, de remettre au ministère public les pièces, titres, papiers et renseignements qui leur seront demandés.

ARTICLE 603.

Les pièces, titres et papiers délivrés par les syndics seront, pendant le cours de l'instruction, tenus en état de communication par la voie du greffe; cette communication aura lieu sur la réquisition des syndics, qui pourront y prendre des extraits privés, ou en requérir d'authentiques, qui leur seront expédiés par le greffier. — Les pièces, titres et papiers dont le dépôt judiciaire n'aurait pas été ordonné seront, après l'arrêt ou le jugement, remis aux syndics, qui en donneront décharge.

1042. La règle admise par l'art. 601 avait déjà été consacrée par l'ancien art. 600, conformément aux réclamations énergiques d'un grand nombre de corps judiciaires (1). « La loi, dit M. Renouard, a voulu maintenir dans une parfaite indépendance l'une de l'autre la procédure commerciale de la faillite et l'action de la justice répressive. Par le jugement déclaratif, l'administration des biens a cessé d'appartenir au failli et les syndics en ont été saisis. La circonstance que le failli est poursuivi ou condamné comme banqueroutier ne doit donc pas dessaisir les syndics, de même que la saisine des syndics

(1) Locré, t. 7, p. 482.

ne doit apporter aucun obstacle à l'exercice de la justice pénale » (1). Les règles établies dans ce chapitre ont paru les plus propres à atteindre ce but.

Même en cas de contumace, les syndics restent saisis des biens, et la banqueroute n'est pas représentée par l'administration des domaines (2).

TITRE III.

De la Réhabilitation.

ARTICLE 604.

Le failli qui aura intégralement acquitté, en principal, intérêts et frais, toutes les sommes par lui dues, pourra obtenir sa réhabilitation. — Il ne pourra l'obtenir, s'il est l'associé d'une maison de commerce tombée en faillite, qu'après avoir justifié que toutes les dettes de la société ont été intégralement acquittées en principal, intérêts et frais, lors même qu'un concordat particulier lui aurait été consenti.

ARTICLE 605.

Toute demande en réhabilitation sera adressée à la Cour royale dans le ressort de laquelle le failli sera domicilié. Le demandeur devra joindre à sa requête les quittances et autres pièces justificatives.

ARTICLE 606.

Le procureur général près la Cour royale, sur la communication qui lui aura été faite de la requête, en

---

(1) *Faillites*, t. 2, p. 495 et 496.

(2) Circul. du direct. gén. des domaines, 5 sept. 1807; Pardessus, n. 1391; Renouard, t. 2, p. 496.—*Contrà*, Montpellier, 22 juin 1838 (D.P.38.2.202).

adressera des expéditions certifiées de lui au procureur du Roi et au président du tribunal de commerce du domicile du demandeur, et si celui-ci a changé de domicile depuis la faillite, au procureur du Roi et au président du tribunal de commerce de l'arrondissement où elle a eu lieu, en les chargeant de recueillir tous les renseignements qu'ils pourront se procurer sur la vérité des faits exposés.

ARTICLE 607.

A cet effet, à la diligence tant du procureur du Roi que du président du tribunal de commerce, copie de ladite requête restera affichée pendant un délai de deux mois, tant dans les salles d'audience de chaque tribunal qu'à la Bourse et à la maison commune, et sera insérée par extrait dans les papiers publics.

ARTICLE 608.

Tout créancier qui n'aura pas été payé intégralement de sa créance en principal, intérêts et frais, et toute autre partie intéressée, pourra, pendant la durée de l'affiche, former opposition à la réhabilitation par simple acte au greffe, appuyé des pièces justificatives. Le créancier opposant ne pourra jamais être partie dans la procédure de réhabilitation.

ARTICLE 609.

Après l'expiration de deux mois, le procureur du Roi et le président du tribunal de commerce transmettront, chacun séparément, au procureur général près la Cour royale, les renseignements qu'ils auront recueillis et les oppositions qui auront pu être formées. Ils y joindront leurs avis sur la demande.

ARTICLE 610.

Le procureur général près la Cour royale fera rendre arrêt portant admission ou rejet de la demande en réhabilitation. Si la demande est rejetée, elle ne pourra être reproduite qu'après une année d'intervalle.

ARTICLE 611.

L'arrêt portant réhabilitation sera transmis aux procureurs du Roi et aux présidents des tribunaux auxquels la demande aura été adressée. Ces tribunaux en feront faire la lecture publique et la transcription sur leurs registres.

ARTICLE 612.

Ne seront point admis à la réhabilitation les banqueroutiers frauduleux, les personnes condamnées pour vol, escroquerie ou abus de confiance, les stellionataires, ni les tuteurs, administrateurs ou autres comptables qui n'auront pas rendu et soldé leurs comptes. — Pourra être admis à la réhabilitation le banqueroutier simple qui aura subi la peine à laquelle il aura été condamné.

ARTICLE 613.

Nul commerçant failli ne pourra se présenter à la Bourse, à moins qu'il n'ait obtenu sa réhabilitation.

ARTICLE 614.

Le failli pourra être réhabilité après sa mort.

1915. « Après les sanctions pénales destinées à réprimer les actes qui donnent un caractère plus ou moins criminel à la faillite, disait M. Quénault dans son rapport à la Chambre des députés, la loi place en dernier lieu la sanction rémunératoire, destinée à encourager les efforts et les sacrifices au prix desquels le commerçant failli cherche à se relever de cet état de déchéance, et à rentrer en possession de tous ses droits, de toute sa bonne renommée. L'état du failli peut être modifié par le concordat et même, en cas d'union, par la déclaration d'excusabilité, qui affranchissent le failli de la contrainte par corps ; mais il ne peut être entièrement effacé que par la réhabilitation qui, seule, fait cesser pour le failli les incapacités politiques et l'interdiction de quelques-uns des droits des commerçants. »

Lorsque le jugement déclaratif de la faillite a acquis l'autorité de la chose jugée, il n'existe aucun moyen pour effacer les conséquences attachées à l'état de faillite que d'obtenir la réhabilitation ; le paiement intégral de tous les créanciers en principal, intérêts et frais, ne peut avoir d'autre effet pour le failli que de lui donner le droit de solliciter et d'obtenir la réhabilitation (1) ; le jugement de déclaration de faillite ne peut plus être rapporté, même du consentement des créanciers, et quelque favorables que soient d'ailleurs toutes les circonstances de la cause (2) ; les auteurs sont tous d'accord sur ce point. Une distinction proposée par la Cour de Bordeaux (3) ne peut être admise (4).

Mais cette règle, nous le répétons, est expressément subordonnée à la condition que le jugement déclarant la faillite est devenu définitif; s'il a été réformé sur l'opposition ou sur l'appel élevés conformément à la loi, le premier jugement est considéré comme non avenu, et il n'y a jamais eu faillite ; les conséquences légales qu'entraîne à sa suite, pour le débiteur, l'état de faillite ne peuvent résulter que d'une déclaration de l'auto-

(1) Rouen, 4 janv. 1839 (S.V.39.2.148).
(2) Cass., 20 nov. 1827 ; Lyon, 31 août 1841 ; Dalloz, *Rép.*, n. 970.
(3) Bordeaux, 9 juill. 1832 (D.P.33.2.57).
(4) Bédarride, t. 2, n. 1316.

rité judiciaire. La Cour de Paris a pensé que le jugement ne pouvait être retracté sur l'appel (1); mais cette doctrine est évidemment erronée.

1944. Si le paiement intégral de toutes les dettes n'emporte pas de plein droit la réhabilitation du failli, il est au moins une condition indispensable pour qu'il puisse l'obtenir; le failli doit donc joindre à sa demande les quittances et autres pièces justificatives. M. Defermon disait au conseil d'Etat qu'il ne trouvait pas suffisant que le failli représentât une quittance; « il faut encore, disait-il, qu'il justifie qu'il a réellement et intégralement satisfait ses créanciers; le failli malhonnête homme extorque souvent à ses créanciers une quittance totale, en ne leur payant néanmoins qu'une partie de sa dette. La crainte de tout perdre fait consentir les créanciers à cette complaisance » (2); cette observation n'eut pas de suite; sous le Code comme sous la loi nouvelle, la quittance fait présumer le paiement, sauf l'examen des autorités judiciaires auxquelles la demande doit être soumise, et qui refuseraient la réhabilitation si elles acquéraient la certitude que les quittances produites sont mensongères. Les quittances doivent, bien entendu, mentionner le paiement intégral; une remise de la dette accordée bénévolement par le créancier ne suffit pas pour mériter au failli sa réhabilitation.

1945. La loi en parlant des intérêts a omis de déterminer à partir de quel moment ils sont dus.

Il n'y a pas de difficulté pour ceux qui étaient échus au moment du jugement déclaratif; à partir de ce jugement, M. Dalloz estime qu'ils ne sont dus par le failli qu'à ceux d'entre les créanciers qui se sont mis en mesure de les faire courir à leur profit par les mesures conservatoires exigées par le droit commun (3); mais tous les auteurs enseignent que les formalités judiciaires qu'entraîne nécessairement la faillite, doivent être considérées comme une mise en demeure, et suffisent à faire courir les intérêts du jour du jugement déclaratif pour

(1) Paris, 21 juill. 1840 (S.V.40.2.510).
(2) Procès-verbaux. 5 mai 1807; Locré, t. 19, p. 351.
(3) Dalloz, *Rép.*, v° *Faillites*, n. 1545.

les créances échues avant cette époque ; les autres ne porteront intérêt évidemment que du jour de leur échéance réelle.

Les frais que le failli doit payer comprennent, non-seulement ceux que chaque créancier avait légitimement faits, mais encore ceux qui ont été la suite de la faillite et qui n'auraient pu être acquittés sur l'actif même qu'elle présentait.

1046. L'art. 604 parle de l'associé à qui un concordat particulier aurait été consenti, afin de dire d'une manière expresse que cette circonstance ne peut être invoquée par lui, pour prétendre à la réhabilitation, s'il n'a complétement désintéressé tous les créanciers de l'ancienne société, dont il faisait partie.

1047. Les créanciers porteurs d'obligations solidaires souscrites par plusieurs faillis, prenant un dividende dans les distributions de toutes les masses, il peut se présenter quelques difficultés sur la manière dont les faillis devront ensuite se régler entre eux, en cas de demande en réhabilitation.

On peut supposer que A. est porteur d'un billet à ordre de 1000 fr., souscrit par B., et endossé successivement par C. et D. : le souscripteur et les deux endosseurs sont en faillite, et A., en prenant part aux dividendes des trois masses a été entièrement désintéressé.

Pour résoudre la difficulté, il faut se reporter aux principes qui, en droit commun, établissent les garanties dues en pareil cas; B. souscripteur doit garantir les deux endosseurs; il ne pourra donc être réhabilité qu'en remboursant à chacun d'eux la somme qu'ils ont payée, en l'acquit d'une dette qui devait retomber sur lui; C., premier endosseur comme garantissant son cessionnaire, ne devrait rembourser qu'à celui-là seulement; D., ne devant garantie à personne, peut obtenir sa réhabilitation, sans être tenu à aucun remboursement envers C. et B. (1).

1048. La loi règle les formalités judiciaires qui doivent être remplies par le failli pour obtenir sa réhabilitation ; elles ne peuvent donner lieu à aucune observation de notre part; mais lorsque ces formalités ont été scrupuleusement remplies,

---

(1) Pardessus, n. 1317.

et qu'il en est résulté la preuve que toutes les dettes du failli ont été intégralement acquittées, la Cour peut-elle rejeter la demande ? Nous ne le pensons pas.

M. Dalloz a soutenu contre M. Bédarride une opinion contraire à la nôtre, et il reproche à ce dernier de n'avoir pas fait connaître la différence qui existait entre la constitution de 1791 et celle de l'an 8 (1). Quant à nous, nous abandonnons volontiers l'interprétation des diverses constitutions; s'il en a été question au conseil d'État, c'est qu'il s'agissait de savoir entre Merlin et Regnaud de Saint-Jean-d'Angély, si la réhabilitation résulterait de plein droit du paiement des dettes; on pouvait discuter encore, cette règle étant écartée, par qui, du souverain ou du pouvoir judiciaire, serait rendu l'acte qui la prononce: ces divers points sont décidés aujourd'hui; il est certain que la réhabilitation n'a pas lieu de plein droit; il est certain que c'est la Cour impériale qui la prononce; et ce que nous pouvons recueillir de cette discussion, c'est que M. Treilhard disait : « tout se réduit à justifier, de la part du failli, qu'il a satisfait ses créanciers et à solliciter, en conséquence, que la tache que sa faillite lui avait imprimée, soit effacée. » L'archichancelier ajoutait : « il ne reste qu'à s'en rapporter aux pièces qui attestent sa libération; » et M. Defermon : « il n'y a donc plus qu'un fait à vérifier » (2).

Sans doute, il a été question également dans cette discussion, de la *moralité* du failli ; mais c'est par une confusion évidente entre la réhabilitation commerciale et la réhabilitation criminelle qui n'ont ensemble de commun que le nom. Au point de vue de la loi des faillites, et nous n'avons pas besoin de protester de la portée ainsi restreinte que nous donnons à notre opinion, il n'y a pas d'autre moralité que de payer ses dettes; le commerçant qui, par les actes de la plus sublime vertu, s'est mis dans la nécessité de cesser ses paiements, pourra prétendre au prix Monthyon, mais n'en sera pas moins mis en état de faillite ; l'homme le plus dépravé qui acquitte tous ses engagements commerciaux, pourra pour ses

(1) *Rép.*, v° *Faillites*, n. 1556.
(2) Procès-verbaux, 12 mai 1807; Locré, t. 19, p. 370, 371 et 374.

méfaits, être envoyé aux galères, mais il ne sera pas failli. Pourquoi donc embrouiller une question fort simple, et confondre des choses qui n'ont aucun rapport? La loi des faillites ne s'occupe que de la cessation des paiements, et quelle qu'en soit la cause, elle entraîne la faillite; si les paiements sont repris, et les dettes intégralement payées, la seule et unique cause qui avait créé l'état de faillite venant à cesser, les suites attachées à ce fait, et à ce fait seul, doivent cesser également, sauf dans les cas expressément déterminés par la loi. L'intervention de l'autorité judiciaire n'a pas d'autre but que de s'assurer que ce paiement intégral a bien été fait, et que les pièces qui l'établissent ne sont pas inexactes ou simulées (1).

La Cour impériale du reste peut se borner, en refusant la réhabilitation, à déclarer que le failli n'a pas justifié avoir intégralement acquitté toutes ses dettes en principal, intérêts et frais. Elle n'est pas tenue de donner des motifs particuliers sur chaque pièce (2).

1049. L'art. 612 énumère les personnes qui ne peuvent être admises à la réhabilitation; la prohibition qui frappe les tuteurs, administrateurs ou autres comptables n'est que temporaire.

Si la demande en réhabilitation rejetée une première fois et reproduite conformément à l'art. 610, a été rejetée une seconde fois, rien ne s'oppose à ce qu'elle soit renouvelée; « il peut sans doute, dit M. Renouard, y avoir des inconvénients à occuper à plusieurs reprises les tribunaux de demandes vaines; mais cet inconvénient est faible, et ne saurait être mis en balance avec le sentiment d'équité qui commande de reconnaître que, pendant l'intervalle d'une année, un débiteur peut réunir les pièces justificatives qui lui manquaient ou acquitter des dettes en retard » (3).

(1) *Sic*, Bédarride, n. 1324.
(2) Cass., 9 août 1853 (J.P.53.1.527).
(3) *Faillites*, t. 2, n. 493.

TABLE DES CHAPITRES.

CODE DE COMMERCE.

LIVRE III.

DES FAILLITES ET BANQUEROUTES.

FIN DE LA TABLE DES CHAPITRES.

TABLE

ALPHABÉTIQUE ET ANALYTIQUE DES MATIÈRES.

FIN DE LA TABLE DES MATIÈRES.

www.ingramcontent.com/pod-product-compliance
Ingram Content Group UK Ltd.
Pitfield, Milton Keynes, MK11 3LW, UK
UKHW012151240726
13966UKWH00002B/259